Claudia Bosch
Fest und flüssig
Das Feiern im Festzelt als Cultural Performance

D1704736

LUDWIG-UHLAND-INSTITUT FÜR EMPIRISCHE KULTURWISSENSCHAFT
Untersuchungen | Band 118

Claudia Bosch

Fest und flüssig

Das Feiern im Festzelt
als Cultural Performance

 Tübinger Vereinigung
für Volkskunde e. V.

IMPRESSUM

Die vorliegende Arbeit ist im Wintersemester 2013/2014 von der Wirtschafts-
und Sozialwissenschaftlichen Fakultät der Universität Tübingen als Dissertation
angenommen worden. Das Manuskript wurde für den Druck geringfügig gekürzt
und überarbeitet.

Erstgutachter: Prof. Dr. Kaspar Maase
Zweitgutachterin: Prof. Dr. Monique Scheer

Die Deutsche Nationalbibliothek verzeichnet diese Publikation in der Deutschen
Nationalbibliografie; detaillierte bibliografische Daten sind im Internet über
http://dnb.d-nb.de abrufbar.

Claudia Bosch: Fest und Flüssig – Das Feiern im Festzelt als Cultural Performance
Tübingen: Tübinger Vereinigung für Volkskunde e. V., 2015.

ISBN: 978-3-932512-87-2

Lektorat: Jessika Meyer
Gestaltungskonzept: Christiane Hemmerich Konzeption und Gestaltung, Tübingen
Satz: Fabian Wiedenbruch
Druck: Gulde-Druck, Tübingen

1. Zur Einstimmung

„Ich untersuche die Festzeltkultur", mit diesen Worten wollte ich mein Forschungsvorhaben griffig und unmissverständlich einer älteren Dame des Establishments erklären. *„Da gibt es keine Kultur"*, entgegnete sie mir ebenso griffig und unmissverständlich.[1] Offensichtlich hatten wir höchst unterschiedliche Vorstellungen von Kultur. Ich verstehe Kultur als ein lebendiges, sich wandelndes System von regelhaften, bedeutungsvollen Zeichen, Praktiken, Objektivationen und Interaktionsformen, mit dem sich Menschen im sozialen Raum verständigen und verorten. Übertragen auf das Festzelt heißt dies unter anderem, was machen Menschen dort, wie gebrauchen sie Gegenstände sowie Gesten oder was sagen diese Handlungen aus. Für die Dame hatte Kultur jedoch „ein großes K", das sich vor allem durch hochkulturelle Formen im geistig-künstlerischen Bereich auszeichnet. In dieser Lesart wird Kultur auch mit Niveau gleichgesetzt, das in ihren Augen im Festzelt in jeglicher Hinsicht fehlt(e): Besucher, Verhalten, Musik, Speisen und Getränke alles ohne Kultur, ergo alles von unterem Rang. Sie stand und steht mit dieser Bewertung nicht alleine. Ein Wirt führte aus:

> *„Es wird sicherlich einen ganz erheblichen Teil Menschen geben, die meinen [das Festzelt] ist unter ihrem Niveau [...]. Die, die ihre Lebensphilosophie unter das Motto gestellt haben, ich bin einfach eine qualitativ bessere Menschenfigur als andere, die werden das Bierzelt meiden, weil das hängt ja mit dem Begriff ‚Volk' zusammen" (Interview mit Wirt B am Mo., 05.07.1999).*

Jenes Disqualifizieren existiert nicht nur innerhalb gehobener Schichten, sondern findet sich ebenso in wissenschaftlichen Publikationen. Volksfestbesuche oder Bierzeltvergnügungen werden darin als „trivial", „dumpf", „unfähig", „degradiert", „abgesunken" oder „verfallen" bezeichnet.[2] Und dies obwohl bislang quasi der intellektuelle Besuch vermieden und das Feiern im Festzelt kaum methodisch analysiert wurde, als sage eventuell die Beschäftigung mit einer solchen populären Unterhaltungsform etwas über eigene Geschmackspräferenzen, das entsprechende kulturelle Kapital und den einhergehenden sozialen Status[3] aus. Gleichwohl gehören Festzelte neben Fahrgeschäften zu den Standardattraktionen vieler Volksfeste in Deutschland. Alle diese ca. 14.000 Kirmessen und Jahrmärkte zusammen verzeichneten laut einer Marktstudie des Deutschen Schau-

---

1   *05. Feldbericht, Fr., 06.08.1999 vom Unterländer Volksfest.*
2   Diese Adjektive werden in wissenschaftlichen Darstellungen im Zusammenhang mit Volksfesten oder Bierzeltvergnügungen genutzt. Einzelnachweise vgl. Kap. 3.2.
3   Hierzu Pierre Bourdieu: Die feinen Unterschiede. Kritik der gesellschaftlichen Urteilskraft. 6. Aufl. Frankfurt a.M. 1993; auch Kaspar Maase: Selbstfeier und Kompensation. Zum Studium der Unterhaltung. In: Ders./Bernd Jürgen Warneken (Hg.): Unterwelten der Kultur. Themen und Theorien der volkskundlichen Kulturwissenschaft. Köln 2003, S. 219-242, hier S. 221.

stellerbundes im Jahr 2000 rund 170 Millionen Besuche von ca. 63 Prozent der deutschen Bevölkerung. Mehr Menschen gehen laut dieser Studie auf ein Volksfest, „als der gesamte zusammengenommene öffentliche Kulturbetrieb von Theater, Oper, Orchestern, Festspielen, Museen, Volkshochschulen, Musikschulen und Bibliotheken"[4] an Besuchern und Besucherinnen[5] zählt. Davon betreten Millionen ein Festzelt, um zu trinken, essen, singen und zu tanzen; kurzum: Sie wollen sich dort amüsieren.

Was sind nun Festzelte? Festzelte sind fliegende Bauten, die in kurzer Zeit multifunktionale Veranstaltungsräume entstehen lassen, wo vorher keine waren. Aufgrund ihrer Größe und Wuchtigkeit, häufig verstärkt durch dekorative Vor- oder Aufbauten, sind sie weithin sichtbar. Planen, drapiert über Aluminiumgestänge, schaffen einen weiten Innenraum. Lange Tisch- und Sitzreihen füllen diesen und laufen auf eine Bühne zu. Es werden Speisen, Getränke und Unterhaltung geboten. Letzteres kann Karnevaltrubel, eine politische Bierzeltrede oder ein volkstümliches Konzert sein, bei dem laut Musikanten eine „viel bessere *Stimmung*" im Zelt entstehe als in „kalt[en] und steril[en]" Mehrzweckhallen.[6] Doch die verschiedenen Einsatzmöglichkeiten von Festzelten interessieren hier nicht. Mein Augenmerk richtet sich auf die Geschehnisse in Bierzelten, wie sie auf Rummelplätzen wie dem Cannstatter Volksfest stehen. Amüsements in Weinzelten oder mobilen Lokalitäten der Erlebnisgastronomie, die ebenfalls zum dortigen Volksfest gehören, betrachte ich nicht. Im Folgenden gebrauche ich „Festzelt" und „Bierzelt" synonym, während Josefine Maier, Altwirtin des Göckelesmaier-Zeltes, differenziert:

> *„Das waren noch Zeiten, als die Besucher, besonders Handwerker und Arbeiter, drei und mehr Bier tranken. Damals war der Begriff Bierzelt noch gerechtfertigt, heute heißt es Festzelt."*[7]

So reizvoll ein historischer Rückblick wäre (das Cannstatter Volksfest wird 2018 auf eine 200-jährige Geschichte zurückblicken können), es soll hier um das gegenwärtige, allabendliche Feiern in den Zelten gehen. Zu Beginn meiner Untersuchung wunderte ich mich, wie es kommt, dass Männer und Frauen – nachdem sie einige Zeit im Zelt verbracht haben – gewisse normal-übliche Ordnungen brechen.

4   Deutscher Schaustellerbund e.V.: Die Bedeutung des Wirtschaftsfaktors Volksfest. Langfassung. Bonn/Köln 2000, S. 15, auf: http://www.dsbev.de/fileadmin/pdfs/ Marktstudie Langfassung.pdf [08.03.2015].
5   Für eine bessere Lesbarkeit nutze ich im Folgenden die männliche Form als die allgemeine, ohne dabei geschlechtsspezifische Aussagen zu treffen. Sollte dies nötig sein, differenziere ich entsprechend.
6   Ein Volksmusiker zitiert in Ralf Grabowski: „Zünftig, bunt und heiter". Beobachtungen über Fans des volkstümlichen Schlagers. Tübingen 1999, S. 97 (Hervorhebung Grabowski).
7   Josefine Maier zitiert in AHGZ Online: Nachrichten. Interview Josefine Maier (vom 10.05.2008), auf: http://www.ahgz.de/archiv/-die-leute-trinken-nichts-mehr,805261873.html [08.03.2015].

Dieselben Frauen und Männer wohlgemerkt, die sich im Alltag „ordentlich" verhalten. Welche Prozesse laufen also ab, dass eine solche *festive*[8] Ausgelassenheit
unter den Besuchern entstehen kann? Was passiert dort? Um diese Fragen zu beantworten, nutzte ich Victor Turners Konzept der Cultural Performances, zu denen
auch Feste und Feiern zählen (vgl. Kap. 3.). Eine Cultural Performance entspricht
einem bedeutungsvollen Gesamtprozess kultureller Praktiken, der in der dreiteiligen
Form von Separation (Trennung), Liminalität (Schwellenzustand) und Reaggregation (Wiedereingliederung) abläuft. Gemäß dem Turnerschen Konzept lösen sich
die Teilnehmer in der ersten Phase aus ihren normalen Bezügen, um dann im
entgrenzten Schwellenzustand einen anti-strukturellen Ordnungsfreiraum, eine
Gemeinschaft (Communitas) und den Flow-Zustand zu erleben. In dieser Alterität
spiegeln sich außerdem alltägliche Verhältnisse wie gesellschaftliche Beziehungsgefüge oder Rollenzuschreibungen wider, wenn die Akteure in performativen Mustern,
per fixierter körperlicher oder dinghafter Symbolisierungen miteinander kommunizieren. Schließlich fügen sich die Partizipanten in der dritten Phase wieder in
ihren Alltag ein. Dieser dreistufige „Bauplan" bot sich als grobe Gliederung für
die einzelnen Handlungsschritte eines Zeltabends an, ohne dass jedoch die prozessuale Gesamtheit ins Hintertreffen gerät. Denn für Turner geht es um die
vollendete, komplexe Durchführung und nicht um singuläre, aneinandergereihte
Ereignisse. Folglich bleibt in dieser Ethnografie offen, welche Festzutat (ob Alkohol,
rustikale Zeltaufmachung, egalitäres Sitzarrangement, das Mitmachen der Besucher oder die musikalische Unterhaltung usw.) die wichtigste sein könnte, damit
eine ausgelassene Bierzeltstimmung entsteht.

Um zu erfassen, welche Feierpraktiken das Publikum bei einem Festzeltabend
ausübt, unternahm ich teilnehmende Beobachtungsgänge und führte Experteninterviews sowie eine Umfrage unter Festzeltgängern durch. Überdies wertete ich
diverse Bild-, Video- und Text-Quellen sowie virtuell per Webcam gewonnene Einblicke aus (vgl. Kap. 4.). Aufgrund meiner begrenzten Ressourcen schenkte ich den
Bierzelten auf dem Cannstatter Volksfest – bekannt auch als der Wasen – die
größte Aufmerksamkeit. Außerdem frequentierte ich andere große Festzelte auf
süddeutschen großstädtischen Rummelplätzen, um ein möglichst facettenreiches
Bild zu erlangen und mein Forschungsfeld abzugrenzen. Die dortigen Bierzelte
und Vorkommnisse sind jenen in Stuttgart ausreichend ähnlich, um in der Ge-
samtschau homologe Muster im Feiern herausarbeiten zu können.[9] Meine Feldbesuche, Befragungen und Webcam-Betrachtungen erstreckten sich über ein
Jahrzehnt, da mich mein Lebensweg in die USA führte und mir eine Pause auferlegte. Einerseits birgt eine derart lange Unterbrechung die Gefahr, dass sich

---

8   Im Sinne der Polarität von Fest und Alltag soll „festiv" hier den Alteritätscharakter der Prakti-
    ken und Atmosphäre im Bierzelt kennzeichnen. „Festlich" erscheint mir dafür als ungeeignet,
    da stets Bedeutungen des glanzvollen Feierlichen mitschwingen, die sich nicht mit den
    enthemmten, körperbetonten Vergnügungen im Festzelt decken.
9   Im Falle von deutlichen Unterschieden zwischen den jeweiligen Festen weise ich darauf hin.

Erinnerungen verzerren oder verblassen, insofern sie nicht (wie in meinem Fall) durch detaillierte Feldberichte gesichert wurden. Andererseits gewann ich durch die räumliche und zeitliche Entfernung nicht nur den nötigen Abstand, sondern ich erkannte das Besondere in den „gewöhnlichen" festiven Praktiken, das ich zuvor übersehen hatte.

Darüber hinaus, das kann ich rückschauend sagen, begleiteten meine Erhebungen eine Zeit des Wandels auf dem Wasen. Wo vor über zwölf Jahren mancher Wirt ums Überleben kämpfte, mittwochabends um 19.00 Uhr Bankreihen leer standen und ein zusätzliches Zelt im Jahr 2000 den Unmut unter den Stuttgarter Brauereien weckte, da sie „den Garaus für das ganze Volksfest"[10] befürchteten, stocken nun die Wirte ihre Platzzahlen auf und können ausgebuchte Zelte vermelden. Warum heute mehr Menschen die Zelte frequentieren als Ende der 1990er Jahre, beantwortet meine Arbeit allerdings nicht. Ebenso wenig erhellt die Untersuchung, warum Männer und Frauen dorthin gehen. Ich gehe vielmehr davon aus, dass die allermeisten Besucher ein Zelt betreten und dort einige Stunden verbringen, da ihnen der Aufenthalt Vergnügen bereitet. Nichtgänger, die diese Freude nicht teilen und im Festzelt nicht anzutreffen sind, bleiben unbeachtet. Es geht allein um die Besucherschaft, jenen „[wirklichen] Querschnitt der Gesellschaft"[11], der sich dort amüsiert. Wegen fehlender Daten kann ich jedoch nur schemenhaft skizzieren, wer sich hinter dem „gesellschaftlichen Querschnitt" soziodemografisch verbirgt (vgl. Kap. 2.). Doch da es mir vorrangig darum ging und geht, den allgemeinen Gesamtprozess zu beschreiben, behandle ich Differenzierungen entlang von Alter, Geschlecht, Bildungsstand oder ethnischer Herkunft ohnehin nur sehr begrenzt.

Außerdem verzichte ich auf eine exakte begriffliche Definition jener, deren arbeitsentlastetes, außeralltägliches Tun ich hier nachzeichne (vgl. Kap. 5.). Besucher, Gast, Teilnehmer, Akteur oder Partizipant nutze ich gleichermaßen als Bezeichnungen, obwohl sich die Gebrauchshäufigkeit von „Besucher" hin zu „Teilnehmer" im Verlauf der Ethnografie verschiebt. Ich will damit verdeutlichen, wie sich die Zeltgäste mehr und mehr einbringen. Denn dieser aktive, körperliche Mitvollzug prägt das abendliche Erlebnis anstelle eines (für mich) eher passiv konnotierten Zuhörens, Zuschauens oder (reaktiven) Rezipierens. Das Mitmachen und Eingebundensein der Feiernden steigert sich dabei in einem komplexen Prozess (vgl. Kap. 6.) bis zum großen Finale des Abends, um sich danach umzukehren und zu entschleunigen. Kontinuierlich sind die Besucher nicht nur am Konsumieren, sondern maßgeblich selbst am Entstehungsprozess der guten Laune beteiligt. *Feiern geht nicht ohne Teilhabe.* Die erhöhte Bühne und das Animieren der Gäste durch die Musikband verleiten einen nämlich zu übersehen, dass das vergnüg-

10   Torsten Schöll: Preiskampf ums Bier. Ein alter Wasen-Zampano kehrt mit neuem Partner aufs Volksfest zurück. In: Stuttgarter Nachrichten, 22.09.2000.
11   *Interview mit Musiker am Di., 05.04.2011.*

liche Hauptgeschehen unten auf den Bänken stattfindet. Das alltägliche Arbeiten im Festzelt von Bedienungen, Musikern oder Sicherheitsdienst habe ich daher nur berücksichtigt, wenn die professionelle Bierzeltseite die festiven Praktiken der Zeltgänger beeinflusste.

Doch nicht nur im Mit- oder Nebeneinander von Beschäftigten und Besuchern treffen Arbeitswelt und Alterität oder alltägliche, „feste" Strukturen und anti-struktureller, „flüssiger" Freiraum aufeinander. Das Feiern im Festzelt zeichnet sich durch eine ganze Reihe von solchen „geordneten" versus „ungeordneten" Ambivalenzen aus, die trotz aller Widersprüche einen Festzeltabend charakterisieren (vgl. Kap. 7.). Überdies helfen sie, die Cultural Performance im Festzelt zu generieren. Oder wie Turner schreibt: „It takes a great amount of order to produce a ‚sweet disorder', a great deal of structuring to create a sacred play-space and time for anti-structure."[12]

Zu den zentralen Gegensätzen gehört, dass der Ablauf zwar einer festen Routine folgt und durch amtliche Verordnungen unverrückbar determiniert wird, aber dennoch Überraschungen und Abweichungen nie ganz auszuschließen sind. Außerdem existieren in der Liminalität kontrolliertes Agieren und Hemmungslosigkeiten neben-, nach- oder miteinander. Das gilt zum Beispiel für den Alkoholkonsum, der sowohl löst als auch durch Trinkrituale wie *Ein Prosit der Gemütlichkeit* einbindet. Die festiven Ordnungen schaffen eine Sicherheit (Festigkeit), in der die Besucher ausgelassen (flüssig) sein können. Es geschieht nämlich nichts Ungewöhnliches, wenn im Festzelt die Feiernden auf den Bänken stehen, sich duzen oder Frauen ungeniert ein Lied grölen. Dort ist es „gehörig", während im Alltag jene Verhaltensweisen eher „ungehörig" sind. Somit geschehen einerseits Transgressionen, bezogen auf den festiven Zeltrahmen andererseits aber nicht. Damit solche für das Zelt „gehörigen" Normbrüche schamlos erscheinen, bedarf es keiner „Alles-geht-Orgie". Vielmehr reicht ein unverschämtes festives Tun. Denn wenngleich sich die Feiernden in der Alterität befinden, bleiben Verbindungen hin zum Alltag bestehen. Einem Wasserzeichen gleich werden sie sichtbar, um dann wieder verdeckt oder verdreht zu werden. Im mittigen Festzelt „hocken" beispielsweise die Besucher egalitär beieinander, Rangfolgen weichen auf, während gleichzeitig ausdifferenzierte Sitzarrangements (Mittelschiff, VIP-Logen oder Galerien) die sozialen Hierarchien zementieren. Um- und Ordnungen, „anti-structure" und „a great amount of order" überlagern sich.

Dasselbe gilt auch für Innovation und Tradition; ein Gegensatzpaar, das sich ebenfalls auf „fest und flüssig" verkürzen lässt. Gebräuchliche, tradierte (relativ feste) Inszenierungen helfen, eine außeralltägliche, aber nicht ungewöhnliche Atmosphäre zu schaffen. Dekoration, Ablauf, Speisen und Getränke oder das Musikrepertoire sind alle derart vertraut, bekannt und „heimelig", dass die Fei-

12   Victor Turner: The Anthropology of Performance. Preface by Richard Schechner. New York 1986, S. 133.

ernden symbolische Ortsbezüge herstellen können. Damit verlieren sie sich nicht in einer diffusen Globalität, sondern können sich im räumlich-sozialen Konstrukt namens Heimat „verwurzeln". Andererseits wandelt sich das Geschehen im Zelt und reagiert auf gesellschaftliche Veränderungen. Individuellere Vergnügungsformen wie das Reihentanzen lösen geschlossen-kollektive Praktiken wie das Schunkeln ab. Das Feiern im Festzelt entspricht keiner starren folkloristischen Stanze. Die Besucher zelebrieren vielmehr flexible Handlungsmuster, die nicht „aufgesetzt" oder „unecht" erscheinen. Das Trinklied *Ein Prosit der Gemütlichkeit*[13] wurde vor über hundert Jahren ursprünglich fürs Bierzelt geschrieben, und wird dort noch immer in modulierter Form alltäglich gepflegt. Eine Tradition, die nicht nur erfunden wurde, sondern in und durch die Veränderungen lebendig ist und damit bedeutungsvoll bleibt. Wenn man so will, verbinden sich auf dem Cannstatter Wasen Tradition und Innovation im Festzelt-Feiern: Die Stabilität, das Beibehalten von Bewährtem ergibt sich, indem es gegenwärtige Impulse aufgreift – also im Fluss bleibt.

Über meine ursprüngliche Verwunderung beim Beobachten des Geschehens, über das „Was-passiert-dort" hinaus, ergaben sich folglich zusätzliche Befunde. Manche auftretende Frage konnte ich jedoch nicht beantworten. Nahezu jedes Kapitel enthält daher Hinweise auf Desiderate. Im thematischen Einstiegskapitel (Kap. 2.), in dem ich das Cannstatter Volksfest, die dortigen Festzelte und kursorisch die Zeltbesucher vorstelle, weise ich beispielsweise auf fehlende Untersuchungen zu Weinzelten hin. Anschließend präsentiere ich im dritten Kapitel, welche wissenschaftlichen Erkenntnisse bislang zum Feiern auf Volksfesten und in Festzelten vorliegen (oder eben nicht). Da ich „Fest" (oder „Feiern") durchgängig gebrauche, erkläre ich dann, was unter einem Fest verstanden wird, bevor ich die konträren Anschauungen – „‚von außen'" auf das „‚verlorene Fest'" und „‚von innen'"[14] auf die doch noch gefeierten Feste – nachzeichne. Das letzte Unterkapitel zum Forschungsstand widmet sich Turners Konzept der Cultural Performance. Meine Studie basiert darauf. Nach dem Darlegen meiner Methoden im vierten Kapitel, wobei ich bezüglich des Gebrauchs von Webcams „Neuland" betrat, beschreibe ich im ethnografischen Herzstück ausführlich, wie ein „typischer" Festzeltabend auf dem Wasen aussehen könnte (Kap. 5.). Von der Anfahrt,

---

13   Ein Festzeltbesuch geht nicht ohne Lieder. Alle *Liedtitel* sind *kursiv* gesetzt. Sämtliche Quellenangaben, die Lieder betreffen, finden sich im alphabetischen Liederverzeichnis. Im Folgenden verzichte ich daher auf Fußnoten, die Quellenangaben zu Liedern machen.

14   Zu den Perspektiven „von außen'" und „von innen'" vgl. Hans Peter Henecka: Soziale Bedingungen von Festen. Zur Dramaturgie des Außeralltäglichen. In: Richard Beilharz/Gerd Frank (Hg.): Feste: Erscheinungs- und Ausdrucksformen, Hintergründe, Rezeption. Festschrift. Walter Riethmüller zum 65. Geburtstag. Weinheim 1991, S. 13-24, hier S. 13f. Auf das „‚verlorene Fest'" bezieht sich Paul Hugger: Einleitung. Das Fest – Perspektiven einer Forschungsgeschichte. In: Ders./Walter Burkert/Ernst Lichtenhahn (Hg.): Stadt und Fest. Zu Geschichte und Gegenwart europäischer Festkultur. Unterägeri/Stuttgart 1987, S. 9-24, hier S. 9 (besonders Anm. 1 ebd.).

dem „Anheizen" über Aussagen zum Musikrepertoire bis hin zum Heimweg schildere ich das Geschehen in zwanzig Abschnitten. Trotz oder wegen aller Details offenbaren sich hier Lücken in der wissenschaftlichen Aufbereitung von Trinkformen wie dem „Exen" oder „Vorglühen" und von populären Tanzmustern wie dem Schunkeln oder Line Dancing.

Damit bei all den Unterpunkten der große Bogen des Gesamtprozesses nicht vernachlässigt wird, behandelt das sechste Kapitel die sich intensivierende Dynamik, die fortwährende Komplexität und den ambivalenten liminoid-liminalen Charakter des Feierns. Bevor ich abschließend im achten Kapitel die Fragen aufwerfe, inwiefern meine Ergebnisse für Festzelte generell gelten und ob jene als „typisch deutsch" verstanden werden können (ungeachtet ihrer Verbreitung in Mitteleuropa), setzt sich das siebte Kapitel unter der Überschrift „Spiegelungen – performative Reflexivität" mit den bereits angedeuteten Dualismen und Ambivalenzen von Tradition und Moderne sowie Un- und Ordnungen auseinander. Auch hier zeigen sich wiederum Forschungsdesiderate: Sei es das unaufbereitete Feiern auf dem Wasen in der Vorkriegszeit, oder wie die partizipierenden Besucher ihre Handlungen letztlich selbst deuten. Inhalte, die meine Hauptmethode der teilnehmenden Beobachtung nur bedingt entschlüsseln konnte.

Gleichwohl weitet meine Untersuchung den bislang fast ausschließlich auf Bayern und das Oktoberfest beschränkten Bierzelt-Blick aus. Denn nicht nur in und um München, sondern überall im deutschsprachigen Raum zelebrieren Menschen im Festzelt. Diese Arbeit will daher einen ersten, unverstellten Blick auf das Zelttreiben werfen. Ein Blick, der von ästhetischen Vorgaben und bayerischem Lokalbezug befreit ist. Möge das Folgende nicht nur Aussagen zum Zutrinken und Anstoßen liefern, sondern selbst einen Anstoß geben und zu weiteren Untersuchungen einladen. Gerade auch, weil sich das Feiern im Festzelt weiterhin wandelt, also „im Fluss" ist, während meine Erkenntnisse in schriftlicher Form über die Jahre hinweg fixiert wurden.

2. Der Rahmen: Volksfest, Festzelte und Besucher

Seit 1818 wird Ende September das Cannstatter Volksfest entlang des Neckars vor den Toren Stuttgarts zelebriert. Sowohl in Bad Cannstatt als auch auf anderen Volksfesten kommen, wie der Name besagt, Menschenmassen (Volk) zusammen, um zu feiern (Fest). Volksfeste lassen sich als ein räumlich und zeitlich klar begrenztes, regelmäßig wiederkehrendes festives Geschehen definieren, zu dem ein breites Angebot an Fahrgeschäften, Schau- oder Marktbuden, Glücks- und Wettkampfspielen sowie gastronomischen Betrieben gehört. Dabei unterhalten, berauschen oder belustigen ambulante Attraktionen und Sensationen verschiedenster Art. Sie eröffnen dem Rummelplatzpublikum ein alltagsentrücktes Sein, einen „partiellen Ausstieg aus der alltäglichen Lebenswelt"[15]. Im Unterschied zu anderen Festformen ist die Teilnahme an Volksfesten frei und unbeschränkt, sie wird „weder durch Brauch noch Norm reguliert."

Die „neuartige Massenvergnügung" Volksfest, bei der sich „vertikal und horizontal die sozialen Grenzen" verwischten, ist „ein Kind des späten 19. Jahrhunderts". Zum einen löste die Aufklärung die ständischen Beschränkungen der Feste auf und machte sie zur Sache des „Volkes". Zum anderen entwuchsen Volksfeste im Zuge der Industrialisierung und Urbanisierung bisherigen traditionelleren Formen und wurden zu einer Freizeitbeschäftigung unter vielen. Volksfeste sind heute profane,[16] professionell durchorganisierte Massenereignisse, die auf der Betreiberseite in erster Linie von kommerziellen Interessen geleitet werden.[17] Der eigentliche Anlass – ob Fürstenhochzeit, mittelalterlicher Markttag oder Mittel zur Erziehung der Untertanen – ist schon lange vergessen oder ins Begleitprogramm abgesunken: Ein Volksfest feiert sich selbst.

So weiß heute kaum einer der rund vier Millionen Besucher des Cannstatter Volksfestes, dessen Festzelttrubel im Zentrum dieser Arbeit steht, dass das erste Volksfest am 28. September 1818 als Landwirtschaftsfest mit Viehprämierungen, Pferderennen, Fischerstechen und Huldigung des Königs zelebriert wurde. Inszeniert von Wilhelm I. von Württemberg sollte das Fest die Agrarwirtschaft des jungen Königreichs durch eine Art „Leistungsschau" fördern, indem neu-

---

15 Winfried Gebhardt: Fest, Feier und Alltag. Über die gesellschaftliche Wirklichkeit des Menschen und ihre Deutung. Frankfurt a.M./Bern/New York/Paris 1987, S. 160; die folgenden Zitate ebd. und S. 164; vgl. dort auch das Vorangehende.
16 Vgl. Sacha-Roger Szabo: Rausch und Rummel. Attraktionen auf Jahrmärkten und in Vergnügungsparks. Eine soziologische Kulturgeschichte. Bielefeld 2006, S. 25.
17 Vgl. Gebhardt 1987, S. 160.

este Errungenschaften einem breiten Publikum präsentiert wurden. 25.000 bis 30.000 Besucher sollen damals an dem eintägigen Fest teilgenommen haben.[18]

Über die Jahre wandelte sich das erzieherisch-aufklärerisch intendierte Landwirtschaftliche Hauptfest mitsamt den königlichen Huldigungen zum demokratisch-urbanen Vergnügungsrummel. Die monarchischen Elemente des Festes verloren sich parallel zur Demokratisierung der Gesellschaft. Sie wurden zu folkloristischen oder nostalgischen Versatz- und Erinnerungsstücken wie das Wahrzeichen Fruchtsäule, die in den 1920er Jahren vom Festplatz als „monarchisches Überbleibsel" zunächst entfernt, allerdings 1935 wieder aufgestellt wurde.[19] Die bäuerliche Prägung des Volksfestes verblasste aufgrund von Industrialisierung und Urbanisierung der Region Stuttgart. Folglich rückte das Landwirtschaftsfest ins Abseits. Gegenwärtig wird es alle vier Jahre am Rande des Rummelplatzes ausgerichtet, wo andernfalls die Autos der Festgänger parken. 2014 besuchten über 200.000 zahlende Gäste die messeartige Agrarveranstaltung.[20]

Darüber hinaus veränderten sich das Rummel- und Vergnügungsangebot. Technisch stets raffiniertere Fahrgeschäfte, buntere Stände und wachsende Schankbuden warben um Kunden. Obendrein büßte der Typus Volksfest gegen Ende des 19. Jahrhunderts seine „Monopolstellung" als der Raum des „Vergnüglich-Ausgelassenen" ein.[21] Mit zunehmender Freizeit entstanden andere Zerstreuungsorte wie stationäre Vergnügungsparks, Ausflugslokale oder schließlich Kinos. Die Schausteller reagierten auf die Konkurrenz, sie erweiterten ihre Attraktionen. So wurde es am Neckar Jahr um Jahr beengter. Der Aufbau des Festplatzes musste mehrfach umgestaltet werden. 1860 erfolgte die erste grundlegende Gliederung des Wasen in drei Haupt- und einige Nebenstraßen, 2009 wurde die letzte Neuordnung vorgenommen. Laut Veranstalter sollte diese, „das Volksfest noch attraktiver für die Besucher, die Festwirte und die Schausteller machen".[22] Geschaffen wurde eine bislang nicht dagewesene „Festzeltstraße", die sämtliche Bierzelte rund um die Fruchtsäule gruppiert. Vorher waren dort lediglich die drei großen Brauereizelte positioniert, während sich die anderen über den Platz verteilten.

---

18 Vgl. Andrea Hartl: Oktoberfest und Cannstatter Volksfest. Vom Nationalfest zum Massenvergnügen. München 2010, S. 89-93, siehe hier auch das Vorangehende.

19 Vgl. Cannstatter Volksfest: Presse-Information: Das Cannstatter Volksfest von A bis Z (vom 23.09.2008), auf: http://www.cannstatter-volksfest.de/fileadmin/user_upload/pdf/presse/Pinfo_VolksfestA-Z.pdf [18.10.2010].

20 Vgl. in.Stuttgart: Presse-Information: Volksfest und LHW sorgen für einen vollen Festplatz (vom 05.10.2014), auf: http://cannstatter-volksfest.de/fileadmin/Volksfest/pdf/14_10_05_Presseinfo_Zwischenbilanz_Volksfest.pdf [08.03.2015].

21 Gebhardt 1987, S. 169.

22 Cannstatter Volksfest: Presse-Information: Das 164. Cannstatter Volksfest präsentiert sich mit vielen neuen Attraktionen (vom 22.09.2009), auf: http://www.cannstatter-volksfest.de/fileadmin/user_upload/pdf/presse/PInfo_164._Cannstatter_Volksfest_lang_22.09.09.pdf [18.10.2010].

Gegenwärtig präsentiert sich das Cannstatter Volksfest laut in.Stuttgart als „eines der schönsten und größten Volksfeste Europas". Zu den Publikumsmagneten gehören sowohl Festzelte als auch der „größte Kettenflieger, der höchste Freifallturm" oder ein „Adrenalin-Schocker" mit einer „Beschleunigung wie in einem Kampfjet".[23] Solche und andere Attraktionen ziehen Millionen Besucher auf den Wasen. Dabei stammen rund 40 Prozent der Gäste aus Stuttgart, 45 Prozent aus der Region und dem restlichen Deutschland sowie 15 Prozent aus dem Ausland. „Besonders Italiener und Österreicher" kommen verstärkt auf das „Festgelände entlang des Neckars, [das] zum ‚interkulturelle[n] Treffpunkt'" werde.[24]

2.1 Das Cannstatter Volksfest: „ein Fest der Schwaben"

Trotz aller überregionaler Anziehungskraft, trotz „aller Internationalität muss das Cannstatter Volksfest auch ein Fest der Schwaben und der Stuttgarter sein", so die Forderung von Festwirt Peter Brandl im Jahr 2009, in dessen Augen die „gemütliche Bodenständigkeit" des „Traditionsfestes" zu bewahren sei.[25] In einem Atemzug betonen die Organisatoren, wie sich das Fest „am Puls der Zeit" entwickle, ohne „gewachsenes Brauchtum zu vernachlässigen".[26] „Liebgewonnene Klassiker" treffen auf Hightech-Fahrgeschäfte, Multimedialität oder zeitgemäßes Veranstaltungsmarketing (wie Webcam, Live-TV-Übertragung oder Youtube-Seite). Ebenso verknüpft die Volksfestzeitung Gegenwart und Vergangenheit, wenn sie schreibt, dass sich unterhalb der Grablege des Feststifters „Partyvolk und traditionsbewusste Schwaben zum 17-tägigen Spektakel"[27] treffen.

Indem das Fest seitens der „Macher" sowohl regional verankert als auch mit Gewohnheitsbezügen besetzt wird, soll sich das hauptsächlich aus Stuttgart und der Umgebung stammende Publikum angesprochen fühlen. Zum Identifikations-

23 in.Stuttgart: Feste: Cannstatter Volksfest auf dem Wasen, auf. http://www.in.stuttgart.de/ index.php?instuttgart=webpart.pages.InStuttgartDynamicPage&navid=5037&coid=5037&-cid=1& [08.03.2015].

24 Zu den Zahlen (Stand 2009) vgl. Cannstatter Volksfest: Presse-Information: Zahlen, Daten und Fakten auf einen Blick (vom 22.09.2009), auf: http://www.cannstatter-volksfest.de/fileadmin/user_upload/pdf/presse/PInfo_Das_Cannstatter_Volksfest_Zahlen__Daten__Fakten.pdf [19.10.2010]. „Interkulturelle[r] Treffpunkt" siehe in.Stuttgart, Feste [08.03.2015].

25 Peter Brandl zitiert in Wulf Wager: Ein Bayer in Cannstatt. In: Cannstatter Volksfestzeitung 09/2009a, S. 40-42, hier S. 42.

26 Auch das Nachfolgende aus Cannstatter Volksfest: Presse-Basisinformationen Cannstatter Volksfest 2010, auf: http://www.cannstatter-volksfest.de/fileadmin/user_upload/pdf/presse/Cannstatter_Volksfest/Basisinformationen/Basisinformation_Cannstatter_Volksfest.pdf [18.10.2010].

27 Wulf Wager: Herzrasen auf dem Cannstatter Wasen. In: Cannstatter Volksfestzeitung 09/2009b, S. 4-5, hier S. 4.

angebot gehören erstens Altbekanntes wie die „Traditionsparade"[28] in den Straßen Bad Cannstatts oder der „traditionelle Fassanstich" durch Stuttgarts Oberbürgermeister[29] als auch zweitens Lokales wie die schwäbische Küche oder Hinweise, dass man gemütlich „fließend schwäbisch"[30] feiern könne. Solche regionalen Bezüge und historischen Verweise nahmen meines Erachtens in der letzten Dekade zu. Damit versuchen die Betreiber verstärkt die Besucher ein- und an das Fest anzubinden. Der „heimatliche" württemberg-schwäbische Charakter wird dabei nicht nur wie ein Mantra wiederholt, sondern von den Betreibern auch mittels komponierter Wasen-Lieder[31] oder einem 2007 geschaffenen Maskottchen aktiv gefördert und inszeniert. Das Maskottchen Wasenhasi, ein lachender Plüschhase in kariertem Hemd und Lederhose, knüpft an das schwäbische Lied *Auf am Wasa graset d' Hasa* an. Als möglicher Sympathieträger soll der Hase für alles stehen, was das Volksfest in den Augen seiner Macher auszeichnet: „Lebensfreude pur, kulinarische Köstlichkeiten, schwäbische Tradition und besonders für Gastfreundschaft gegenüber den Besuchern aus der ganzen Welt".[32] Auch das 2008 speziell entworfene Wasen-Dirndl mit eingesticktem Württemberg-Wappen in den württembergischen Farben schwarz und rot soll laut Marcus Christen von der zuständigen Veranstaltungsgesellschaft namens in.Stuttgart zu einer „Art Erkennungsmerkmal für das Volksfest in Stuttgart werden".[33] Die „moderne, urbane Tracht", angelehnt an „altwürttembergische" Vorläufer, vermag in den Augen ihrer Schöpfer, Stuttgart zu verbinden und das Umland anzusprechen.[34]

Indem die Organisatoren den schwäbischen Charakter des Volksfestes als etwas Besonderes und Unverwechselbares herausstreichen, distanzieren sie den Wasen von der Wiesn, dem bayerischen Oktoberfest in München. Bereits 1810 gegründet, ist das größte und bekannteste aller Volksfeste ein oft bemühter Vergleichs- und Bezugspunkt in Stuttgart. Nach Andrea Hartl begann sich in den 1920er Jahren, der „dauerhafte Blick von Stuttgart aus nach München im schwäbischen Geist festzusetzen"[35]. Es sei fortan das Vorhaben gewesen, es dem Oktoberfest gleichzutun oder es zu überholen. Als beispielsweise 1972 das Volksfest parallel zur Wiesn stattfand, griff der damalige Verkehrsdirektor Peer-Uli Faerber den Wettstreit-Topos auf: „Wir wollen dem Oktoberfest-Image Konkurrenz ma-

---

28 Ebd., S. 5.
29 Cannstatter Volksfest, Presse-Basisinformationen 2010 [18.10.2010].
30 Schwabenbräu-Werbung. In: Cannstatter Volksfestzeitung 09/2009, S. 2.
31 Hierzu zählen Lieder wie *Wir gehn zum Wasen* oder *Wasen, du mein Traum*.
32 Cannstatter Volksfest, Presse-Basisinformationen 2010 [18.10.2010].
33 Stuttgarter Frühlingsfest: Presse-Information: Dirndl-Trend zum Volksfest in Stuttgart (vom 28.04.2008), auf: http://www.stuttgarter-fruehlingsfest.de/fileadmin/user_upload/pdf/presse/Pinfo_Wuerttemberg-Dirndl.pdf [08.03.2015].
34 Vgl. ebd.; die Zitate stammen aus Cannstatter Volksfest: Trachten zum Fest. Württemberg Kollektion, auf: http://www.cannstatter-volksfest.de/index.php?id=556 [05.09.2013].
35 Hartl 2010, S. 101.

chen."[36] 2009 vermerkte dann dessen Nachfolger Christen, dass ein direkter Vergleich nicht angestrebt werde: „Wir werden München nie einholen – wir wollen das aber auch gar nicht".[37] Im Gegensatz zu dieser offiziellen Aussage stehen allerdings inoffizielle Äußerungen, wie sie im Festzeltlied *Wir gehn zum Wasen* von der Kapelle Hofbräu-Regiment anklingen:

> *„Jetzt ist es wieder mal so weit,*
> *es steigt die wilde Jahreszeit.*
> *Der Rest von Deutschland hats kapiert,*
> *das Schwäbisch nun die Welt regiert.*
> *(Refrain) Es steigt bei uns die Feierlust,*
> *die Münchner schieben Wiesnfrust.*
> *Der Schwabe kommt jetzt ganz groß raus,*
> *denn keiner bleibt zu Haus."*

Ob, wie im Lied angedeutet, das Cannstatter Volksfest dem Münchner Oktoberfest den Rang ablaufen könnte, bleibt eher fraglich. Gemessen an Besucherzahlen, dem weltweiten Bekanntheitsgrad, den Bierzeltsitzplätzen oder dem Bierkonsum hinkt der Wasen der Wiesn deutlich hinterher. Darüber hinaus wurde, wie Hartl bemerkt, in Stuttgart „stets ein wenig von München abgekupfert"[38]. Beim Einzug der Wirte (1818), der ersten Achterbahn Deutschlands (1908) oder dem bürgermeisterlichen Fassanstich hatten die Bayern stets „die Nase vorne". Ebenso mauserte sich das Oktoberfest bereits Ende des 19. Jahrhunderts zum Bierfest, bei dem der Festzelttrubel zentraler Bestandteil der Festwahrnehmung wurde.[39] Anders in Stuttgart, wo nach Hartl unter anderem die örtliche Weinkultur die Bierdominanz verzögerte und 1927 die lokalen Brauereien das Fest gar boykottierten. Hintergrund des Fortbleibens waren die damaligen Bestrebungen des Stuttgarter Gemeinderats, das Fest auf eine „etwas höhere Ebene" zu bringen und die „Atmosphäre der warmen Würste und Maßkrüge" zu überwinden.[40] Die angestrebte Veredelung, von der die Zeitungsnotiz berichtet, als auch die zögerlichere Festentwicklung werden von Hartl als Ausdruck des schwäbischen Pietismus gewertet, der ungleich dem feierfreudigen, bayerischen Katholizismus weltlichen Freuden ablehnend gegenüberstand (und steht).[41]

---

36 Hans Otto Stroheker/Günther Willmann: Cannstatter Volksfest. Das schwäbische Landesfest im Wandel der Zeiten. Stuttgart/Aalen 1978, S. 144.

37 Marcus Christen zitiert in Ad Hoc News: Abschlussbilanz – Cannstatter Volksfest beendet (vom 11.10.2009), auf: http://www.ad-hoc-news.de/abschlussbilanz-cannstatter-volksfest-beendet-/de/Thema-des-Tages/20593338 [15.11.2011].

38 Hartl 2010, S. 85.

39 Vgl. Gerda Möhler: Das Münchner Oktoberfest. Brauchformen des Volksfestes zwischen Aufklärung und Gegenwart. München 1980, S. 208-212.

40 Stroheker/Willmann 1978, S. 224.

41 Vgl. Hartl 2010, S. 163, 169. Hartl (S. 163) verweist auf Hermann Bausinger: Der herbe Charme des Landes. Gedanken zu Baden-Württemberg. Tübingen 2006, S. 34.

Von Entsagung oder „Vergeistigung", wie 1927 gefordert, ist auf dem heutigen Cannstatter Wasen jedoch wenig zu spüren, es sei denn, der Betrachter bezieht sich auf die Spiritualität der angebotenen Getränke.[42] Zahlreiche Zeltbetriebe, das Tiroler Almhüttendorf, kleinere Gastronomieunternehmen und Süßwarenanbieter sorgten im Herbst 2012 für das leibliche Wohl der Besucher. Vornan die Bierzelte, die 2012 mit rund 30.000 Sitzplätzen (vgl. Tabelle 1) die meisten Gäste bewirteten.

2.2 Die Festzelte auf dem Wasen

Bis 2011 gab es auf dem Wasen insgesamt neun Zeltbetriebe: sieben Bier- und zwei Weinzelte. Letztere unterschieden sich visuell, auditiv – kurz auratisch – deutlich von den Bierzelten. Die zwei Weinzelte[43] waren überschaubarer und gehobener in der Ausstattung. Sie hatten durchgehend Tische mit Tischschmuck, Sitzbänke mit Polsterung oder gar Ledersessel sowie Musik, die eine Unterhaltung nicht im Geräuschpegel erstickte.[44] In den Bierzelten präg(t)en hingegen blanke Tisch- und Bankreihen, Grölen, Jubel und lautstarke Musik das Ambiente. Außerdem steht generell der Wein im Vordergrund eines Weinzeltes, während im Bierzelt das Bier das dominante Getränk ist. Beide Getränke und deren jeweilige Trinkkultur – Glasgrößen, Trinkusancen, Angebotsvielfalt, Kennerschaft und Preisgefüge – ergeben ein unterschiedliches Flair. So fand sich um die Jahrtausendwende in den Weinzelten ein älteres Publikum als in den Bierzelten. Obendrein, so die Aussage der Weinwirte, „feiert man [dort abends] gesittet" mit „manierlicher Fröhlichkeit", und „nicht so ausgelassen und unkontrolliert wie in den großen Zelten."[45] Eine analytische Auftrennung in Wein- und Bierzelte erscheint daher notwendig. Eine Gegenüberstellung von Wein- und Bierzelten strebe ich allerdings nicht an, obwohl hier eine doppelte Forschungslücke klafft: Weder wurde das weinselige Feiern auf Volksfesten bislang systematisch untersucht noch wurden beide Geselligkeitsformen und -räume gegenübergestellt, um Unterschiede *und* Gemeinsamkeiten von Bier- und Weinzelten herauszuarbeiten.

---

42 In manchen Festzelten werden sonntäglich Gottesdienste abgehalten. Auch gibt es auf dem Wasen seit Jahrzehnten einen Buchverkaufsstand der Schriftenmission des Diakonissenmutterhauses Aidlingen.

43 Bis 2011 waren dies das Cannstatter Oberamt und der Stamerhof, der seit 2012 nicht mehr dabei ist.

44 Vgl. Wulf Wager: Drei Zentner musikalische Inbrunst. In: Cannstatter Volksfestzeitung 06/2006a, S. 26. Auch Cannstatter Oberamt – Weinzelt Zaiß, auf: http://www.weinstube-zaiss.de/volksfest.html [08.03.2015]. Dieter Zaiß verstarb 2010. Vgl. zu Stamerhof: Speisekarte. Stamerhofzeitung, auf: http://www.stamerhof.de/media/speisekarte2010.pdf [08.03.2015].

45 Wulf Wager: GenussOase. In: Cannstatter Volksfestzeitung 07/2007a, S. 35-36, hier S. 36.

Mein Augenmerk liegt allein auf den „klassischen" Bierzelten: transportable Vergnügungsorte mit offenem Mittelschiff, in dem blanke Bierbank- und Tischreihen auf eine erhöhte Bühne für live-musikalische Unterhaltung ausgerichtet sind. Nicht berücksichtigt werden daher ebenfalls die Betriebe „der mobilen Erlebnisgastronomie" wie die Almhütte des Almhütt'n Dorfs (ca. 1.500 Sitzplätze) und das 800 Besucher fassende Württemberg Haus, das 2012 auf dem Wasen stand. Gemäß deren Wirte beruhen beide Lokalitäten auf einem anderen Ambiente als die sieben Bierzelte.[46] Zu diesen zählen vier Brauereizelte (Stuttgarter Hofbräu, Dinkelacker, Schwabenbräu, Fürstenberg) und drei, die sich vollständig in privater Unternehmerhand befinden. Diese Zelte, die ich alle bis auf eines[47] mehrfach besuchte, stelle ich im Folgenden vor, wobei ich auch kurz auf den Zeitraum meiner Feldstudien eingehe.

In der Volksfestsaison 2000 wurde Hans-Peter Grandl Wirt des Stuttgarter Hofbräu-Zelts, dem davor dreißig Jahre lang Walter Weitmann vorstand. Das etwa 5.000 Besucher fassende Zelt bekam einen schwäbischen Stempel aufgedrückt. Die Kopfbilder zieren seither Stuttgarter und Cannstatter Motive. Die Bühne wurde dem Musikpavillon des Stuttgarter Schlossplatzes nachempfunden. 2009 ergänzte Grandl einen überdachbaren Biergarten mit rund 800 Plätzen, wo auch musikalische Unterhaltung geboten wird.

Auch bei Dinkelacker verzeichnete man im Jahr 2000 einen Wirtswechsel. Die Gebrüder Werner und Dieter Klauss übernahmen das Zelt von Familie Greiner. Gleich im ersten Jahr investierten die Wirte 1,2 Millionen D-Mark in einen Holzboden, Nischen und eine helle „Dekoration in sonnigem Gelb".[48] Zum Volksfest 2010 präsentierte sich das Zelt „frisch aufgebreZelt"[49] mit neuen Giebelmalereien und umgestalteten, gehobenen Stuben. 2012 wurde eine Galerie eröffnet. Ins Zelt passen ca. 5.000 Gäste.

Das dritte Brauereizelt, die Schwabenwelt von Michael Wilhelmer mit Holzfassade im alpinen Stil, stammt aus dem Jahr 2009. Für rund 5.000 Besucher wurde auf „zwei Etagen [...] mit Stil und Herzblut eine Atmosphäre der herzlichen Gast-

---

46 Als ich meine Feldstudien 1999/2000 unternahm, gab es beide Lokalitäten nicht. Das Württemberg Haus, das nur 2012 eine Zulassung erhielt, verfügte über „ein exklusives Ambiente" sowie Sitznischen (keine Bänke). Aus Württemberg Haus: Startseite, auf: http://www. wuerttemberghaus.de/ [31.08.2012]. Vergleichbares gilt auch für die „mobile Erlebnisgastronomie" der Almhütte. Aus Almhütte: Startseite, auf: http://www.diealmhuette.de/ [31.08.2012]. Wie man sich an solchen Orten vergnügt, müsste untersucht werden.

47 Hierbei handelt es sich um das Cannstatter Wasenzelt. Die Sitzplatzangaben für alle Festzelte stammen aus Festzeltübersicht. In: Cannstatter Volksfestzeitung 08/2008, S. 14; Festzeltübersicht. In: Cannstatter Volksfestzeitung 10/2010, S. 57; und Festzeltübersicht. In: Cannstatter Volksfestzeitung 12/2012, S. 55-57.

48 Wulf Wager: Festwirt-Doppelpack. In: Cannstatter Volksfestzeitung 07/2007b, S. 46-47, hier S. 46.

49 Cannstatter Volksfest: Festzelte: Dinkelacker Festzelt, auf: http://www.cannstatter-volksfest. de/index.php?id=21 [09.11.2010].

lichkeit" geschaffen.[50] Dieses neue Schwabenbräu-Zelt löste den Fachwerk-Vor-
gänger von Alexander Laub ab (Wirt von 1998 bis 2008). Dessen Zelt erreichte
2007/08 seine maximale Größe mit ca. 6.000 Sitz- und Stehplätzen.

Als die Brauerei Fürstenberg im Jahr 2000 erstmals ihr Zelt mit rund 3.500
Plätzen auf dem Wasen aufschlug, sorgte der „Einfall der Badener" unter Füh-
rung von Ex-Hofbräu-Wirt Weitmann für Unmut.[51] 2005 ging das Fürstenberg-Zelt
rundum erneuert an den Münchner Brandl. Es hatte als Erstes auf dem Wasen
eine zweite Ebene und einen Außenbalkon für bis zu 400 Personen. Brandl wählt
die Musik im Zelt selbst aus.[52]

Das Zelt mit der längsten Tradition wurde 1938 vom „Maiers Karle" mit einer
Braterei für Hähnchen – auf Schwäbisch „Göckele" – eröffnet. Nach dem Tode
des „Wasenpioniers" 1973 führte dessen Frau Josefine den Betrieb weiter, bis sie
diesen 1998 an ihren Sohn Karl übertrug.[53] Das mittelgroße Göckelesmaier-Zelt
wurde im Jahr 2009 von 2.500 auf 3.500 Plätze einschließlich Feinkostloge erweitert. Sonderveranstaltungen wie der „Damenwasen"[54] setzen dort Akzente.

Im Wasenwirt-Zelt der Familie Max-Rudi Weeber, seit über zwei Jahrzehnten
auf dem Wasen vertreten, sollen eine Gaydelight-Party oder Night of the Stu-
dents ein jüngeres Publikum ansprechen. Im „urigen Stil einer Bauernscheu-
ne"[55] aufgemacht, gilt es als „das Partyzelt der Stuttgarter Nightlife Szene". Im
Jahr 2009 vergrößerten die Söhne Armin und Fritz das Zelt von 2.200 auf 2.900
Plätze und ergänzten eine Empore. Als externer Blickfänger kam ein Turm mit
drehendem Bierkrug hinzu.

Als Sonja Merz[56] 2005 ihr Debüt feierte, stellte sie das Arcadia-Erlebniszelt
der Brauerei Alpirsbacher (von 1996 bis 1998 auf dem Volksfest vertreten) auf.
Das damals 1.300 Sitzplätze fassende Zelt wollte mit Bühnen- und Zaubershows
zum „Staunen, Erleben und Genießen" einladen.[57] 2008 verschwanden dann der

---

50 Vgl. Wilhelmers-Schwabenwelt: Das Schwaben Bräu Zelt: Philosophie, auf:
    http://www.wilhelmers-schwabenwelt.de/html/philosophie.html [09.11.2010].
51 Die Konkurrenz „sah [...] den Umsatz schmelzen", aus Frank Rothfuss: Ein Unbeugsamer gibt
    den Taktstock ab. Die Ära Walter Weitmann geht zu Ende. In: Waiblinger Kreiszeitung,
    26.07.2005. Damals erhielt das „streitbare Volksfest-Urgestein" keine Zulassung. Das Fürsten-
    berg-Zelt verblieb auf dem Wasen.
52 Siehe Wager 2009a, S. 41.
53 Vgl. Edgar Rehberger: Kein Leben ohne Festplatz. In: Cannstatter Volksfestzeitung 07/2007,
    S. 10.
54 Göckelesmaier – Der Göckelesmacher: Presse, auf: http://www.goeckelesmaier.de/Presse.
    html [15.11.2010]. Die 200-300 Frauen aus Gesellschaft, Politik und Wirtschaft wurden einge-
    laden, um zu feiern und zu „ratschen, ratschen, ratschen" (vgl. ebd. das Motto der Einladung).
55 Wasenwirt-Werbung am Cannstatter Wasen, auf: http://www.wasenwirtwerbung.de/
    component/content/article/1-aktuelle-nachrichten/45-164-cannstatter-volksfest.html
    [11.04.2011].
56 Bis zu ihrer Heirat im Jahr 2010 Sonja Renz.
57 Monika Bönisch: Die neuen Wirte auf dem Volksfest. In: Cannstatter Volksfestzeitung
    05/2005, S. 44-45, hier S. 44.

Wasserfall, das abgedunkelte Ambiente oder die gestaffelten Nischen des Erlebniszeltes. In heller Holzoptik, mit ebenem Mittelschiff und einer Galerie glich Merz ihr Cannstatter Wasenzelt (2012 ca. 3.700 Plätze) den anderen Zelten an.

Entwicklungslinien im Zeltwesen

Betrachtet man die Entwicklung in den letzten Jahren, wird deutlich, wie die Bierzelte an Anzahl und Umfang und damit letztlich an Prägekraft für das Cannstatter Volksfest zulegten. Im Jahr 1999 waren auf dem Wasen nur fünf reine Bierzelte (Stuttgarter Hofbräu, Dinkelacker, Schwabenbräu, Göckelesmaier, Wasenwirt) vertreten. Daneben gab es damals zwei Erlebniszelte namens Apfelbaum und Conny's, beide mit ein paar hundert Plätzen. Diese beiden und das Alpirsbacher Arcadia-Zelt verzichteten auf das übliche Bierzeltschema. Stattdessen nutzten sie davon abweichende Gestaltungs- und Unterhaltungselemente wie offene Tanzflächen mit Musik von einem Discjockey, ein zentraler Tresen als Aufenthaltszone oder terrassenartige Sitzanordnungen. Doch diese Unterhaltungszelte verschwanden alle wieder, wohingegen sich die „klassischen" Newcomer mit herkömmlichem Mittelschiff (das Fürstenberg und das sich peu à peu zu einem typischen Festzelt wandelnde Arcadia-Wasenzelt) etablieren konnten. Somit kletterte im Zeitraum von 1999 bis 2012 die Anzahl der Bierzelte von fünf auf sieben. Außerdem vergrößerte sich die Kapazität aller Bierzelte von etwa 18.500 Plätzen im Jahr 1999 um rund 11.000 Sitze auf fast 30.000 Plätze im Jahr 2012, was einer Zuwachsrate von beinahe 60 Prozent entspricht.[58] Für diesen Zuwachs sind sowohl die erhöhte Zeltanzahl, deren Erweiterungen in Folge der Neuordnung des Festplatzes im Jahr 2009 als auch letztlich die gestiegenen Besuchermassen verantwortlich.

Sprach ein Zeltbetreiber 1999 noch von *„Akzeptanzschwierigkeiten"* klassischer Bierzelte, vermehrte sich die Nachfrage in den Folgejahren.[59] Ohne diese steigenden Besucherzahlen wären die Zeltexpansionen betriebswirtschaftlich nicht machbar gewesen. Dabei legten gerade die kleineren Zelte deutlich zu, deren Überleben von manchen im Jahr 2000 hinterfragt wurde.[60] Von 2008 auf 2012 wuchsen die Plätze im Göckelesmaier-Zelt und im Cannstatter Wasenzelt um ca. 50 Prozent. Der Wasenwirt stockte im selben Zeitraum um über 30 Prozent auf. Im Vergleich hierzu verzeichneten in der zurückliegenden Dekade die vier Brauereizelte zusammengerechnet „nur" einen eher moderaten Kapazitätszuwachs von rund 10 Prozent.

---

58   Alle Berechnungen Claudia Bosch (im Folgenden CB).
59   *Interview mit Brauerei A am Mo., 22.11.1999.*
60   Vgl. Schöll 2000: „Vermutlich wird der Kampf der Platzhirsche am Ende doch nur dazu führen, dass den kleineren Wasenwirten […] der Schnauf ausgeht."

Tabelle 1: Entwicklung der Bierzelte auf dem Cannstatter Wasen 2000 bis 2012

	Sitzplätze*[61]				
Zelt	2012	2008	2005	2000 (1999)	Weiteres
Stuttgarter Hofbräu Wirt: Hans-Peter Grandl	ca. 5.800	ca. 5.000	ca 5.000	ca. 5.000 (ca. 5.000)	Teilnahme am Frühlingsfest[62]
Dinkelacker Wirte: Dieter u. Werner Klauss	ca. 5.000	ca. 5.000	4.500	4.500 (ca. 4.500)	
Schwabenbräu Wirt: Michael Wilhelmer (ab 2009)	5.000 auf zwei Etagen	ca. 6.000	4.700	ca. 4.700 (ca.4.700)	Wirt bis 2008: Alexander Laub
Fürstenberg Wirt: Peter Brandl (ab 2005)	3.500	3.300	2.800	rd. 3.500 (–)	ab 2000 dabei Wirt bis 2004: Walter Weitmann
Göckelesmaier Wirt: Karl Maier	ca. 3.800	2.500	2.500	2.500 (2.500)	Teilnahme am Frühlingsfest
Wasenwirt Wirte: Armin, Fritz u. Max-Rudi Weeber	2.900	2.200	ca. 2.200	1.800 (1.800)	Teilnahme am Frühlingsfest
Cannstatter Wasenzelt Wirtin: Sonja Merz	ca. 3.700	ca. 2.500	1.300	– (–)	Arcadia-Zelt von 2005 bis 2008

Quellen: siehe Anm. 61.
* Aus den vorliegenden Zahlen geht nicht immer hervor, ob Biergarten- oder Stehplätze mitgerechnet werden. Die Angabe des Hofbräu-Zeltes (2012) umfasst wahrscheinlich den Biergarten.

Bis einschließlich 2008 dominierten die drei großen Zelte der Stuttgarter Brauereien den Wasen, da sie traditionell direkt gegenüber der Fruchtsäule – eines neben dem anderen – aufgebaut waren. 2009 rückten die Veranstalter auch die anderen Zelte zum Wahrzeichen des Festes hin. Die Zelte befinden sich nun konzentriert beiderseits der Fruchtsäule und in der auf sie zuführenden Straße, alle in unmittelbarer Nachbarschaft voneinander. Davor drohten die mittleren Bierzelte, die über den Platz verstreut waren, im Rummelgeschehen unterzugehen. Doch mit dem neuen Standort gewannen diese an Auffälligkeit, auch weil die Privatwirte sowie Fürstenberg mehr Raum für größere Zelte und ergo für ausladendere Fassaden erhielten. Des Weiteren wurde der Wasen dank der Umordnung von 2009 grob in zwei Bereiche gegliedert: Fahrvergnügen und Zeltvergnügen. Dies erleichtert die Orientierung auf dem Festplatz. Schließlich indiziert die Anhäufung der Zelte rund um die Fruchtsäule den Stellenwert, den die Organisatoren dem Festzeltamüsement im Gesamtfest einräumen wollen. Es scheint, dass die „Biergemütlichkeit" herausgestrichen werden soll, um als Publikumsmagnet zu wirken. Analogieschlüsse zum erfolgreichen Oktoberfest drängen sich auf, wenngleich die Wiesn schon 1930 in eine sogenannte Wirtsbuden- und Schaustellerstraße aufgeteilt wurde. [63]

Oktoberfest-Angleichungen finden sich auch bei den Bierzelten. Seit 2005 gibt es am Neckar Emporen im Fürstenberg-Zelt, während in München solche Balkon- oder Galerieeinbauten schon seit Jahrzehnten dazugehören.[64] Die anderen Volksfestwirte folgten dem Vorreiter Fürstenberg relativ rasch und ergänzten Außen- und Innenbalkone, die zum Feiern in luftiger Höhe oder Beobachten von oben einladen: 2008 das Cannstatter Wasenzelt (Arcadia), 2009 das Schwabenbräu- und Wasenwirt-Zelt, 2010 das Göckelesmaier- und 2012 das Dinkelacker-Zelt. Obendrein zeigt diese Auflistung, dass die Zelte beständig umgebaut und modernisiert werden. Gerade wenn es um die technische Ausstattung geht, investieren Zeltbetreiber stets in aktuellste Errungenschaften, um den Betrieb attraktiver und wirtschaftlicher werden zu lassen. Wurden nach dem Zweiten Weltkrieg aufwendige Lautsprecheranlagen installiert, sind es gegenwärtig Belüftungsanlagen, Projektionswände oder innovative Licht- und Bühnentechnik.

Mit dem Attribut „modern" versehen die Wirte nicht nur technische Neuerungen oder baulichen Ergänzungen sondern auch Sonderveranstaltungen, die in den letzten Jahren vermehrt angeboten werden. 2010 skizzierte Schwabenbräu Festwirt Wilhelmer die Marschroute der „moderne[n] Volksfest-Gastlichkeit":

---

61   Die Zahlen der Jahre 2012, 2008 und 2005 stammen aus den entsprechenden Festzeltübersichten. In: Cannstatter Volksfestzeitung 12/2012, S. 55-57; 08/2008, S. 14f.; 05/2005, S. 24f. Für die Jahre 2000 und 1999 fragte ich die jeweiligen Festzeltbetriebe. Einzelnachweise im Quellenverzeichnis unter E-Mails an CB. Die Zahlen für 1999, die die Zelte von Dinkelacker, Hofbräu und Schwabenbräu betreffen, basieren auf einem Telefonat mit Wulf Wager am 07.05.2013.

62   Das Frühlingsfest findet am selben Platz wie das Cannstatter Volksfest statt. Zu den Angaben vgl. Stuttgarter Frühlingsfest: Festzelte, auf: http://www.stuttgarter-fruehlingsfest.de/index. php?id=322 [08.03.2015].

63   Vgl. Möhler 1980, S. 213-216.

64   Vgl. Florian Zimmermann: Wirtsbude – Bierburg – Brauereifestzelt. In: Münchner Stadtmuseum (Hg.): Das Oktoberfest. Einhundertfünfundsiebzig Jahre bayerischer National-Rausch. München 1985, S. 272-281, hier S. 281.

„Der Kern eines Wasen-Festzeltes ist die Bierbank, die Maß, das Göckele und die Musik. Darum herum aber kann man eine Menge Fantasie entfalten, um der Tradition ein paar neue Elemente hinzuzufügen."[65]

Zu jenen „neuen Elementen" gehören Auftritte von bekannten Showstars, Trachtenmodenschauen, „Ladies Days" oder ein schwul-lesbischer Event. Häufig finden solche Veranstaltungen an den schwächer besuchten Wochentagen statt, um mithilfe eines attraktiven Programms das Zelt dennoch zu füllen. Herkömmliche Blasmusik, die bis in die 1990er Jahre regelmäßig bis in den frühen Abend hinein intoniert wurde, erklingt (wenn überhaupt) nur noch am frühen Nachmittag. „Längst spielen in den Zelten keine gewöhnlichen Blaskapellen mehr", die ausgiebig Schunkelrunden oder volkstümliche Klassiker wie das *Kufsteinlied* anstimmen, so die Volksfestzeitung 2007.[66] Stattdessen geben abends die Bands aktuelle Hits und Stimmungslieder, deutsche Schlager oder englische Pop- und Rocktitel – „Härteres" nicht auszuschließen[67] – zum Besten.

Trotz aller Modernität, die die Wirte einmütig betonen, wird fast im gleichen Atemzug die Bodenständigkeit beschworen und Altes als erhaltenswert hervorgehoben. Die Begriffe Tradition, Regionalität und Heimat ziehen sich wie ein roter Faden durch die Beschreibungen der einzelnen Zelte und – eigentlich widersprüchlich – sogar durch die Erläuterungen der vorgenommenen Neuerungen.[68] Gerade in den zurückliegenden zehn Jahren ist dabei jene extra-kreierte Rustikalität mit schwäbischen oder bäuerlichen Versatzstücken stärker vorangetrieben worden. Fast alle Wirte ermuntern die Gäste zum Tragen von „Tracht". Die überarbeiteten Außenfassaden der Zelte nutzen unübersehbar folkloristische Zitate und dörflich-ländliche Muster. Diese Inszenierungen sollen helfen, eine heimelige Wohlfühl-Stimmung in einem bis zu 5.000 Besucher fassenden Zeltraum hervorzurufen, während gleichzeitig neueste Technik einen reibungslosen Ablauf sowie Nachschub von Bier, Essen und Musik – Kerningredienzen des ausgelassenen Feierns – garantiert.

Ungeachtet dieser Gemeinsamkeiten kann davon ausgegangen werden, dass jedes Zelt auf dem Wasen einen eigenen Charakter besitzt, der nicht nur in der Farbskala der Innenausstattung zum Vorschein kommt.[69] Zu den Parametern einer denkbaren Einteilung gehören aller Wahrscheinlichkeit nach – wissenschaftliche Untersuchungen liegen keine vor – 1) das Unterhaltungsprogramm (Sonderveranstaltungen und welche Bands spielen), 2) regionale Zuschreibungen (wie badisch oder „ur-schwäbisch" wird ein Zelt inszeniert oder wahrgenommen),

---

65   Michael Wilhelmer zitiert in Karin Gessler: Symbiose aus Tradition & Zeitgeist. In: Cannstatter Volksfestzeitung 10/2010, S. 26-27, hier S. 26.
66   Wager 2007b, S. 46.
67   Wulf Wager: Feuer frei! In: Cannstatter Volksfestzeitung 07/2007c, S. 20-21, hier S. 21.
68   Vgl. Gessler 2010, S. 26.
69   Vgl. *Interview mit Brauerei B am Di., 25.07.2000: „Wir behaupten, es gibt eine Abstufung der Zelte."*

3) das ausgeschenkte Bier sowie dessen Imagewerte und 4) welche Historie oder Besonderheiten mit einem Zelt verbunden werden. Auf Basis einer dann ersichtlichen Profilierung ziehen die Zelte nach Ansicht von Hartl und Brigitte Veiz *tendenziell* ein unterschiedliches Publikum an (Alter, Geschlecht, regionale Herkunft, Interesse an der Feierintensität oder Finanzkraft). Gemäß dem Feierverhalten der Hauptbesucherschaft sowie dem jeweiligen Essensangebot sollen sich die Zelte dann in die atmosphärischen Stimmungstypen „gemütlich", „exzessiv" und „edel" einteilen lassen.[70] Ich folge dieser Etikettierung nicht, da unklar ist, nach welchen Kriterien Hartl und Veiz die Feierintensität bestimmen. Obendrein liegen weder qualitative noch quantitative Untersuchungen darüber vor, wie sich ein bestimmtes Zeltpublikum zusammen- und vom jeweiligen Publikum anderer Bierzelte absetzt.[71] Nur generellere Aussagen zu den Festzeltgängern lassen sich machen.

2.3 Die Besucher im Festzelt

Über die Dauer des Volksfests hinweg frequentieren mehrere hunderttausend Besucher die Festzelte. Männer und Frauen jeden Alters, unterschiedlicher Herkunft und mit diversem sozioökonomischen Hintergrund gehen dorthin, um sich zu amüsieren. Dazu der Volksfestmusiker:

> *„Im Zelt ist wirklich ein Querschnitt der Gesellschaft. Vom VIP bis zu niederen Leuten, von jung bis alt, ganz unterschiedliche Leute. Das ist ein Ort, wo der 17-Jährige mit dem 70-Jährigen feiert, also der 17-Jährige neben dem 70-Jährigen. Das finde ich positiv. Das gibt es nicht mehr so oft in unserer Gesellschaft, dass jung und alt, unterschiedlichste Menschen ge-*

---

70   Vgl. Hartl 2010, S. 169f. Die Autorin teilt die Wasen-Zelte in folgende Kategorien ein: „gemütlich" (Göckelesmaier und „an der Grenze zum exzessiven Zelt" das Fürstenberg-Zelt), „exzessiv" (Dinkelacker, Hofbräu und „das gemäßigte" Zelt von Schwabenbräu und „die Partyzelte der Jugend mit dem Arcadia-Erlebniszelt sowie dem Wasenwirt") und „edel" (Weinzelt Zaiß und Stamerhof). Anders als von Hartl beschrieben entspricht das Cannstatter Wasenzelt nicht einem „Partyzelt der Jugend". Hartl basiert ihre Zuordnungen nur auf den schriftlichen Angaben der Zelt-Internetauftritte und der Festzeltübersicht in der Cannstatter Volksfestzeitung von 07/2007. Ihre Dreiteilung geht zurück auf Brigitte Veiz: Das Oktoberfest. Masse, Rausch und Ritual. Sozialpsychologische Betrachtung eines Phänomens. Diplomarbeit. Bd. 1: Ergebnisse. Masch. München 2001a, S. 251-255. Veiz' Einstufung erfolgt dabei entlang der Besuchergruppen, die ein Zelt frequentieren, der „eigenen [Zelt-]Stimmung" – wie „gemütlich und gesittet" oder „ausgelassene Festfreude, Trubel und Exzess" – und der jeweils „eigenen Zeltvorzüge". Nach ihrer Einteilung trifft sich im gemütlichen Zelt das „etwas ältere […] ‚Normalpublikum'" zum „Schunkeln und zu gemütlicher Geselligkeit" (S. 251). Validierbare Kriterien und Erhebungsmethoden für das Erstellen der Publikumskategorien oder das Ermitteln der Feierintensität benennt Veiz jedoch nicht.

71   Möglicherweise verfügen Brauereien oder Wirte über solche (mir nicht zugänglichen) Studien.

meinsam feiern. Auch wenn nicht am gleichen Tisch, aber an derselben
Location" (Interview mit Musiker am Di., 05.04.2011).

Diese unbestimmte Aussage, dass sich sozusagen jedermann und jedefrau im
Festzelt vergnügen, lässt sich etwas präzisieren, indem ich die Ergebnisse von
Studien zu Volksfestgängern mit einer von mir durchgeführten Umfrage unter
Zeltbesuchswilligen verknüpfe.[72]

Erstens sind die Generationen nicht gleichmäßig in den Zelten vertreten.
Schutzgesetze beschränken den nächtlichen Aufenthalt von Kindern und Jugendlichen. Doch auch 70-Jährige stellen nicht die Hauptbesucherschaft, die sich
abends zum Feiern trifft. Vielmehr scheinen die meisten aller Gäste zu den mittleren Alterskohorten zu gehören. Sie sind tendenziell zwischen 29 und 40 Jahre
alt, wie meine Umfrageergebnisse (als auch meine Beobachtungen in den Zelten)
indizieren. Unter den von mir Befragten, die an einer organisierten Busreise zum
Volksfest teilnahmen, war diese mittlere Altersgruppe obendrein viel stärker vertreten als in der Gesamtbevölkerung der Region Stuttgart. Die Nürnberger Volks-
feststudie und die Untersuchung des Deutschen Schaustellerbundes gelangten
zu vergleichbaren Ergebnissen: Die um die 30-Jährigen bildeten den je größten
Anteil auf den diversen Festplätzen und waren in Relation zu den jeweiligen Re-
ferenzgruppen überrepräsentiert.[73]

Des Weiteren besuchen tendenziell mehr Männer als Frauen ein Festzelt. Gemäß
der Aussage eines Wirtes und einer Brauerei feiern ca. 60 Prozent männliche und 40
Prozent weibliche Gäste im Zelt.[74] Eine vergleichbare Relation wiesen auch die Mitfahrenden der drei Bustouren auf (57 Prozent Männer versus 43 Prozent Frauen, s.
auch Anm. 79). Fast genau umgekehrt präsentiert sich allerdings das Geschlechterverhältnis in den Festplatzstudien von Nürnberg und Stuttgart, in denen mehr Frauen
als Männer erfasst wurden. Die divergenten Ergebnisse könnten von den jeweiligen
Untersuchungs- und Befragungsmethoden herrühren. Doch gerade die Nürnberger
Studie befragte an verschiedenen Tagen und Uhrzeiten geschlechtsneutral jeden
dritten Besucher ab zwölf Jahren (n=1.806). Der weibliche Anteil unter den Nürnberger Volksfestbesuchern war dabei sogar höher als jener der Stadtbevölkerung (51,9

72   Vgl. Reinhard Wittenberg: Volksfeste in Nürnberg. Regensburg 2005, n=1.806; Dt. Schaustellerbund 2000 [08.03.2015], n=1.204 ; Sara Spengler: Volksfeste und ihre Bedeutung für das Stadtmarketing – dargestellt am Beispiel des Cannstatter Volksfestes. Diplomarbeit. Ludwigsburg
2009, auf: http://nbn-resolving.de/urn:nbn:de:bsz:1147-opus-1163 [08.03.2015],
n=55 und meine Umfrage, n=112 (im Anhang 10.4). Zur Methode der Umfrage siehe Kap. 4.3.

73   Auf dem Nürnberger Volksfest stellte die Gruppe der 14- bis 25-Jährigen den größten Anteil am
Rummelplatzpublikum. Doch dazu gehörten auch Besucher, die nicht ein Zelt frequentierten.
Hierzu Wittenberg 2005, S. 39-41; auch Dt. Schaustellerbund 2000, S. 81 [08.03.2015].

74   Vgl. *Interview mit Wirt C am Do., 23.09.1999*; und *Interview Brauerei A am Mo., 22.11.1999*: „Es
ist überwiegend eine männlich dominierte Angelegenheit, es sind wenig Frauen dabei." Im Jahr
1999 erachtete der Interviewpartner 40 Prozent sogar als einen „sehr hohen Frauenanteil".

Prozent), wenn auch „nicht statistisch signifikant".[75] Ausgehend davon, dass Nürnberg kein Sonderfall ist und sich meine Erhebung im Reisebus auf Festzelte übertragen lässt, zeichnet sich ein Unterschied im Besuchsverhalten von Männern und Frauen hinsichtlich Rummelplatz und Festzelt ab: Mehr Frauen als Männer gehen anscheinend auf ein Volksfest aber nicht in ein Bierzelt, wo Männer nicht nur zahlreicher, sondern im Verhältnis zur entsprechenden Bevölkerung überrepräsentiert sind.

Tabelle 2: Altersstruktur der Besucher von Festzelt und *Volksfesten* in Prozent

Alter in Jahren	Bevölkerung der Region Stuttgart 2000	Umfrage auf der Fahrt zum Festzelt 1999/2000	Volksfeststudie Dt. Schaustellerbund 2000 (Alter)	Volksfeststudie Nürnberg 2004 (Alter)
16 - 28	14,8	22,5	28,0 (16 - 25)	18,0 (14 - 18) 26,0 (18 - 25)
29 - 40	20,9	43,2	37,3 (26 - 40)	38,0 (25 - 45)
41 - 55	19,6	27,0	13,8 (41 - 50)	15,0 (45 - 60)
56 - 70	17,9	7,2	10,5 (51 - 60) 10,5 (61 +)	8,0 (61 +)

Quellen: Statistisches Landesamt Baden-Württemberg (Berechnungen CB)[76]; zu den Umfragewerten vgl. eigene Erhebung (siehe Anhang 10.4 und Anm. 79); Dt. Schaustellerbund 2000, S. 81 [08.03.2015]; Wittenberg 2005, S. 40.

Drittens fuhren von den Personen, die meinen Fragebogen (n=112) ausfüllten, lediglich fünf alleine auf den Wasen. 85,7 Prozent der von mir Befragten waren mit mehr als vier Begleitern unterwegs. Doch die geringe Anzahl von Besuchern ohne Begleitung gilt nicht nur für die spezifische Situation im Reisebus. Die Nürnberger Studie bestätigt, „die klare Tendenz, in Gruppen das Volksfest zu besuchen."[77]

---

75   Im Falle des Stuttgarter Meinungsbildes war das Sample zu klein (n=55) und Spengler bemüht, die Befragten gleichmäßig auszuwählen. Vgl. Spengler 2009, S. 57f. [08.03.2015]. Bei der Busfahrt könnte es an der spezifischen Gruppenreisesituation gelegen haben (vgl. Kap. 4.3). Die Nürnberger Studie allerdings war bestrebt, eine „willkürliche oder absichtliche Auswahl zu verhindern" (Wittenberg 2005, S. 39).

76   Zu den Bevölkerungszahlen der Region Stuttgart vgl. Statistisches Landesamt Baden-Württemberg: Regionaldaten Stuttgart. Bevölkerung 2000, auf: http://www.statistik-bw.de/SRDB/ Tabelle.asp?H=BevoelkGebiet&U=05&T=01035810&E=RV&R=RV11 [08.03.2015].

77   Wittenberg 2005, S. 41f.; siehe auch Dt. Schaustellerbund 2000, S. 85 [08.03.2015]. Zur Präselektion in meiner Umfrage vgl. Kap. 4.3.

Gäste ohne Begleitung, die „freien Radikale", wie sie der interviewte Kellner scherzhaft titulierte, sind eine Minderheit auf dem Platz und in den Zelten.[78]

Tabelle 3: Geschlechteranteile der befragten Besucher von Festzelt und *Volksfesten* in Prozent

	Bevölkerung der Region Stuttgart 2000	Umfrage auf der Fahrt zum Festzelt 1999/2000[79]	Meinungsbild Cannstatter Wasen 2009	Volksfeststudie Nürnberg 2004
Frauen	50,8	43,0	52,7	54,6
Männer	49,2	57,0	47,3	45,4

Quellen: Statistisches Landesamt Baden-Württemberg[80]; eigene Erhebung (siehe Anm. 79); Spengler 2009, S. 57f. [16.09.2012]; Wittenberg 2005, S. 39.

Detaillierte Aussagen zur sozialen Stratifikation in den Festzelten kann ich nicht treffen. Ich fragte nur nach dem höchsten Ausbildungsabschluss. Dabei zeigte sich, das Bildungsniveau war leicht höher als jenes der baden-württembergischen Bevölkerung. Die Ursache hierfür ist wahrscheinlich, dass die Befragten aus dem Landkreis Tübingen stammten, der über einen höheren Ausbildungsstand als Baden-Württemberg (BW) verfügt. Die höchsten Ausbildungsabschlüsse der Befragten im Reisebus waren:

- Abgeschlossene Berufsausbildung (Gesellenprüfung): 46,4 % (BW: 47,4 %)
- Meisterprüfung: 11,8 % (BW: 9,1 %)
- Fachhochschul-/Universitätsabschluss: 20,0 % (BW: 13,6 %)
- 21,9 % ohne Angaben zum beruflichen Bildungsabschluss (BW: 29,8 %)

Quellen: eigene Erhebung (siehe Anhang 10.4); Vergleichswerte von 2010 aus Statistisches Landesamt Baden-Württemberg[81].

78 *Interview mit Bedienung M am Do., 24.03.2011*; siehe auch Dt. Schaustellerbund 2000, S. 84 [08.03.2015].
79 Diese Werte unterscheiden sich von der Auswertung meiner Umfrage (66,6 Prozent männlich, 33,3 Prozent weiblich). Die Abweichung kommt zustande, weil bei der dritten Busreise zum zweiten Male der gleiche Frauenstammtisch im Bus mitfuhr. Um Dopplungen zu vermeiden, bat ich die Frauen, die schon einen Bogen ausgefüllt hatten, nicht erneut an der Umfrage teilzunehmen. Diese max. 18 Frauen füllten zwar keinen Bogen aus, besuchten aber das Festzelt und müssen daher eigentlich in das Geschlechterverhältnis und die Altersverteilung der Besuchswilligen miteinbezogen werden. Beziehe ich das Alter dieser im Zelt wahrscheinlich anwesenden und in der Umfrage nicht berücksichtigten Frauen mit ein, verschieben sich zwar die Anteile, die Reihenfolge der Kohortengrößen ändert sich nicht. Die mittlere Kohorte bleibt die zahlenmäßig stärkste. Vgl. Anhang 10.4.
80 Statistisches Landesamt Baden-Württemberg 2000 [08.03.2015].
81 Statistisches Landesamt Baden-Württemberg: Bevölkerung. Ausbildungs- bzw. Hochschulabschluss 1985 und 2010, auf: http://www.statistik.baden-wuerttemberg.de/BevoelkGebiet/Landesdaten/MZbevAbschluss.asp [08.03.2015]. Vgl. auch Anhang 10.4.

Die von mir ermittelten Ausbildungsquota ähneln den Nürnberger Werten, fasst man die einzelnen Gruppen entsprechend zusammen.[82] So hatten 25 Prozent der Nürnberger Festbesucher Fachhochschulreife oder Abitur, während in meiner Befragung 25,5 Prozent der Teilnehmer angaben, diese Abschlüsse zu besitzen.

Tabelle 4: Festzeltbesuchsverhalten ausgewählter Umfrageteilnehmer in Prozent

	Facharbeiter	Akademiker	Gesamt
Besuchsfrequenz Gehen Sie bei Volksfestbesuchen in ein Festzelt?	n=51	n=22	n=111
immer	66,0	47,6	60,6
selten	14,0	28,6	15,6
Aufenthaltsdauer Wie viel Zeit verbringen Sie im Festzelt?	n=51	n=22	n=111
weniger als ½ h bis ca. 1 h	7,9	22,7	11,7
ca. 3 h	27,5	31,8	27,0
mehr als 3 h	45,1	27,3	39,6
Begleitpersonen Wer sind Ihre Begleiter? (Mehrfachnennungen möglich)	n=47	n=22	n=106
Arbeitskollegen	48,9	72,7	52,8
Vereinsgenossen	29,8	13,6	28,3
Freunde	40,4	27,3	35,5
Ausgabenobergrenze[83]	n=49	n=22	n=110
kein festes Budget	77,6	90,9	81,8

Quelle: eigene Erhebung (siehe Anhang 10.4).

Die Nürnberger Studie erfasste obendrein die berufliche Stellung und das Einkommen der Rummelplatzbesucher. Die Untersuchung ergab „überraschend", dass die Volksfestgänger „über relativ viel Geld verfügen". Deren bereinigtes durch-

---

82   Vgl. Wittenberg 2005, S. 135.
83   Was exakt unter „kein festes Budget" verstanden wurde (unbegrenzte Ausgaben oder der greifbare Geldbeutelinhalt, was ja einer Begrenzung gleichkäme), ist nicht bekannt.

schnittliches Haushaltsnettoeinkommen von ca. € 2.020 lag nämlich „statistisch höchst signifikant über dem Nürnberger Niveau von € 1.900 im Jahr 2003".[84]

Tabelle 5: Festzeltbesuchsverhalten der befragten Männer und Frauen in Prozent

	Männer	Frauen	Gesamt
Alter in Jahren	n=107	n=35	n=111
16 - 28	18,1	31,4	22,5
29 - 40	41,7	42,9	43,2
41 - 55	30,6	22,9	27,0
56 - 70	9,7	2,9	7,2
Aufenthaltsdauer	n=73	n=34	n=111
Wie viel Zeit verbringen Sie im Festzelt?			
weniger als ½ h bis ca. 1 h	13,7	5,9	11,7
ca. 3 h	34,2	11,8	27,0
mehr als 3 h	27,4	64,7	39,6
Begleitpersonen	n=67	n=35	n=106
Wer sind Ihre Begleiter? (Mehrfachnennungen möglich)			
Arbeitskollegen	65,7	25,7	52,8
Vereinsgenossen	22,4	40,0	28,3
Freunde	31,3	45,7	35,5
Ausgabenobergrenze	n=72	n=34	n=110
festes Budget mit Ausgabenobergrenze	9,7	14,7	10,9
kein festes Budget	79,2	85,3	81,8

Quelle: eigene Erhebung (siehe Anhang 10.4).

Geht man von der Übertragbarkeit dieser Ergebnisse aus, verwundert es nicht, dass über 80 Prozent der von mir Befragten über kein festes Budget mit einer Ausgabenobergrenze verfügten (vgl. Anhang 10.4). Die Ausgabenbereitschaft war dabei umso ausgeprägter, je höher das erreichte Ausbildungsniveau war. Auch bei der Besuchshäufigkeit, Verweildauer oder den Begleitern zeichneten sich in meiner Umfrage deutliche Unterschiede zwischen Personen mit abgeschlossener Berufsausbildung (Facharbeiter) und Akademikern ab.

84   Wittenberg 2005, S. 48f.

Fasse ich alle vorliegenden Fragmente zusammen, so kristallisiert sich schemenhaft als der durchschnittliche abendliche Cannstatter Festzeltbesucher am ehesten ein Mann heraus, der um die dreißig Jahre alt ist. Er wohnt im Großraum Stuttgart und kommt in einer Gruppe mit mindestens vier Begleitern, die häufig Arbeitskollegen oder Freunde sind. Er hat eine Berufsausbildung und kein festes Ausgabenbudget für den Wasen-Besuch, während dessen er sich ungefähr drei Stunden im Festzelt aufhält. Zeltbesucherinnen hingegen sind im Vergleich jünger. Sie haben niedrigere Abschlüsse als die Männer, was allerdings der Ausbildungsstruktur der Bevölkerung Baden-Württembergs gleicht.[85] Im Rahmen meiner Befragung war keine Frau alleine zum Wasen unterwegs, die meisten kamen mit Freundinnen oder Vereinskolleginnen, um deutlich mehr als drei Stunden im Festzelt zu verbringen. Die allermeisten der von mir befragten Frauen hatten ebenfalls keine Ausgabenobergrenze, wenngleich der Anteil mit festem Budget etwas höher war als unter den männlichen Mitfahrenden im Reisebus. Die Studie des Deutschen Schaustellerbundes ermittelte, dass Frauen 84 Prozent des von Männern aufgewendeten Betrages auf einem Volksfest ausgeben.[86]

Ungeachtet solcher Unterschiede und der soziodemografischen Divergenzen konnte die Nürnberger Erhebung mittels einer Clusteranalyse für die Volksfestbesucher feststellen, dass sie trotz unterschiedlicher Freizeittypologisierung (Spannungsschema, trivialkulturelle Beschäftigungen oder Neigung zur Hochkultur) zu ähnlichem Verhalten neigen. Alle Besuchergruppen zeigten nämlich in der Freizeit „im Durchschnitt ein doch eher geselliges" und „indifferentes bis aktives Verhalten":

> „Dieses Ergebnis – geselliges und tendenziell aktives Verhalten – ist für Besucher eines Volksfestes wenig erstaunlich: Jemand, der nicht gerne unter Menschen ist, wird sich wohl kaum in das zeitweise große Gedränge auf einem Volksfest begeben. Außerdem ist das Volksfest als aktive Freizeitbeschäftigung zu bezeichnen: Schließlich [... verbringt] man die meiste Zeit stehend oder gehend [...] – sofern nicht das traditionelle Festzelt die Hauptattraktion für den Volksfestbesuch ist."[87]

Eben jenes gesellige und aktive, außeralltägliche Verhalten – genauer das Feiern im Festzelt – zu entschlüsseln, ist meine Absicht. Es soll hier im Folgenden nicht darum gehen, wie ein „typischer" Besucher aussieht, sondern vielmehr darum, wie er oder sie typischerweise seine oder ihre Zeit im Bierzelt verbringt und was in dem drei- und mehrstündigen Aufenthalt abends und nachts dort geschieht.

---

85 Vgl. hierzu und dem folgenden Verweis Statistisches Landesamt Baden-Württemberg 2000 [08.03.2015].

86 Hierzu Dt. Schaustellerbund 2000, S. 104 [08.03.2015].

87 Wittenberg 2005, S. 55; vgl. das Vorangehende ebd., S. 50-54.

3. Vom Feiern in der Forschung

„Feste" oder sachte, heftig oder lau – das Feiern lässt bezüglich der Teilnahme nur eine Variante zu: die involvierte, auch wenn sie in gedämpften Formen verlaufen kann. Es gehört zum Wesen des Feierns und „Festens", dass es nur dann zustande kommt, wenn die Anwesenden partizipieren: Teilnehmen ganz im Wortsinn, indem man sich die Zelebration zu eigen macht (sich seinen Teil nimmt). Im anderen Fall bleibt der Anwesende ein außenstehender, unbeteiligter Beobachter, der nicht feiert. *Wenn niemand feiert, gibt es auch kein Fest.* Feste und Feiern sind folglich ganz eng mit dem feiernden Tun, dem spezifischen Durchführen von Handlungen und Aktionen seitens der Anwesenden – den dann Teilhabenden und -nehmenden – verknüpft. Spezifisch, weil sich von Fest zu Fest und Feier zu Feier unterscheidet, was dieses Feiern konstituiert. Bei einer Trauerfeier oder Taufe verhalten sich die Teilnehmer anders als bei einem Karnevalsumzug. Daher – kaum verwunderlich – die Fülle an Arbeiten, die sich mit den diversen Formen wie Geburtstags- oder Stadtfest auseinandersetzen. Im Falle von Volksfesten zeichnen beispielsweise Einzelstudien detailliert nach, warum, wer, wie, wann, wie lange schon, wo und mit welcher Bedeutung was zelebriert.

Des Weiteren gibt es entweder theorie- oder empiriegeleitete Überlegungen, was ein Fest, eine Feier oder ein Event ausmacht und was nicht. Vorrangig beschäftigt sich die Gruppe der theoretisch-kulturphilosophischen Arbeiten mit der Alterität von Festen: Fest als zentrale und bestimmende Gegenkategorie zum alltäglichen Normalzustand. Die feierlichen und festiven Aktionen, die sich vom uninvolvierten Tun absetzen, finden hier im Vergleich zu den Gesichtspunkten Nichtalltäglichkeit, Gemeinschaft, Sinnstiftung oder der Spezifik der äußeren Form (Ekstase, Transzendenz, Ort) geringere Aufmerksamkeit. Die empirische Festforschung hingegen betrachtet das „Innen" der Feste, seien es Ausgestaltung (dramatisch wie dekorativ), Ablauf oder inhärente Spannungsfelder (wie die Gleichzeitigkeit von Chaos und Ordnung). Gemein ist diesen Definitionsansätzen, dass das Durchführen von konkreten Verhaltensmustern, das eigentliche Feiern, als ein Element unter vielen gesehen wird.

Anders verhält es sich mit dem theoretischen Konzept der Cultural Performances, zu denen auch Feste und Feiern gezählt werden müssen. Hier steht die Prozesshaftigkeit, die Abfolge von Tun und Handeln im Mittelpunkt. Für Turner gilt nach Richard Schechner: „Performance is a paradigm of process."[88] *Performance* entspricht in diesem Sinne *nicht* einzelnen konsekutiven *Form*abfolgen, sondern dem durchgeführten, vollendeten Gesamten, „the processual sense of ‚bringing to completion' or ‚accomplishing'".[89] Eine Cultural Performance um-

---

88 Richard Schechner: Victor Turner's Last Adventure. In: Victor Turner (Hg.): The Anthropology of Performance. Preface by Richard Schechner. New York 1986, S. 7-20, hier S. 8.
89 Victor Turner: From Ritual to Theatre. The Human Seriousness of Play. New York 1982, S. 91.

schreibt den bedeutungsvollen Gesamtprozess kultureller Praktiken von Anfang bis Ende. Die Betonung in der wissenschaftlichen Aufarbeitung liegt auf der Bewegung und den Interaktionen eines Festes. Anstelle einer „Metapher von ‚Kultur als Text'" rückt die Perspektive „‚Kultur als Performance'" in den Mittelpunkt.[90] Dabei finden sich Ähnlichkeiten im Ansatz von Turner mit dem Modell der Theatralität, das sich auf den „Aufführungscharakter kultureller Handlungen" bezieht.[91] Denn Theater und Fest evozieren beide Identitäts- und Gemeinschaftsgefühle.[92]

Im Grundsatz lassen sich so drei Literaturbereiche erkennen: Einer beschäftigt sich mit konkreten (Volks-)Festen, der zweite erörtert „von außen" oder „von innen" das generelle Wesen von Fest (Feier), und der dritte Ansatz basiert auf dem Konzept der Cultural Performances. Folgend stelle ich diese drei Bereiche und – soweit enthalten – ihre Ergebnisse hinsichtlich Volksfesten vor, gerade auch was das festive Sein betrifft. Besonderes Augenmerk schenke ich Turners Konzept der Cultural Performances, da sich meine Arbeit daran ausrichtet. Auf den Theatralitätsansatz mit seinem Interesse an Inszenierung, Körperlichkeit und Wahrnehmung gehe ich nicht weiter ein. Vielmehr konzentriere ich mich auf das Verlaufsmuster von Performances mit den Phasen Separation, Liminalität und Reaggregation. Denn „Feste lassen sich als Cultural Performances definieren, die sich durch die doppelte Dialektik von Liminalität und Periodizität einerseits sowie von Regelhaftigkeit und Transgression andererseits auszeichnen."[93]

3.1 Studien und Untersuchungen zu Volksfest, Kirmes, Rummelplatz

In vielen Lokalstudien zu Jahrmärkten oder Volksfesten wird das Feiern als gegeben gesetzt und nicht weiter hinterfragt. Es fristet ein „Mauerblümchendasein" in diesen zahlreichen, meist organisationshistorischen Abhandlungen und Inventarisierungen von örtlichen Festlandschaften. Anschauliches Zeugnis dieser Fülle liefern Sammelbände und illustrierte Festführer, in denen Feste, Feiern und

90 Erika Fischer-Lichte: Theater als Modell für eine performative Kultur – Zum performative turn in der europäischen Kultur des 20. Jahrhunderts. Saarbrücken 2000, S. 23. Vor dem „performative turn" fragten Kulturwissenschaftler „nach der Bedeutung der performativen Akte, ohne diesen selbst besondere Aufmerksamkeit zu widmen" (ebd., S. 22).

91 Erika Fischer-Lichte: Einleitung. Theatralität als kulturelles Modell. In: Dies. et al. (Hg.): Theatralität als Modell in den Kulturwissenschaften. Tübingen/Basel 2004, S. 7-26, hier S. 10; auch Victor Turner: Frame, Flow and Reflection, Ritual and Drama as Public Liminality. In: Michel Benamou/Charles Caramello (Hg.): Performance in Postmodern Culture. Milwaukee 1977, S. 33-55, hier S. 46-50.

92 Vgl. Erika Fischer-Lichte/Matthias Warstatt: Einleitung. Staging Festivity. Theater und Fest in Europa. In: Dies. (Hg): Staging Festivity. Theater und Fest in Europa. Tübingen/Basel 2009, S. 9-16, hier S. 11.

93 Ebd., S. 12.

Bräuche katalogisiert werden.[94] Über die großen Volksfeste informieren spezielle Bildbände,[95] Ausstellungskataloge, biografische Erzähl- und Aufsatzsammlungen[96] oder Reiseführer. 2010 erschien zum Beispiel von Festzeltwirt Grandl und Carolyn Hutter ein „ultimatives Wasenbuch", das mit Liedtexten und schwäbischem Wörterbuch auf das dortige Volksfest einstellen sollte.[97]

Ausführlicher und auf wissenschaftlichem Fundament behandeln spezifische (Einzel-)Volksfestdarstellungen den historischen Festwandel. Annette Krus-Bonazzas Beitrag zur Cranger Kirmes (1992), Barbara Stambolis' Studie zu Libori in Paderborn (1996), Gerhard Eberstallers Überblick über österreichische Volksfeste (2004) oder im allgemeineren Claudia Schirrmeisters Buch über Vergnügungswelten (2002) sind solche Publikationen, die Entwicklungslinien detailliert aufzeigen.[98] „Jahrmärkte sind Freudentage" heißt es bei Imke Tappe,[99] ohne dass der Leser allerdings Genaueres über die Freuden erfährt. Die meisten jener kulturgeschichtlichen Festabhandlungen beschreiben akribisch Gründungsvorgänge, Eröffnungszeremonien, Schaustellerwesen oder Umzüge, wohingegen das gemeinsame Vergnügen, das Singen oder Lachen nur am Rande erwähnt werden.

---

94   Vgl. zum Beispiel Angelika Feilhauer: Feste feiern in Deutschland. Ein Führer zu alten und neuen Volksfesten und Bräuchen. Zürich 2000; Leander Petzoldt: Feste und Feiern in Baden-Württemberg. Karlsruhe 1990. Ausführungen zu Kirchweih, Kirmes und Herbstfesten als Brauchtum finden sich auch in Ingeborg Weber-Kellermann: Saure Wochen – Frohe Feste. München/Luzern 1985. Zwischen Fluss- und Fischerfesten, Volks- und Heimatfesten oder Wein- und Winzerfesten unterscheidet Heinz-Rudi Brunner: Volksfeste zwischen Rhein-Main und Neckar. Studien zum Folklorismus der Gegenwart. Bern/Frankfurt a.M. 1974. Nach Anlass, Form oder Ablauf differenziert Andreas C. Bimmer: Zur Typisierung gegenwärtiger Feste. In: Ders./Heidemarie Gruppe-Kelpanides (Hg.): Feste in Hessen. Hessische Blätter für Volks- und Kulturforschung, Bd. 4. Gießen 1977, S. 38-48. Klaus Guth: Alltag und Fest. Aspekte und Probleme gegenwärtiger Festkulturforschung. In: Schweizerisches Archiv für Volkskunde 81/1985, S. 59-78, gliedert Gemeindefeste in „älteste Festtypen", „ältere Festtypen" (wie die „älteren Volksfeste" oder Historien- sowie Wiesenfeste) und in einen „jüngsten Festtyp"

95   Eine kleine Auswahl: Florian Dering/Ursula Eymold: Bier – Oktoberfest – Museum. München 2007; Winfried Labus/Wolfgang Verstege: Cranger Kirmes. Erlebnis für Millionen. 79 Farbaufnahmen vom größten Volksfest im Revier. Herne 1988; oder Hermann Vietzen/Karl Hetschel: Bad Cannstatt und sein Volksfest im Wandel der Zeit. Ein Bildband. Stuttgart-Bad Cannstatt 1970.

96   Siehe u.a. Birgit Götz: „Mit Romantik hat unser Beruf nichts zu tun". Münchner Schaustellerfrauen erzählen aus ihrem Leben. München 1999; oder Gabi Schweizer: Oktoberfest. Traum oder Alptraum? Erlebnisse und Beobachtungen einer Wiesnbedienung. Norderstedt 2009.

97   Hans-Peter Grandl/Carolyn Hutter: Uff 'm Wasa. Das ultimative Wasenbuch. Stuttgart 2010.

98   Annette Krus-Bonazza: „Auf Cranger Kirmes". Vom Pferdemarkt zum Oktoberfest des Westens. Münster 1992; Barbara Stambolis: Libori. Das Kirchen- und Volksfest in Paderborn. Eine Studie zu Entwicklung und Wandel historischer Festkultur. Münster 1996; Gerhard Eberstaller: Schön ist so ein Ringelspiel: Schausteller, Jahrmärkte und Volksfeste in Österreich. Geschichte und Gegenwart. Wien 2004; Claudia Schirrmeister: Schein-Welten im Alltagsgrau. Über die soziale Konstruktion von Vergnügungswelten. Wiesbaden 2002, besonders S. 160-173.

99   Vgl. Imke Tappe: Jahrmärkte sind Freudentage. Aspekte zur Kirmes im 19. und 20. Jahrhundert. In: Kurt Dröge/Dies. (Hg.): Festkultur in Lippe. Beiträge zum öffentlichen Festwesen im 19. und 20. Jahrhundert. Münster/New York 1994, S. 93-137, hier S. 93.

Das Bierzelt wird meist als sachliche Einrichtung behandelt. Buchhalterisch werden Größe, Betreiber, Ausstattung oder Bierumsatz erfasst.[100] Die zwei Schilderungen zum Cannstatter Volksfest von Hans Otto Stroheker (1978 mit Günther Willmann, 1995 mit Andrea Kubiak) beziehen sich auf das Bierzelt-Feiern lediglich in festkritischen Zeitungszitaten der 1920er Jahre oder in Rückbesinnungen auf Feste vor 1939. Der Leser erfährt mehr über die Gestaltung der Fruchtsäule als über das Feiern in den „großartige[n] Bierzelte[n] der Vorkriegszeit".[101]

Entwicklungen, Werbe- und Touristikmaßnahmen von Oktoberfest und Cannstatter Volksfest vergleicht Hartl in ihrer kulturwissenschaftlichen Arbeit (2010). Sie kontrastiert nicht nur die beiden Feste als quasi Institutionen, sondern auch die regionalen Identitäten und Stereotype: einerseits in München der „gemütlich-bayerische Lebensstil", das katholische Genießen und das weltbekannte „Fest des Bieres", andererseits in Stuttgart das „evangelische Kontrastprogramm", das an Arbeit und Sparsamkeit erinnere und bei dem die Bierzelte eine untergeordnete Rolle spiel(t)en.[102] Wie sich die gewonnenen Erkenntnisse zu Volksfesten gewerblich nutzen lassen, thematisiert ebenfalls das von Reinhard Wittenberg geleitete sozialwissenschaftliche Projekt zum Nürnberger Volksfest (2005). Basierend auf 1.806 standardisierten Befragungen wurden unter anderem die demografische Struktur und Freizeittypologie der Besucher ermittelt. Der meistgenannte Anlass für eine Herbstfestvisite war das Bummeln (1.153 Nennungen), gefolgt von: Essen (998), Atmosphäre (878), Fahrgeschäfte (842) und Verwandte/Freunde/Kollegen treffen (664). Auf Platz sechs der Gründe für einen Ausflug zum Rummel landete der Bierzeltbesuch mit 662 Nennungen (von zwölf Vorgaben).[103] Warum jedoch ein Zelt Menschen auf das Volksfest zieht oder was dort geschieht, war nicht Gegenstand der Untersuchung.

Volksfeste und die dortige Praxis des Feierns
Eine Handvoll Publikationen behandelt allerdings genau dieses: *Wie* auf Volksfesten *gefeiert* wird, oder *warum* sich Menschen in Bierzelten *vergnügen*. Hierzu zählt die Dissertation von Gerda Möhler (1980), die das Münchner Oktoberfest grundlegend historisch analysierte. Möhler arbeitete heraus, wie sich die „lässige, Standesunterschiede zumindest stark ignorierende Geselligkeit"[104] herausbildete, die das Oktoberfest kennzeichnet. Der Ort dieser Geselligkeit, das

---

100 Als Beispiel siehe Johannes Prammer: Die Stammwürze des Festes – das Bier. In: Alfons Huber/Johannes Prammer: Die fünfte Jahreszeit. 175 Jahre Gäubodenvolksfest. Straubing 1987, S. 145-152.
101 Hans Otto Stroheker/Andrea Kubiak: Festschrift zum 150. Cannstatter Volksfest. Stuttgart 1995. Zum Zitat siehe Stroheker/Willmann 1978, S. 247.
102 Hartl 2010, S. 163-165. Hartl zitiert und bezieht sich auf Bausinger 2006.
103 Siehe Wittenberg 2005, S. 128.
104 Möhler 1980, S. 218. Facetten jenes geselligen Seins, wie Möhler das Feiern umschreibt, sind unter anderem das Essen am ungedeckten Tisch, ein legerer Kleidungsstil, eine längere Festverweildauer in lockerer Atmosphäre, Blasmusik, Singen, Schunkeln und das Bier.

Festzelt, entstand an der Wende zum 20. Jahrhundert, als kleinere Schenken den „gigantisch-großzügigen", „festkonstituierenden" Bierhallen wichen. Letztere wurden technisch stets modernisiert und mit durchgehender, zum Trinken animierender Musikbeschallung professionalisiert. Derart wurde eine „von außen abgeschirmte Ordnungseinheit" geschaffen, in der sich der „Festüberschwang [...] bis zur Gegenwart immer stärker ausbreitete".[105]

Das Vergnügen selbst – einerseits das Rummelplatzangebot, andererseits die Rezipienten – steht im Mittelpunkt der wissenschaftlichen Arbeiten von Florian Dering (1986) zu „Volksbelustigungen" (Fahrgeschäfte und Jahrmarktsattraktionen) und von Sibylle Spiegel zum „Festbesucher" (1982).[106] Sie fragt, wie diese „ein Fest zum Fest machen und wie sie sich verhalten" auch im „bis dahin weniger berücksichtigten Bierzelt". Dort sei die mittägliche Geselligkeit sorglos und zu nichts verpflichtend. In der abendlichen Stimmung benennt Spiegel „Rausch, Stimmung, Entlastung" als Festelemente[107] und schildert den Überschwang. Ihre Analyse widerlegt Andreas C. Bimmers Auffassung vom Besucher als „optische oder auch stimulierende Kulisse" mit marginalen Funktionen.[108]

Sabine Sünwoldt sinniert im Ausstellungskatalog „Das Oktoberfest. 175 Jahre Bayerischer National-Rausch" darüber, was Menschen jeden Alters veranlasse, sich

„auf harte Bänke zu setzen, Schulter an Schulter mit völlig Fremden und in stickiger Luft, bei Musik von dröhnender Lautstärke immer wieder eine wie auch immer geartete ‚Gemütlichkeit‘ zu beschwören?"[109]

---

105 Ebd., S. 209, 218, 230. Zur Aussage „Ordnungseinheit" siehe ebd., S. 225.
106 Vgl. Florian Dering: Volksbelustigungen. Nördlingen 1986; oder Sibylle Spiegel: Der Festbesucher. Überlegungen zur Rezeption öffentlicher Feste in der Gegenwart. Diss. Masch. München 1982.
107 Ebd., S. 211; das Vorangehende ebd., S. 2, 12.
108 Andreas C. Bimmer: Besucher von Festen. Beiträge zur systematischen Erforschung. In: Konrad Köstlin/Hermann Bausinger (Hg.): Heimat und Identität. Probleme regionaler Kultur. Kongress der Deutschen Gesellschaft für Volkskunde in Kiel 1979. Neumünster 1980, S. 81-90, hier S. 82. Bimmer beabsichtigte, den bis dato vernachlässigten Festbesucher als Analysekategorie neben anderen „mit der gleichen Gewichtigkeit" einzuführen. Doch weniger Tun und Handlungen, als Motivationen, Einstellungen oder Selbstverständnis der Hessentag-Besucher lenkten sein Forschungsinteresse. Er präsentierte ein Besucherbild, das sich nicht von dem eines passiven Zuschauers abhebt (ebd., S.89). In einem anderen Sammelband zum Hessentag steht über die Besucheraktivitäten, dass sie ein „bloßes Konsumieren" seien. Der Anspruch des Hessentags gehe aber über den „trivialen, volkstümlichen Charakter von Bierzelten und Jahrmarkt" hinaus. Entnommen aus Marie-Luise Droste/Konrad Vanja: Volksfeste – Formen und Funktionen einer öffentlichen Veranstaltung. In: Andreas C. Bimmer (Hg.): Hessentag: Ein Fest für die Hessen? Anspruch und Wirklichkeit eines organisierten Volksfestes. Marburg 1973, S. 1-27, hier S. 22. Spiegel 1982, S. 15, bewertet Bimmers Äußerungen „schlicht als falsch".
109 Sabine Sünwoldt: Prosit und Gemütlichkeit. In: Münchner Stadtmuseum (Hg.): Das Oktoberfest. Einhundertfünfundsiebzig Jahre bayerischer National-Rausch. München 1985, S. 312-314, hier S. 313f.; dort auch das Folgende.

Fokussiert erklärt sie das Zusammenspiel von Blaskapelle und Bier, dem „Lebenselixier des Festzeltes", das helfe, in der Anonymität der Masse Hemmungen zu überwinden und das Bewusstsein zu ändern. Der Stimmungsverlauf werde gezielt von der Kapelle gesteuert, sodass eine Gemeinschaft „aus schunkelnd-berauschter Seligkeit und polternder Verbrüderung, der auf zahllosen Prosits schwimmenden Gemütlichkeit" entstehe. Der Folgekatalog zu 200 Jahren Oktoberfest beinhaltet ebenfalls Teile, die auf das Wie des „fröhliche[n], ekstatische[n] Fest[es]" eingehen. Kaleidoskopartig werden die Themen Bierzelte – die „zentralen Orte des Festes" –, Zeltmobiliar, Wiesntracht, das „Gesellschaftsspiel Oktoberfest" oder die Reservierungspraxis in den Zelten beleuchtet. Der berauschte Zustand der täglich 100.000 Zeltbesucher basiert nach Ansicht von Dering und Ursula Eymold nicht nur auf dem Bier: „[...] es ist dieses Fest in seiner Größe und Fülle, in seinem Überschwang, das berauscht."[110]

Überfluss, Überfülle und das ekstatische, erotische oder verrückte Feiern prägen das „dionysisch-rauschhaft-euphorische" Oktoberfest,[111] wie es Veiz in ihrer sozialpsychologischen Arbeit vorstellt. Die Autorin sammelt und analysiert unter den Begriffen Masse, Sucht, Event und Ritual, was die Menschen in den Bierzelten tun. Mit den Mitteln des kompensatorischen Rausches schaffen sich die Besucher nämlich dort einen alltagsentrückten Freiraum, in dem nach Veiz angestaute Gefühle und orale, anale sowie phallische Triebe[112] relativ uneingeschränkt ausgelebt werden können. Durch kollektive Handlungen und Rituale entstehe auf dem Stimmungshöhepunkt eine homogene „Festmasse", die in einer Zeit der zunehmenden Einsamkeit ein Gemeinschaftsgefühl bewirke. Damit entspreche das Festzeltgeschehen einem Durkheimschen Ritual, *gleichzeitig* aber auch einem „,Live-Event'", einer Facette des modernen Erlebniskonsums.[113] Im Aufsatz „Fresskultur und Trinkrituale" geht Veiz dem „archaischen

110 Florian Dering/Ursula Eymold: Das Oktoberfest 1810-2010. Wegen Überfüllung geschlossen. Offizielle Festschrift der Landeshauptstadt München. München 2010, S. 204.; siehe dort auch die vorangehenden Zitate.
111 Veiz 2001a, S. 391.
112 Zu den oralen, analen und phallischen Triebbefriedigungen, die das Oktoberfest bieten soll, vgl. die entsprechenden Kapitel ebd., S. 97-111. Zum Beispiel ebd., S. 99: „Zur Befriedigung der eher kleinkindlich anmutenden analen ‚Bedürfnisse' würde ich die uneingeschränkte Sauerei zählen, die oft zu fortgeschrittener Stunde in den Bierzelten herrscht."
113 Vgl. ebd., S. 365f. In diesem Gemeinschaftsgefühl erkennt Veiz den Emile Durkheim zugeschriebenen „,Aspekt der gemeinschaftsstabilisierenden Funktion des Rituals'" (S. 377), der in ihren Augen auch für das Oktoberfest gilt. In Anlehnung an Arnold van Gennep bezeichnet Veiz den Oktoberfestaufbau als „Trennungsritus" (S. 378) und den Wiesnabbau als „postliminales Ritual" (S. 378), ungeachtet dessen, dass gänzlich verschiedene Teilnehmer allabendlich feiern und die Wiesnkantinen während des Auf- und Abbaus frequentieren. Obwohl für Durkheim, auf den sich Veiz beruft, das während eines *religiösen Rituals* empfundene Zusammengehörigkeitsgefühl auch im Alltag weiterbesteht, bezieht Veiz dieses Gefühl nur auf den „,Live-*Event*'", als den sie das Oktoberfest in einer Reihe mit Love Parade, Erlebnisurlaub oder Open-Air-Konzert einordnet (S. 122). Zum Ritualverständnis siehe ebd., S. 192-245, 376-379.

Volksfestvergnügen" im Trinken und Essen nach. Sowohl Konsumformen als auch Verzehr- und Getränkeangebot erscheinen Veiz als Ziel *und* gleichzeitig als Mittel zum Zweck, verhelfen sie den Festbesuchern doch, die „Selbstzwangapparatur" der westlichen Zivilisation abzustreifen. Mit dem Verweis auf Turner stellt sie fest:

> *„Volksfeste versetzen ihre Besucher in Zustände von ‚Liminalität' [...], in körperliche und psychische Ausnahmezustände jenseits des Alltäglichen, in eine Schwellenwelt aus Rausch, Taumel, Erotik und Selbstentgrenzung, durch Geschwindigkeit, Vielfalt, Buntheit, Flirten und ungezwungene Kontaktaufnahme zum anderen Geschlecht und auch durch Überessen und Übertrinken. Das Grenzwertige ist das Interessante an rauschhaften Lustbarkeiten und auch an Volksfesten generell."*[114]

Sacha-Roger Szabo erachtet in seiner Monografie „Rausch und Rummel" (2006) den Rummelplatz als Spielplatz für Erwachsene. Er stellt hierfür Roger Caillois' Spieltheorie an den Ausgangspunkt seiner Ausführungen. Für Caillois entspreche das Spiel in seinen vier Kategorien – Agon (Wettkampf), Alea (Glücksspiel), Mimicry (Rollenspiel) und Illinx (Rausch) – einem Relikt, in dem weiterhin Transzendenz erlebt werden könne. Szabo beschreibt daher Volksfestattraktionen als Zugänge, „die dem Einzelnen auf unterschiedlichste Arten transzendente Einblicke in alternierende Wirklichkeiten ermöglichen".[115] Das Bierzeltgeschehen ordnet Szabo als Rauschspiel ein. Es versetze den Besucher per physischer und psychischer Einflüsse (Alkoholrausch, Reizüberflutung, Massenwirkung, Tanz und Trance) nicht nur in eine „sinnlose Betrunkenheit", sondern auch in einen außergewöhnlichen Bewusstseinszustand. Dann erleben die Besucher die fünf Merkmale der Rummelplatzwelt: die Verkehrung der alltäglichen Lebenswirklichkeit, eine technisch erzeugte Intimität, „verschiedene Formen der Rauscherzeugung" und folglich „transzendente Einheitserfahrungen" (wie ozeanische Selbstentgrenzung oder Ich-Auflösung), „die sich über den Körper als zentrale Referenzgröße manifestieren"[116]. Kurz, der Rummelplatz ermöglicht eine profane Form der Weltflucht.

Unabhängig davon, ob dem Wie, dem Warum oder dem Reiz des volksfestlichen Feierns nachgegangen wird, beschreiben alle diese Autoren kollektive, vergnügliche Praktiken im abendlichen Bierzelt. Die Musikkapelle lenkt dabei das

---

114 Brigitte Veiz: Fresskultur und Trinkrituale. In: Sacha Szabo (Hg.): Kultur des Vergnügens. Kirmes und Freizeitparks – Schausteller und Fahrgeschäfte. Facetten nicht-alltäglicher Orte. Bielefeld 2009, S. 237-255, hier S. 248f., 246 (Veiz im Rückgriff auf Elias). Angstfreier Umgang miteinander, seelische Erleichterung und Zurücktreten der „Über-Ich-Kontrolle" sind für Veiz die Hauptaspekte eines großen Festes, entlang derer, sie Essen und Trinken (Anstoßen zum Beispiel als erster Schritt der Annäherung) interpretiert.
115 Szabo 2006, S. 63; zum Vorangehenden vgl. auch ebd., S. 49-64, 203. Zur teilweise wortwörtlichen Adaption von Veiz 2001a vgl. Szabo 2006, S. 193-198; das Folgende ebd., S. 196.
116 Ebd., S. 206; das Folgende vgl. ebd., S. 44, 203.

Publikum mit vorgegebenen, repetitiven Handlungen. Aus den vielen Besuchern bildet sich – darin sind sich die Untersuchungen einig – eine temporär vom Alltäglichen befreite Gemeinschaft, gelöst von der Trunkenheit und enthemmt dank der erfahrenen Anonymität in der Masse. In dieser Geselligkeit fallen soziale Schranken, die Feiernden kommen sich näher. Ungezwungen (was ansonsten bestehende Zwänge impliziert) amüsieren sich die Bierzeltgäste. Dieser ausgelassene Zustand steht in allen Darstellungen im Vordergrund. Es gibt allerdings drei feine, aber dennoch wesentliche Differenzen in der vorgestellten Literatur. Erstens unterscheiden sich die Publikationen darin, wie exzessiv das Feiern, die Regelverstöße und die Erlebnisintensität geschildert werden. Dann geben die Studien der *Nicht*ausgelassenheit im Festzelt und dem Übergang zur Liminalität nicht den gleichen Raum. Drittens verorten nicht alle Abhandlungen ihre Befunde in der kulturphilosophischen oder -soziologischen Forschung zu Fest, Feier oder Events.

Im Hinblick auf die Qualität des Stimmungshöhepunkts reicht das gezeichnete Bild von schunkelnder Geselligkeit, in der „‚normales‘ Verhalten [...] fehl am Platze"[117] ist, bis hin zu chaotischer Zügellosigkeit, die mit dem „Loslassen der Affektkontrolle" einhergeht: „Man darf ja zurück in seine ‚persönliche Steinzeit‘, man darf ‚fressen, saufen, grölen, bieseln, speien, fi...‘ und all die Sachen machen, die sonst verpönt sind."[118] Einen solchen Exzess beschreiben Veiz und Szabo. Die anderen (Möhler, Spiegel, Sünwoldt, Dering/Eymold) berichten zwar auch vom lauten, bunten, grellen Sein und dem die „guten Sitten" verletzenden Tun wie einem allseitigen Duzen oder dem Auf-den-Bänken-Stehen, aber weiter gehen sie nicht. Ein Ausleben der „persönlichen Steinzeit" findet sich nicht.

Noch milder fällt das gezeichnete Bild in Studien zu volkstümlichen Konzerten in Festzelten aus. Gabriele Göttle (1994) in einem Erlebnisbericht und Ralf Grabowski (1999) in einer Arbeit über Fans des volkstümlichen Schlagers beschreiben zwar das fröhliche Schunkeln und exzessive Biertrinken als Standardbestandteile eines Bierzeltkonzerts. Doch werde versucht, Gemütlichkeit und Harmonie zu zelebrieren. Nach Göttle beabsichtige das Publikum, in „eine phantomhafte Heimat" zurückkehren. Sie vergleicht das Geschehen mit einem „riesigen Stammtisch", einem „Kameradschaftsabend", der „auf unverwechselbar deutsche Art gemütlich"[119] sei. Bei Grabowski mutiert der Konzertabend im Festzelt zum „dreidimensionalen, interaktiven Pantoffelkino", wo man sich „fast so wie auf dem Sofa daheim"[120] fühle. Die Differenzen in der atmosphärischen Wahrnehmung liegen wahrscheinlich an den unterschiedlichen Veranstaltungen – Bierzeltparty versus volkstümliches Konzert – und welche Teilnehmergruppen diese

---

117 Sünwoldt 1985, S. 313.
118 Veiz 2001a, S. 81, 125.
119 Gabriele Göttle: Deutsche Bräuche. Ermittlungen in Ost und West. Frankfurt a.M. 1994, S. 235-240, hier S. 240.
120 Grabowski 1999, S. 104.

anziehen.[121] Dennoch sollte eine zentrale Gemeinsamkeit in der Festzeltliteratur nicht übersehen werden: der Stimmungshöhepunkt, der als unabdingbarer Bestandteil eines jeden Bierzeltabends erscheint – egal ob Party oder Konzert. In allen Abhandlungen bis auf Spiegels Arbeit dominiert jener Höhepunkt der abendlichen Ausgelassenheit. Unvermittelt taucht eine betrunkene Festgemeinschaft in den Beschreibungen von Sünwoldt, Veiz und Szabo auf, als bestehe sie stets oder augenblicklich, sobald die Musik einsetzt. Spiegel hingegen streicht heraus, dass Besucher nicht immer überall gleichzeitig schunkeln oder singen. Nachmittags ist nach Spiegel die üblichste Verhaltensweise, „dass der Besucher am Tisch sitzt, Bier trinkt und oft auch etwas isst". Mitsingen, Anstoßen oder Schunkeln aber „bereits ‚auffall[en]'".[122] Grabowski konstatiert verschiedene Verhaltensweisen je nach Aufenthaltsort: Getümmel nahe an der Bühne und ruhigere Stimmung hinten, wo das Publikum auch miteinander reden könne. Aber in einem „guten" Konzert „stehen bereits nach der ersten Minute die allermeisten Zuschauer auf den Bänken",[123] erklärt er an anderer Stelle einen Stimmungsüberschwang, der auch ohne Warmlaufzeit auskommt.

Schließlich binden Spiegel und Grabowski ihre Ergebnisse an Teile der kultursoziologischen, kritischen Festforschung an, in der die gegenwärtige „Unfähigkeit des Feierns"[124] beklagt wird. Für Spiegel ist eine volks*fest*liche Etikettierung möglich, weil dank der „zeitlichen Begrenzung" und dem „Fliegenden" der Bauten der Rummel etwas Außeralltägliches, etwas Besonderes bleibe. Angesichts der faktischen Festlichkeit des Ortes ist es für sie unerheblich, dass dort kein „bestimmter ‚festlicher', ‚überhöhender' Gedanke rezipiert wird, sondern ein ‚Vergnügungsangebot'".[125] Zu einem anderen Schluss gelangt Grabowski, wenn er vom gemeinsamen Konsumieren eines Angebots im Bierzelt schreibt und sich

---

121 Die von Göttle und Grabowski skizzierten Hauptbesucher sind Endzwanziger bis Endfünfziger oder noch älter. Grabowski 1999, S. 95-97, verortet das im Schnitt übergewichtige Publikum im „Harmoniemilieu" und schreibt folglich von „Langsamkeit, Behäbigkeit, Ungelenkigkeit". Siehe auch Gerhard Schulze: Die Erlebnisgesellschaft. Kultursoziologie der Gegenwart. 8. Aufl. Frankfurt a.M./New York 2000, S. 292f. Das Publikum in den Volksfestbierzelten ist jedoch im Schnitt jünger. Vgl. Kap. 2.3; und Dering/Eymold 2010, S. 255.

122 Spiegel 1982, S. 186. In diesem Zusammenhang greift Spiegel auf ihre während der Ayinger Festwoche 1979 gesammelten Materialien zurück, die die beschauliche Zeltsituation zur Mittagszeit schildern. Kontrastierend präsentiert sie einen Feldbericht von einem Samstagabend in einem gut besuchten Oktoberfestzelt (siehe ebd., S. 143-152, 192f.).

123 Grabowski 1999, S. 93; zum Vorangehenden vgl. ebd., S. 109.

124 Wolfgang Lipp: Feste heute. Animation, Partizipation und Happening. In: Walter Haug/Rainer Warning (Hg.): Das Fest. München 1989, S. 663-683, hier S. 663. Zwei Volksfest-Arbeiten gehen auf diese Forschungsdiskussion ein. Szabo 2006 greift zurück auf Schulze 2000. Doch Szabo verweist auf eine mögliche Transzendenzerfahrung auf dem Rummelplatz, was Schulze widerspricht (ebd., S. 45f., 220f.). Wenngleich Veiz 2001a, S. 139-141, 146f., vom „Erlebniskonsum" des Oktoberfests schreibt, gehe ich angesichts der von ihr herangezogenen Literatur und des positiv geschilderten Feierns davon aus, dass sie diesen Begriff bezugslos zur kulturkritischen Festforschung setzte.

125 Spiegel 1982, S. 210, 212.

ausdrücklich auf Gerhard Schulze[126] bezieht. Laut Schulze ist in der modernen Gesellschaft ein Fest oder ein anderes inszeniertes Ereignis (wie eben ein Bierzeltkonzert) „einfach bloß eine Show". Schemenhaft werde auf Muster zurückgegriffen: „Lachen, Versunkenheit, Bierseligkeit, bildungsbürgerliche Interessiertheit, kollektive Ekstase – die Erlebnisfolklore definiert, was wann am Platz ist."[127] Winfried Gebhardt beschreibt das Oktoberfest ähnlich negativ als einen „professionell organisierte[n] Vergnügungsbetrieb mit schon fast ‚industriellem Warencharakter', als stereotypes Angebot schablonenhafter Zerstreuungsmuster", das „selbst der simplen Ausgelassenheit der Besucher enge, wenn nicht unübersteigbare Grenzen setzt."[128] Moderne Volksfeste, oder wie Gebhardt weiter ausführt, „der Genuss einer Blaskapelle im Angesicht eines leer getrunkenen Bierkruges", beschränkten jedoch spontanes, heiter-wildes Feiern. Sie machten es unmöglich, alltägliche Zwänge hinter sich zu lassen und zu einer ganzheitlichen Erfahrung zu gelangen.

Diese Bewertungen basieren auf der am Ende des 20. Jahrhunderts publizierten Ansicht, dass in der gegenwärtigen Gesellschaft Feste weder ihre Funktionen erfüllen noch eine besondere Form aufweisen. Denn Fest (ergo auch Volksfest) und Alltag seien miteinander vermengt. Obendrein dominiere der kommerzielle Aspekt auf den Rummelplätzen. Zweitens seien die Festteilnehmer nicht mehr aktiv und originär an der Ausgestaltung beteiligt, sondern konsumierten vielmehr passiv eine folkloristische Inszenierung ohne tieferen Bedeutungsgehalt. Von diesem Standpunkt aus bleibe das Volksfest, wie es Kaspar Maase formuliert, „eine letztlich grenzwertige Variante des legitimen Festes mit großem F, das Kulturphilosophen gerne im hohen Ton als Phänomen rauschhafter Transzendenzerfahrung feiern."[129] Da es hier in dieser Arbeit um das Feiern auf dem Cannstatter Volksfest geht und die Tätigkeit Feiern mit der Form Fest verwoben ist, erscheint es angebracht, an dieser Stelle die Forschungsdiskussion nachzuzeichnen.

---

126 Grabowski 1999, S. 95-109, verweist auf Schulze 2000.
127 Gerhard Schulze: Kulissen des Glücks. Streifzüge durch die Eventkultur. Frankfurt a.M./Wien/Zürich 2001, S. 80; das Vorangehende ebd., S. 73.
128 Gebhard 1987, S. 166; das Folgende ebd., S. 170.
129 Kaspar Maase: Die Menge als Attraktion ihrer selbst. Notizen zu ambulatorischen Vergnügungen. In: Sacha Szabo (Hg.): Kultur des Vergnügens. Kirmes und Freizeitparks – Schausteller und Fahrgeschäfte. Facetten nicht-alltäglicher Orte. Bielefeld 2009, S. 13-30, hier S. 20.

3.2 Das Fest: theoretische und empirische Bestimmungen

Feste sind etwas Besonderes,[130] sie sind ein „Moratorium des Alltags".[131] Sie stellen dem Grau des Alltags etwas Buntes gegenüber und helfen, die übliche Routine zu durchbrechen. Außeralltäglich sind im Fest nicht nur die äußere Form, sondern auch die gemachten Erfahrungen und Bedeutungszuschreibungen der Festgemeinschaft. Über das normale Sein hinaus erlebt diese Communitas in der Alterität sinnstiftende Momente im involvierten Sein und Tun. Feste verhei-ßen mit ihrer „Lebensfreude"[132] und „überpersönlichen"[133] Bedeutung Entlas-tung vom Alltag, so die Quintessenz der deutschen kulturphilosophischen und -soziologischen Festforschung.

Ausgehend von diesem Standpunkt bestimmt allein die Differenzqualität zwi-schen Alltäglichem und Festlichem, was Fest ist und was nicht. Nur was, wenn der „graue Alltag" schon längst nicht mehr grau, sondern grell zu heraushebenden Erlebnissen beim Einkaufen, abendlichen Fitnessvergnügen oder beim wöchent-lichen Party-Hopping einlädt? Was, wenn festliche Konturen in der „Tendenz, den Alltag zum permanenten Fest zu machen",[134] aufgeweicht wurden? Dann – ohne jenes strikte, kontrastierende Gegenüber von Alltag und Fest – ist die kulturkritische Lesart des „‚verlorene[n] Fest[es]'"[135] nur einen Steinwurf weit entfernt. Es sei denn, es gelingt mit genauem Hinschauen, Erfassen und dichtem Beschreiben am konkreten Fest aufzuzeigen, ob und worin weiterhin das bedeu-tungsvolle Außeralltägliche für die Teilnehmer besteht.

Um einen Überblick über festliche Komponenten, diverse Lesarten und In-terpretationsansätze zu gewinnen, lohnt es sich daher, die allgemeinere Fest-forschung vorzustellen. Drei Ansätze lassen sich grob bestimmen. Zuerst ging es darum, wie sich das Phänomen Fest grundlegend von der Normalität unter-scheidet und welches seine Charakteristika sowie Funktionen sind. Bestimmend waren die Fragen, „was ist ein Fest" und „warum wird gefeiert". Religiöse Di-mensionen standen dabei zunächst im Mittelpunkt. Nach und nach wurden je-doch vermehrt Feiern und Festformen einbezogen, die auch weltliches Gepräge zeigten. In der zweiten Phase wurde darüber reflektiert, ob es überhaupt noch Feste als eigenständige, außeralltägliche Kategorie gibt und ob sie ihre Funktio-

---

130 Vgl. Hermann Bausinger: „Ein Abwerfen der großen Last …". Gedanken zur städtischen Fest-kultur. In: Paul Hugger/Walter Burkert/Ernst Lichtenhahn (Hg.): Stadt und Fest. Zu Geschichte und Gegenwart europäischer Festkultur. Unterägeri/Stuttgart 1987, S. 251-267, hier S. 251.

131 Odo Marquard: Moratorium des Alltags. Eine kleine Philosophie des Festes. In: Walter Haug/Rainer Warning (Hg.): Das Fest. München 1989, S. 684-691, hier S. 684.

132 Josef Pieper: Über das Phänomen des Festes. Köln/Opladen 1963, S. 7.

133 Schulze 2001, S. 76.

134 Rüdiger Bubner: Ästhetisierung der Lebenswelt. In: Walter Haug/Rainer Warning (Hg.): Das Fest. München 1989, S. 651-662, hier S. 659; vgl. auch Lipp 1989, S. 670.

135 Hugger 1987, S. 9 (besonders Anm. 1 ebd.).

nen erfüllen. Die Klage von der „Unfähigkeit des Feierns"[136] kennzeichnet diese wissenschaftliche Auseinandersetzung, die generelle Aussagen zu Festfunktionen und sozialem Bedeutungswandel trifft und mit Verweisen auf *diverse* Feste exemplarisch belegt. Das Interesse am *konkreten* Fest bestimmt dagegen den dritten Ansatz, mit dem Feste vorrangig „‚von innen'"[137] mit Blick auf Ausgestaltung und Handlungsdramaturgie untersucht werden. Basierend auf Feldstudien und/oder detaillierten Kenntnissen einzelner Feste, werden Kategorien und Aspekte des Feierns und des damit verbundenen Vergnügens herausgearbeitet. Überschneidungen zwischen den drei Herangehensweisen finden sich allenthalben. Während jedoch die erste Lesart als Grundlagenforschung verstanden werden kann, unterscheiden sich der zweite und dritte Ansatz deutlich in der Bewertung von gegenwärtigen Festivitäten.

Am Ausgangspunkt: das Wesen des Festes

Folgt man Paul Hugger, so hat die deutsche Geistes- und Sozialwissenschaft „lange nur Unbedeutendes hervorgebracht",[138] was das Thema Fest als sozialen Gegenstand anbelangt. Bis weit in die Mitte des 20. Jahrhunderts wurden Feste als Brauch innerhalb des Jahres- oder Lebenskreislaufs wahrgenommen.[139] Erst mit der sozialwissenschaftlichen Neuorientierung der Volkskunde in den 1960er Jahren setzte sich die Sichtweise durch, Brauch – und damit ebenfalls das Fest – als soziales Handeln zu verstehen.

Anders in Frankreich, wo – nach Hugger – Emile Durkheim vor rund hundert Jahren die eigentliche sozialwissenschaftliche Beschäftigung mit dem Fest einleitete, indem er das Heilige (Festive) dem Profanen (Alltäglichen) in Stammesgesellschaften gegenüberstellte. Gemäß Durkheim erleben dabei die Teilnehmer positiver Kulte einen exzessiven Taumel und ein „Aufwallen der Gemeinschaftskräfte",[140] die „effervescence collective". Während diesem Moment, der einem „Delirium" vergleichbar sei, werden sie in eine gänzlich andere sakrale Welt

136 Lipp 1989, S. 663.
137 Vgl. Henecka 1991, S. 13f. Auch Jean-Marie Lacrosse: Bemerkungen über das Gelingen von „Parties". In: Kurt Hammerich/Michael Klein (Hg.): Materialien zur Soziologie des Alltags. KZSS Sonderheft 20/1978, S. 376-388, hier S. 376.
138 Hugger 1987, S. 21. Im folgenden Überblick orientiere ich mich an Hugger.
139 Siehe hierzu im folgenden Regina Fritsch/Annegret Tegtmeier-Breit: Forschungen zu Festen und Bräuchen in einer Kleinregion. Eine Einführung. In: Kurt Dröge/Imke Tappe (Hg.): Festkultur in Lippe. Beiträge zum öffentlichen Festwesen im 19. und 20. Jahrhundert. Münster/New York 1994, S. 1-45, hier S. 18-30. Henecka 1991, S. 13, klagt zum Publikationszeitpunkt über ein „Orchideendasein" der „‚Soziologie des Festes' im Kanon der übrigen soziologischen Teildisziplinen".
140 Hugger 1987, S. 13. Siehe auch Emile Durkheim: The Elementary Forms of the Religious Life. New York 1961. Durkheim unterscheidet zwischen „feast" (ein profanes Fest wie zum Beispiel das Corroboree) und „religious ceremony" (ebd., S. 427f.).

(„above the real")[141] transportiert. Überdies fördern solche religiösen Ritualerlebnisse das Zusammengehörigkeitsgefühl der Gruppe im Alltag und stabilisieren diese. Die Bestärkung des Kollektivs im Fest hob ebenso Caillois Mitte des 20. Jahrhunderts hervor. Entgegen dem Alltag bedeute Fest, dass „eine erregte, lärmende Menschenmenge zusammenkomm[e]" und sich „unkontrolliert völlig unüberlegten Antrieben" hingebe.[142] Zu den Exzessen gehöre auch die Verschwendung von Ressourcen sowie von „frenetischen Gebärden", also „Ausschweifung[en] des verbalen und gestischen Ausdrucks" wie burleske Akte. Damit beschwören die Mitglieder „primitiver Gesellschaftsformen" per „schöpferischem Chaos" mythische Urzustände herauf, aus denen sich das „organisierte Universum" wiederherstelle.[143]

Ohne religiöse oder mythische Interpretierungen, reflektierte Mikhail Bakhtin über das (Volks-)Fest als eine Form des mittelalterlichen, volkskulturellen Karnevalstreibens. Das *zentrale* Wesensmerkmal solcher karnevalesken Ereignisse sei das kollektive, inklusive, ansteckende Lachen, das sich universal auf „die ganze Welt" beziehe und ambivalent zwischen Heiterkeit und Verspottung pendle. Zu diesem Lachen gehöre ebenso der groteske Körper und gerade „the lower bodily stratum which could not express itself in official cult and ideology".[144] Denn diese fröhliche Ausgelassenheit mit all ihren Obszönitäten, Ausschweifungen oder Vertraulichkeiten offerierte dem Volk im Mittelalter einen gänzlich anderen, inoffiziellen, außerkirchlichen und außerpolitischen Raum, in dem kurzfristig hierarchische Distinktionen sowie Normen und Verbote des gewöhnlichen Lebens aufgehoben waren. Nach Bakhtin setzte damit das Volk der Furcht vor weltlichem und göttlichem Gericht, dem Misstrauen und dem Leiden ein befreiendes Lachen entgegen, das regenerierte und erneuerte.[145]

141 Ebd., S. 469; das Folgende ebd., S. 432.
142 Roger Caillois: Der Mensch und das Heilige. Erweiterte Ausgabe. München/Wien 1988, S. 127. Die Erstpublikation in Frankreich war 1939. Siehe hierzu auch Hugger 1987, S. 14.
143 Caillois 1988, S. 158-162. „Primitive Gesellschaftsform" siehe ebd., S. 129. Caillois bezieht sich *nicht* auf „armselige Feste" der Gegenwart (S. 127): „Umfassende Turbulenz ist nicht mehr möglich. [...] In diesem Stadium ersetzen die Ferien das Fest." (S. 165). Verschwendung als „ethisches und ästhetisches Erleben interpersonaler und personaler Aufhebung des Leistungs- und Haushaltungsprinzips" ist auch ein Festmerkmal für Ina-Maria Greverus: Brauchen wir Feste? In: Andreas C. Bimmer/Heidemarie Gruppe-Kelpanides (Hg.): Feste in Hessen. Hessische Blätter für Volks- und Kulturforschung, Bd. 4. Gießen 1977, S. 1-9, hier S. 7. Überdies ermöglichen Feste: Integration in eine Gruppe mit einer gemeinsamen Sinngebung des Lebensvollzugs, Spontaneität versus Vorfabrikation, Übergang in eine neue Ordnung und „nicht nur vorübergehende Ventilsitte".
144 Mikhail Bakhtin: Rabelais and his World. Cambridge, Mass./London 1968, S. 75; zum Vorangehenden vgl. ebd., S. 4f., 11f., 82, 218. Eine deutsche Übersetzung lag mir nicht vor, daher folge ich der englischen Schreibweise von Michail Bachtin.
145 Vgl. ebd., S. 5f., 15f., 45. Zum Topos der Vertraulichkeiten („Familiarisierung") siehe auch Helene Klauser: Kölner Karneval zwischen Uniform und Lebensform. Münster/New York/München/Berlin 2007, S. 396.

Das Positive und die Freude im Festlichen betont ebenso der katholische Theologe Josef Pieper, der 1963 „eigentlich" laut Hugger das deutsche Schweigen zum Fest durchbrach.[146] Ein Fest zu feiern, bedeutet für Pieper, die „vollzogene Gutheißung der Welt aus besonderem Anlass auf unalltägliche Weise [zu] begehen." Dabei schöpfe ein Fest aus dieser enthusiastischen Bejahung, aus der umfassenden Zustimmung zum Ganzen und „zum Dasein des Menschen selbst."[147] Das heilige oder weltliche Fest – basierend auf einer kultischen Preisung – hebt bei Pieper nicht den Alltag auf oder erlaubt die Flucht aus ihm, sondern der Feiernde erfährt eine Affirmation der (alltäglichen) Welt sowie deren „paradiesische" Erneuerung.[148] Dieser positiven Sicht widerspricht der evangelische Theologe Gerhard M. Martin. Nach Martin „leide" der Feiernde an einem gelungenen Fest, das ihm die Einschränkungen des Alltags vor Augen führe. Feste bekräftigen daher nicht die normale Ordnung, sondern erscheinen als Kritik derselben. Folglich dränge es die Feiernden, „die guten Erfahrungen in den Alltag zu integrieren".[149]

Aufgelöst wurden diese zum Teil widersprüchlichen Wesensbestimmungen, indem Gebhardt Feste analytisch in „Fest" und „Feier" trennte. Er versteht beide als spezifische Vergemeinschaftungs- und Vergesellschaftungsformen, in denen außeralltägliche Handlungen in einer besonderen kommunikativen Weise institutionalisiert sind. Fest und Feier unterscheiden sich jedoch in der konkreten Ausgestaltung und ihrem Verhältnis zum Alltag.[150] Feste helfen bei dessen Bewältigung, indem sie ihn kritisieren, aufheben oder vergessen machen. Feiern hingegen rechtfertigen den Alltag, machen ihn als sinnvolles Geschehen bewusst und somit erträglich. Feste seien spontan, emotional und Ausdruck eines überbordenden Lebensgefühls. Ihre idealtypische Handlungsform sei die Ekstase. Verstöße gegen alltägliche Ordnungen seien im Fest erlaubt, Hierarchien aufgehoben. Im Gegensatz hierzu seien Feiern ein „bis ins kleinste Detail geregeltes und durchorganisiertes Geschehen".[151] Ihre Atmosphäre sei bedeutungs- und andachtsvoll. Tabubrüche gehören nicht zu Feiern, die die alltäglichen Herrschaftsverhältnisse überhöhen und bestätigen.

---

146 Hugger 1987, S. 21. Hugger verweist auch auf das Werk von Otto F. Bollnow.
147 Josef Pieper: Über das Phänomen des Festes. Köln/Opladen 1963, S. 12.
148 Ebd., S. 17; zum Vorangehenden vgl. ebd., S. 14-16; auch Josef Pieper: Zustimmung zur Welt. Eine Theorie des Festes. 2. Aufl. München 1964, S. 64.
149 Gerhard M. Martin: Fest und Alltag. Bausteine zu einer Theorie des Festes. Stuttgart/Berlin/ Köln/Mainz 1973, S. 28.
150 Vgl. Gebhardt 1987, S. 44-50. In der angloamerikanischen Forschung wird das Gegensatzpaar mit „Play" und „Ritual" bezeichnet. Vgl. Frank E. Manning: Cosmos und Chaos. Celebration in the Modern World. In: Ders. (Hg.): The Celebration of Society. Perspectives on Contemporary Cultural Performance. Bowling Green 1983, S. 3-30, hier S. 7.
151 Gebhardt 1987, S. 64.

„Zweifellos haben beide recht",[152] konstatierte dann auch 1991 Jan Assmann hinsichtlich der konkurrierenden Meinungen, ob Feste den Alltag reformieren oder sich von ihm befreien. Für ihn sind Feste, charakterisiert durch die Aspekte Inszenierung, Fülle sowie Besinnung und Efferveszenz, der „Ort der Transzendierung des Alltags". Der Mensch lebt nach Assmann in beiden Dimensionen (Alltag und Fest), weil er sich kulturell und kommunikativ erinnern könne. Das Fest wirke in einer schriftlosen Kultur als Gedächtnis, indem durch Objektivationen (zum Beispiel Ornamente und Kleidung) sowie Tischsitten oder Tänze sich eine Gruppenidentität herausbilde, die dann von Generation zu Generation weitergegeben werde. Das Fest ist damit „der Inbegriff der zeremoniellen Kommunikation", die auch mythische Urzeiten in der festlichen Gegenwart anklingen lasse und einem sozialen Immunsystem ähnle.[153] Assmann vermutet jedoch, dass mit der Verschriftlichung des kulturellen Gedächtnisses das Fest zu einer Randerscheinung werden könne. Die Fähigkeit des Feierns gerate dann

„in eine schwere Krise, wenn die Differenz zwischen Fest und Alltag verschwindet, entweder durch die Verabsolutierung des Alltags und die Veralltäglichung des Festlichen oder die Verabsolutierung des Festes und die Sakralisierung bzw. Verfestlichung des Alltags. [...] Wo sich die Welt zur untranszendierbaren Eindeutigkeit verfestigt, verblassen die Feste."[154]

Der Topos des „verlorenen Festes"

Während die Diskussion über eine entweder affirmative oder reformierende, feierliche oder festliche Bedeutung von Festen ab Mitte der 1980er Jahre beigelegt wurde, gewann die Klage um das „verlorene Fest" an Schwung.[155] Volksfeste seien „zum Rummel degeneriert" oder ästhetisch zu einer „zum leeren Ritual erstarrten Folkloredarstellung" geworden, fasste Bernd Jürgen Warneken 1980[156]

---

152 Jan Assmann: Der zweidimensionale Mensch: das Fest als Medium des kollektiven Gedächtnisses. In: Ders./Theo Sundermeier (Hg.): Das Fest und das Heilige. Religiöse Kontrapunkte zur Alltagswelt. Gütersloh 1991, S. 13-30, hier S. 17. Das folgende Zitat ebd.
153 Ebd., S. 20-25; das Zitat stammt von ebd., S. 25. Bereits 1986 postulierte Kai Detlev Sievers: Das Fest als kommunikatives System. In: Kieler Blätter zur Volkskunde 18/1986, S. 5-28, hier S. 7, dass bei einer Festanalyse der „kommunikative Aspekt im Vordergrund" stehen müsse.
154 Assmann 1991, S. 27.
155 Hugger 1987, S. 9f. (Anm. 1 ebd). Auch in Bakhtin 1968, S. 276, finden sich Hinweise über das „Verblassen" von Festen in der bourgeoisen Periode. Nach Michael Maurer wird die „Unfähigkeit zu feiern" selbst „heute" – also im Jahr 2004 – noch beklagt. Siehe Michael Maurer: Feste zwischen Memoria und Excess. In: Ders. (Hg.): Das Fest. Beiträge zu seiner Theorie und Systematik. Köln/Weimar/Wien 2004, S. 115-134, hier S. 127.
156 Bernd Jürgen Warneken: Kommunale Kulturpolitik – am Beispiel offenes Stadtfest. In: Konrad Köstlin/Hermann Bausinger (Hg.): Heimat und Identität. Probleme regionaler Kultur. Kongress der Deutschen Gesellschaft für Volkskunde in Kiel 1979. Neumünster 1980, S. 113-121, hier S. 113.

die Festkritik zusammen, die in der Folge nicht verstimmen wollte: Eine „heute so oft zu beobachtende Unfähigkeit zu feiern"[157], ein „Zerfall der Kultur der Feste"[158] oder gar das „Absterben der Feste"[159] wurden konstatiert. Jene Wertungen basieren auf der These, dass Feste parallel zu den sozialen Veränderungen im 19. und 20. Jahrhundert ebenfalls Form- und Bedeutungswandlungen durchliefen, in deren Folge sie „zu einem veralltäglichten und animierten Massenkonsum organisierter Trivialitäten degradiert[en]"[160].

Beginnend Mitte des 19. Jahrhunderts verschwanden nach Gebhardt mit den entstehenden Massenvergnügungen nicht nur komplexe, historische Festinhalte, sondern auch der festive Freiraum für Kreativität und Spontaneität. Denn mit den industriellen Produktionsprozessen weitete sich die Freizeit als ein arbeitsentlasteter, nicht-alltäglicher, individueller Bereich des Vergnüglich-Ausgelassenen aus. Feste verloren dabei laut Gebhardt nicht nur ihre Monopolstellung als Sphäre der Hochstimmung, sondern gingen in der Freizeit und allenthalben angebotenen Vergnügungen auf. Damit, so der Topos des „verlorenen Festes", verblasste nicht nur die festliche Bedeutung, sondern das Fest selbst. *Der* herausgehobene Ort und Raum für alterierende Erfahrungen wurde normalisiert. In der modernen Gesellschaft erfüllen folglich Feste ihre sozialen Funktionen – temporäre Aufhebung der alltäglichen Wirklichkeit, Befreiung vom Lastcharakter des Alltags, Erleben von kollektiver Einheit und daraus resultierend die Bewältigung des Alltags – nicht mehr. Weder die Freizeit im Allgemeinen noch öffentliche Volksfeste im Besonderen können so laut Gebhardt als „funktionale Äquivalente des Festes"[161] bezeichnet werden.

Dieser Bedeutungs- und Gestaltwandel des Festlichen vollzieht sich nicht nur in einer individualisierten und pluralistischen Konsum- und Erlebnisgesellschaft, sondern nach Ansicht der Kritiker intensiviert er sich seit Mitte der 1980er Jahre.[162] Gebhardt beispielsweise erkennt eine „akzelerierende Eventisierung der Festlandschaft"[163], die fünf Facetten aufweist: Deinstitutionalisierung (offene Festformen wie Happenings), Entstrukturierung (die soziale Homogenität der Feiernden nimmt ab), Profanisierung (ein „schönes Erlebnis" als Erwartungshaltung an ein gelungenes Fest), Multiplizierung (ein sich stetig vermehrendes, reizintensives Angebot) und Kommerzialisierung (Gewinnmaximierung). Im Mittelpunkt von gegenwärtigen Festen stehe so die Suche nach individuellem Amüsement

157 Gebhardt 1987, S. 16.
158 Marquard 1989, S. 687.
159 Bubner 1989, S. 661.
160 Gebhardt 1987, S. 15.
161 Ebd., S. 171; das Vorangehende vgl. ebd., S. 161-163, 168f.
162 Vgl. hierzu Peter Kemper: Nur Kult lässt keinen kalt. Veranstaltungen im Medienzeitalter. In: Ders. (Hg.): Der Trend zum Event. Frankfurt a.M. 2001, S. 184-200, hier S. 185.
163 Hervorhebung Winfried Gebhardt: Feste, Feiern und Events. Zur Soziologie des Außergewöhnlichen. In: Ders./Roland Hitzler/Michaela Pfadenhauer (Hg.): Events. Soziologie des Außergewöhnlichen. Opladen 2000, S. 17-31, hier S. 24; das Folgende ebd., S. 24-26.

und Nervenkitzel. Die ein Fest prägende Gemeinschaft bilde sich erst während des Spektakels. Danach zerfalle sie wieder. Nach Gebhardt können demzufolge Feste heute als Events bezeichnet werden. Als Event – definierbar als planmäßig erzeugtes, interaktives, identitätsstiftendes Ereignis, das lediglich im Moment des Geschehens ein Gefühl von exklusiver Gemeinschaft und Zugehörigkeit vermittelt – habe das Fest aber keine tiefere Bedeutung mehr.[164]

Schulze teilt diese Bewertung. Ob Konzert, Kirchentag oder Fußballmeisterschaft, er macht keine funktionellen Unterschiede zu Festen aus. Alle seien inszenierte Ereignisse, die für ein Publikum erzeugt werden, um „Erlebniswünsche zu bedienen". Jene in den Worten Schulzes „psychophysische Erregung", diese Gier nach Faszinationen, sei heute der eigentliche Zweck von Festlichkeiten. Überpersönliche Bedeutungen gebe es in einer Zeit der „religionshaften Subjektzentrierung"[165] keine mehr. Es finde gegenwärtig weder ein kollektiver Lernprozess noch eine intersubjektive Verständigung über die gemeinsame Wirklichkeit statt. Vielmehr komme es auf den persönlichen Eindruck von „Aktualitätsgefühl", „Empfindung, Massenschauer"[166] an.

In dieser Schärfe vertreten diese Position nicht alle, die sich kulturtheoretisch mit Veranstaltungen im weiteren Sinne beschäftigen. Wolfgang Lipp weist zwar darauf hin, dass Feste mit postmodernen Charakterzügen angesichts der Pluralität und der Tendenzen hin zum Profanen Gefahr laufen, ihren „Mehrwert" an ganzheitlichen Erfahrungen im bloßen „Klamauk und Klimbim"[167] zu verlieren. Und was Durkheim einst als „Egalité" pries, zeige sich heute als Massengeschehen, „Liberté" präsentiere sich als „Vergnügungsrausch und Amüsierbetrieb" und „Fraternité" schließlich sei „abgesunken zum Schunkelbrüdertum."[168] Aber trotzdem bleiben für Lipp Feste „formidable Ereignisse", die alltägliche Gegensätze zwischen den Menschen durchbrechen und jene erlangte Versöhnung zur Basis eines geläuterten Lebens machen können. Feste erreichen dies durch Partizipation (Ort sozialer Kommunikation diverser Gruppen), Animation (Anleitung, aus privaten Engen herauszutreten) und Identifikation (Aneignung der Umwelt durch Mitfeiern). Das moderne Fest (Happening) stelle sich damit laut Lipp den Herausforderungen der heutigen Gesellschaft. Es versuche, den Alltag auszufüllen, anstatt im Eskapismus eine Gegenwelt zu beschwören.

Ähnlich wie Lipp bedient sich auch Hubert Knoblauch einer neuen Begrifflichkeit, um dem Festwandel gerecht zu werden. Knoblauch betrachtet Feste als Events, die

---

164 Zur Eventisierung von Festen vgl. ebd., S. 27-29. Der Deutsche Kommunikationsverband BDW definiert Events als „inszenierte Ereignisse", „die durch erlebnisorientierte Veranstaltungen emotionale und physische Reize darbieten und einen starken Aktivierungsprozess auslösen." Aus Kemper 2001, S. 188.
165 Schulze 2001, S. 74, 76.
166 Ebd., S. 83 (Hervorhebungen Schulze).
167 Wolfgang Lipp: Gesellschaft und Festkultur. Großstadtfeste der Moderne. In: Paul Hugger/Walter Burkert/Ernst Lichtenhahn (Hg.): Stadt und Fest. Zu Geschichte und Gegenwart europäischer Festkultur. Unterägeri/Stuttgart 1987, S. 231-249, hier S. 243.
168 Lipp 1989, S. 679; ebd. auch das Folgende, S. 676-681.

er als kommunikative, situative Veranstaltungen mit Publikumsbezug (Partizipation), Inszenierungscharakter (Symbole, Zeichen), mit mehr oder weniger definierten rituellen Interaktionen, Liminalität (Performance) und dem Vorhandensein von Communitas, die durchaus der Geselligkeit gleiche, beschreibt. Solche spätmodernen Events helfen den Teilnehmern, ihre „kollektive Einsamkeit" zu überwinden, indem sie die „strategische Stiftung" eines ekstatischen Gemeinschaftserlebnisses verfolgen.[169]

Den oben skizzierten Ansätzen ist gemein, dass das Fest als Teil einer Erlebnis heischenden Normalität gesehen wird, in der das Besondere ubiquitär ist. Derart eventisierte Festlichkeiten, so die These, werden beliebig. Sie verlieren ihre volle sinn- und gemeinschaftsstiftende, transzendierende Wertigkeit, die sie als „bürgerliche Festlichkeit"[170] oder „traditionales Fest"[171] von Adel, Familie, Zunft oder Dorfgenossenschaft noch besaßen. Angesichts eines solchen Idealtypus werden die neueren Formen von Fest und Feier dann „von Beginn an kritisch als Spät- und Verfallsprodukte einer ehemals blühenden und sinnhaften Fest- und Feierkultur"[172] bewertet. Anstelle solcher Ansätze erscheint eine sorgfältige Quellensichtung ohne die normative Vorgabe einer „romantisch verklärten alteuropäischen Volkskultur" angebracht.[173] Ansonsten können Zerrbilder ent-

---

169 Hubert Knoblauch: Das strategische Ritual der kollektiven Einsamkeit. Zur Begrifflichkeit und Theorie des Events. In: Winfried Gebhardt/Ronald Hitzler/Michaela Pfadenhauer (Hg.): Events. Soziologie des Außergewöhnlichen. Opladen 2000, S. 33-50, hier S. 49; zum Vorangehenden vgl. ebd., S. 35-38.

170 Schulze 2001, S. 76.

171 Winfried Gebhardt: Der Reiz des Außeralltäglichen. Zur Soziologie des Festes. In: Bernhard Casper/Walter Sparn (Hg.): Alltag und Transzendenz. Studien zur religiösen Erfahrung in der gegenwärtigen Gesellschaft. Freiburg/München 1992, S. 67-88, hier S. 79-85. Otto Heuschele: Das Festliche zwischen Kunst und Rummel. In: Gerd-Klaus Kaltenbrunner (Hg.): Grund zum Feiern. Abschaffung und Wiederkehr der Feste. Freiburg 1981, S. 168-174, hier S. 172, schreibt, dass Feste wie das Volksfest nichts mehr von dem „ursprünglichen Charakter des Festgedankens" aufweisen.

172 Harald Homann: Soziologische Ansätze einer Theorie des Festes. In: Michael Maurer (Hg.): Das Fest. Beiträge zu seiner Theorie und Systematik. Köln/Weimar/Wien 2004, S. 95-113, hier S. 102.

173 Werner K. Blessing: Fest und Vergnügen der „kleinen Leute". Wandlungen vom 18. zum 20. Jahrhundert. In: Richard van Dülmen/Norbert Schindler (Hg.): Volkskultur. Zur Wiederentdeckung des vergessenen Alltags. Frankfurt a.M. 1984, S. 352-379, 432-437, hier S. 379. Außerdem wurde die Sinnhaftigkeit, wie Bausinger 1986, S. 261, ausführt, oft von Festchronisten überhöht, während ein üppiges Festmahl oder rauschhafter Umtrunk nicht erwähnt wurden. Überdies hatten manche Chronisten bereits Mitte des 19. Jahrhunderts Wertvorstellungen, die negative Beurteilungen anklingen ließen. Folglich „könnte es" sein, dass jene, die den gegenwärtigen Bedeutungsgehalt von Festen mit einem historischen Maßstab ermitteln, den „eigentlichen Sinn, einer freieren, scheinbar sinnlosen Identitätssuche" verfehlen. Darüber hinaus basieren Aussagen von Kulturtheoretikern oft anstelle von Feld- oder Quellenstudien auf Literatur- und Kunstinterpretation. Zum Beispiel werden Aussagen in den Werken von Pablo Picasso, Thomas Mann, Rainer Maria Rilke oder Ernest Hemingway als Hauptindizien für den Niedergang des bürgerlichen Festes angeführt. Vgl. Walter Hildebrandt: Ritus und Leidenschaft. Anthropologische Bemerkungen zum Festefeiern. In: Gerd-Klaus Kaltenbrunner (Hg.): Grund zum Feiern. Abschaffung und Wiederkehr der Feste. Freiburg 1981, S. 130-144.

stehen, sowohl im geschichtlichen Rückgriff als auch in Betrachtungen der Gegenwart.[174] Außerdem besitzen jene kulturphilosophischen und soziologischen Festdefinitionen mit ihrem Fokus auf kollektive, transzendente Sinngebungen nach Maase eine „anti-individualistische Tendenz". Damit „delegitimieren [sie] die Suche des/r Einzelnen nach dem individuellen Wohl-, Glücks- oder Rauschgefühl."[175] Folglich sind negative Bewertungen festiver Ereignisse in einer vom Individualismus geprägten Gesellschaft fast unabdingbar. Vor allem dann, wenn die kritischen Theoretiker keinen Hehl aus ihrer eigenen Festunlust machen: Odo Marquard erklärt, er sei ein „Festmuffel",[176] und Lipp bevorzugt „die maßvolleren" unter den Happenings.[177]

Vor dem Hintergrund dieser persönlichen Vorlieben, des klassischen Festideals und der engen Festdefinition zeichnet sich ein weiterer Gehalt in der Klage über das „verlorene Fest" ab: die inhärente Kritik an der Massen- und Populärkultur, als deren Manifestation auch Volksfeste gesehen werden. Pointiert formuliert Lars Deile, „wer mit Musenpflege, Kontemplation, Besinnlichkeit die Höhen der Festkultur charakterisieren will, der misst die gegenwärtigen Erscheinungen an den Normen der bürgerlichen Moderne".[178] Deren Werte lassen sich dem alltagsästhetischen Empfinden des Hochkulturschemas zuschlagen, wie der Blick in Schulzes „Erlebnisgesellschaft" zeigt.[179] Demnach kennzeichnen intensive Versunkenheit bis hin zur Ich-Überschreitung, ästhetisches (Er-)Kennen und Reflektieren hochkulturelle Phänomene, wohingegen populäre Genres als eindimensional, schlicht, repetitiv und laut gelten. Entlang solcher Linien erscheinen dann Erlebnisse wie im Bierzelt als „trivial", „degeneriert", „abgesunken" oder als ein „dumpfes Hinnehmen vorgefertigter Schablonen"[180]. Damit werden aber Feste und die dort erlebten Vergnügungen verbal „abgekanzelt" und deren Teilnehmer deklassiert.[181] In Gegensatz hierzu wird die eventisierte „bürgerliche" Hochkultur, wie sie Gebhardt in einem Aufsatz von 2002 beschreibt, nicht mit

---

174 Hierzu auch Homann 2004, S. 102, wo er vor einer „Moralisierungsfalle" warnt, „die darin besteht, historischen oder sozialen Wandel als Verfall zu interpretieren".
175 Maase 2009, S. 22.
176 Odo Marquard: Kleine Philosophie des Festes. In: Uwe Schultz (Hg.): Das Fest. eine Kulturgeschichte von der Antike bis zur Gegenwart. München 1988, S. 413-420, hier S. 414.
177 Lipp 1987, S. 245.
178 Lars Deile: Feste – eine Definition. In: Michael Maurer (Hg.): Das Fest. Beiträge zu seiner Theorie und Systematik. Köln/Weimar/Wien 2004, S. 1-17, hier S. 16.
179 Zum Hochkulturschema vgl. Schulze 2000, S. 163, 142-150; zum Trivialschema, dem das Bierzelt zugeordnet wird, vgl. ebd., S. 150-153.
180 Zu „trivial" siehe Gebhardt 1987, S. 15; zu „degeneriert" siehe Lipp 1987, S. 243; zu „abgesunken" siehe Lipp 1989, S. 679; zu „dumpfes Hinnehmen" siehe Gebhardt 1987, S. 170.
181 Zu dem Phänomen der sozialen Stratifikation mittels Geschmackspräferenzen vgl. Bourdieu 1993.

solchen herabstufenden Attributen versehen.[182] Bei – zumindest dem Anspruch nach bedeutungsvollen – Opernfestivals partizipiert sodann ein aktives, reflexives Publikum, während sich im Festzelt spaßorientierte Konsumenten ohne Anspruch auf Sinnhaftigkeit unterhalten lassen.[183] Doch in jenem Konsumieren von Festen komme deren Warencharakter zum Vorschein. Ihr ursprüngliches, nicht nur kompensatorisches, sondern auch komplementäres Verhältnis zum Alltag sei somit verloren[184]: Der Alltag wird bunt, die Feste grau.

Feste „von innen" betrachtet

Eine ganz andere Perspektive auf Feste eröffnet die Herangehensweise „von innen". Für Vertreter dieses Ansatzes bleiben Feste aufgrund ihrer Ausprägungen und Spannungsfelder, die sie weiterhin aufweisen, nach wie vor Ausnahme und Alterität. Weniger das Warum oder transzendente Bedeutungen stehen im Mittelpunkt der Studien als das Wie und Was der festlichen Inszenierungen und deren Sinnhaftigkeiten. Empirische Methoden oder umfassende Quellenstudien zu konkreten Festen bilden hier die Grundlage für dichte Beschreibungen von Mikroausschnitten, die sich im Gegensatz zu Arbeiten befinden, die „von außen" die großen Linien des soziokulturellen Wandels von Festen nachzeichnen. An das konkrete Ereignis gebunden, beanspruchen die Befunde keine weitreichende Gültigkeit im Sinne von anthropologischen Konstanten, die sich auf andere Zeiten und Orte übertragen lassen. Vielmehr interessieren beim Blick „von innen", wie Hans Peter Henecka[185] diese Perspektive nennt, dramaturgische Elemente von bestimmten Festen, charakteristische Prozesse und spezifische Praktiken aller Beteiligten. Der Alltag, das „notwendige Gegenüber, das dem Fest überhaupt erst Sinn gibt",[186]

---

182 Zu den Transformationsprozessen der „bürgerlichen Hochkultur" siehe Winfried Gebhardt: Die Verszenung der Gesellschaft und die Eventisierung der Kultur. Kulturanalyse jenseits traditioneller Kulturwissenschaften und Cultural Studies. In: Udo Göttlich/Winfried Gebhardt/Clemens Albrecht (Hg.): Populäre Kultur als repräsentative Kultur. Die Herausforderungen der Cultural Studies. Köln 2002, S. 287-305.

183 Zur Partizipation des Publikums bei Opernaufführungen vgl. Bettina Brandl-Risi: Feier des Publikums. Zur Herstellung von Gemeinschaften zwischen Andacht und Partizipation. In: Clemens Risi et al. (Hg.): Theater als Fest – Fest als Theater. Bayreuth und die moderne Festspielidee. Leipzig 2010, S. 198-214. Selbst wenn in Bayreuth das andächtige, stille Zuhören möglichst nur am Ende der Aufführung von Applaus abgelöst werden soll, wird dies als intensive und aktive Publikumsbeteiligung herausgestellt (ebd., S. 213). Das singende, klatschende und tanzende Festzeltpublikum hingegen wird in weiten Teilen der theoretischen Festliteratur als passiv konsumierend beschrieben. So schreibt Greverus 1977, S. 3, über den Konsumzwang der Ware Fest und folgert: „Öffentliche Feste [...] benötigen das ‚Volk' nur noch als Zuschauer."

184 Vgl. Henecka 1991, S. 16.

185 Vgl. zu den zwei Perspektiven soziologischer Festforschung ebd., S. 13f.; sowie Lacrosse 1978, S. 376.

186 Bausinger 1987, S. 266.

schimmert dabei in Versatzstücken durch als der Rahmen, in dem das Fest statt-findet und der diese soziale Gelegenheit beeinflusst. Das Alltägliche erscheint im Fest wie in einem Zerrbild, dessen Abbild es zu entschlüsseln gilt.

„*In* der Festkultur" bewegt sich Hermann Bausinger,[187] da er ihre prinzipielle und konkrete Ausformung betrachtet. Er erkennt sechs Spannungsfelder, in denen ein Festgeschehen quasi zwischen zwei Polen oszilliere: Ordnung und Chaos, Organisation und Spontaneität, Tradition und Innovation, Sinngebung und Sinnlichkeit, Abgrenzung und Ausgleich sowie Teilbereich und Totalität. Doch diese Begriffspaare seien keine „Entweder-oder-Alternativen", sondern dialektisch verknüpft und weisen einen inneren Zusammenhang auf. Zum Beispiel habe Spontaneität umso mehr Chancen, je perfekter die Organisation sei, aus deren „letzten Lücken" sie hervorbreche.

Auch für Henecka bleiben Feste stets überraschend und sind im Detail nicht antizipierbare komplexe, soziale Gelegenheiten. Bei günstiger Entwicklung werden sie „‚beseelt' durch eine kollektive, sich wechselseitig stimulierende und kumulierende Kreativität, die [...] ein sozial-integratives Gefühl erzeugt."[188] Er gelangt zu dieser positiven Bewertung, indem er sich weniger mit dem Verhältnis von Fest und Alltag als in erster Linie mit den gruppendynamischen Prozessen, deren Funktionen sowie der Dramaturgie und Eigendynamik beschäftigt. Im Rückgriff auf Jean-Marie Lacrosse, der soziale und situative Bedingungen für das Gelingen von Partys untersuchte, erwähnt Henecka als typische Phasen eines Festes: die Vorbereitung, den Empfang der Gäste, das „In-Gang-Bring[en] von Kommunikationen", das Stimmungshoch mit gruppendynamischen Ein- und Ausschlüssen und ungeplanten Übertretungen sowie schließlich den Aufbruch. Währenddessen finde zwischen den Teilnehmern ein zeichenhaftes Sichabtasten und -ausprobieren statt. Es bilde sich eine Atmosphäre „hoher kollektiver Intimität", die soziale Distanzen aufhebe und eine Reihe von improvisierten Normüberschreitungen erlaube.[189] Für Lacrosse erfordern gelungene Feste eine intensive Interaktion und emotionale Integration der Feiernden, was eine „soziale Gruppe manifestiert". Dann ermögliche ein Fest (ein „geregelter Tumult") nicht nur eine institutionalisierte Umkehrung oder Neuschaffung der Alltagsregeln, sondern eine „freigiebige und verschwenderische Verwendung der Mittel der rituellen Alltagssprache"[190] einschließlich deren Aufhebung.

Den Kommunikationsaspekt betont Kai Detlev Sievers, da dieser „der Mörtel" sei, der öffentliche Feste binde.[191] Er typologisiert Feste gemäß ihrer Träger, kategorisiert Formen der Handlungen (aktiv oder passiv), gliedert den Ablauf (Vorbereitung, Eröffnung, koordinierte Aktionen und abschließender Höhepunkt) und

---

187 Ebd., S. 266 (Hervorhebung Bausinger); das folgende Zitat ebd., S. 256.
188 Henecka 1991, S. 23.
189 Ebd., S. 18, 20-22.
190 Lacrosse 1978, S. 387.
191 Sievers 1986, S. 25; das Folgende ebd.

analysiert vorrangig die Interaktionen. Informationsqualität besitzen dabei nicht nur Sprache und Gestik, sondern auch scheinbar nebensächliche Gegenstände, deren Bedeutung die Teilnehmer kennen. Ohne Primärkommunikation (geringe raum-zeitliche Differenzierung und enge Face-to-Face-Beziehung) könne es kaum Feste geben. Denn diese werden gefeiert, um sich auszutauschen, Geselligkeit zu pflegen und temporär Barrieren abzubauen. Ein vielschichtiges und multidimensionales Kommunikationssystem mit internen, mediatisierten und externen Kommunikationskreisen, wie es Sievers im Fest verortet, „wäre nun empirisch [...] zu überprüfen und auszubauen".

Diese Anregung, vermehrt Einzel-Feste empirisch zu untersuchen, findet sich regelmäßig bei Vertretern des „inneren Blicks". Und dies, obwohl die „moderne funktional differenzierte Gesellschaft" und deren „neue Kombinations- und Rekombinationsmöglichkeiten der Fest- und Feierelemente", wie Harald Homann erklärt, „die empirisch-analytische Zugangsweise gerade für die moderne Gesellschaft" erschweren.[192] So benennt Michael Maurer – entsprechend seiner „Kenntnis des empirischen Materials" – insgesamt neun Gesichtspunkte, die wie Sonden helfen sollen, *alle* Aspekte" zu den unterschiedlichsten Festformen und -ausprägungen zu erfassen.[193] Neben den Gegensatzpaaren Fest und Alltag sowie Fest und Feier gehören auch Facetten wie Zeit, Gemeinschaft, Psychodynamik, Säkularisierung oder Resakralisierung hinzu. Maurer beschließt die Vorstellung seines Analysebaukastens mit der Forderung nach einer Formenlehre des Festes (Position, Konfiguration, Räumlichkeiten), die sich eng an den jeweiligen (historischen) Erscheinungen orientieren soll. Deile, der ebenfalls zur empirischen Erforschung des festiven Was aufruft, stellt eine „pragmatische" Definition mit den Bestandteilen: Gemeinschaft, lebensbejahende Bedeutung und besondere äußere Formen vor.[194] Karl Braun wiederum regt mit dem Verweis auf Bakhtin an, karnevaleske Phänomene breiter zu erforschen. Er zählt hierzu „alle Masken- und ähnliche Festereignisse, die im öffentlichen Raum vor sich gehen"[195]. Weitere Begrifflichkeiten kommen hinzu. Gerade der Gesichtspunkt des Vergnügens erhält zunehmend größeres Gewicht.[196]

---

192 Homann 2004, S. 113.
193 Hervorhebung Michael Maurer: Prolegomena zu einer Theorie des Festes. In: Ders. (Hg.): Das Fest. Beiträge zu seiner Theorie und Systematik. Köln/Weimar/Wien 2004, S. 19-54, hier S. 22.
194 Vgl. Deile 2004, S. 7-12.
195 Vgl. Karl Braun: Karneval? Karnevaleske! Zur volkskundlich-ethnologischen Erforschung karnevalesker Ereignisse. In: Zeitschrift für Volkskunde 98/2002, S. 1-15, hier S. 14.
196 Vgl. hierzu Sacha Szabo (Hg.): Kultur des Vergnügens: Kirmes und Freizeitparks – Schausteller und Fahrgeschäfte. Facetten nicht-alltäglicher Orte. Bielefeld 2009; auch Michael Heinlein/ Katharina Seßler: Die vergnügte Gesellschaft. Eine (kleine) Einleitung. In: Dies. (Hg.): Die vergnügte Gesellschaft. Ernsthafte Perspektiven auf modernes Amüsement. Bielefeld 2012, S. 9-15. Oder die 2011 gegründete dgv Kommission „Kulturen populärer Unterhaltung und Vergnügung (KPUV)", siehe Kulturen populärer Unterhaltung und Vergnügung (KPUV): Einstiegsseite. Kommission, auf: http://www.kpuv.de/Kommission.html [08.03.2015].

Diese Fülle an Aspekten zeigt die „Polyvalenz des Festes, seine Vieldeutig-
keit, seine Bedeutung auch als unabdingbarer Bestandteil gesellschaftlichen
Lebens",[197] wie Hugger schreibt. Die Umgangssprache, in der Feste gefeiert
werden und Feiern festlich sind, belegt diese Mehrdeutigkeiten.[198] Nebeneinander stehen die Konzepte von Fest, Feier, Event oder Happening, ohne dass das
letzte Wort bezüglich ihrer Gültigkeit oder klarer Abgrenzungen gesprochen wäre.[199] Trotz der konzeptuellen Vielfalt der Analyseansätze erscheint in ihnen das
Feiern (die konkreten Aktionen, Gesten und die prozessuale Dynamik) nach wie
vor als einer von mehreren Faktoren, ganz im Gegensatz zur Betrachtungsweise
von Festen unter den Vorzeichen der Cultural Performance.

3.3 Feste als Cultural Performance

Cultural Performances sind Erscheinungsformen sozialer Prozesse mit klar ge-
gliederter dreiteiliger, temporaler Struktur und definiertem Anfang sowie Ende,
die räumlich gesondert stattfinden. Sie bieten den Teilnehmern Gelegenheit,
kollektive Erfahrungen zu dramatisieren und Alternativen zur Realität auszupro-
bieren.[200] Darüber hinaus werden während Cultural Performances, verbal und nonverbal in Sprache und Symbolen codiert, wesentliche Bestandteile des kulturellen
Gerüsts vermittelt. Milton Singer, auf den sich der Ansatz zurückführen lässt,
bezeichnete Cultural Performances als „the most concrete observable units of
cultural structure".[201] Denn Tempelfeiern, Aufführungen oder Feste haben alle
einen Anlass, eine bestimmte Dauer sowie ein organisiertes Programm, das von
Akteuren in unterschiedlichen medialen Formen kommuniziert und zelebriert
wird. Dabei kommen Werte, Traditionen und die jeweilige soziale Ordnung zum
Ausdruck, innerhalb derer Performances durchgeführt werden. Andererseits
können sie Veränderungen von sozialen und kulturellen Gegebenheiten aufzeigen. Performances im Sinne Singers sind mit Spiegeln eines Spiegelkabinetts
vergleichbar, die vielfach modulierte Ausschnitte der Realität reflektieren. Turner
griff dieses Konzept auf und entwickelte es in zweierlei Hinsicht weiter: erstens,
was den Grad des Verwobenseins mit dem sozialen Alltag und dessen Wand-

---

197 Hugger 1987, S. 23.
198 Vgl. Bausinger 1987, S. 252.
199 Siehe zum Beispiel Sacha Szabo: Ballermann. Das Buch. Phänomen und Marke. Eine wissen-
    schaftliche Analyse eines außeralltäglichen Erlebnisses. Marburg 2011. Szabo erstellt eine
    Vier-Felder-Matrix aus der Kombination von „Fest – Feier" und „Spiel – Ritual". Er ordnet
    Volksfest in das Feld „Feier/Spiel" ein (ebd., S. 64-67).
200 Vgl. Turner 1986, S. 84.
201 Milton Singer zitiert nach John J. MacAloon: Introduction: Cultural Performances, Culture The-
    ory. In: Ders. (Hg.): Rite, Drama, Festival, Spectacle. Rehearsals toward a Theory of Cultural
    Performance. Philadelphia 1984, S. 1-15, hier S. 4; das folgende vgl. ebd.

lungen anbelangt; zweitens, welches Gewicht dem Hergang einer Performance beigemessen wird.[202]

Für Turner bestehen zwischen Performances und sozialem Leben dynamische Verknüpfungen. Anstelle einer starren Spiegelung beeinflussen sich beide gegenseitig. Cultural Performances reflektieren daher bei Turner nicht nur beigelegte Krisen oder Konflikte, sondern können selbst „active agencies of change"[203] sein. Sie können beispielsweise Veränderungen anstoßen, indem sie soziale Missstände thematisieren. Turner geht gar so weit, dass er bestimmten Gesellschaftsformen ein vorherrschendes performatives Genre zuordnet. Einfachere Gemeinschaften beispielsweise begehen laut Turner Rituale; komplexere Gesellschaften haben den Film als wesentliche Form der Cultural Performance. Wesentlich – oder „dominant mode of public liminality" in den Worten Turners[204] – soll heißen, dass in moderneren Gesellschaften trotz fortgeschrittener Entwicklungsstufe weiterhin ältere Formen durchgeführt werden. Für Turner widerspricht ein solches Neben- und Miteinander nicht dem steten dynamischen Prozess, der bestimmte performative Genres mit sozialen Strukturen respektive deren Wandlungen verknüpft. Das Beibehalten von traditionellen Mustern in modernen Gesellschaften könne vielmehr als Zeichen eines geregelten Konfliktes verstanden werden, dessen Beilegung die Akteure sichern und bekräftigen wollten.

Prozesshaftigkeit

Die zweite Besonderheit in Turners Konzept ist die Relevanz, die er der Prozesshaftigkeit beimisst. Ungleich anderen Wesensmerkmalen von Cultural Performances – wie eine spezifische Örtlichkeit oder ein definierbarer Teilnehmerkreis – gewichtet Turner das Dramatische (den sequentiellen Ablauf) als den essenziellen Aspekt einer Performance.[205] Cultural Performances gliedern sich in die Phasen der Vorbereitung und Trennung (Separation), des Schwellenzustandes (Liminality oder Betwixt-and-Between) und der (Wieder-)Eingliederung (Reaggregation). Diese prozessuale Dreiteilung geht auf Arnold van Gennep zurück, dessen Erkenntnisse Turner rezipierte. Turner übertrug dieses Modell jedoch nicht nur auf Übergangsriten, sondern letztlich auf *jegliche* Cultural Performance. Brasilianischer Karneval, die dramatische Form des japanischen Rokujo oder experimentelles Theater in New York weisen alle, so konnte er zeigen, die Sequenz – Trennung, Schwellenphase und Wiedereingliederung – auf. Turner ging allerdings

---

202 Vgl. hierzu Turner 1986, S. 23f.
203 Ebd., S. 24. Dieser zweifache Bedeutungsgehalt von Performances schlägt sich in Turners Theorie des sozialen Dramas nieder. Hierzu ebd., S. 92f.: „I regard the ‚social drama' as the empirical unit of social process from which has been derived, and is constantly being derived, the various genres of cultural performance. One phase of the social drama in particular deserves attention as a generative source of cultural performances. This is the redressive phase".
204 Turner 1977, S. 34; zum Folgenden auch ebd., S. 50f.
205 Vgl. hierzu Turner 1982, S. 91.

nicht nur hinsichtlich des ubiquitären Vorkommens der Drei-Phasen-Struktur über van Gennep hinaus. Vielmehr wird Liminalität zur zentralen Kategorie, die in *allen* performativen Genres sichtbar wird und diese als solche kennzeichnet. Liminalität rührt laut Turner vom lateinischen Wort „Limen" – Eingang, Schwelle – her, das van Gennep wählte, um „transition between", den Übergang, den Wechsel vom einen Zustand zum anderen auszudrücken.[206] Für Turner bezieht sich der Schwellenzustand, dieses „being-on-a-threshold"[207] sowohl auf eine augenblickliche, räumliche Verfassung als auch auf einen zeitlich begrenzten Prozess, der sich gesondert, zwischen alltäglichen Handlungen verorten lässt.

Liminalität ist dabei nicht nur eine mittlere Phase, sondern das eigentliche Kernelement, das Handlungsabfolgen zu Performances macht. Sie ist für Turner *das* Synonym für das strukturelle, soziale und emotionale Sein, das Cultural Performances konstituiert.[208] Daher ist es nicht verwunderlich, dass er dem Begriff „liminal" drei adjektivische Bedeutungsgehalte zuordnet, die sich aus dem jeweiligen Zusammenhang ergeben. Erstens benutzt Turner „liminal" allgemein, um bestimmte Praktiken als zur Schwellenphase gehörig zu markieren. Zweitens setzt er es als speziell-konnotiertes Adjektiv, das normbrüchiges, deviantes Verhalten auszeichnet (zum Beispiel „liminal behavior" im Gegensatz zu gemeinschaftsstiftenden Interaktionen). Schließlich verwendet Turner „liminal" als Genpart zu „liminoid",[209] um verschiedene Manifestationen von performativen Genres zu differenzieren; unterschiedliche Genres zwar, aber dennoch alle mit Drei-Phasen-Struktur.

Prozessuale Dreiteilung: 1. Separation

Am Beginn einer Cultural Performance steht die Separation, in der sich die Teilnehmer für eine bestimmte Dauer vom alltäglichen Sein absondern und auf die „Schwelle" begeben. Wörtlich bezeichnet Schwelle einen konkreten, begrenzten Ort, der zwischen zwei Räumen liegt. Im übertragenen Sinne bedeutet dies, dass die Teilnehmer einer Performance für eine Weile weder in der einen kulturellen, sozialen Ordnung noch in der anderen sind. Stattdessen befinden sie sich für eine befristete Zeit im „Zwischen", einem Ort der Un- und Umordnung, einem konkreten, von alltäglichen Routinen entbundenen Platz. Jenes räumliche als auch soziale Verlassen der Normalität geschieht in der Separation. Verän-

---

206 Ebd., S. 41.
207 Turner 1986, S. 92. Turner leitet den englischen Begriff für Schwelle „threshold" vom Wortstamm „tresh" („thrash") – „dreschen" her. Er vergleicht das Getreidedreschen, bei dem das Elementare des Getreides – die Körner – ans Licht kommt, mit der Liminalität, wenn ebenfalls verborgene Dinge sichtbar werden.
208 Vgl. hierzu mehrere Kapitel (eigentlich Aufsätze) in Turner 1986.
209 Im Falle des Gegensatzpaares „liminal" versus „liminoid" verwende ich für „liminal" auch „liminal-rituell". Damit wird nicht nur der Gehalt von „liminal" (versus „liminoid") verdeutlicht, sondern die begriffliche Vielfalt von „liminal" etwas reduziert.

derungen in Kleidung, Haartracht und Körperschmuck sowie auch symbolische Handlungen oder Ortswechsel manifestieren die Sonderung vom Alltag. Räume werden „umgeweiht" oder eigens errichtet. Im Falle meiner Untersuchung wird die Trennung dinglich durch Zeltwände hervorgehoben. Andererseits kann das Verlassen des Alltags auch aus einem Prozess heraus erfolgen, der gewohnte Ordnungen umdeutet. Die Teilnehmer lösen sich dabei aus der bestehenden Sozialstruktur heraus. Unabhängig davon, in welcher Form eine Abgrenzung (Framing)[210] abläuft – objektiv, prozessual oder sozial –, es werden in jedem Fall Ort und Dauer, Anfang und Ende des existenziellen Enthobenseins klar markiert.

Prozessuale Dreiteilung: 2. Liminalität

Auf der „Schwelle" sind die Teilnehmer dann aus ihren gewöhnlichen räumlichen, zeitlichen und sozialen Strukturen herausgetreten. Jeder Schwellenzustand hat seinen eigenen Rhythmus, der das normale Zeitgefüge aufhebt. Stunden können minutenschnell verrinnen oder Minuten sich scheinbar stundenlang hinziehen. Obendrein befinden sich die Akteure im Vagen. Sie, die „Grenzgänger", schlüpfen durch das „Netz der Klassifikationen, die normalerweise Zustände und Positionen im kulturellen Raum fixieren".[211] Befreit von den alltäglichen Bezugssystemen, entsteht so in der Liminalität erstens ein Ordnungsfreiraum, der sich durch seine Ambiguität auszeichnet. Zweitens wird Gemeinschaft erfahren, die Turner als Communitas bezeichnet. Drittens erleben die Teilnehmer Flow und erlangen schließlich eine „performative reflexivity".[212]

Ordnungsfreiraum: Das Betwixt-and-Between eröffnet Möglichkeiten, bedenkenlos Verhaltensregeln auszuloten, umzudeuten und umzukehren. In dieser liminalen Befindlichkeit jenseits der alltäglichen Beschränkungen, dem in Turners Worten „subjunctive mood" einer Kultur[213], weicht die Rationalität der Emotionalität. Vergleichbar dem Verbmodus des Subjektivs kommen Fantasie und das Hypothetische zum Vorschein. Organisation und Orgie, Planung und Improvisation, Disziplin und Hemmungslosigkeit, Akrobatik und Tölpelhaftigkeit oder Wahrheit und Lüge wechseln einander ab. Der „subjunctive mood", eine „Zeit der Wunder" mit charismatischen und ludischen Zügen, konfrontiert den „indicative mood", also die Normalität, die von Fakten, Vernunft und Regeln bestimmt wird.[214] Trotz aller liminaler Offenheit werden in einer Cultural Performance nicht alle Normen und Vorschriften „über Bord geworfen". Kriminelle Handlungen blei-

---

210 Vgl. Turner 1977, S. 34f.
211 Turner 2000, S. 95.
212 Vgl. Turner 1986, S. 24.
213 Ebd., S. 101f.
214 Turner 1977, S. 36. Zwischen Turners Ausführungen über liminale Praktiken und Bakhtins Erklärungen zum Lachen bestehen teilweise große Ähnlichkeiten, nach denen Lachen als Metapher für Liminalität erscheint. Siehe hierzu Bakhtin 1968, S. 16f.

ben Straftaten, oder Betrunkene werden – falls auf Gehwegen liegend – versorgt und aus der Öffentlichkeit weggeschafft. Darüber hinaus erzwingt in den Augen Turners die jeweilige performative Form selbst eine gewisse Ordnung, innerhalb nur derer die Liminalität ihren Raum hat. Werden der Ablauf oder der „sakrale" Rahmen[215] einer Cultural Performance gestört, kommt diese oft zu einem Ende oder wird zumindest unterbrochen und zurückgesetzt, bis erneut die Alterität entstehen kann.

Gemeinschaft: Das Erleben von Communitas ist neben dem normativen Freiraum der zweite zentrale Bestandteil der Schwellenphase. Mit Communitas bezeichnet Turner eine Art und Weise des menschlichen Beziehungsgefüges, das sich als Gemeinschaft ohne hierarchische, geschlechtliche, ethnische oder klassenspezifische Segmentierungen auszeichnet. Menschen begegnen einander in der Communitas „so wie sie sind".[216] Während sie einerseits ihre individuelle Verschiedenheit behalten, werden sie andererseits Teil eines umfassenderen Ganzen und erleben ein Zusammensein. Communitas ist dabei nicht an die höchstmögliche Teilnehmeranzahl gebunden, weder extremer Individualismus noch extremer Kollektivismus lassen sich ausmachen.[217] Die Teilnehmer schwingen dynamisch zwischen dem „Ich und Du" und formen ein „Wir", wie Turner mit Verweis auf Martin Buber[218] ausführt. In dieser Gemeinschaft sind sie nicht mehr neben-, sondern mit- oder beieinander, als ob sie sich zusammen einem kollektiven Ziel annähern. Die Interaktionen haben eine nicht-transaktionale Qualität. Die Teilnehmer erwarten keine Erfüllung ihrer Interessen.[219]

Anti-Struktur = Ordungsfreiraum & Communitas: Den Raum für ein solches direktes und unmittelbares Miteinander eröffnet die Liminalität oder auch die Freizeit in modernen Gesellschaften. Denn Communitas tritt dort auf, „wo Sozialstruktur nicht ist" und „Gemeinschaft geschieht". Nicht zufällig, sondern gefördert durch prozessuale Vorgänge, entsteht ein *um*-geordneter normativer „Frei"raum, in dem institutionell geregelte Beziehungen und Positionen zwischen Akteuren aufgehoben sind. Dann entfaltet sich Communitas: „[Sie] dringt in der Liminalität durch die Lücken der Struktur."[220]

Anti-Struktur ist weder eine präzise Umkehrung noch ein genaues Spiegelbild der alltäglichen Ordnung. Eher entspricht sie einem Verflüssigen der normativen, sozialen und strukturellen Bindungen[221] und infolgedessen einem möglichen

---

215 Turner 1986, S. 133; zum Vorangehenden vgl. ebd., S. 102.
216 Siehe Turner 1977, S. 36 (Übersetzung CB).
217 Vgl. Turner 1986, S. 84; auch Turner 1982, S. 47.
218 Martin Buber zitiert nach Turner 2000, S. 124.
219 Vgl. Turner 1982, S. 46.
220 Turner 2000, S. 124; hier auch das Vorangehende.
221 Vgl. Turner 1982, S. 58.

Ausloten von Erfahrungen, Wünschen und Kreativität. Der Gegensatz zum Statussystem des Alltags zeigt sich zum Beispiel in vestimentären Nivellierungen. Weitere Indikatoren für Anti-Struktur sind zügellose Sprechweisen, joviale Anredeformen, körperliche Nähe anstelle Distanz oder das Fehlen von Sitzordnungen. Dann werden statushohe Personen häufig mit grotesken Elementen konfrontiert, werden erniedrigt oder meinen sie seien im Chaos. Statusniedrige auf der anderen Seite erfahren Kameradschaft, Anerkennung oder Gleichheit.[222] Beides erlaubt nach Turner eine Flucht in eine „Pseudostruktur", in der Verhaltensextravaganzen geduldet werden. Das „Umgeregelte" kann revitalisieren und letztlich Sozialstrukturen hervorbringen oder bestehende bestätigen, indem das Erleben von Communitas ein Fehlen der Ordnungen vor Augen führt. Das offene Beisammen einer Gemeinschaft verfestigt sich deshalb nach kurzer Dauer wieder in institutionalisierte Beziehungen. Eine festive, *spontane* Communitas besteht so auch nur für einen „geflügelten Augenblick", in dem ein Gefühl einer (flüchtigen) Verbundenheit mit endlosen Möglichkeit herrscht. Die Teilnehmer „become totally absorbed into a single synchronized fluid event"[223].

Flow: Das Eintauchen in Flow ist für Turner „zweifellos" ein fester „Bestandteil von jeder Art von erfolgreicher Cultural Performance".[224] Mit diesem Begriff bezieht sich Turner auf Befunde von Mihaly Csikszentmihalyi, die eine glücklich machende Einheit von Akteur und Aktion erklären.[225] Aus einer inneren Logik heraus, ohne bewusste Steuerung fließt eine Handlung in die andere. Dabei beherrscht oder kontrolliert der Handelnde seine Aktionen und sein Umfeld, so dass weder Angst noch Langeweile entstehen. Er geht vollständig im eigenen Tun auf, ohne auf externe Bestätigung angewiesen zu sein. Handlungen und Bewusstsein verschmelzen miteinander, alltägliche Sorgen geraten ins Hintertreffen. Unterschiede zwischen dem Selbst und der Umwelt, zwischen Aktion und Reaktion, zwischen Vergangenheit, Gegenwart und Zukunft lösen sich auf. Das Zeitgefühl geht verloren.

Doch während das Gefühl des Flows spontan empfunden wird, erreichen Individuen nicht sofort diesen Zustand. In Cultural Performances hilft die prozessuale Abfolge dabei, diese Erfahrungsebene zu erlangen. Dies erfordert von den Teilnehmern die Identifikation mit und die Kooperation in der Performance. Kurz: ohne involviertes Tun kein Flow. Daraus folgt für Turner, dass Flow einer der

---

222 Siehe hierzu Turner 2000, S. 101-111; das folgende Zitat ebd., S. 192.
223 Turner 1982, S. 48. Turner unterscheidet zwischen drei Formen von Communitas: erstens die existentielle oder spontane, zweitens die normative und drittens die ideologische Communitas (wie religiöse Sekten). Vgl. hierzu ebd., S. 47-49. Das Teilzitat Turner 2000, S. 129.
224 Turner 1977, S. 48 (Übersetzung CB).
225 Vgl. Mihaly Csikszentmihalyi: Flow. The Psychology of Optimal Experience. New York 1991, S. 49, benennt acht Hauptkomponenten von Flow. Turner bezieht sich darauf, wenngleich er nur sechs distinktive Wesenszüge wiedergibt. Vgl. Turner 1977, S. 47f.

Wege zu sein scheint, mittels dessen sich Struktur in Anti-Struktur verflüssigt.[226] Flow, subjektiv erlebt, verwandelt so Normalität in Alterität und soziale Hierarchie in Communitas, was „shared flow" entspricht.[227] Trotz der unterschiedlichen Bezüge von individuellem Flow und kollektiver Communitas zeichnen sich beide durch ihre erhöhenden, positiven Erfahrungen aus, die sie hervorrufen.

Performative Reflexivität: Die Erfahrungen und Erlebnisse der Teilnehmer bilden das Fundament für die „performative reflexivity", die Turner als vierten Bestandteil der Liminalität ausmacht. Denn dies entspricht „dem angemessenen Ende eines Erlebnisses", verstanden von Turner im Sinne von „living through" und „thinking back"[228]. Damit wird zumindest in einem performativen Moment den Geschehnissen eine Bedeutung zugeschrieben: „Homo performans, [...] his performances are, in a way, reflexive, in performing he reveals himself to himself."[229] Außerdem weisen Erfahrungen in Performances über individuelle Gehalte hinaus auf kollektive hin. Denn nach Turner bricht just an den Schnittstellen zwischen etablierten kulturellen Subsystemen sozial Verborgenes hervor und wird quasi hinterfragt: „People stand back from their lives and weight their quality."[230] Dabei kommuniziert die Gruppe in mannigfaltigen Codierungen, zu denen Gesten, Tanz oder auch symbolische Objekte zählen. Vielmehr aber noch gehört nach Turner zur performativen Gruppensprache das Dramatische selbst: „They are dramatic, that is literally ‚doing' codes." Die Teilnehmer wissen und kennen diese Codes, da sie von Gruppenführern vorgegeben oder von Kindheit an erlernt wurden.[231]

EXKURS: LIMINAL – LIMINOID

Cultural Performances sind denselben Kräften ausgesetzt wie die umgebende Gesellschaft und unterliegen somit Formveränderungen. Um den sich wandelnden Genres – beispielsweise von Stammesritual zu Karneval zu Film – gerecht zu werden, unterscheidet Turner daher idealtypisch zwischen liminalen und liminoiden Phänomenen.[232] Je nach Gesellschaftsstruktur, Anlass und Integration in

---

226 Turner 1982, S. 58: „But ‚flow' for me seems to be one of the ways in which ‚structure' may be transformed or ‚liquefied' [...] into communitas again."
227 Turner 1986, S. 133.
228 Turner 1977, S. 18 (Übersetzung CB).
229 Hervorhebungen Turner 1986, S. 81.
230 Turner 1977, S. 39; das folgende Zitat ebd., S. 33.
231 Vgl. Turner 1982, S. 105; Turner 1986, S. 84: „There is a living and growing body of experience, a tradition of communitas [...]. We acquire this wisdom not by abstract solitary thought, but by participation immediately or vicariously through the performance genres in sociocultural dramas."
232 Hierzu und dem Folgenden siehe Turner 1982, S. 33, 52-55.

soziale Prozesse kategorisiert Turner die auftretenden kulturellen Manifestationen. So finden sich liminal-rituelle Prozesse eher in Stammesgesellschaften und frühbäuerlichen Gemeinschaften, wohingegen liminoide Ereignisse in komplexeren Gesellschaften mit „organic solidarity" (zum Beispiel demokratisch-liberale Gesellschaften in Europa oder Nord-Amerika) auftreten. Performances mit liminal-rituellem Charakter sind kollektiv begründet und werden von kalendarischen, biologischen oder sozial-strukturellen Rhythmen bedingt. Wenngleich liminoide Ereignisse sich oft auf kollektive Erfahrungen zurückführen lassen, sind sie stärker singulär initiierte Erscheinungen, die dennoch Masseneffekte aufweisen. Ihr Begehen richtet sich nicht streng nach Zyklen, obwohl liminoide Performances – dann aber unter Freizeitbedingungen – auch in regelmäßigen Abständen abgehalten werden können. Generell sind liminoide nicht so eng wie liminal-rituelle Genres mit den umgebenden sozialen Gegebenheiten verwoben und entwickeln sich an den politischen und ökonomischen Rändern. Sie üben oft soziale Kritik an der Normalität. Im Gegensatz hierzu bestätigen liminal-rituelle Prozesse das Bestehende. Sie tendieren dazu, völlig in die gesellschaftlichen Ilergänge integriert zu sein, gerade auch wenn in der Durchführung Inversionen von Hierarchien oder Antithesen zur herrschenden Ordnung präsentiert werden. In ihnen reflektiert sich die kollektive Erfahrung über die Zeit. Kontrastierend führt Turner aus:

„[...] liminal genres put much stress on social frames, plural reflexivity, and mass flow, shared flow, while liminoid genres emphasize idiosyncratic framing, individual reflexivity, subjective flow, and see the social as problem not datum."[233]

Die Differenzen zwischen liminal-rituellen und liminoiden Phänomenen zeigen sich darüber hinaus in ihrer Reichweite, Symbolik und prozessualen Rigidität. Die Teilnahme an Ersteren ist nicht eine Frage des Wollens, sondern kollektive Pflicht, hebt Turner hervor. Bei einem liminoiden Genre hingegen ist es einem freigestellt, ob man partizipieren möchte. So ziehe der Karneval, eine „spaßige Veranstaltung, kein ernsthaftes Ritual", häufig „wilde Macho-Typen" an, während andere dem Treiben fernbleiben. Im Gegensatz hierzu können sich „ordentliche, lammfromme und gesetzestreue Leute" einem Stammesritual[234] nicht entziehen. Nach Turner sind liminal-rituelle Phänomene fordernd und ernsthaft im Gehabe, liminoide hingegen verspielt und einladend. Während liminal-rituelle Schwellenzustände in der Ausführung rigide und umfassend sind, erscheinen liminoide Prozesse flexibel und oft experimentell.

Trotz aller fundamentalen Differenzen gibt es Mischformen, die – wie der von Turner als liminoid eingestufte Karneval – liminal-rituelle Versatzstücke eines längst vergessenen Rituals in sich tragen. Darüber hinaus koexistieren beide

---

233 Turner 1977, S. 52.
234 Turner 1982, S. 43 (Übersetzung CB); das Folgende ebd.

Formen. In modernen Gesellschaften finden sich zum Beispiel streng liminal-rituelle Initiationsriten für Burschenschaften; während traditionelle Stammesgesellschaften liminoide Spiele und Tänze begehen. Liminoid und liminal-rituell sind analytische Einteilungen Turners, um Schwellenphasen besser in ihren Ausprägungen verstehen zu können.[235] Turner gewichtet dabei die verschiedenen Genres nicht entlang einer qualitativen Skala gemäß „mehr oder weniger", „ausreichender oder unzureichender" Liminalität. Selbst liminoide Prozesse durchlaufen das Betwixt-and-Between und ermöglichen Teilnehmern das Erleben von Anti-Struktur und Flow. Liminalität, ganz gleich ob liminal-rituell oder liminoid, macht eine performative Handlungsfolge bedeutungsvoll.

Prozessuale Dreiteilung: 3. Reaggregation
Den Abschluss einer Cultural Performance bildet die Reaggregation, die Turner kaum elaboriert.[236] Diese letzte Handlungssequenz entspricht sozusagen einem „Wiederauftauchen" und „An-Land-Gehen", wenn man die Liminalität als einen „Tauchgang", dem Erleben einer fremden Unterwasserwelt, versteht. Gekennzeichnet ist dieser finale Abschnitt zunächst vom bevorstehenden Ende der Alterität, selbst wenn die Immersion noch andauert. Doch das Wissen vom unmittelbaren Ende der Liminalität verändert nicht nur die Erlebnisqualität, sondern führt unweigerlich zur Wiedereingliederung. Der Schwellenzustand wird verlassen. Die dritte Phase kann dabei schlagartig einsetzen, kurz verlaufen oder aber sich über eine geraume Zeit hinziehen, wenn Heimweg, Demaskierung oder das Ausschlafen eines Rausches miteinbezogen werden. An deren Abschluss steht jedoch die Reintegration in das alltägliche Sein, wobei je nach Performance Veränderungen oder Bestätigungen des Status quo möglich sind.

Fazit
Nun analysierte Turner weder deutsche Volksfeste, noch erwähnt er einen Festzeltbesuch. Seine empirischen Studien führten ihn vielmehr nach Zentralafrika zu den Stammesritualen der Ndembu, nach Brasilien zum Karneval oder auch nach New York zum experimentellen Theater. Dennoch lassen sich seine dort gewonnenen Einsichten auf das Verhalten in den Wasen-Bierzelten übertragen. Denn für Turner gibt es vielzählige Formen von Cultural Performances, deren Konzept er nie exklusiv für definierte Genres formulierte. Sein Ansatz der Cultural Performances basiert ungleich der dominanten kulturphilosophischen Festtheorie

---

235 Vgl. Turner 1977, S. 52.
236 Vgl. hierzu Turner 1986, S. 104. Von Turner gibt es nur marginale Ausführungen zur Reaggregation. Wenn, dann schreibt er entweder über eine vierte Phase (redress) des sozialen Dramas, was Aufschlüsse über Konfliktbereinigung geben kann, oder die dritte Phase wird in Zusammenhang mit van Genneps Ritualtheorie erwähnt. Ein Beispiel für das Übergehen der Reaggregation findet sich in Turner 1986, S. 21-32, wo Turner kurz die Separation benennt (S. 25), um sich dann *ausschließlich* mit dem Schwellenzustand zu beschäftigen (S. 25-32).

in Deutschland auf keinem statischen, historischen Idealtyp, sondern geht von der Flexibilität distinktiver und sich wandelnder kultureller Genres aus. Zu einer detaillierten Untersuchung gehören folglich Überlegungen, welche sozialen und kulturellen Prinzipien sowie Formen „auf den Kopf gestellt" und mittels „verschiedener Metasprachen"[237] durchdekliniert werden. Das sind nicht nur Worte und Gesten, sondern auch Objektivationen, die mit Codes aufgeladen werden. Sowohl die Syntax, Semantik als auch Pragmatik (die Beziehung von Zeichen mit ihren Nutzern) der Symbole und deren Dynamik[238] sind dabei von Interesse, da dies essenziell für die Bedeutung einer Cultural Performance ist. Je nach Phänomen muss geklärt werden, was die Teilnehmer erleben und welche Bedeutungen sie dem zuschreiben. Anstatt aus Erfahrungen „ozeanische Gefühle" abzuleiten, münden „experiences" bei Turner in Reflexivität. Anstatt Transzendenz hervorzuheben (wie in großen Teilen der deutschen Festtheorie), interessieren Turner die Liminalität und hierbei besonders die Communitas und die liminale Anti-Struktur, jener normative Freiraum. Anstatt von Standbild zu Standbild zu blenden, geht Turner von einem dramatischen Fließen aus. Allerdings: Die Phase der Liminalität kommt und besteht nicht von sich allein.[239] Hinführende separierende Sequenzen und das Wissen um Codes sind untrennbar verwoben mit dem Stimmungshoch; ein Hoch anstatt eines Höhepunkts (der einen zeitlich kürzeren Klimax suggeriert). Schließlich sind für Cultural Performances die Teilnehmer und deren Aktionen unabdingbar. Wenn Turner von „,doing' codes" schreibt, dann schwingt keine Abwertung eines *passiven* Vergnügungs*konsums* von Festbesuchern mit. Daher lädt Turners Ansatz offen und ohne ästhetisches Urteil,[240] geleitet vom Gedanken des Dynamischen, zu einem unverstellten Blick auf das Feiern im Festzelt ein.

---

237 Turner 1986, S. 26 (Übersetzung CB).
238 Vgl. Turner 1982, S. 21-23.
239 Ebd., S. 104, zitiert Turner Schechner mit Hinblick auf „performance behavior". Zum fortwährenden „Framing" (ein wichtiger Teil der Separation und der Liminalität) vgl. Turner 1977, S. 36: „[...] the framing process, which continues throughout the entire ritual process, since it established and articulates the sequence of phases and episodes composing the ritual, is subject to firm procedural, even rubrical rules."
240 Vgl. hierzu den Aufruf in Victor Turner: The Spirit of Celebration. In: Frank E. Manning (Hg.): The Celebration of Society. Perspectives on Contemporary Cultural Performance. Bowling Green 1983, S. 187-191, hier S. 191: „We have been all to prissy in wiping the ‚dirt' from out fingers. To understand this ‚dirt' is to realize its fecundity for thought. [... This] should encourage us to explore their carnivalesque expressions in further participant fieldwork."

4. Methodenmix und Forschungsprozess

Zu Beginn meiner Studien im Jahr 1999 offerierte die wissenschaftliche Literatur kaum bewährte Pfade in das Forschungsfeld „Zelt". Andere (außeralltägliche) Ereignisse mit Menschenmassen wie Fußballspiel oder Karneval, zu denen phänomenologische Arbeiten existierten, gaben nur wenige Anhaltspunkte. Mein Forschungsdesign bestach daher weder durch methodische Strenge, noch lässt sich ein geplantes und implementiertes Vorgehen erkennen. Bricolage beschreibt treffender meine flexible Herangehensweise ohne thesengeleitete Blickverengung, die einem steten Lern- und Entwicklungsprozess unterlag. Konzipiert als empirische, vorrangig qualitative Studie störte dieses Herantasten jedoch nicht. Denn die Empirie als methodischer Zugang umfasst selbst das Nicht-Vorgefertigte. Schon im Wort selbst, dem Gewinn wissenschaftlicher *Erfahrung*, klingt die Unabgeschlossenheit an. Da in meinem Fall geeignetes „Kartenmaterial" zur (Vor-)Orientierung fehlte, erfolgte mein *Erfahren* des Feldes – um im Bild zu bleiben – oft situativ angepasst, nutzte spontan Gelegenheiten (oder verpasste sie) und vermied gefährlich erscheinendes Terrain. Auch stieß ich an Hürden. Handlungen, mit denen andere einen Volksfestabend zu Hause beginnen oder beenden, waren mir nicht zugänglich oder bedurften „Umwegen". Ich vollzog die „Geländeerkundung" daher mittels diverser „Vehikel" wie qualitative und quantitative Methoden oder Quellenauswertungen.

Ohne selbstkritisches Hinterfragen einer solchen „Fahrtroute" ist eine empirische Studie aber in Gefahr, unwissenschaftliche Ergebnisse zu erzeugen. Denn meine Interaktionen mit dem Feld bedingten, welche Daten ich sammeln konnte. Heute hingegen, eine Dekade später, beeinflusst mein gewonnener Abstand, welche Resultate zutage treten. Dieser subjektive Filter ist abgesehen von biografischen Daten[241] in meinem Fall dadurch geprägt, dass ich sehr gerne Volksfeste und Festzelte besuchte. Ganz anders Grabowski, der sich im Bierzelt als „Fremdkörper" fühlte:

> *„Ich zweifle an dem Sinn meiner Untersuchungen und ärgere mich über meine Themenwahl. Missmutig sitze ich auf meiner Bierbank und hätte größte Lust, sofort aufzustehen und zu gehen."*[242]

Eine solche Grundeinstellung beeinflusst mehr als nur die Feldnotizen. Fast alle großen Abhandlungen wurden nämlich von Rummelplatz„freunden" in wohlwol-

---

241 Zum Zeitpunkt der Erhebung war ich Anfang 30, angestellt bei einem mittelständischen Betrieb. Heute lebe ich seit über zehn Jahren im US-Bundesstaat Connecticut.
242 Grabowski 1999, S. 93; das Zitat „Fremdkörper" ebd., S. 106.

lendem Ton geschrieben.[243] Indem ich mir nun meiner positiven Grundeinstellung bewusst war und bin, versuch(t)e ich, eine innere Kontrollinstanz aufzubauen, die überprüft, ob die nötige forscherische Distanz und Ergebnisoffenheit gewahrt bleibt. Erwähnenswert in diesem Zusammenhang ist auch, dass ich im zweiten Jahr von einer Brauerei mit Wertmarken bei meinen Feldforschungen finanziell unterstützt wurde.

Qualitative Methoden (teilnehmende Beobachtung und Interviews) dominierten eingangs meine Erhebung, um Handlungsabläufe und Sinnzuschreibungen im Feiern zu erfassen. Angesichts der „rummeligen" Atmosphäre, der Besuchermassen und der Größe der vielen Bierzelte kam für mich als Einzelperson keine aussagekräftige quantitative Untersuchung infrage. Ein standardisiertes Forschungskonzept benötigt nicht nur ausreichend Ressourcen, sondern auch, wenn es um detaillierte Verhaltensmuster gehen soll, entsprechende Vorstudien, die nicht vorlagen. Darüber hinaus ist es zweifelhaft, ob sich das Agieren von Festteilnehmern und tiefere Deutungsmuster überhaupt per quantitativ-standardisierter Erhebung ermitteln lassen. Wohingegen durch das teilnehmende Handeln ein Verständnis darüber entstehen kann, welche körperlichen und sinnlichen Erlebnisse einem Feiernden möglich sind. Die eigene Körperlichkeit als Rechercheinstrument zu nutzen,[244] erscheint daher in der physisch geprägten Festzeltausgelassenheit mit ihren Bewegungen, der Enge, der Hitze und dem Lärm als unabdingbar. Wenn sich die Gelegenheit ergab, führte ich im Zelt mit meinen Tischgenossen intensivere, unstrukturierte Gespräche über die Vorkommnisse. Die ungeplanten Unterhaltungen flossen in die Feldberichte ein, ersetzten jedoch nicht die systematischen Expertenbefragungen.

Bevor die erste Hauptfeldphase im September 1999 einsetzte, unternahm ich im Frühjahr und Sommer zunächst eher orientierende Zeltbesuche. Dann erfolgten vier qualitative Experteninterviews, die mir zu einem besseren Verständnis der geschäftlichen Abläufe verhalfen. Während nämlich die Zeltbesucher abends feiern, läuft parallel dazu ein straff durchorganisierter Betrieb. Nach der „ersten" Wasen-Feldsaison schloss sich eine theoretische Vertiefung an. Im Jahr 2000 wiederholte sich das Muster von Erkundungsgängen im Frühjahr, Expertenbefragungen im Sommer und intensiver Feldphase im Herbst. Diese Chronologie wurde durch den Veranstaltungskalender vorgegeben. Folglich wechselten sich aktivere und ruhigere Abschnitte ab. Letztere verordneten nicht nur Distanz, eröffneten Raum für Reflexionen und Literaturstudium, sondern erlaubten Monate später ei-

---

243 Veiz 2001a, S. 14, schreibt, wie „erlösend" es war, endlich ohne Forscherblick feiern zu dürfen. Siehe auch Sacha Szabo: Presse-Seite. Interview (vom 27.07.2009), auf: http://www.sacha-szabo.de/kontakt/presse/index.html [11.03.2011]: „[...] ja, ich habe wirklich Genuss an einer Achterbahnfahrt". Florian Dering machte sein Interesse zum Beruf. Er war Leiter und Initiator der Abteilung Puppentheater/Schaustellerei im Münchner Stadtmuseum.
244 Vgl. Ute Bechdolf/Monique Scheer: Einleitung. In: Ute Bechdolf (Hg.): Tanzlust. Empirische Untersuchungen zu Formen alltäglichen Tanzvergnügens. Tübingen 1998, S. 9–14, hier S. 12.

nen „geläuterten" Wiedereinstieg. Aufgrund meines Lebensweges, der mich in die USA führte und mir eine Pause auferlegte, gewann ich überdies einen erkenntniskritischen Abstand. Eigenartige Kulturmuster, die ich davor übersehen, als „normal" und nicht erwähnenswert betrachtet hatte, wurden mir bewusst. Von dieser externen Warte aus fand schließlich im Herbst und Frühjahr 2010/11 die letzte Erhebungssequenz statt (per Webcam-Erfassung und weiteren Insider-Interviews). Ich überprüfte damit die Wertigkeit meiner zehn Jahre alten Erhebungen.

Der Gesamtprozess, einem „zirkulären Modell"[245] vergleichbar, verschränkte somit Vorannahmen, praktische Vorerkundung, qualitative Erhebung, theoretische Vertiefung, Hypothesenbildung und Überprüfung wiederholt miteinander. Erlangte Einsichten flossen in die Auswertung ein. Per methodischer Triangulation – eine Forschungsstrategie, die viele „erdenk- und ethisch vertretbare Optionen der Datengewinnung einschließt"[246] – war und bin ich bestrebt, meine Erkenntnisse zu hinterfragen und abzusichern. Inhärente methodische Schwächen oder zeitliche Lücken versuch(t)e ich so auszugleichen. Obwohl sich Erhebung, Analyse und Erkenntnisgewinnung fortwährend durchdrangen, erscheint es sinnvoll, die einzelnen Bausteine getrennt zu betrachten.

4.1 Direkt im Zelt – Varianten der teilnehmenden Beobachtung

Meine Feldstudien erstreckten sich über zwei Jahre. In diesem Zeitraum besuchte ich hauptsächlich Bierzelte auf dem Cannstatter Wasen aber auch auf dem Münchner Oktoberfest, dem Unterländer Volksfest in Heilbronn und dem Stuttgarter Frühlingsfest.[247] Es waren süddeutsche Festzelte, die sich in Gestaltung, Aufbau, Getränke- und Speisenangebot sowie im Programm so ähnlich waren, dass ich sie angesichts meiner Fragestellung zusammenfassen konnte. Gleichzeitig erlaubten sie mir, bei meinen fast dreißig forscherischen Zeltaufenthalten ein möglichst facettenreiches Bild zu gewinnen. Eingeschränkt wurden meine Visiten an den Wochenenden, wenn ab einer gewissen Uhrzeit die Zelte wegen Überfüllung geschlossen waren. Hatte ich an einem der Spitzentage Zugang gefunden, blieb ich deshalb dort bis zum Ende des jeweiligen Beobachtungsganges. In den Zelten verbrachte ich die meiste Zeit im Mittelschiff, dem zen-

---

245 Uwe Flick: Qualitative Forschung. Theorie, Methoden, Anwendung in Psychologie und Sozialwissenschaften. 4. Aufl. Reinbek/Hamburg 1999, S. 60-62. Zur Abfolge meiner Erhebungen siehe Anhang 10.2.
246 Christian Lüders zitiert nach Uwe Flick: Triangulation in der qualitativen Forschung. In: Ders./ Ernst von Kardorff/Ines Steinke (Hg.): Qualitative Forschung. Ein Handbuch. 6. durchges. und aktualisierte Aufl. Reinbek/Hamburg 2008, S. 309-318, hier S. 314.
247 Vgl. Anhang 10.2. Um mein Feld besser abzugrenzen, besuchte ich überdies ein Festzelt in Bodelshausen und ein Erlebniszelt auf dem Reutlinger Sommerfest.

tralen, mittleren Bereich. Die Aufenthalte in den Seitenflügeln, Logen oder im VIP-Bereich kann ich an einer Hand abzählen. Ich bevorzugte den abendlichen Besuch, den ich alleine oder in Begleitung vornahm. Im letztgenannten Falle waren Einzelpersonen oder ganze Gruppen an meiner Seite. Das Spektrum reichte von Freunden, Gewährsmännern (Experten, die beruflich mit einem Volksfest oder Bierzelten zu tun hatten) bis hin zu ca. zwanzig Arbeitskollegen. Mein beobachtendes Teilnehmen bewegte sich dabei entlang einem Kontinuum, das zwischen den Grenzpunkten der Methode (dem tiefen, selbstvergessenen Einlassen und dem gänzlich distanzierten reinen Beobachten) hin- und herpendelte: Mal feierte ich nur noch, oder ich beschränkte mich rein auf das Beobachten und Erfassen der Geschehnisse per Stift, Fotoapparat oder Diktafon.

„In Bruchteilen hetzt eine Beobachtung die nächste. Nur nichts verpassen. Mir wächst mein Forschungsvorhaben in diesen wenigen Augenblicken über den Kopf. [...] An diesem Abend fühle ich mich wie ein Schwamm, der bis zur Aufnahmegrenze alles aufsaugt. Dabei stört mich auch das Aufschreiben. Diese Sekunden gehen mir bei meinen Betrachtungen verloren. Ich sitze also da und hadere. Nicht mitschreiben und vergessen oder mitschreiben und verpassen" (01. Feldbericht, Sa., 24.04.1999 vom Stuttgarter Frühlingsfest).

Im Ausschnitt des Feldberichts lassen sich direkt angesprochene oder zwischen den Zeilen enthaltene methodische Herausforderungen des Feldes erkennen. Diese Hürden fanden Eingang in meine zeitnah erstellten Feldberichte, die auf meinen Erinnerungen, kurzen Stichworten im Feld, Audiokommentaren, Souvenirs – „Berührungsreliquien"[248] sozusagen – oder auf von mir erstellten Fotos basierten. Visuell unterstützte ich mit den Bildern mein Gedächtnis, lichtete aber auch zusätzliche Informationen im Neben- und Hintergrund ab, während anderes ausgeklammert bleib. Die Fotos gleichen in dieser Art schriftlichen oder auditiven Fixierungen, die nur einen Teil der Wirklichkeit festhalten. Ob durch den Sucher der Kamera oder durch meinen eigenen Wahrnehmungsfilter, der sich in den Stichworten niederschlug, in jedem Fall müssen die Felderzeugnisse im Kontext ihres Entstehens betrachtet werden. Die ähnliche Qualität von Kamera, Diktafon und Schreibwerkzeug zeigte sich überdies darin, dass mich alle von der Feiergemeinde abhoben. „Schnappschüsse" oder spontan gefilmte Ereignisse unter Freunden erweck(t)en nämlich keinen Argwohn, mein inquisitives Dokumentieren dagegen doch. Meine methodischen Herausforderungen lagen folglich im Erfassen sowie im Interagieren mit dem Feld. Damit diese nicht zu Fallstricken

248 Ulrich Hägele: Visual Folklore. Zur Rezeption und Methodik der Fotografie in der Volkskunde. In: Silke Göttsch/Albrecht Lehmann (Hg.): Methoden in der Volkskunde. Positionen, Quellen, Arbeitsweisen der Europäischen Ethnologie. 2., überarb. und erw. Aufl. Berlin 2007, S. 317–342, hier S. 327, der Detlef Hoffmann zitiert.

werden, bedarf es deren Offenlegung: erstens der „Angst des Forschers vor dem Feld"[249], zweitens meiner persönlichen Verstrickungen und drittens meines forscherischen Seins als festfreudige Schwäbin, deren Going native – das distanzlose Aufgehen inmitten der Beforschten – stets drohte.

„Die Angst vor dem Feld"

Befürchtungen im Hinblick auf ein Forschungsvorhaben und dessen Durchführung gibt es in allen Disziplinen. Wissenschaftlich interessant werden diese Bedenken, wenn sie reale oder vermeintliche Störungen beim Datensammeln reflektieren. In der Folge könnten Verzerrungen oder Versäumnisse in der Erhebung auftreten. „Die Angst vor dem Feld", ein häufiger Topos in ethnografischen Arbeiten, bezieht sich auf asymmetrische Beziehungen zwischen Forscher und Beforschten und daraus resultierenden interaktiven Verwerfungen, moralischen und emotionalen Beklemmungen.

Meine „Angst vor dem Feld" war hingegen vordergründig von Sorgen um meine „körperliche Unversehrtheit" bestimmt. War und ist doch die Berichterstattung aus den Festzelten durch den alkoholisierten Exzess gekennzeichnet, der – so evozieren es Bilder und Erzählungen – mitunter in Schlägereien oder sexuellen Belästigungen mündet.[250] Außerdem lädt eine allein auftretende Frau, besonders wenn sie mitfeiert, zu Annäherungsversuchen ein. Gerade indem ich anderen zuprostete, mich unterhakte oder ein Tänzchen im Gang wagte, verschwand jede habituelle oder körperliche Distanz zwischen Forscherin und Beforschten.

„Alois lädt mich zu einem Bier ein und will einen Kuss auf den Mund dafür. Ich wiegle ab (grrr, die Leiden des Feldforschens, warum sitze ich nur hier? Mussten die aufrücken?). Beim Schunkeln fahre ich meine Ellenbogen aus wie Stacheln einer Rüstung. Wolfgang hat sich inzwischen meines Notizblocks bemächtigt, auf dem ich möglichst unleserlich für die beiden meine Stichworte gekritzelt hatte, und meint, er könne seine Beobachtungen (von mir!), seine Telefonnummer und weitere Anmache verewigen: [von Wolfgang geschrieben] ‚Auch die angehende Doktorandin tanzt auf der Bank […]. Naja, auch der Schreiber ist fasziniert. Von wem? Natürlich von den biegsamen Bewegungen neben ihm auf der Bank.' Ich will bloß noch weg" *(12. Feldbericht, Mi., 06.10.1999 vom Cannstatter Volksfest).*

---

249 Rolf Lindner: Die Angst des Forschers vor dem Feld. In: Zeitschrift für Volkskunde 77/1981, S. 51-66. Sowie Bernd Jürgen Warneken/Andreas Wittel: Die neue Angst vor dem Feld. Ethnographisches research up am Beispiel der Unternehmensforschung. In: Zeitschrift für Volkskunde 93/1997, S. 1-16.

250 Vgl. ebd., S. 2. Hierzu auch BZ Berlin: Blutige Maßkrugschlägerei (vom 19.09.2010), auf: http://www.bz-berlin.de/aktuell/deutschland/oktoberfest-blutige-ma-szlig-krug-schlaegerei-article982522.html [18.03.2011]; oder Oktoberfest-TV: Sexuelle Nötigung einer 17-jährigen Schülerin (vom 28.09.2009), auf: http://www.oktoberfest-tv.de/default.asp?PkId=321&LCID=1031&ParentId=360&ArticleId=420 [18.03.2011].

Unwohl machten mich sowohl die ungewollte Nähe und Anzüglichkeiten als auch der Kontrollverlust über meine wissenschaftliche Erhebung. Mein Tischnachbar hatte eine Rollenumkehrung vorgenommen und mir – wortwörtlich – das Heft aus der Hand genommen. Während ich ein forscherisches Interesse hatte, verfolgte er ganz andere Vorstellungen. Anstelle eines hilfreichen Arbeitsbündnisses, wie es sich bestenfalls im Feld einstellen kann,[251] wurden durch den Perspektivenwechsel nun nicht nur Anmaßungen und Interpretationen von Wolfgang festgehalten (seine Ausführungen sind länger), sondern er durchbrach die Untersuchung gänzlich. Doch ein Gleichgewicht zwischen Forscherin und Beforschten sollte beibehalten werden. Andernfalls, wenn sich Unbehagen einstellt, kann es zum Beobachtungsende oder zu Verzerrungen wie einem verbalen „Nachtreten" im Feldbericht[252] kommen. Daher war ich auf Kontrolle und einen gewissen Abstand bedacht. Als Distanz schaffendes Repertoire diente mir, dass ich mich vom entsprechenden Tisch entfernte, das Festzelt in Begleitung besuchte oder mich hinter meinem zum Schutzschild mutierten Notizblock verschanzte. Außerdem blieb ich nach dem Musikschluss nie bis zum finalen „Kehraus", wenn die allerletzten ein Zelt verlassen. Ich wollte den nächtlichen Gang zum Auto nur in der Sicherheit eines belebten Rummelplatzes wagen.

Das andere Sicherheitsbedenken rührte vom gesteigerten Aggressionspotenzial her, das ein hoher Alkoholkonsum bewirken kann. Ein unverstelltes Zuschauen, Fotografieren und Notieren von Stichworten kann Unwillen beim „Objekt" des Interesses wecken. Die Besucher reagierten mit Augenzwinkern – *„ich will darüber aber keinen Bericht im Amtsblättle lesen"* – bis hin zu offenen Feindseligkeiten.[253] Ich erachtete es forschungsethisch als angemessen, mein Anliegen nicht zu verbergen. Auf Nachfrage erklärte ich mein Unterfangen. Für dort Beschäftigte erweckte dies oft Hoffnung auf geschäftsoptimierende Erkenntnisse. Manche Feiernde kannten die Tübinger EKW, und andere wiederum wollten mich beim Beobachten unterstützen. Die gewonnenen Augenpaare waren in der Unüberschaubarkeit hilfreich. Für die Auswertung ist es aber wichtig, nach deren Motivation zu fragen. Anders als in Settings, wo die Beforschten über einen längeren Zeitraum konstant bleiben, fällt im Festzelt ein möglicher Gewinn an Status[254] für die „Hobbyforscher" geringer aus. Nur innerhalb ihrer Kleingruppe könnten die Helfer Ansehen erlangen. Schon am überübernächsten

---

251 Vgl. Utz Jeggle: Zur Geschichte der Feldforschung in der Volkskunde. In: Ders. (Hg.): Feldforschung. Qualitative Methoden in der Kulturanalyse. Tübingen 1984a, S. 11-46, hier S. 43.

252 Warneken/Wittel 1997, S. 14.

253 Vgl. 01. Feldbericht, Sa., 24.04.1999 vom Stuttgarter Frühlingsfest: *„Ich beobachte [einen Zigarrenraucher] ganz intensiv. Gehe sogar zur Bank und mache ein Foto. Er verzieht sein Gesicht kritisch und böse. [...] Ich fühle leichte Angst. Pöbelt der mich jetzt an? [...] Ich tauche wieder in der Masse unter und gehe schnell zu meinem Tisch zurück."*

254 Vgl. hierzu Rolf Lindner: Ohne Gewähr. Zur Kulturanalyse des Informanten. In: Utz Jeggle (Hg.): Feldforschung. Qualitative Methoden in der Kulturanalyse. Tübingen 1984, S. 59-71, hier S. 62f.

Tisch wird kaum Notiz von ihnen genommen, gehört doch für viele Besucher das Schauen und Beobachten zum Zeltaufenthalt dazu. Die Menge und deren Verhalten sind selbst eine Attraktion.[255]

Ein weiteres Unwohlsein beim Beobachten entsprach der „neue[n] Angst vor dem Feld": Bei Zeltbesuchen mit offiziellen Experten, die mich berufsbedingt ins Feld begleiteten, war ich am anderen Ende der Forschungsasymmetrie.[256] Sie öffneten mir den VIP-Bereich, machten ein überfülltes Zelt zugänglich oder stellten mir andere Besucher als *„interessante Persönlichkeiten"* vor.[257] Selbst ein „Bad" im dichtesten Tumult direkt vor der Bühne gehörte zu einer offiziellen Erlebnisführung durchs Zelt, die ein Insider als quasi Hausherr mit mir und einer Geschäftspartnerin unternahm. Uns wurden nicht nur die Besucher, sozusagen seine „Schäfchen" vorgeführt,[258] wir wurden selbst zu „Schäfchen", deren positives Erlebnis ihm am Herzen lag. Auch hier muss bei der Interpretation nach den Intentionen gefragt werden, um eine mögliche Einflussnahme zu erkennen.

Wenngleich ich angenehme und ertragreiche Erhebungsgänge mit den offiziellen Gewährsleuten hatte, zog ich ein ungebundenes Forschen vor. Erstens war ein teilnehmendes Beobachten an der Seite eines Experten nur begrenzt möglich. Regeln im Umgang mit Statushöheren geben ein Verhaltenskorsett vor, das ich selbst in der feierwütigen Festzeltatmosphäre nicht ablegen wollte. Das im Bierzelt übliche „Du" kam mir auch nach dem zweiten (alkoholfreien) Bier und dem dritten Zusammentreffen mit einem Insider nicht über die Lippen. Zweitens schien es mir, als ob ich mein Wissen beweisen müsste. Drittens konnte ich mich im VIP-Bereich mit der sozialen Hackordnung, die ich zu spüren bekam, nicht anfreunden. Zu Hause nach einem solchen Abend nahm ich dann im Feldbericht „Rache" und verteilte „Retourkutschen".[259] Viertens kanalisierten die Gewährsmänner die Observationen, indem sie Aufenthaltsbereiche vorgaben oder Gespräche mit ausgewählten Besuchern einfädelten. Allein konnte ich interagieren, mit wem und wo ich wollte. Mit einem Insider jedoch – gerade wenn ich in einem ruhigeren Seiten- oder VIP-Bereich „festsaß"[260] – hatte ich immer die Besorgnis, ich verpasse die „Action" und mein Feldbesuch bliebe unzureichend oder unvollständig.

Ich muss ergänzen, dass die Furcht, etwas zu verpassen, für alle Feldbesuche galt. Obwohl das Mittelschiff ein begrenztes Untersuchungsfeld ist, drohte mein

---

255 Siehe Maase 2009, S. 17.
256 Siehe Warneken/Wittel 1997, S. 10. Meine offiziellen Gewährsleute waren nur Männer. Die „Hobbyforscher" waren vornehmlich Frauen.
257 *22. Feldbericht, Fr., 29.09.2000 vom Cannstatter Volksfest.*
258 Lindner 1984, S. 60.
259 Warneken/Wittel 1997, S. 13f. Siehe hierzu Bezeichnungen wie *„junger Schnösel"*, weiter unten im Feldbericht dann *„diese junge Rotznase"* oder *„alle sind wichtig und spielen sich auch so auf" (23. Feldbericht, Sa., 30.09.2000).*
260 Keiner der Gewährsmänner forderte mich zum Verweilen in den Logen oder ViP-Bereichen auf.

Forschungsvorhaben im angestrebten Zeltzustand – gefüllt mit mehreren Tausend vergnügt-ausgelassenen Besuchern – im Trubel unterzugehen. Die Menge an Menschen und Sinneseindrücken überstieg immer wieder mein Aufnahmevermögen. Halfen mir die Weitläufigkeit und Umtriebigkeit eines Festzeltes, ungestört im Geschehen auf- sowie unterzugehen, erzeugte die dadurch entstehende „Datenüberflutung" ein beklemmendes Gefühl. Spiegel gelangte zu dem Schluss, dass „eine Forschung im Alleingang am Phänomen Bierzelt scheitern muss".[261] Simone Egger berichtet, wie „aufgrund der äußeren Bedingungen" „das alleinige Durchführen der Erhebung"[262] unmöglich war. Häufige Visiten und das Partizipative der teilnehmenden Beobachtung trösteten mich allerdings über die Unvollständigkeit meiner Observationen hinweg, die letztlich „in der Natur der Sache" liegt. Und „in der Natur der Sache" bezieht sich hier auf 1) kognitive Beschränkungen, 2) Grenzen, die bestimmte Räume setzen (wie für mich als Frau die Männertoilette oder das Zuhause der Festzeltbesucher) und 3) das überwältigende Füllhorn an sensuellen, auditiven, visuellen oder haptischen Impressionen, das sich über einen Beobachter im Festzelt ergießt. Erkannte ich zum Beispiel während eines Feldaufenthaltes, dass „plötzlich" alle auf den Bänken standen, nahm ich mir vor, beim nächsten Besuch auf allgemeinere Vorgänge zu achten. Solcherart verdichtete sich das gewonnene Bild. Kurze Stichworte mussten als Gedächtnisstütze reichen, wenn ich nicht zu viel von der Zeltdynamik verpassen wollte. Denn das Gefangensein im Tun, das eigene involvierte Mitmachen brachte selbst einen Erfahrungsgewinn, der in den Erkenntnisprozess einfloss.

Interaktive Verstrickungen

Die Interaktionen zwischen Beforschten und Forscher bleiben nicht folgenlos. Dabei erhält üblicherweise die Kontaktaufnahme erhöhte Aufmerksamkeit, bestimmt sie doch, unter welchen Vorzeichen die Erhebung abläuft.[263] Nun stehen Festzelte jedem offen. Weder musste ich Erlaubnis für das teilnehmende Beobachten einholen, noch wurde ich, wenn von einem Wirt „erwischt", des Feldes verwiesen. Überdies kann sich ein Besucher im Mittelschiff nach Belieben bewegen, insofern es das Gedränge zulässt. Ansonsten bestimmten Reservierungen, farbige Zutrittsbänder und Verfügbarkeiten, wer überhaupt Einlass bekommt und wo sitzen wird.

Oberste Priorität für meinen Sitzplatz war die Übersicht, die ich gewinnen wollte. Damit waren Sitzplätze an den äußersten Rändern, in den Seitenschiffen und direkt vor der Bühne zweite Wahl. Ich wollte die Feiernden vor mir sehen. War ein angestrebter Platz frei, konnte ich leicht informellen Kontakt zu meinen

261 Spiegel 1982, S. 188; vgl. das Vorangegangene ebd., S. 12.
262 Simone Egger: Phänomen Wiesntracht. Identitätspraxen einer urbanen Gesellschaft. Dirndl und Lederhosen, München und das Oktoberfest. München 2008a, S. 48. Eine protokollierende Begleitung half Egger.
263 Vgl. Jeggle 1984a, S. 39f.

Umsitzenden aufnehmen. Hilfreich für diese „ersten fünf Minuten"[264] waren die ungeschriebenen Kommunikationserwartungen im Zelt, die ich bereitwillig befolgte.[265] Ich erschien als normale Besucherin, die auf ihr (alkoholfreies) Bier wartete, ihre Zugehörigkeit mit nickendem Zuprosten und Small Talk signalisierte. So fügte ich mich in eine Tischgemeinschaft ein. Misslang dies – konkret: war der angefragte Sitzplatz nicht frei oder die Gruppe zu fest gefügt –, ist ein Zelt groß genug, um ohne „Altlast" an anderer Stelle einen Neu-Einstieg zu unternehmen. Des Weiteren konnte ich am folgenden Tag wieder mit einer „weißen Weste" beginnen. Gegenseitige Rollenzuschreibungen und interpersonelle Verstrickungen, die bei längeren Observationen einer festen Gruppe auftreten und eine eigene Dynamik entwickeln können,[266] entstanden aufgrund der kurzfristigen Interaktionen nicht. Unter all den Tausenden Anwesenden war es unwahrscheinlich, denselben Personen zweimal über den Weg zu laufen. Die Beziehungen, die ich im Feld mit Unbekannten aufbaute, waren daher stets oberflächlich, funktionsorientiert und bis auf eine Ausnahme auf die Zeltsituation befristet. Darüber hinaus war mein Kontakt mengenmäßig begrenzt. Ich als Einzelperson konnte nicht mit Tausenden in Kontakt sein.

Konsequenterweise war mein direktes Einwirken auf das Geschehen im Festzelt sehr gering, wenn überhaupt. Die Größe des Feldes garantierte, dass eine mögliche Störung nur im direkten Umfeld als solche empfunden wurde. Ohne Zweifel beeinflusste ich dort die zu untersuchenden Ereignisse, sobald die verräterischen Notizzettel auftauchten. Personen, die sich meiner Observation bewusst wurden, veränderten zunächst ihr Verhalten. Ich denke, ich konfrontierte sie mit der Normalität, indem ich durch das Zuschauen und Notieren ihnen eine Art Spiegel vorhielt, sodass sich die Besucher ihrer selbst gewahr wurden. Aus der Alteritätserfahrung machte ich eine Anti-Alterität. Nicht dass ich damit die Beforschten in ihren Alltag versetzte, sondern deren alltagsentlastete Stimmung mit Gedanken des Ausspionierens belastete.[267] Die meisten Nachbarn vermuteten daher eingangs, ich sei eine Journalistin. Ordnete ich dann das Beobachten dem Teilnehmen unter, klatsche, sang oder tanzte also genauso wie die anderen, gelang es mir, mögliche Bedenken zu zerstreuen. Ich nutzte quasi einen „schunkelnden Schulterschluss", um zu zeigen, dass ich dazugehörte und von mir keine Bloßstellung zu erwarten war. Angesichts der Feldgröße waren solche Irritationen jedoch nur auf mein Umfeld beschränkt. Obendrein taten der steigende

264 Ebd., S. 41.
265 Grabowski schreibt im Feldtagebuch davon, wie er sich dieser „ungeschriebenen Verhaltensordnung" widersetzt. Vgl. Grabowski 1999, S. 102.
266 Vgl. Roland Girtler: Methoden der qualitativen Sozialforschung. Anleitung zur Feldarbeit. Wien/Köln/Graz 1984, S. 124-127.
267 Zum Topos des Spions siehe auch Lindner 1981, S. 53, 58. Einmal schrieb eine Nebensitzende auf meinen Notizzettel: *„Des isch doch omeglich, dass ihr do uffpasset, wenn die andere aus sich rausganget"* (24. Feldbericht, Mi., 04.10.2000 vom Cannstatter Volksfest).

Alkohol- und Stimmungspegel ihr Übriges, um sowohl das Zelt als auch meine jeweilige Tischgemeinschaft in Feierlaune zu halten. Die Alterität des Bierzelts behielt die Oberhand, riss letztlich alle mit.

Going native

In diesem Mitreißen klingt die dritte und größte Herausforderung meiner Feldforschung an. Wie konnte ich als feierfreudige Native zum „professionellen Fremden"[268] werden und den notwendigen Abstand finden, wenn die teilnehmende Beobachtung mich geradezu zum Verlieren der forscherischen Distanz, dem Going native, verleitete? Wie war ein rational-nüchterner Blick auf die Geschehnisse möglich, wenn ich doch ein alkoholhaltiges Bier trank oder mir das stundenlange Singen, Skandieren und Klatschen in den Kopf stiegen? Konnte es mir gelingen, mich von meinen Erwartungen und Verwurzelungen in der Festzeltkultur zu befreien?

> „Ich nahm mir fest vor, Bekanntes mit fremden Augen zu betrachten, keine Begebenheit als normal einzustufen, im Zelt kein [Detail] zu übersehen. [...] ist das jetzt das Ende meines bisherigen Feierns? Dass nichts mehr so sein wird, wie es vorher war, [...]. Die Perspektiven verschieben sich und lassen sich nicht mehr zurückbiegen" (01. Feldbericht, Sa., 24.04.1999 vom Stuttgarter Frühlingsfest).

Um mich mit Vertrautem zu befremden, zwang ich mich anfangs, nichts als gesetzt zu betrachten und alles bemerkenswert zu finden. Mein eigenkulturelles Wissen musste zur Disposition stehen, um der mir bekannten Bierzelt-Atmosphäre eine fremdkulturelle Qualität zu verschaffen.[269] Gerade am Feldforschungsbeginn erfasste ich minutiös Einzelheiten, alles stand zur Disposition. Wenn ich eine Begleitung dabei hatte, stellte ich meine Beobachtungen zur Diskussion. Im Gespräch hoffte ich zu bemerken, wo – übersensibel, überbewertet, übersehen – nochmals Observationen geprüft werden mussten. Erhebung und Auswertung vermischten sich im Feld und den Berichten, was nicht unproblematisch war und ist (besonders hinsichtlich der wissenschaftlichen Interpretation). Andererseits verschaffte mir eine solche Reflexion auf der Bierbank einen unmittelbaren Abstand zum Geschehen. Und nur aus diesem Detachement heraus konnte ich die teilnehmende Beobachtung jeden Abend auf ein Neues in Angriff nehmen. Zumal es Besuche gab, in deren Verlauf von der „teilnehmenden Beobachtung" nur das Teilnehmen übrig blieb, und ich der Außenperspektive den Rücken kehrte. Doch

---

268 Michael H. Agar nach Flick 1999, S. 161.
269 Vgl. Max Peter Baumann: Ethnomusikologische Feldforschung. In: Gerlinde Haid/Ursula Hemetek/Rudolf Pietsch (Hg.): Volksmusik. Wandel und Deutung. Festschrift für Walter Deutsch. Wien/Köln/Weimar 2000, S. 28-47, hier S. 30.

selbst solche Fälle offenbaren mir im Nachhinein einen Erkenntnisgewinn, wenn ich mich fragte, wie und wann ich der Verlockung zum Feiern erlag. Darüber hinaus hatte ich eine „Rückfahrkarte".[270] Jeder Zeltbesuch und damit ein eventuelles Going native endete spätestens mit dem Musikschluss. Versäumnisse und Schwächen konnte ich bei der nächsten Visite ausgleichen: anderer Abend, anderes Zelt, andere Anwesende – eine neue Gelegenheit. Nach zwei Cannstatter Volksfestjahren gelangte ich jedoch an einen Punkt, an dem es Zeit war aufzuhören. Aufgrund meiner gewonnenen Einsichten begann ich nämlich „Versuchsballons" zu starten. Ich beabsichtigte, das Verhalten um mich herum zu beeinflussen, indem ich beispielsweise das Grölen von Liedern provozierte. Von Distanz also keine Rede mehr. Wenngleich ich mir hätte sagen können, dass ich überprüfte, ob ein von mir prognostiziertes Handeln eintraf, wurde deutlich: Die Zeit einer ergebnisoffenen Untersuchung war vorüber. Die Feldphase war abgeschlossen.

4.2 Hinter den Kulissen – qualitative Experteninterviews

Vom ersten bis ins letzte Jahr meiner Erhebungen gehörten qualitative Interviews zu meinen Studien. Nach zwei Befragungsrunden, die ich zwischen den aktiven Feldphasen von Stuttgarter Frühlingsfest und Cannstatter Volksfest 1999 und 2000 durchgeführt hatte, unternahm ich eine dritte Interviewsequenz im Frühjahr 2011. Insgesamt befragte ich acht Experten (nur Männer), die – anders als Gäste im Festzelt – auf dem Wasen ihre Arbeitszeit verbringen und verbrachten. Außerdem führte ich ein Interview mit einer Besucherin durch (vgl. Anhang 10.2). Bei den Experten reichte das Spektrum von Organisatoren bis hin zu direkt involvierten Akteuren der Bierzeltausgelassenheit. Die Gewährsleute waren Wirte, Brauereimanager, Veranstalter, Servicepersonal und ein Musiker. Meine Gesprächspartner wählte ich nach Bekanntheit, Zugänglichkeit und auf „gut Glück" aus. Anfangs stolperte ich in der Zeitungsrecherche über Namen von Insidern. Dort begann ich, um Interviews zu bitten. Dann nutzte ich das Internet, um mir Kontaktdaten von weniger exponierten Fachleuten zu suchen.

In der Regel machte ich keine Interviews während der Festsaison oder im Zelt. Sowohl die berufliche Eingespanntheit als auch die Festatmosphäre verhindern dort eine konzentrierte Befragung. Einmal jedoch wurde ich zur flauen Nachmittagszeit ins Zelt bestellt. Ansonsten traf ich die Insider der ersten Erhebungsphase (1999/2000) in deren Büros, Brauereigaststätten oder am heimischen Esszimmertisch. Zeit und Ort wählten die Experten, die ich vorher schriftlich

---

270 Utz Jeggle: Verständigungsschwierigkeiten im Feld. In: Ders. (Hg.): Feldforschung. Qualitative Methoden in der Kulturanalyse. Tübingen 1984b, S. 93-112, hier S. 111.

über mein Forschungsinteresse informiert hatte. Diese ein- bis zweistündigen Interviews zeichnete ich auf, transkribierte oder paraphrasierte sie und erstellte einen kurzen Bericht zum Verlauf. Im letzten Forschungsabschnitt 2011 musste ich mich auf Telefoninterviews und handschriftliche Notizen beschränken, wenngleich ich letztere in aufbereiteter Form den Befragten zum Kommentieren per E-Mail zuschickte. So konnten nicht nur Missverständnisse im Mitschrieb ausgeräumt werden, sondern ich erhielt auch weitere Materialien und Stellungnahmen.

Auf Wunsch schickte ich Leitfragen vorab zu. Die Leitfragen variierten von Termin zu Termin. Ich ging damit einerseits auf die spezifische Kompetenz meiner wechselnden Gegenüber ein, andererseits veränderten sich die Fragen mit meinem Wissensstand. Im Jahr 1999 gab es nur spärliche Literatur zu Festzelten, ein exploratives, Feld erschließendes Lesen war nicht möglich. Daher nutzte ich ursprünglich die Befragungen, um Fakten zu organisatorischen Grundlagen oder Rahmenbedingungen (Fassungsvermögen, Aufbau-Schemata, Dekorationskonzepte etc.) zu erlangen. Später rückten Verhaltensmuster und Handlungssequenzen verstärkt in den Mittelpunkt der Interviews. Obwohl die Befragungen nicht auf Narration angelegt waren, stellte ich offene Fragen. Ich lud damit meine Interviewpartner ein, aus dem „Nähkästchen zu plaudern". Wenn mir „Schmankerl" wie Verweise auf *„die kochende Volksseele"*[271] angeboten wurden, fragte ich nach und erlangte nicht nur Fakten zum Geschehen, sondern auch Empfindungen und Bewertungen desselben – einschließlich Rationalisierungen des eigenen Handelns. Denn viele der Experten üb(t)en ihre Tätigkeit leidenschaftlich aus. Ihre Arbeit wird (wurde) während der Volksfesttage zum Dreh- und Angelpunkt ihres Seins.[272] Der befragte Keller verglich seine Beschäftigung gar mit einer *„Sucht"*.[273]

Abgesehen von den vorbereiteten qualitativen Interviews mit den professionellen Akteuren ergaben sich direkt im Festzelt vier fokussierte Gespräche mit anderen Anwesenden. Nur einmal war es eine „gewöhnliche" Besucherin. Drei Unterhaltungen führte ich hingegen mit insgesamt vier weiteren Experten, die beruflich mit Bier, Festzelten oder Volksfesten zu tun hatten (Kellnerin, Innenarchitektin und Art Director, Volksfestexperte). Es waren spontane Kommunikationen, die um das Thema Bierzelt kreisten. Sie fanden mitten im Zelt statt. Kurzer Hand – die Chance ergreifend – stellte ich dem jeweiligen Gegenüber Fragen, die dessen Fachbereich betrafen. Meist zeichnete ich die Gespräche per Diktafon auf, einmal mussten Stichworte reichen. Diese ungeplanten Befragungen im Zelt waren geprägt von Verständigungsschwierigkeiten und Sprunghaftigkeit. Der Fest-

---

271 *Interview mit Wirt B am Mo., 05.07.1999.*
272 Im Unterschied zu Michael Meuser/Ulrike Nagel: ExpertInneninterviews – vielfach erprobt, wenig bedacht. In: Detlef Garz/Klaus Kraimer (Hg.): Qualitativ – europäische Sozialforschung. Konzepte, Methoden, Analysen. Opladen 1991, S. 441-471, hier S. 442, blieben die Experten hinsichtlich des Feldes „Gesamtpersonen".
273 *Interview mit Bedienung M am Do., 24.03.2011.*

lärm oder stete Bewegungen am Tisch sorgten für zahlreiche Unterbrechungen. Obwohl die Insider (abgesehen von der Bedienung) im Moment der fokussierten Gespräche Besucher waren, enthielten deren individuellen Aussagen fachliches Wissen, distanzierte Observationen und Interpretationen der Geschehnisse.[274] Alle Gespräche – geplant oder spontan – verliefen verschieden. In der Interaktion, wie sie ein Interview darstellt, finden implizit Positionsverhandlungen statt, die verbal und nonverbal kommuniziert werden.[275] In den Rollenspielen der Gespräche wurde kaum eine mögliche Konstellation ausgelassen. Mal war ich die Know-how-Trägerin, der die Experten interessiert Fragen stellten oder die sie prüften. Dann gab es Situationen, in denen gleichberechtigt nachgedacht wurde oder solche mit Forschungsdiktat: *„[D]es müssen Sie, [...] dann auch in der Wirklichkeit so wiedergeben!"*[276] Außerdem fanden die diversen Intentionen der Beteiligten Eingang in die Befragungen, die quellenkritisch betrachtet werden müssen. Drei Insider waren am Ende ihrer Volksfestkarriere angelangt. Sie versäumten es nicht, ihre Erfolge und genuinen Leistungen hervorzuheben. Andere Interviewpartner waren besorgt, dass ich als undercover recherchierende Journalistin der Regenbogenpresse sensationslüstern das wilde Treiben im Festzelt verunglimpfen wollte. Eine dritte Gruppe profilierte sich als Fachleute ihrer Profession, indem sie elaboriert Sachverhalte darlegten. Und manche Gesprächspartner erahnten meinen Wunsch nach griffigen Äußerungen. Ein herzliches, komplizenhaftes Lachen – *„So, was brauchen Sie noch?"* – markierte das Ende von Ausführungen des Art Directors zu Bier und dem festiven Verhalten, in denen *„Spaßfaktor"* oder ein *„Fallenlassen von Masken"* genannt wurden.[277] Last, but not least erwarteten die meisten Experten aus dem Gespräch oder der dann abgeschlossenen Forschung mögliche Anhaltspunkte zur Geschäftsoptimierung. Darauf wurde ich ohne Umschweife in einer Brauerei angesprochen. Im weiteren Verlauf der Kommunikation fühlte ich mich unter Druck, als müsste ich mein Wissen belegen und zeigen.

Angesichts dieser diversen Erwartungen und Absichten müssen die gegebenen Antworten hinsichtlich ihrer Zuverlässigkeit und Gültigkeit – sprich hinsichtlich ihrer Objektivierbarkeit – überprüft werden. Inwieweit kann ich den Aussagen der Insider vertrauen, wenn sie vielleicht bestrebt waren, die Vergangenheit oder

274 Im *Fokussierten Gespräch mit Art Director am Fr., 29.09.2000* springt jener vom unpersönlichen Bewerten zu einem mit *„also"* eingeleiteten und *„ganz, ganz"* betonten Erklären seiner eigenen Vorlieben, um dann wieder eine Kehrtwende zum Allgemeinen zu vollziehen: *„Wenn sie allein reingehen, schätze ich, haben sie Angst vor der Masse. Wenn sie mit einer Gruppe reingehen, gehen sie in der Sicherheit, sich gegen die Masse durchzusetzen und Spaß zu haben. Also für mich ist ganz, ganz wichtig: Faktor Geborgenheit, Wohlfühlen und in Kombination, leider Gottes, das haben die Deutschen so an sich, mit ‚Sau-Rauslassen' [...]."*
275 Vgl. Katharina Eisch: Grenze. Eine Ethnographie des bayerisch-böhmischen Grenzraums. München 1996, S. 71.
276 *Interview mit Wirt B am Mo., 05.07.1999.*
277 *Fokussiertes Gespräch mit Art Director am Fr., 29.09.2000.*

Gegenwart zu verklären? Hintergrundwissen und eine sorgfältige Verlaufsprüfung der Befragung waren nötig, um subjektive Statements gegen allgemeine Erörterungen abzugrenzen und das Typische herauszuarbeiten. Hier halfen meine Beobachtungen im Feld oder gemeinsame Feldbesuche mit dem jeweiligen Experten, um abzuschätzen, auf welchen Prämissen dessen Wahrnehmungen beruhen. Da außerdem fast alle Insider in den täglichen Festzeltbetrieb involviert waren oder noch sind, waren und sind sie beruflich dem Festiven ausgesetzt, was darüber hinaus zu Verzerrungen führen kann. Das für Besucher so Besondere an der Festzeltatmosphäre ist für sie das Normale. Ein Wirt mahnte, er müsse aufpassen, *„dass man nicht ein bissel betriebsblind wird und festblind [...], dass man vieles gar nimmer wahrnimmt"*.[278]

Allerdings erfahren selbst diese Festzeltprofis außergewöhnliche, „wundersame" Momente im gewohnten Trubel. Deren Beschreibungen gleichen dann Erzählungen von Besuchern oder meinen Feldberichten bezüglich der Faszination dessen, was sie dort *„live erlebt"* haben.[279] In jedem berufsbedingten Experten steckt eine Privatperson, die immer wieder in den Gesprächen auftauchte. Gefühle, Vorurteile oder Vorlieben wurden in Antworten eingestreut, angedeutet und häufig durch pauschale, allgemeine Erklärungen überlagert. Die Insider-Aussagen pendelten somit zwischen beruflich-distanzierter und persönlicher Sichtweise hin und her. Beide gehören jedoch zusammen, da die Betreiber, Bedienungen und der Musiker selbst Akteure des Festzeltgeschehens sind. Oder wie Wirt A mit Verweis auf das Mittelschiff meinte: *„Ich bin mehr oder weniger so ein bisschen verantwortlich für diese ganze Geschichte da draußen"*.[280]

Unter all den qualitativen Interviews und fokussierten Gesprächen finden sich nur zwei, die ich mit mir vorab bekannten „Privat"personen führte. Es handelte sich dabei um Frauen, die keine berufliche Verbindungen zum Bierzelt hatten. Nach gemeinsamen Bierzeltvisiten befragte ich sie per Diktafon. Auf weitere Interviews von Festzeltbesuchern verzichtete ich aus drei Gründen: der Furcht vor zu viel Nähe, der Schwierigkeit von Interviews im Bierzelt und dem ausreichenden Erkenntnisertrag durch die teilnehmende Beobachtung. Eigentlich wird man im Bierzelt schnell mit vorher fremden Tischnachbarn bekannt. Dies nutzte ich anfangs, um mein Umfeld in Gespräche zu verwickeln. Im Hinterkopf dachte ich an Anschlussinterviews unter ruhigeren Bedingungen. Doch meine Fragen und wahrscheinlich vertrauensselige Bereitschaft zum Zuhören verleiteten meine mir unbekannten Gegenüber, von ihren Alltagsproblemen zu erzählen. Und der narrative Bogen spannte weit: vom Berufs- bis hin zum Familienleben, finanziellen Sorgen oder Sexualpraktiken mit dem Ehemann. Ich fühlte mich als *„Psycho-Couch"* ausgenutzt, dem verbalen Übergriff folgte ein körperlicher. Ergo war

---

278 *Interview mit Wirt A am Fr., 02.07.1999.*
279 Vgl. *Interview mit Brauerei B am Di., 25.07.2000: „Ich habe mich auch gewundert."*
280 *Interview mit Wirt A am Fr., 02.07.1999.*

und blieb es für mich undenkbar, in privater Atmosphäre ein qualitatives Interview mit Fremden nachzuschieben. Sicher hatte die enthemmende Wirkung des Alkohols zu den von mir erfahrenen Grenzverletzungen beigetragen, doch eine schlechte Erfahrung reichte mir. In den folgenden Feldaufenthalten vermied ich es, die verständnisvolle Rolle einzunehmen. Tiefe Gespräche über das Warum einer Zeltvisite suchte ich nicht mehr, hatten sie doch stets den Alltag heraufbeschworen.

Zweitens macht es der Festzelttrubel unmöglich, dort qualitative Interviews mit unbekannten Dritten zu führen. Sie scheiden aufgrund des Lärms, des Tanzens und der Angetrunkenheit der Besucher von vornherein als realisierbare Methode aus.[281] Hinzu kommt das Besuchsmotiv eines Zeltgastes, der schließlich nicht in ein Bierzelt geht, um themenkonzentriert in ein längeres, ernsthaftes Gespräch verwickelt zu werden. Die wenigen kurzen fokussierten Gespräche im Zelt kamen in den ruhigeren Nischen oder im VIP-Brauereibereich zustande. Drittens entschied ich mich gegen qualitative Interviews mit Festzeltbesuchern, weil mich weniger interessierte, warum sie ins Festzelt gehen. Ich wollte vielmehr herausfinden, *wie* Menschen im Festzelt feiern, *was* dort geschieht und *welche* Handlungsmuster stattfinden. Und Fragen darüber, was meine Gegenüber im Festzelt tun, erübrigten sich, da ich deren Verhalten beobachten konnte. Außerdem gab es einen Ausweg, um dennoch einen groben Überblick zu Einstellungen und Erfahrungen der Zeltgäste zu bekommen: eine standardisierte Befragung per Fragebogen.

4.3 Auf dem Weg – quantitative Umfrage

Unter der Überschrift „Geselligkeit im Bierzelt" verteilte ich gezielt einen Fragebogen an mögliche Festzeltbesucher. Gezielt, weil ich den Bogen im Jahr 1999 und 2000 dreimal im „Volksfest-Express"[282] ausgab. Dort im Reisebus kamen Männer und Frauen aus dem Raum Tübingen zusammen, die nicht nur die Fahrt zum Wasen gebucht hatten, sondern zum Fahrtpreis gehörten auch eine Maß Bier, ein halbes Göckele und ein reservierter Sitzplatz. Damit war eine Festzeltvisite der Busreisenden ziemlich sicher. Ich hatte meine Zielgruppe beisammen. Die zu Beginn noch (relativ) nüchternen Gäste saßen für die Dauer der Fahrt fest

---

281 Spiegel, Veiz und Egger strebten systematische Befragungen im Festzelt an. In keinem Fall handelte es sich dabei um qualitative Interviews, sondern um standardisierte Leitfragen gestützte Befragungen. Alle drei berichten von Schwierigkeiten, die zum Abbruch der Erhebung, dem Verkürzen oder Ausweichen auf den außerhalb eines Zeltes gelegenen Biergarten führten. Siehe hierzu Spiegel 1982, S. 188; Veiz 2001a, S. 261-282; sowie Egger 2008a, S.48, die ihre Befragungen auf 15 bis 20 Minuten verkürzte.
282 Vgl. Anzeige: Leserfahrt zum Cannstatter Volksfest. In: Tübinger Wochenblatt, 14.09.2000. Fragebogen und Auswertung siehe Anhang 10.4.

und hatten Zeit, die Bögen auszufüllen. Per Bordmikrofon konnte ich alle zum Mitmachen ermuntern. Niemand nahm Anstoß an der überraschenden Aktion. Sie bot eher eine willkommene Ablenkung. Personen, die 1999 schon die Fragen beantworteten und ein Jahr später wieder im Bus mitfuhren, wurden 2000 nicht berücksichtigt.[283] Insgesamt konnte ich so 112 Bögen einsammeln, die ich mit der Umfragen-Plattform Surveymonkey[284] auswertete.

Der Fragebogen gliederte sich in vier Bereiche. Mit einer Staffel von sieben Eingangsfragen wollte ich Generelles zum Besuchsverhalten ermitteln. Die Fragen behandelten Besuchsfrequenz von Volksfesten, Aufenthaltsdauer im Zelt, Rummelplatzvorlieben oder ob die Teilnehmer alleine oder in einer Gruppe unterwegs waren. Eine Frage nach dem Budget schloss den allgemeinen Teil ab. Es folgte ein Block, in dem ich Aussagen zum Bierzelt vorgab. 16 kurze Sätze, die mögliche Erfahrungen und Verhalten im Bierzelt beschrieben, sollten von den Busreisenden in einer Matrix mit fünf Stufen von „trifft voll zu" bis „stimmt überhaupt nicht" gewichtet werden. Dann skizzierte ich zwei Szenarien – zu einem vollgefüllten Festzelt und zum Tanzen auf den Bänken –, zu denen Statements vorgegeben waren. Demografische Fragen zu Geschlecht, Alter und höchstem Ausbildungsabschluss rundeten die Erhebung ab.

Repräsentativ war die Befragung nur bedingt, da hauptsächlich größere Gruppen die Fahrt gebucht hatten.[285] Der Preis, der die Fahrtkosten beinhaltete, war für Einzelne oder Kleingruppen, die in einen Pkw passen, nicht attraktiv. Zudem behinderten die festen Reisezeiten oder das vorgegebene Zelt eine individuellere Abendgestaltung. Für große Runden wie einen Stammtisch oder eine Belegschaft hatte die Busreise hingegen klare Vorzüge. Das Gemeinsame des Ausflugs erhielt mehr Gewicht, und es wurde ein Extrahalt im Wohnort der Gruppen eingeschoben. Bei der Interpretation der Ergebnisse muss folglich diese ungesteuerte Präselektion berücksichtigt werden. Werden die Daten aber im Kontext ausgewertet, liefern sie zumindest quantifizierbare Indikatoren. Da einige Fragen auf gewonnene Erfahrungen abzielten, konnte ich auch Anhaltspunkte zu persönlichen Einstellungen gewinnen. Die Betonung liegt hier jedoch auf *Anhaltspunkte*, da ich in der Analyse die Ergebnisse stets an meine Beobachtungen und Interview-Erträge anbinde.

---

283 Da es 2000 beim Verteilen der Bögen *„ein großes Hallo"* gab und ich mich an die Frauengruppe von 1999 erinnerte (es waren 18 Frauen), konnte ich eine doppelte Erfassung ausschließen (vgl. *24. Feldbericht, Mi., 04.10.2000 vom Cannstatter Volksfest*). Die Anzahl der ausgefüllten Fragebögen variiert folglich und ist im Jahr 2000 niedriger, wenngleich der Bus ähnlich gut besetzt war: 40 Bögen am Do., 30.09.1999; 42 Bögen am Mi., 06.10.1999 und 27 Bögen am Mi., 04.10.2000.

284 Surveymonkey: Free online survey & questionnaire tool, auf: https://www.surveymonkey.com/ [11.03.2015].

285 86 Prozent aller Teilnehmer reisten in einer Gruppe an. Manche Gruppen umfassten dabei 18 (Frauenstammtisch) oder bis zu 30 Mitglieder (Arbeitskollegen). Familien mit Kindern fehlten wegen der späten Rückfahrt nach 23.00 Uhr. In Nürnberg waren 58,9 Prozent aller Besucher Familien (vgl. Wittenberg 2005, S. 127).

Darüber hinaus wusste ich nach der Fahrt Details zu den Gruppen, die ich später beobachtete. Solcherart ergänzte und fügte sich die Umfrage in den Methodenmix ein.

4.4 Verstreut – Analyse schriftlicher und bildlicher Quellen

Zusätzlich zu den von mir geschaffenen Quellen,[286] wertete ich auch von anderen erstellte Materialien aus. Sowohl schriftliche, visuelle als auch auditive Quellen erweiterten meine Erhebung. Zu der Gruppe der schriftlichen Vorlagen gehören alle Jahrgänge der Cannstatter Volksfestzeitung, die seit 2001 herausgegeben wird, sowie einzelne Artikel aus diversen Tageszeitungen mit Festzelt- oder Volksfestbezug. Dann gibt es autobiografische Publikationen, die Festzelterlebnisse zum Besten geben. Die 1928 geschriebene Kurzgeschichte „Oktoberfest" von Thomas Wolfe ähnelt einem Feldbericht, der zu Vergleichen mit dem heutigen Festzeltgeschehen einlädt.[287] Darüber hinaus veröffentlichte Veiz die kompletten Transkriptionen ihrer 19 Leitfaden gestützten Interviews mit Oktoberfestbesuchern und -beschäftigten.[288] Außerdem gehören zu meiner Quellen-Collage auch Objekte oder Publikationen, die ich im Feld sammelte oder bei Interviews erhielt.

Des Weiteren gibt es Materialien im Internet „in einer eigentümlichen Schwebelage zwischen Lücke und Überfülle, zwischen Systematik und Zufall".[289] Ein solcher Zufallsfund war beispielsweise eine aktuellere Online-Umfrage zum Cannstatter Volksfest, die im Herbst 2010 von einem Marktforschungsunternehmen durchgeführt wurde.[290] Einen systematischen und zentralen elektronischen Einstieg hingegen bieten die Zelt-Internetauftritte und die Webseite des

---

286 Konrad Köstlin verweist auf das Rekonstruieren und Konstruieren des Alltags durch die Volkskunde: „Jeder Text wird dadurch verändert, dass wir ihn ‚Quelle' nennen." Aus Konrad Köstlin: Lust aufs Ganze. Die gedeutete Moderne oder die Moderne als Deutung – Volkskulturforschung in der Moderne. In: Österreichische Zeitschrift für Volkskunde NF 98/1995, S. 255-275, hier S. 263. Um jenes „Konstruieren" hervorzuheben, setze ich daher die Zitate aus den Feldberichten, Interviews und Webcam-Berichten durchgängig kursiv.
287 Vgl. hierzu Thomas Wolfe: Oktoberfest. In: Francis E. Skipp (Hg.): The Complete Short Stories of Thomas Wolfe. New York 1987, S. 308-315. Ein anderes autobiografisches Werk ist Schweizer 2009.
288 Siehe Brigitte Veiz: Das Oktoberfest. Masse, Rausch und Ritual. Sozialpsychologische Betrachtung eines Phänomens. Diplomarbeit. Bd. 2: Interviews und Leitfaden. München 2001b.
289 Thomas Hengartner: Volkskundliches Forschen im, mit dem und über das Internet. In: Silke Göttsch/Albrecht Lehmann (Hg.): Methoden in der Volkskunde. Positionen, Quellen, Arbeitsweisen der Europäischen Ethnologie. 2., überarb. und erw. Aufl. Berlin 2007, S. 188-218, hier S. 191.
290 Siehe Marktforschungsinstitut MM Research Stuttgart: Online-Umfrage zum Thema Cannstatter Wasen, durchgeführt vom 16. bis 19. Sep. 2010. Stuttgart 2010, auf: http://www.mm-research.de/pdf/PM_MMR_Volksfest.pdf [04.04.2011].

Volksfestes[291]. Auf den Zelt-Pages können Belegungspläne, Speisekarten oder Programmhinweise eingesehen werden. Außerdem sind Fotogalerien von den vergangenen Jahren und Videos eingestellt. Letztere sollen Unentschlossenen zeigen, in welchem Festzelt die beste Stimmung herrscht. Solche „offiziellen" Betreiber-Videos aber noch mehr private Clips oder Präsentationen von Feierszenen lassen sich auf Youtube oder Myvideo entdecken.[292] Beides sind Internet-Portale, auf denen Videos von angemeldeten Nutzern publiziert werden können. Zusätzlich zu dieser Bilderflut lief 2010 im Hofbräu-Zelt eine Webcam, die bewegte Bilder live ins Internet übertrug.[293]

Zunächst gelten für die im Internet gewonnenen Materialien die gleichen hermeneutischen, quellenkritischen Regeln wie für nicht-virtuelle Dokumente, wenn es um deren Auswertung geht. Grundsätzlich ist zu bedenken: Wer publiziert für wen in welchem Zusammenhang, welche Absicht wird verfolgt und welche Realität wird geschaffen? Durch die Quellen ziehen sich häufig Rechtfertigungen, Beschönigungen oder Zensuren seitens der Autoren, um eine Wirklichkeit zu kreieren, die nicht unbedingt so gewesen sein muss, sondern der Wunschvorstellung der Produzenten möglichst nahekommt. Ebenso werden oft Einzelaspekte hervorgehoben (wie Fotos von jungen, tief dekolletierten Frauen in Dirndln), die nicht das Ganze repräsentieren. Die Verfasser fertigen damit eine verzerrte Realität. Im Falle von filmischen Quellen verdeutlichen Bildauswahl, Schnitt sowie Kommentare aus dem Off deren „Konstruktcharakter"[294]. Andererseits gleichen nicht editierte Sequenzen detaillierten Ablaufprotokollen, die helfen können, Geschehnisse sichtbar zu machen. Denn Vorgänge im Hintergrund lassen sich oft nicht modifizieren oder löschen.

Im Falle von virtuellen Quellen ergeben sich allerdings aufgrund der Dynamik und Offenheit des Internets spezifische Informationsqualitäten, die in der Auslegung zu beachten sind. So schwächen die non-restriktive Zugänglichkeit und die relativ kurze redaktionelle Bestandsdauer von Webseiten die Verlässlichkeit von dort basierten Dokumenten.[295] Materialien wie aktuelle Pressemitteilungen wandern in Archive oder werden vom Netz genommen. Auf den Video-Portalen (Youtube oder Myvideo) kommen hingegen stetig Clips mit Festzeltszenen hinzu. Diese unterstützten bestenfalls meine Analysen oder aber provozierten neue Fragestellungen und ergo (Arbeits-)Dimensionen. Obendrein ist nicht immer sofort

291 Cannstatter Volksfest: 169. Cannstatter Volksfest, auf: http://cannstatter-volksfest.de/de/ volksfest/ [11.03.2015].
292 Youtube, auf: https://www.youtube.com/?hl=de&gl=DE [11.03.2015]; oder Myvideo, auf: http://www.myvideo.de/ [11.03.2015].
293 Vgl. u.a. Grandls Hofbräu-Zelt: Webcam (vom 07.-10.10.2010), auf: http://www. grandls-hofbraeuzelt.de/index.php?option=com_content&view=article&id=82&Itemid=207 [07.-10.10.2010].
294 Barbara Keifenheim: Der Einsatz von Film und Video. In: Bettina Beer (Hg.): Methoden ethnologischer Feldforschung. 2., überarb. und erw. Aufl. Berlin 2008, S. 277-291, hier S. 280.
295 Vgl. Hengartner 2007, S. 192-194.

zu erkennen, wer das Bildmaterial eingestellt oder produziert hat, ob es sich dabei um private Erlebnisberichte oder kommerziell ausgerichtete Beiträge handelt. Die unklare Autorenschaft gilt ebenso für User-Kommentare mit Pseudonymen. Außerdem gehen „kulturelle Normen oder Wertvorstellungen" in die Dokumente ein.[296] Indem ich Off- und Online-Materialien – insbesondere meine Feldberichte und fremd-geschaffene Quellen – miteinander verglich und kontextualisierte, konnte ich allerdings deren Repräsentativität bestimmen. Gerade mit den Webcam-Aufnahmen gewann ich einen Zugang zum Untersuchungsfeld, der meine zehn Jahre alten Feldberichte mit aktuellen Abläufen konfrontierte und letztlich validierte.

Webcam-Einsichten
Im Volksfestherbst 2010 lief eine Webcam in Grandls Hofbräu-Zelt.[297] Aus der Vogelperspektive, oben direkt gegenüber von der Bühne angebracht, übertrug die Kamera Live-Sequenzen aus dem Zelt ins Internet. Der Stream startete um 11.00 Uhr und endete auf die Minute genau um 23.00 Uhr. Während die Webcam bis um 15.59 Uhr bewegungslos auf die Bühne gerichtet war, begann das Gerät ab 16.00 Uhr durch das Mittelschiff zu wandern. Kontinuierlich wiederholte sich dabei das Schwenken des Objektivs vom Eingangsbereich, über die Bühne, um dort kurz zu verharren, dann nach links weiterzufahren und schließlich die linke Zelthälfte zu zeigen. Währenddessen wechselte die Einstellung stetig zwischen Nahaufnahmen und Totale. Objektivwinkel, Bildschnitt als auch Kameraschwenk waren einprogrammiert. Unbeeindruckt von den Geschehnissen im Zelt, von Höhepunkten oder Sondereinlagen auf der Bühne vollzog die Webcam ihre Runde durchs Mittelschiff.

Ich konnte einen solchen Schwenk oder Teile davon beliebig oft anschauen. Für eine neue Bilderfolge musste ich die Webseite frisch laden. Aufgrund technischer Limitierungen zeichnete ich diese Sequenzen nicht auf, vielmehr nutzte ich die Screenshot-Funktion des Bildschirms (STRG + ALT + Druck oder Print Screen), um den Film abzufotografieren. Diese Bilder fügte ich in durchnummerierte Textdokumente und versah sie mit Zeitangaben oder kurzen Kommentaren, damit ich nicht zu viel vom Handlungsfluss im Zelt verpasste. So entstanden im Zeitraum von Donnerstag, 07.10. bis Sonntag, 10.10.2010 insgesamt 34 „Texte" mit zusammen über 600 Screenshots. Die Einblicke ins Festzelt ergänzte ich mit Screenshots vom Festplatz.[298] Diese Bilder stammten von einer Webcam an der

---

296 Wolfgang Dreier/Irene Egger: YouTube: Kollektiver Speicher und Plattform. In: Österreichisches Volksliedwerk. Jahrbuch Bd. 61. Wien 2012, S. 123-138, hier S. 132.
297 Hierzu Grandls Hofbräu-Zelt Webcam 2010, [07.-10.10.2010].
298 Hierzu Cannstatter Volksfest: Webcam, auf: http://webcam.medienwerk.de/index.html [07.-10.10.2010].

„Text"-Beispiel: Screenshot aus Webcam-Beobachtungen 5, Sa., 09.10.2010 um ca. 19.00 Uhr.

Fruchtsäule, die einmal pro Minute aktualisiert wurden. Fast zeitgleiche Innen- und Außenaufnahmen stehen damit in den „Texten" nebeneinander.

Die Qualität der Videoclips (Auflösung, Farbe, Wiedergabe) reichte aus, um Besucher auszumachen, deren Kleidung zu bestimmen oder zu sehen, wer ein Bier in die Höhe reckte. In den kurzen Takten der Nahaufnahmen waren selbst Gesichter identifizierbar, während in der Totalsicht die Feiernden zu verschwimmen drohten. Die Kamera konnte auch nicht alle Gesten erfassen, denn manche Besucher streckten ihr den Rücken zu. Die Lichtchoreografie – wenn gleißendes Scheinwerferlicht die Bühne erhellte und das Mittelschiff im relativen Dunkel lag – erschwerte mit dem Fortgang des Abends meinen Blick auf Individuen. Unabhängig davon waren aber Bewegungsfolgen von Gruppen oder Bankreihen in der Zeltmitte stets gut erkennbar. Entfernte Randbereiche hingegen wurden nur undeutlich erfasst. Komplett verborgen blieben die Seitennischen. Außerdem begrenzte die Art und Weise des Datenflusses, was ich auf meinem Bildschirm Tausende von Kilometern entfernt sehen konnte. Die Webcam sendete nur eine mehrminütige Sequenz. Beim „Reloading" der Webseite für den Fortgang verpasste ich ergo einen Teil der Ereignisse. Obendrein hatten die Clips keinen Ton, was ein konstitutiver Bestandteil der Zelterfahrungen ist. „Klinisch rein", von Lärm, Gerüchen oder schweißtreibender Hitze befreit, sah ich Arme schwenken oder rhythmisches Klatschen. Die Bilder waren ihres auratischen Kontextes[299] beraubt.

---

299 Vgl. Hengartner 2007, S. 201.

Trotz oder gerade wegen dieser Limitierungen eröffneten die Webcam-Videos Einsichten, die auf Basis meiner vorangegangenen Erhebungen einen Erkenntnisgewinn mit sich brachten.[300] Der Hinweis auf meine zuvor gesammelten Felderfahrungen kann nicht unterbleiben, denn ohne Vorwissen hätte ich die stummen Bilder nicht lesen, geschweige denn analysieren können. Tonlos drohen für „Nichteingeweihte", die allermeisten Inhalte in der konstanten Bilderflut verloren zu gehen. Ohne beispielsweise die Gesten eines Reihentanzes oder die Bewegungsfolge beim *Prosit der Gemütlichkeit* vorab zu kennen, wären die Unterschiede in den beiden kollektiven Handlungsmustern schwerlich auszumachen. Überhaupt wäre das Geschehen an sich kaum zu dechiffrieren gewesen (der Screenshot oben zum Beispiel zeigt das Ende eines *Prosits*). Dank meiner Feldbesuche wusste ich jedoch, worauf und wohin ich schauen sollte. Nicht zu vergessen, die eingefrorenen Gesten auf den von mir gespeicherten Screenshots hatte ich zuvor sowohl in durchgängig realem als auch virtuellem Ablauf gesehen. Der Verhaltenskontext konnte also gewahrt werden, was die Kurznotizen als Erinnerungshilfen unterstützten.

Die Vogelperspektive eröffnete mir die Sicht auf den Bewegungsfluss von Tausenden. Das Kommen und Gehen, Sitzen und Stehen, gleichförmige Tanzen oder unkoordinierte Sein der Besucher hielt die Totale fest. Da ich auf rein visuelle Informationen beschränkt war, wurde meine Aufmerksamkeit nicht abgelenkt. Konzentriert auf die nicht editierten Aufnahmen, konnte ich Details sowohl im Massenverhalten als auch an einzelnen Tischen nicht nur bemerken, sondern eingehend beobachten. Manche relevanten Dinge fielen mir erst nach mehrmaligem Sichten[301] auf. Die Besucher hingegen waren sich der konstanten Videoaufzeichnung und meiner „Schlüsselloch"-Observationen nicht bewusst. Interaktionen zwischen Beforschten und Forscherin blieben aus. Abgekoppelt von der Atmosphäre und bewegungslos am Bildschirm sitzend, erfolgte niemals ein Going native meinerseits. Meine Distanziertheit nahm sogar Formen der Langeweile an, wurde ich doch der Repetitionen gewahr, die mir bei meinen partizipativen Feldstudien verborgen geblieben waren. Beispielsweise gleicht ohne Ton ein Mitklatschen dem anderen. Andererseits verdeutlichte sich mir ohne hörbare Rhythmisierungen und Crescendos insbesondere die Elaboriertheit eines *Prosits der Gemütlichkeit* (vgl. Kap. 5.2). Temporäre Dimensionen erhielten eine deutlichere Kontur. Screenshotvergleiche mit gleichem Aufnahmewinkel zu unterschiedlichen Uhrzeiten erlaubten zudem, punktuell Handlungsszenarien gegenüberzustellen und damit chronologische Entwicklungen herauszuarbeiten.

---

300 Zur Kombination von Off- und Online-Interaktion vgl. Götz Bachmann/Andreas Wittel: Medienethnographie. In: Ruth Ayass/Jörg R. Bergmann (Hg.): Qualitative Methoden der Medienforschung. Reinbek/Hamburg 2006, S. 183–219, hier S. 206.
301 Hierzu auch Keifenheim 2008, S. 281.

Schließlich eröffneten mir die Webcam-Beobachtungen von 2010 die Möglichkeit, die aktuelle Feierpraxis mit jener vor über zehn Jahren zu kontrastieren. Ich konnte derart überprüfen, inwiefern meine in den Jahren 1999 und 2000 gemachten Observationen noch Bestand hatten und haben. Wie das sorgfältige Vergleichen zeigte, veränderten sich Kleidungsgewohnheiten oder kollektive Tanzformen in der letzten Dekade. Doch die prozessuale Struktur, das untermauern auch die beiden letzten Experteninterviews im Frühjahr 2011, blieb im Festzelt unberührt.

5. Das Feiern im Festzelt

„Im Festzelt freut sich jeder, im Festzelt ist was los",
aus dem Lied: *Die Zwei von Deizisau*

„Im Festzelt freut sich *jeder*", lautet es im Lied *Die Zwei von Deizisau*, das unter
Mitwirkung eines Festzeltwirts entstand. Es heißt weiter, dass im Festzelt *alle*
Wände wackeln, *alle* Freunde seien und auch *alle* mitsingen. Ohne Anspruch auf
Wirklichkeit bringt die dichterische Freiheit gar einen tanzenden „Ziegenbock
mit seiner Frau im Unterrock" hervor. Eine empirische Arbeit ist jedoch an die
Realität gebunden; hier – das Feiern von Tausenden an Dutzenden von Abenden.
Unzählige Ereignisse verschmelzen zu einem amorphen Gesamteindruck, in dem
individuelle Ausprägungen zurück- und verbindende Gemeinsamkeiten hervortre-
ten. Ich zeichne folglich ein übergreifendes Handlungsmuster nach, das sich so
ungefähr jeden Abend ereignet. Mit Muster meine ich aber keine starre Stanze,
sondern eine Art Bauplan, in dem noch (Frei-)Raum für Abweichungen bleibt.

Das Konzept der Cultural Performance von Turner entspricht einem solchen
Handlungsgerüst für das Feiern auf dem Cannstatter Wasen. Gemäß dieser
Blaupause stelle ich einen *idealtypischen* abendlichen Feierverlauf dar und gehe
außerdem auf die Inszenierung sowie Gliederung des festiven Geschehens ein.
Ebenso beschreibe ich die Faktoren Musik, Bewegung und Alkohol. Dabei nehme
ich in mehrfacher Hinsicht Generalisierungen vor. Erstens fasse ich das Geschehen in den diversen Zelten zusammen, als ob es an einem Ort statt gefunden
hätte. Dann lasse ich, soweit möglich, die exakte Datierung unberücksichtigt. Da
ich unterschiedliche Zelte an verschiedenen Wochentagen auf mehreren Festplätzen besuchte, entsprechen Uhrzeiten eher Anhaltspunkten als verbindlichen
Vorgaben. Drittens verknüpfe ich Beobachtungen von vor über zehn Jahren mit
gegenwärtigen Begebenheiten zu einem Aktionsstrang. Im Falle von nachhaltigen
Veränderungen wie dem gestiegenen Besucherandrang, Tragen von Trachtenmode
oder den gemeinschaftlichen Tanzformen weise ich darauf hin. Schließlich orientiert sich mein Interesse an kollektiven Handlungsweisen und Befindlichkeiten,
was Fragen nach möglichen alters-, schicht- und geschlechtsspezifischen oder
migrationsbedingten Differenzen sowie deren Bedeutungen in den Hintergrund
verweist. Um „homologe Musterelemente"[302] soll es gehen. Manchmal deute
ich trotzdem auf deviante Praktiken hin wie das Trinken „auf ex". Solche abwei-
chenden Muster, die nur für eine Minderheit der Besucher eine übliche Aktivität
sind, dienen dann als Gegenfolie für das Verhalten der Mehrheit. Individuelle Ausprägungen fallen so durchs Raster, das an einer Aussagekraft für möglichst große

302 Bernd Jürgen Warneken: Der schöne Augenblick. Eine Exploration. In: Ders.: Populare Kulturen.
Gehen – Protestieren – Erzählen – Imaginieren. Köln/Weimar/Wien 2010, S. 269-280,
hier S. 270.

Gruppen beziehungsweise *alle* Anwesenden in allen Zelten an allen Abenden interessiert ist. Selbst wenn *alle* de facto nicht ganz genau *alle* sind.
    Prozesshaftigkeit, das dynamische Durchlaufen der drei Abschnitte Separa-
tion, Liminalität (Schwellenzustand) und Reaggregation (Wiedereingliederung)
bedingt für Turner eine Cultural Performance. Was liegt also näher, als einen
Zeltabend von Anfang bis Ende gemäß dieser Marschroute zu beschreiben. Die
folgenden Seiten zeichnen nach, wie Besucher als erstes ihren Alltag verlassen,
indem sie den Ort oder die Kleidung wechseln. Im Zelt angelangt, unterstützt das
geplante „Aufwärmen" den Übergang in den Schwellenzustand, der nicht von
allein („free and easy"[303]) geschieht. Bewegt von der Musik, gelöst von Tanz und
Alkohol, erleben die Feiernden dann in der „heißen Phase", eine Anti-Struktur,
die sich durch ein spielerisches Ausloten der bestehenden (sozialen) Ordnungen
auszeichnet. Zudem besteht die Festgemeinschaft, in der sich die Menschen begegnen, „wie sie sind". Nach Turner erfahren die Teilnehmer obendrein Flow und
erreichen eine performative Reflexivität, quasi eine auf sich zurückgeworfene
Eigenschau, während der sie sich vom Alltag zurücklehnen und dessen Qualität
bewerten können (Kap. 7.). Der Turnersche Verlaufsleitfaden – und somit meine
Darstellung eines Festzeltabends – endet damit, dass die Teilnehmer wieder in ihre
Normalität zurückkehren und deren Alltag Einzug hält.
    Im Zentrum meiner Schilderungen stehen die Besucher und deren Aktionen.
Die professionelle Betreiberseite bleibt eher unberücksichtigt, da eine Grund-
voraussetzung für eine Cultural Performance der Bruch mit dem Alltag ist. Im
Bierausschank oder Service herrscht jedoch „der ganz normale Wahnsinn"[304]
eines tumulthaften Arbeitsplatzes. Außerdem feiern weder die Beschäftigten des
Sicherheitsdienstes noch des Zeltmanagements mit. Nur wenn die unterneh-
merische Bierzeltseite das Besuchertreiben direkt beeinflusst, gehe ich auf das
Agieren der professionellen Akteure ein, um das Wechselspiel im Hinblick auf die
festive Dramaturgie aufzuzeigen.

5.1 Zäsur im Alltag

Ein Festzeltabend beginnt nicht unvermittelt im Festzelt. Lange im Voraus werden
die meisten Aufenthalte organisiert und vorbereitet. Denn der Andrang macht spontane Visiten fast unmöglich. Außerdem frequentieren viele Gruppen die Zelte. Damit steht vor dem Besuch ein Abstimmungsprozess, an welchem Tag, zu welcher
Uhrzeit welches Festzelt reserviert werden soll. Ist es dann soweit, geht es übli-

---

303 Turner 1977, S. 36.
304 Vgl. Videostaffel von Charles66z auf Myvideo: Cannstatter Wasen 2008 – Der ganz normale
     Wahnsinn (vom 13.-14.10.2008), auf: http://www.myvideo.de/Videos_A-Z?searchWord=
     Cannstatter+Wasen+2008+-+Der+ganz+normale [08.03.2015]; sowie die Menüleiste von Bier-
     zeltseite: Bed. als Mittler, auf: http://www.bierzeltseite.de [08.03.2015].

cherweise mit dem Einkleiden und „Zurechtmachen" los. Danach geschieht die oft gemeinsame Anfahrt sowie der Anmarsch über den Festplatz hin zum Zelt. Ungeachtet dessen, ob die jeweiligen Vorbereitungen alleine oder kollektiv unternommen werden, verdeutlicht sich in ihnen der Bruch mit dem Alltag, den die Zeltbesucher vollziehen (werden). Denn aus Versehen stolpert keiner auf einen Rummelplatz und noch weniger auf eine Bierbank, selbst wenn ein Wasen-Besuch kurzer Hand[305] beschlossen wurde. Alle Besucher müssen die dingliche Zeltschwelle überschreiten, was einen per Eigenaktivität vom Alltag separiert. Viele erfüllt freudige Erwartung. Doch bevor unbeschwert gefeiert werden kann, gilt es im Zelt (s)einen Platz zu finden und sich auf der Bank einzurichten.

Vorbereitung: das Reservieren

„Denn heute Abend gehn wir feiern ...",
aus dem Lied: *Die Hände zum Himmel*

Kaum endet ein Cannstatter Volksfest, beginnen auch schon die Vorbereitungen für das nächste. Das gilt nicht nur für die Betreiber, sondern ebenfalls für die Besucher. Monate vorher können Letztere bereits Buchungen für ein Zelt oder für organisierte Busfahrten zum Wasen vornehmen. Frühbucherrabatte sollen im Vorfeld helfen, Tage mit geringerem Andrang zu füllen. Als solche gelten jene am Wochenanfang. Hingegen stehen die Abende vor arbeitsfreien Tagen, an denen ausgeschlafen werden kann, hoch in der Gunst der Besucher. Bereits drei Monate vor dem Start des Volksfestes 2011 war daher der gesamte Reservierungsbereich im Hofbräu-Zelt für Freitag- und Samstagabend ausgebucht. Vier Wochen vor dem Wasen gab es nur noch sonntags bis mittwochs Mittelschiffplätze.[306] Voranmeldungen tätigen daher größere Gruppen, damit alle ins gewünschte Zelt kommen und beieinander sitzen können. Andere wollen sich ihre Stammplätze an einem bestimmten Ort im Zelt sichern. Einträge auf Internet-Seiten belegen, dass Besuche über Jahre hinweg regelmäßig vorgenommen werden. So schrieb Marco auf Facebook: „Super, wir freuen uns auf Morgen! Wie jedes Jahr reisen wir aus der Schweiz an und genießen dieses Jahreshighlight in vollen Zügen!!!"[307]

---

305 Als ich meine Feldstudien unternahm, waren spontane Visiten unter der Woche noch möglich. Heute sind fast alle Plätze vorher ausgebucht.
306 Vgl. hierzu Grandls Hofbräu-Zelt: Tischreservierung (vom 21.06.; 22.08. und 11.10.2011), auf: http://www.grandls-hofbraeuzelt.de/index.php?option=com_content&view=article&id =115&Itemid=245 [21.06.; 22.08. und 11.10.2011]. Als Erstes sind allerdings die Logen ausgebucht.
307 Siehe Facebook: Grandls Hofbräu-Zelt. Wall (vom 07.10.2011), auf: http://www.facebook. com/Grandls.Hofbraeuzelt?sk=wall [11.10.2011].

Nach erfolgter Reservierung, die meist eine Mindestabnahme von Bier- (zwei bis drei) und Hähnchen-Wertmarken je nach gewähltem Wochentag und Zeltbereich einschließt, werden als Beleg farblich codierte Zutrittsbänder versandt. Sicherheitspersonal an den Zelteingängen kontrolliert die Bänder und gewährt Einlass solange ein Zelt nicht wegen Überfüllung geschlossen ist. Eine Überfüllung kann eintreten, da manche Festzelte auf dem Cannstatter Wasen in den frühen Nachmittagsstunden – dem sogenannten „Nachmittagsloch"[308] – offenstehen und zu diesen Zeiten keine Platzreservierungen für den Aufenthalt nötig sind.[309] Kurzentschlossene oder Kleingruppen, die eine in manchen Zelten geforderte Mindestanzahl für Platzreservierungen von fünf, acht oder zehn Personen nicht erreichen, können so trotzdem ins Zelt gelangen und sich auf (noch) leeren Plätzen[310] niederlassen. Gebuchte Plätze müssen allerdings rund dreißig Minuten vor Reservierungsbeginn geräumt werden. Mit viel Glück bleiben aber vereinzelt Plätze unbesetzt, die Reservierungszeit verstreicht ungenutzt (macht die Platzgarantie hinfällig) oder Personen „ergattern" in „freien", unreservierbaren (Rand-)Zonen einen Tisch. Sind Besucher also im Zelt, haben sie gute Chancen, auch ohne Zutrittsband weiterhin dort verweilen zu können. So empfahl 2011 das Hofbräu-Zelt auf seiner Facebook-Seite Kurzentschlossenen: „Das Zelt ist seit Wochen ausreserviert! Die einzige Möglichkeit heißt: ‚Früh kommen'. Wann das Zelt dann letztendlich geschlossen wird, hängt davon ab, wann es eben voll ist."[311]

Abgesehen davon, dass erfolgreiche Besuchsvorhaben vorab zeitlich abgestimmt werden, haben alle gemeinsam, dass sie in der Freizeit stattfinden. Das gibt den Ton vor und bestimmt das Verhalten, wie Wirt A erläuterte: „Ich meine, man geht ja nicht hektisch und in Panik aufs Volksfest, man geht in seiner Freizeit, und da hat man ja auch Zeit."[312] Die Besucher kommen in der Regel nicht ins Zelt, um normalen – arbeits-, ausbildungs- oder haushaltsgebundenen – Tätigkeiten nachzugehen, sondern um sich dort in der Alterität zu vergnügen. Sie befinden sich dann an einem festiven Ort, zu dem sie extra aufgebrochen sind. Dieses räumliche „Heraustreten" und zeitliche „Beiseitenehmen" wird unterstrichen durch die Popularität der Wochenenden und des 2. Oktobers, wenn Besucher wissen, dass der arbeitsentlastete Freiraum auch für den nächsten Tag gilt. Die Zäsur im Alltag zeigt sich nach „getaner Arbeit" und terminlicher Koordination ebenfalls in den persönlichen Vorbereitungen.

---

308 Interview mit Bedienung M am Do., 24.03.2011.
309 In München werden die Plätze in der Regel mehrfach am Tag verkauft. In Stuttgart gibt es erst seit wenigen Jahren Reservierungen für den Mittagstisch. Nachmittägliche Reservierungen haben (bislang) nur einzelne Zelte, oder sie werden samstags angeboten.
310 In einigen Zelten gibt es mittlerweile auch „Einzelreservierungen".
311 Facebook: Grandls Hofbräu-Zelt. Wall (vom 06.10.2011), auf: http://www.facebook.com/Grandls.Hofbraeuzelt?sk=wall [11.10.2011].
312 Interview mit Wirt A am Fr., 02.07.1999.

Kleidung und Accessoires

„... die Lederhose angeschnürt",
aus dem Lied: *Wir gehn zum Wasen*

Bevor sich ein Besucher auf den Weg zum Volksfest macht, erfolgt nicht nur der Griff nach Geldbeutel, Schlüsselbund oder Handy, sondern auch höchstwahrscheinlich ein prüfender Blick in den Spiegel: Ist die Frisur in Ordnung, sitzt die Kleidung, ist das eigene Aussehen passabel? Die äußere Erscheinung hat Gewicht, weil sie als „Visitenkarte, dessen der sie trägt,"[313] verstanden werden kann. Visitenkarten werden jedoch bewusst gestaltet und sollen per geschmacklicher Distinktion die soziale Verortung oder gemeinschaftliche Zugehörigkeit nonverbal kommunizieren. Während manche Accessoires wie spezielle Bierhüte vermeintlich lauter sprechen als ein Paar Bluejeans, besitzen jedoch alle Kleidungsstücke einen Inszenierungscharakter und bieten Bezugspunkte, um eine Identität zu konstruieren.[314] In vielen Outfits materialisiert sich die Antizipation des festiven Vergnügens im Festzelt.

Drei Arten an Festbekleidung lassen sich auf dem Wasen ausmachen. Viele Menschen kommen in unauffälliger – *normaler* – Freizeitkleidung. Eine weitere Gruppe zieht sich einheitlich an, was gleiche Accessoires oder beinahe komplett uniformierte Aufmachungen sein können. Schließlich gibt es als drittes, größtes Segment jene, die auf dem Volksfest „Folklorelook", Landhausstil oder Trachtenmode im weitesten Sinne tragen. Diese drei Kategorien decken nicht alle Bekleidungsstile ab, die sich im Zelt antreffen lassen. Denn dort gibt es auch Menschen, die sich in Jackett, Stoffhose und Hemd mit Krawatte vergnügen. Die genannten Typen sollen vielmehr verdeutlichen, welche Hauptstile sich herausdestillieren lassen, obwohl diese sich vermischen und an den Rändern verwischen. Unberücksichtigt bleiben außerdem präzise Distinktionslinien im Kleidungsverhalten entlang von Geschlecht, Alter oder dem sozioökonomischen Hintergrund. Mittels meiner gewählten Methoden lassen sich lediglich gröbere Eindrücke festhalten.

Der Freizeitlook

Zur Grundausstattung des Freizeitstils zählen T-Shirts, Blusen, Hemden und Jeans in allen Variationen.[315] Gemeinsam ist den Kleidungsstücken, dass sie alle „hemdsärmelig", also bequem, einfach und robust erscheinen. Weder bestechen sie durch aufwendige Verarbeitung und teure Materialien, noch beschränken sie

---

313 Zitat von Christine Spiegel nach Simone Egger: Phänomen Wiesntracht. Oktoberfestbesucher und ihre Kleider zwischen modischer Orientierung und Suche nach Identität. In: Bayerisches Jahrbuch für Volkskunde 2008b, S. 79-95, hier S. 80.

314 Vgl. Egger 2008a, S. 93, die sich auf Antonella Giannone bezieht.

315 Wählten an der Jahrtausendwende in Stuttgart viele Männer Jeanshemden, tragen heute gerade jüngere Männer karierte Hemden. Vgl. Grandls Hofbräu-Zelt Webcam [07.-10.10.2010].

körperliche Aktivitäten. Dasselbe gilt für die Schuhe, die sich durch Praktikabilität auszeichnen.

Diese Art der Aufmachung ist sowohl alltäglich für die Freizeit als auch für manche Arbeitsstätten, wo keine bestimmte schützende, traditionelle oder formelle Arbeitskleidung getragen wird. Im Kontext des Festzeltbesuchs wird allerdings der Freizeitcharakter dieses Stils herausgestrichen, alltägliche Konnotationen werden von jenen der festiven Unbeschwertheit überlagert. Der Gebrauch ist salopp. Die vielseitigen Kombinationen werden teilweise durch Halstücher, ungewöhnliche Kopfbedeckungen (in Form von Kuheuter oder Bierkrügen) oder Zubehör wie riesige Brillen, Trinkhelme oder Teufelshörnchen individuell akzentuiert. Solche Accessoires werden von zu Hause mitgebracht oder erst auf dem Festplatz oder im Festzelt erstanden, wo fliegende Händler sie feilbieten. Sind Besucher mit diesem Zubehör bereits während der Anfahrt ausstaffiert, dann verhelfen sie dem Träger, die Trennung von der Normalität einzuläuten. Der Seppel-Filzschlapphut, ein Standardsouvenir aus Bierzelten, das ebenfalls vorab im Internet bezogen werden kann, legt Zeugnis über den (intendierten) Besuch ab. Er weckt Assoziationen zur gleichnamigen tumben Figur aus dem Kasperletheater und wird zu einer Art karnevalesker Verkleidung.[316] Einer Narrenkappe vergleichbar, erlaubt es dann so ein Hut, der Unbekümmertheit freien Lauf zu lassen. Die verschiedenen Bierhüte und spaßigen Kopfbedeckungen versinnbildlichen das spielerische (kommende) Sicheinlassen mit einer „verkehrten Welt", zu der die Träger aufgebrochen sind. Geschieht der Gebrauch erst in der Alterität des Rummelplatzes, bekräftigt er die erfolgte Separierung.

Manche Elemente des Freizeitstils stehen an den Schnittlinien zu den anderen Bekleidungsmustern. Entwder sie haben ein folkloristisches Dekor, was die Grenzen zwischen Freizeitlook und Trachtenmode aufweicht,[317] oder die Gruppenzugehörigkeit wird per uniformem Freizeitstil ausgedrückt.

Das Gruppenoutfit

„Da sind die L-Hexen subito auf der Bank. Die Hexen sind eine Fasnachtsgruppe [... die Frauen] tragen Uniform, also eine Art ‚Vereinskleidung' wie in einer Mannschaft, alle in Hosen und ‚Trikots': ein weißes T-Shirt mit einheitlichem Gruppenaufdruck, rot-geblümte Halstücher um den Hals und einheitliche Rucksäckchen [zum Teil noch auf dem Rücken]" (09. Feldbericht, Do., 30.09.1999 vom Cannstatter Volksfest).

Herzstück des Gruppenoutfits ist die identische Oberbekleidung, häufig noch mit einem speziellen Aufdruck. Denn ein weißes oder rotes T-Shirt allein garantiert keine Exklusivität. Im Vorfeld wurde also nicht nur abgestimmt, welche Stücke

---

316 Siehe auch Egger 2008a, S. 66-68.
317 Vgl. Egger 2008b, S. 82.

angezogen werden, sondern im Falle von bedruckten Firmen- oder Vereins-T-Shirts mussten diese extra angefertigt werden. Sie symbolisieren nach innen und außen eine Art Gemeinschaftspakt. Die Träger gehen nicht „gesichtslos" in der Masse auf oder unter. Sie fördern das Wir-Gefühl; häufig ein offenes Wir, bei dem Namen und Heimatort der Gruppe gut lesbar auf dem Hemd prangen. Markante, wortwörtlich uniforme Gewänder oder Extras erzielen einen ähnlichen Effekt wie beispielsweise bei Zimmerern in Montur oder Bundeswehr-Ausscheidern, wie sie 1999 oder 2000 noch auf dem Cannstatter Volksfest unterwegs waren. Zufällige Anschlüsse aufgrund gleicher Oberbekleidung sind so unmöglich.

Anders als bei diesen engen, präexistenten Gemeinschaften gibt es lockere Gruppierungen, die sich spontan bilden können, wenn Anhänger des gleichen Fußballklubs oder Fans einer bestimmten Musikband im Zelt zusammenkommen. Diese Besucher fallen mit ihren ähnlichen Fanartikeln auf. Doch auch hier wurde das Outfit mit Bedacht vor dem Zeltbesuch ausgewählt, der allerdings oft zweitrangig für die Abend- oder Nachmittagsgestaltung ist. Fußballfans strömen nach dem Spiel auf den Wasen. Musikfans machen einen Zwischenstopp auf dem Weg ins Konzert. Selbst wenn die verstreuten (Fan-)Gruppen flexibler sind als Vereine oder Belegschaften, kommuniziert deren Stil, dass sie etwas abseits des Wasens verbindet: Sei es eine spezifische Art der Alltags- beziehungsweise Freizeitgestaltung oder dass sie zusammen einen Lebensabschnitt begehen. Im Gegensatz hierzu schaffen jene, die dem Trend zur „Tracht" folgen, durch die Kleidung erst etwas Verbindendes.

Der Trend zur „Tracht"

Glaubt man den Anzeigen der Trachtenhäuser, dann hat „der ‚Schlabberlook' mit Jeans und T-Shirt" ausgedient[318] und nichts „passt [...] besser zum Feiern" als der „alpenländische Dresscode".[319] Wäre zu Beginn meiner Studien an der Jahrtausendwende ein solches Urteil unter jungen Wasen-Besuchern undenkbar gewesen, ist „Tracht" im weitesten Sinne zur Standard-Festzeltbekleidung geworden.

In der Kulturwissenschaft werden Trachten oder „ländliche Kleidung" kategorisiert und nach historischer Authentizität, Beschaffenheit, Gebrauchskontext oder Symbolisierungen unterschieden.[320] Auf dem Rummelplatz hingegen gilt als „Tracht", was in der wissenschaftlichen Auseinandersetzung als „Trachtenmode"[321] deklariert wird. Zwar orientiert sich der moderne Trachtenlook an traditio-

---

318 Anzeige: Voll im Trend. In: Cannstatter Volksfestzeitung 08/2008, S. 52.
319 Anzeige: Stimmung in Dirndl und Lederhose. In: Cannstatter Volksfestzeitung 10/2010, S. 42.
320 Vgl. Lioba Keller-Drescher: Die Ordnung der Kleider. Ländliche Mode in Württemberg 1750-1850. Tübingen 2003, S. 25-34.
321 Vgl. Egger 2008b, S. 83f.

nellen Vorläufern,[322] doch Elemente werden beliebig adaptiert und jede Saison umgearbeitet. Es gibt weder verbindliche Schnitte noch Materialkompositionen. Lodenjanker und Jeans lassen sich genauso ausmachen wie Lederhosen in beliebiger Länge, Wadenstrümpfe mit Halbschuhen sowie rot-weiß gewürfelte Hemden mit Hosenträgern. Jenes bunte Nebeneinander wird noch augenfälliger bei den Dirndln. Frauen kleiden sich in allen Farben, Ausschnitt- und Miedervariationen. Maschinell bestickte Baumwolldirndl von der Stange lassen sich neben hochwertigen Designermodellen erkennen. Knie- oder schulterfreie Versionen werden eher von jungen Frauen getragen, während Formen mit Spenzer, die sich enger an tradierte Vorbilder anlehnen, häufiger Frauen über Vierzig anziehen.[323] Vielfältig sind ebenso die Blusen (Ärmellängen, Dekolletétiefen) und Schürzen (Farben, Schleifen). Das Outfit vervollständigen oft Flechtfrisuren und Halsschmuck, der im offenen Ausschnitt baumelt.

Die Ubiquität der Dirndl und Lederhosen ist relativ neu. An der Jahrtausendwende waren auf dem Wasen nur wenige Besucher in Trachtenmode unterwegs. Wenn doch, dann begegneten mir vor allem Versatzstücke des damals aktuellen Landhausstils – also Kleidungsstücke in Leinen- oder Lederoptik mit rustikalen Details (florale Stickereien, Lederschnüre, Horn-Schließen). Derart gewandeten sich hauptsächlich ältere Besucher, Bedienungspersonal, Wirte oder Musiker. Bei Trachtenvereinen, wie sie besonders am Sonntag des Volksfestumzugs im Zelt anzutreffen waren (und sind), muss der Trachtenstil als Gruppenoutfit gesehen werden. Denn deren Anliegen ist die Traditionspflege per vestimentärer Form.[324] Tracht ist hier sowie bei Musikvereinen kein persönliches Mittel, um sich selbst darzustellen, sondern entspricht einer Vereinsidee. Um die adäquate Realisierung einer Idee geht es ebenfalls bei den im Zelt Beschäftigten, die oft seit Jahren[325] Trachtenmode als Arbeitskleidung tragen:

„[...] kommt auch schon die Bedienung. Ein Mann in den mittleren Jahren, der eine Lederhose, einen Janker und ein weißes Hemd trägt. Die Bedienungen sind alle einheitlich gekleidet. Alle haben auch einen Namensanstecker,

---

322 Vgl. Cannstatter Volksfest: Trachten zum Fest. Infoflyer, auf: http://www.cannstatter-volksfest. de/fileadmin/user_upload/bilder/presse/Volksfest/Tracht/Folder_DINlang_WueKo-internet_ neu_bearb.pdf [26.10.2011]; auch Anna Klotz: Die unsichtbare „Tracht". Die Württemberg Kollektion und Trachtenpraxis auf dem Stuttgarter Frühlingsfest. Bachelorarbeit (unveröffentlicht). Tübingen 2014, S. 9f., 23.
323 Vgl. die Fotostrecken auf den jeweiligen Webseiten der Festzelte. Außerdem hierzu Dering/ Eymold 2010, S. 235-238.
324 Vgl. Sibylle Spiegel: Die Trachtenschlacht. In: Münchner Stadtmuseum (Hg.): Das Oktoberfest. Einhundertfünfundsiebzig Jahre bayerischer National-Rausch. München 1985, S. 248-250, hier S. 248.
325 „Oft", weil eben an der Jahrtausendwende noch nicht alle Bedienungen Trachtenmode trugen, was sie mittlerweile aber tun. Vgl. *Foto 5 ca. 17.55 Uhr, Fr., 06.08.1999 vom Unterländer Volksfest.*

sei es ein Lederherz oder eine Holzwäscheklammer, in die der Name einge-
brannt ist" (15. Feldbericht, Mi., 15.05.2000 vom Stuttgarter Frühlingsfest).

Wie sich das Servicepersonal kleidet, wählt meist der Wirt stilistisch passend
zum Zeltdesign aus.[326] Persönliche Vorlieben bleiben unberücksichtigt. Denn die
professionellen Bierzeltakteure gehören zur Geschäftskonzeption. Die Bedienungen
waren schon im Jahr 2000 und sind heute noch lebendige Bestandteile einer arrangierten volkstümlichen Kulisse, die sich als eine harmonische Einheit präsentieren soll.

Das Bekleidungsverhalten der Volksfestbesucher hingegen wandelte sich
nachhaltig. Junge Frauen und Männer, die vor 15 Jahren im Freizeitlook unterwegs waren, ziehen heute meist Trachtenmode an.

„Manche sprechen vom ‚Trachtenterror', andere wiederum freuen sich
monatelang darauf, sich im festlichen Dirndl zeigen zu können. Fakt ist:
Lederhosen und Dirndl werden auf dem Wasen immer populärer. Mittler-
weile gehört es zum guten Ton, sich in schicker Tracht auf dem Wasen zu
präsentieren. "[327]

Da die rasante Entwicklung in Stuttgart nicht wissenschaftlich aufgearbeitet ist,
fehlen verlässliche Quantifizierungen zum Kleidungsverhalten der Volksfestbesucher. Im Rahmen einer Online-Umfrage der MM Research im Jahr 2010 gaben lediglich 15 Prozent aller Befragten mit Besuchsintention an (n=229), dass
sie „auf dem Stuttgarter Volksfest eine Tracht (Dirndl/Lederhose)" tragen wollten.[328] Wenngleich junge Besucher (18 bis 24 Jahre, 16 Prozent) und Frauen
(20 Prozent) zahlreicher diese Absicht teilten, entspricht das Umfrageergebnis
nicht der (medialen) Realität. Auf aktuellen, offiziellen Fotogalerien der Zelte und
in Webcam-Videos sind mittlerweile die meisten Besucher in Trachtenmode erkennbar, selbst wenn im Fotoneben- und Hintergrund sich auch weiterhin Menschen im Freizeitlook ausmachen lassen. Stuttgart folgt nicht nur München, wo
der Trachtenstil bereits Ende der 1980er Jahre als Festgewand Einzug hielt, sondern scheint aufgrund einer gesteigerten Nachfrage sogar aufzuschließen.[329]

Förderlich für die starke Stuttgarter Trachtenkonjunktur sind nämlich erstens aktuelle Modetrends, die Assoziationen zur ländlichen (Arbeits-)Welt, zu
hemdsärmeliger „Naturverbundenheit"[330] und damit zum Trachtenstil wecken.
Lederhosen und Dirndl, die vor Jahren noch ein „altbackenes" Image hatten, gelten nun als „trendy, sexy, urig und modern", wie ein Anbieter in der Volksfest-

---

326 Vgl. Schweizer 2009, S. 34.
327 Grandls Hofbräu-Zelt: WasenWiki. Tracht, auf: http://grandls-hofbraeuzelt.de/de/aktuelles/
     wasenwiki#t [08.03.2015].
328 Marktforschungsinstitut MM Research 2010 [04.04.2011].
329 Siehe hierzu die Aussagen von Axel Munz, Geschäftsführer von Trachten Angermaier, zitiert in
     Karl Krügle: Wasen oder Wiesn? Interview. In: Cannstatter Volksfestzeitung 11/2011, S. 28.
330 Anzeige: Die Tracht boomt. In: Cannstatter Volksfestzeitung 08/2008, S. 41.

zeitung 2009 betont. „Tracht" werde angezogen, „weil 's zum Lifestyle passt und nicht rein aus ideologischer Überzeugung."[331] Wenngleich die angepriesenen Gewänder weder schlicht noch einfach sind, erscheinen Dirndl oder Lederhosen immer mehr Besuchern als das „richtige" stilistische Mittel, um ungezwungen, quasi befreit vom „Korsett des Alltags" zu feiern. Den „Spaß" am Dirndl hebt beispielsweise Besucherin Sahra Julia auf Facebook[332] hervor. Dabei verkleiden sich die Festgänger nicht, um per Trachtenmode in eine neue Identität zu schlüpfen. Vielmehr separieren sie sich deutlich vom alltäglichen Einerlei und signalisieren nach Egger ihre festive Bereitschaft.[333] Gerade die jüngere Kerngruppe des Trachtentrends trägt nämlich diese Outfits ansonsten eher nicht.

Zweitens unterstützen die Stuttgarter Festorganisatoren das Tragen von Trachtenbekleidung. Dazu gehört nicht nur die 2008 extra erschaffene Wasen-Tracht, sondern manche Wirte machen Bekleidungsvorgaben[334] oder initiieren Dirndl-Weltrekorde[335]. Es werden Trachtenabende veranstaltet, die nicht mit betulichen Volksmusikabenden gleichgesetzt werden sollten. Denn Modehäuser zeigen ihre neuesten Kollektionen zur gängigen, rockigen Festzeltmusik. Überdies bewarb 2006 ein Wirt den Trachtenstil, indem er ankündigte, dass man in „Tracht" ins Zelt „reinkomme", auch wenn es „wegen Überfüllung geschlossen ist!"[336]

Der dritte Grund für die Veränderung im Bekleidungsverhalten der Wasen-Besucher ist höchst wahrscheinlich die Sogwirkung des Oktoberfests, wo Dirndl und Lederhosen schon bei meinen Besuchen 1999/2000 das Bild prägten. Für Egger ist das Münchner Trachtenphänomen „auf das Engste mit dem Habitus der Stadt München, der weiteren Entwicklung Bayerns und auch der bundesdeutschen Geschichte verbunden".[337] Vor dem Hintergrund der heutigen Urbanität wird dort nicht nur die Nähe zur Tradition gesucht, sondern diese per zeitgemäßer Trachtenmode inszeniert und kreiert. Das ist möglich, weil frühere Einschreibungen – kulturelle Bilder – erhalten geblieben sind, in den neueren Modellen

---

331 Anzeige: Faszination. In: Cannstatter Volksfestzeitung 09/2009, S. 49.
332 Eintrag von Sahra Julia auf Facebook: Grandls Hofbräu-Zelt. Wall (vom 26.09.2011), auf: https://www.facebook.com/Grandls.Hofbraeuzelt?sk=wall [29.10.2011]. Siehe auch Klotz 2014, S. 33.
333 Hierzu Egger 2008a, S. 108.
334 Vgl. die Vorgabe für Logenplätze „Eintritt nur mit Trachtenkleidung" aus Cannstatter Wasen-Zelt: Reservierungsformular, auf: http://www.cannstatter-wasenzelt.de/Reservierungsformular.php?rID=lp2Z [09.03.2013].
335 Siehe Fotos auf Grandls Hofbräu-Zelt: Fotos. Dirndl-Weltrekord, auf: http://01.dpub.de/index.php?option=com_phocagallery&view=category&id=35%3Adirndl-weltrekordversuch&Itemid=270&lang=en [20.10.2011]. Zwei Jahre zuvor wurde der Weltrekord im Dinkelacker-Zelt aufgestellt. Hierzu Sindelfinger Zeitung, Böblinger Zeitung-Wasen-Blog: Bilder vom Dirndl-Weltrekord (vom 30.09.2009), auf: http://sz-bz.blogspot.com/2009/09/bilder-vom-dridnl-weltrekord.html [08.03.2015].
336 Festzeltübersicht. In: Cannstatter Volksfestzeitung 06/2006, S. 8.
337 Egger 2008b, S. 94, 104f.

durchscheinen und sich partiell aktivieren lassen.[338] Indem Stilelemente historisch aufgeladen werden und somit einen beinahe authentischen Charakter eingeschrieben bekommen, verorten sich die Träger in einem größeren Ganzen:

> *„Ein Auftreten in Dirndl und Lederhosen schafft, obwohl fast gänzlich frei von Raum und Zeit, über imaginierte Bilder und Identitäten, eindeutig und erkennbar, neuerlich Verbindungen zu Zeit und Raum."*[339]

Der intendierte „Heimatbezug" sowie ein grundlegendes „Bedürfnis nach Sicherheit und Satisfaktion" verstofflicht sich damit gemäß Egger[340] im Trachtenoutfit der Oktoberfestbesucher. Inwieweit sich dies auf das Cannstatter Volksfest übertragen lässt, bleibt angesichts der Forschungslücke offen. Aufgrund gewisser lokaler Parallelitäten (regionale Bodenständigkeit bei gleichzeitig globaler Wirtschaftsverflechtung) ist es aber durchaus denkbar, dass die Stuttgarter nicht nur aus modischen Aktualitätsgründen den Münchnern nacheifern. So erscheint der schwäbische Trend zur „Tracht" in den Worten des Trachtenanbieters Axel Munz auch als ein Bedürfnis, einen Brückenschlag zu anderen Besuchern sowie über das Hier und Jetzt hinaus zu unternehmen:

> *„Man bekommt durch die Tracht das Gefühl, zum Feiern zu gehen. Man will in dieser Gemeinschaft dabei sein, deshalb decken sich die Leute mit Tracht ein. Das ist auch das Schöne: Die Tracht verbindet. Sie ist ein Gegenpol zu der Anonymität, der Internationalisierung, der Globalisierung unserer Gesellschaft. Sie schafft Heimatgefühl – in München genauso wie in Stuttgart."*[341]

Jener Wunsch nach gemeinschaftlichem Zusammenschluss, der sich mittels der Formensprache von Dirndl und Lederhosen kommunizieren lässt,[342] gilt wahrscheinlich auch in Stuttgart. Dank der analogen vestimentären Elemente entsteht nämlich eine Art Gruppenoutfit, das mittels übereinstimmender Zuschreibungen eine ähnliche Verortung in der Gesellschaft erlaubt. Allerdings unterscheiden sich die Aufmachungen weiterhin beträchtlich, ungeachtet aller stilistischer Überschneidungen. Persönliche Vorlieben, das Streben nach Anerkennung und Aufmerksamkeit können wegen der modischen Vielfalt ausgelebt werden, soweit es der Geldbeutel zulässt. Inklusivität und Exklusivität geben sich die Hand. Treffend schreibt Egger, vom Individuum mit all seinen Sehnsüchten und Eitelkeiten, das „in der Gemeinschaft zwar auf-, aber doch nicht untergehen will."[343]

---

338 Vgl. Keller-Drescher 2003, S. 290.
339 Egger 2008b, S. 90.
340 Ebd. Ob dies auch für italienische oder australische Touristen gilt, erörtert Egger nicht.
341 Axel Munz zitiert in Krügle 2011, S. 28.
342 Vgl. Egger 2008a, S. 109.
343 Egger 2008b, S. 93.

Annäherungen im Raum und in der Sache

„Bahnen wir uns den altbekannten Weg",
aus dem Lied: *Tage wie diese*

Alle Besucher müssen zum Festplatz und letztlich zum Bierzelt hinkommen. Ein solcher Ortswechsel markiert unmissverständlich das Verlassen der normalen Umwelt hin zum Festiven. War das Zurechtmachen des Ichs mit entsprechender Kleidung oder weiterem Zubehör ein erster transformativer Schritt, folgt nun die räumliche Separierung des Körpers selbst aus den gewohnten Bezügen. Je nach Entfernung fällt dabei der Hinweg unterschiedlich lange aus: Für manche reicht eine kurze S-Bahnfahrt oder gar ein Fußmarsch, andere wiederum sitzen stundenlang im Reisebus und buchen eine Übernachtung. Abgesehen davon lässt sich eine weitere Differenz auf dem Hinweg feststellen. Entweder wird das alltägliche Umfeld zielgerichtet verlassen, um möglichst schnell zum Rummelplatz zu kommen. Oder aber das räumliche Trennen gewinnt eine eigene präliminale Qualität, die entsprechend zelebriert wird:

„Doch nur ein paar Meter weiter Richtung Wasen lassen fünf Heranwachsende, fesch in Dirndl und Tracht gekleidet, eine Flasche Sekt kreisen. Auf dem Weg trifft man dies immer wieder – Vorglühen."[344]

Umgangssprachlich wird mit dem Begriff „Vorglühen" ein meist kollektives Alkoholtrinken *vor* dem eigentlichen Festbeginn bezeichnet. Es wird als „Betrinken vor dem Betrinken" oder als „warm feiern" in den Medien[345] beschrieben. Als Ursachen für diese neuere Form des Alkoholkonsums führen Zeitungen an, dass dies gemacht werde, um vorab Alkoholika preisgünstiger konsumieren zu können oder um bereits in „beschwipster" Laune auf dem Rummelplatz einzutreffen.[346] Abgesehen davon erscheint mir der Wunsch nach einem gemeinschaftlichen, festiven Präludium der Hauptanlass für das „Vorglühen" zu sein. Sehen lässt sich dies in der Youtube-Bilderschau „Cannstatter Wasen 2008 ... Mädelstour", bei der zum Start des Volksfestbesuchs Perlwein in Sektgläsern genossen wurde.[347] Im Falle einer Busfahrt zum Cannstatter Wasen, von welcher drei Videos auf Youtube eingestellt sind, kann ich nicht nur im Mittelgang einen Kasten Bier erken-

---

344 Edgar Rehberger: Ein Wochenende voller Gegensätze. In: Eßlinger Zeitung, 04.10.2010, auf: http://www.esslinger-zeitung.de/lokal/stuttgart/stuttgart/Artikel609979.cfm [08.03.2015].

345 Marion Pfeffer: Jugendliche haben immer Recht. In: Spielorte April/Mai/Juni 2011, S. 7, auf: http://issuu.com/spielorte/docs/spielorte02-11_rz_online_issuu [08.03.2015]. Dieses Phänomen hat es vor dreißig bis vierzig Jahren nicht gegeben.

346 Vgl. Welt: Der Trend geht zum „Vorglühen" (vom 24.09.2008), auf: http://www.welt.de/regionales/muenchen/article2486290/Der-Trend-geht-zum-Vorgluehen.html [08.03.2015].

347 Siehe 0:10 der Slidepräsentation unter Youtube: Cannstatter Wasen 2008 ... Mädelstour (vom 05.10.2008), auf: http://www.youtube.com/watch?v=dGaUSW4UAzg [08.03.2015].

nen, sondern die Reisegesellschaft ist am „Bechern" und singt fröhlich lautstark das *Badnerlied* mit dem Abschluss-Wechselchant: „Die Sau – Drecksau".[348] Wie diese Beispiele zeigen, beinhaltet das „Vorglühen" sowohl ein gemeinschaftsstiftendes als auch ein zelebratorisches Element, das es vom reinen Betrinken um des billigen Rausches willen abgrenzt. Die enge Festgemeinschaft kann sich zusammenfügen, indem die Einzelnen kollektiv (gar noch aus derselben Flasche) trinken. Obendrein wird die Bindung verstärkt, wenn das Vorabtrinken nicht in der zentralen Öffentlichkeit stattfindet, sondern zu Hause, im Reisebus oder in der relativen Abgeschiedenheit einer Straßenecke. Dann erhält es eine verschwörerische Konnotation, die ebenfalls den Zusammenhalt fördert.

Die ersten liminalen Handlungen wie lautstarkes Singen oder der unverblümte, gemeinschaftliche Gebrauch von Kraftausdrücken helfen überdies, dass sich die Teilnehmer immer weiter aus ihrem Alltag lösen. Dazu kommt die enthemmende Wirkung des Alkohols, die den Übergang in eine andere Stimmungslage erleichtert. Der Vorfreude wird nachgeholfen und Raum zur Entfaltung gegeben: Gesichter lachen, die Menschen sind euphorisch. Sie sind auf dem Weg zum Feiern. Doch die fröhliche Gespanntheit gilt ganz allgemein auch ohne „Vorglühen":

„Nach kurzer Fahrt [mit der Straßenbahn] bin ich auf dem Wasen. Mit mir steigen an der Neckarbrücke andere Fahrgäste aus. Deren freudige Erwartung kann ich spüren" (23. Feldbericht, Sa., 30.09.2000 vom Cannstatter Volksfest).

Ankunft am Festplatz

„Hier bin ich in der Zauberwelt",
aus dem Lied: *Wir gehn zum Wasen*

Irgendwann ist der letzte Schritt gemacht und der Rummelplatz erreicht, der unüberhörbar schon aus der Ferne mit schallender Musik und maschinellem Stampfen lockt. Der Festplatz erstreckt sich entlang des Neckars, umgrenzt von Straßen und Schienen. Eingangstore markieren, wo der eigentliche Rummel beginnt. Sie sind weit, offen, großzügig gestaltet und laden zum Durchschreiten ein,[349] selbst wenn das Sicherheitspersonal nach mitgebrachten Glasflaschen späht.

---

348 Hierzu Youtube: Wasen Tag 2009 Video 3 Eine Busfahrt Klappe 3. (vom 06.10.2009), auf: http://www.youtube.com/watch?v=D5npHiJMp_8 [08.03.2015].
349 Dies gilt im Allgemeinen. Im Besonderen (wie am 03.10.2014) kann es sein, dass der Wasen wegen Überfüllung temporär gesperrt wird. Vgl. Stuttgarter Nachrichten: Polizei sperrt Wasen wegen Überfüllung (03.10.2014), auf: http://www.stuttgarter-nachrichten.de/inhalt.cannstatter-volksfest-polizei-sperrt-wasen-wegen-ueberfuellung.f880da9c-6486-4556-a4549f31e3d124d1.html [09.12.2014].

Dann umfängt die Jahrmarktsatmosphäre die Besucher: Gebratene Mandeln duften, ein Losverkäufer preist lärmend Gewinne an, Schreie gellen von der Achterbahn, Kunstnebel wabert bei der Geisterbahn, Menschen schieben und drücken sich vor einem Schaustellerbetrieb, der sensationelles Motorradfahren auf einer Steilwand verspricht. Bunt und großformatig glänzen die Kulissen der Attraktionen. Tausende von farbigen Lichtern blinken rhythmisch.

„Der Rummel ist eine fremde Welt. Lichtreize, laute Musik und die wilden Bewegungen der Fahrgeschäfte stürmen auf einen ein. Sie schaffen eine Umgebung, in der sich der Jahrmarktbesucher erst orientieren [...] muss. Die einzig vertraute Konstante ist der Partner oder die Gruppe, mit der direkten Kontakt gesucht wird" (01. Feldbericht, Sa., 24.04.1999 vom Stuttgarter Frühlingsfest).

Räumlich gesprochen ist die Trennung vom Alltag vollzogen, wenn der Rummelplatz betreten wird. Dort, multisensorischen, ungewöhnlichen Erfahrungen ausgesetzt, stellt sich die Alterität für den Besucher von selbst ein.

Die meisten Menschen kommen am späten Nachmittag oder frühen Abend auf den Cannstatter Wasen. Dann ist der Festplatz in Bewegung. An der Fruchtsäule treffen sich verabredete Freunde. Viele nutzen erst die Gelegenheit zum Bummel über den Platz und vergnügen sich, bevor sie die Festzelte aufsuchen. Andere wiederum machen sich direkt auf den Weg zum Zelt.

Das Zelt

„In unserem Zelt ist unsere eigene Welt",
aus dem Lied: *Wasen, du mein Traum*

„Der Weg führt uns weiter über den Rummel, wir nähern uns dem [...] Zelt. Auch hier erstreckt sich ein gut besuchter Biergarten vor dem Zelt. Die Front ist ganz aus Holz, [...]. Das Zelt sieht von vorne aus wie eine große Almhütte oder Scheune" (15. Feldbericht, Mi., 10.05.2000 vom Stuttgarter Frühlingsfest).

Von außen erblickt

Bezogen auf die äußere Erscheinung weckt der Begriff *Zelt* die falschen Assoziationen. Weniger fliegend und behelfsmäßig, als massiv und unverrückbar geben sich die Bierbauten. Die robusten Schauseiten lassen die kurze Betriebszeit von 17 Tagen nicht erahnen. Anstatt flexibler Planen prägen solide Schmuckfronten das Bild. Die drei großen Zelte auf dem Volksfest sind ca. 50 Meter breit, über 90 Meter lang und haben eine Firsthöhe von ungefähr 14 Metern. Die „kleineren" wie das Cannstatter Wasenzelt imponieren immer noch mit Abmessungen von rund 40 Meter Breite x 75 Meter Länge.[350]

Wenngleich die Zeltgrößen variieren und keine Zeltfassade der anderen gleicht, greifen alle auf einen Formenkanon zurück. Der Prototyp für die Schmuckfronten ist der Landhausstil des Voralpenraums, wie er sich auf dem Oktoberfest nach dem Zweiten Weltkrieg herausbildete. Die „oberbayerisch-bäuerliche Architekturform des Einfirsthofes"[351] trat von dort den Siegeszug zum heute vorherrschenden Fassadenstil an. Gab es im Jahr 2000 noch mehrere Zelte, die ihre Front mit „Fachwerk" versahen, was auch in urbanen Räumen vorkommt, dominiert heute der alpenländische Bauernhauscharakter.[352]

Prägnant sind ein überhängender Giebel und ein ausladender Holzbalkon, der an der Frontseite verläuft. Spielerisch werden „traditionelle" Elemente wie gedrechselte Holzbalustraden oder offenes Balkenwerk eingesetzt, um eine rustikale Atmosphäre zu erzeugen. Tannenzweig- oder Hopfengirlanden schmücken die Balken. Am Giebel sorgen Lichterketten für festlichen Glanz. Üppige Blumenkästen hängen von den Balkonen. Die Fassaden sind weiß getüncht oder mit Holz verkleidet. Hierzu Schwabenbräu-Wirt Wilhelmer: „Wir haben altes, gedunkeltes Holz aus Österreich und Südtirol verwendet, das teilweise von Almen stammt".[353] Manchmal umrahmen funktionslose Fensterläden die Sprossenfenster, durch die sogar Gardinen erkennbar sind. Andere Stirnwandfenster sind großflächig, was Blicke auf den Zelthimmel freigibt und Tageslicht ins Innere hinein lässt. Unübersehbar prangt vorne der Name des Zeltes sowie des ausgeschenkten Bieres.

Unten in Erdgeschosshöhe setzen sich die folkloristischen Zitate fort. Vorbauten wie Schenken (Pilsbar) oder Biergärten, die sich unter dem Balkon ducken, bilden dank ihrer stabilen Holzbrüstungen Schleusen, die die Besucher zu den Eingängen links und rechts leiten. Diese Umbauten in Hüfthöhe erlauben den Blick auf das Zelt, trennen aber die Biergartenbereiche vom Festplatz deutlich ab. Dadurch entsteht die „von außen abgeschirmte Ordnungseinheit" Zelt,[354] die trotz ihrer Massivität und der klaren Abgrenzung zum Eintreten einlädt. Denn die Brüstungen um die Biergärten lenken den Besucherstrom hinein, die großen Türen mit Fenstersprossen in der oberen Hälfte sind auf ein rasches Durchschrei-

350 Hierzu Levigo: Hochverfügbarkeit im Wasenzelt. In: Extralog-magazin 13 (01/2010), S. 2-5, hier S. 4, auf: http://www.levigo.de/fileadmin/download/de/unternehmen/extralog/Le-vigo_extralog_01-2010_Web_ES.pdf [08.03.2015]; und Cannstatter Wasenzelt: Willkommen, auf: http://www.cannstatter-wasenzelt.de/cannstatter-wasenzelt.htm [16.11.2011].

351 Zimmermann 1985, S. 281.

352 Eine Wandlung vollzogen die Fassaden von Schwabenbräu-, Wasenwirt- und Göckelesmaier-Zelt. Die Stirnseite des Hofbräu-Zeltes weicht am meisten vom Landhausstil ab. Die obere Hälfte des Zeltes wird von einem schäumenden Bierglas dominiert. Gleichzeitig besitzt aber auch dieses Zelt die breite Großform und einen weit überhängenden Giebel, eine zweiteilige Front und im Erdgeschoss dominiert die Holzverkleidung (vgl. hierzu die entsprechenden Zelt-Webseiten).

353 Michael Wilhelmer zitiert in Gessler 2010, S. 26.

354 Möhler 1980, S. 225.

ten ausgelegt. Verknüpft wird hier Außen und Innen. Die Fassade spricht, „sie ist das ,Gesicht'"[355] des Zeltes, mit dem der Wirt (und/oder die Brauerei) kommuniziert, was die Besucher drinnen erwartet: eine inszenierte, rustikale und bodenständig gemütliche Wohlfühl-Atmosphäre.

Von innen gesehen

Alle Bierzelte auf dem Wasen, die drei großen mit rund 5.000 Sitzplätzen und die „kleineren" Zelte mit etwa 3.000 bis 4.000 Plätzen, weisen vier interne Bereiche auf: erstens ein pfostenfreies Mittelschiff, das sich vor oder um die erhöhte Musikbühne herum erstreckt, zweitens die baulich abgesonderten Seitenbereiche, zu denen auch die exklusiven Logen und Boxen (links und rechts vom Mittelschiff oder auf der Empore) zählen, drittens eine ebenfalls abgetrennte Pilsbar[356] mit hauptsächlich Stehtischen, die zudem wie eine Klammer Zeltinnen und Biergarten außen verbindet, und viertens die Servicestationen: Küche und Bierausschank. Die Toiletten, entgegengesetzt zu den Haupteingängen oder seitlich hinter einer vorgezogenen Wand, liegen außerhalb des dinglichen Zeltinnenraums, der von Planen und Holzboden begrenzt wird. Für den so geschaffenen Raum ist es *„wichtig"*, dass *„eine Einheit [reinkommt]"*:

> *Innenarchitektin: „[...] es muss eine Linie durchgehen. Und dann haben wir gesagt, o.k. die unterschiedlichen Dachformen und alles, als das Zelt aufgebaut war, hat uns zu diesem schwäbischen Dorf inspiriert. Und [...] da haben wir das Fachwerk aufgebracht mit den verschiedenen Giebelformen und Häusern."*
> *Ich: „Warum Fachwerk?"*
> *Innenarchitektin: „Zum einen, weil es vorhanden ist schon hier [zeigt um sich herum] und zum anderen denke ich, weil es so eine schwäbische Gemütlichkeit ist. [...] Ja, da fühlen sich viele Leute halt einfach wohl"* (Fokussiertes Gespräch mit Innenarchitektin am Fr., 29.09.2000).

An diesem Wohlfühlen, das einen stärkeren Besucherstrom, eine längere Verweildauer und damit einen höheren Bierumsatz verheißt, richten sich die Gestaltungsmaximen im Zelt aus. Von den eingesetzten Farben, den Motiven der Kopfbilder, der Höhe der Binderkapitelle, Form und Anzahl der Beleuchtungskörper bis hin zu einzelnen Tischdekorationselementen wird ein Bierzelt komplett

---

355 Ulrich Schütte: Stadttor und Hausschwelle. Zur rituellen Bedeutung architektonischer Grenzen in der Frühen Neuzeit. In: Markus Bauer/Thomas Rahn (Hg.): Die Grenze. Begriff und Inszenierung. Berlin 1997, S. 159-176, hier S. 163.

356 Die Prozesse in der Pilsbar bleiben unberücksichtigt. Dort wird in erster Linie an einer langen Theke und an Tischen gestanden, getrunken und sich unterhalten. Das Verhalten gleicht eher dem in einer sehr gut gefüllten Kneipe oder Bar. Vgl. Myvideo: Cannstatter Wasen 2008 – Der ganz normale Wahnsinn (09)(vom 14.10.2008), auf: http://www.myvideo.de/watch/5278159/Cannstatter_Wasen_2008_Der_ganz_normale_Wahnsinn_09 [08.03.2015]. Hierzu auch Grabowski 1999, S. 100f.

durcharrangiert, um eine gemütliche Wohlfühl-Atmosphäre zu erzeugen.[357] Dabei haben erstens die Bodenständigkeit, zweitens die folkloristische Rustikalität und drittens eine unkomplizierte, vertraute Behaglichkeit – also jene Designkriterien, die für die Fassade gelten – auch im Inneren Gewicht.

Bodenständigkeit ist zunächst im wörtlichen Sinne zu verstehen. Die Zeltabmessungen lassen einen großräumigen Innenraum entstehen, in den ein mehrstöckiges Haus passen könnte. Daher schmücken und verdecken üppig dekorierte, tiefer gehängte Beleuchtungskörper und Stoffbahnen das Zeltdach, das somit an Höhe verliert. Dieser kreierte Himmel sollte laut der Innenarchitektin nicht zu *„leicht"* wirken. Denn *„wenn sie das Gefühl haben, [das Zelt] fliegt weg, glaube ich nicht, dass sie sich wohlfühlen würden"*. Folglich müsse man das Dach *„festhalten"*, indem Dekorationen wie Hopfengirlanden erst oben auslaufen oder die Stoffbahnen nicht zu hell gehalten werden, aber auch nicht zu dunkel – weil das nämlich ein Gefühl des Erdrückens bewirke.[358] Die andere Facette der Bodenständigkeit sind die vielen lokalen und regionalen Bezüge in den Zelten (die Bühne als Musikpavillon des Stuttgarter Schlossplatzes oder Kopfbilder[359] mit Stuttgarter Stadtansichten). Bezeichnungen wie „Stäffele" oder „Stüble" greifen ebenfalls das schwäbische Muster auf.[360]

Zweitens inszenieren rustikale oder nostalgische Anleihen in den Volksfestzelten eine Landkulisse, die auf bäuerlichen Stereotypen basiert (so werden gemalte Pferdefuhrwerke, Dreschflegel oder Abbildungen in ländlicher Tracht eingesetzt). Im Jahr 2000 zog sich beispielsweise eine historisierende Kornernteszene über eine gesamte Seite des Göckelesmaier-Zeltes hinweg. Davor war auf einem falschen Schindeldach Pappmaschee-Geflügel drapiert. Solche bäuerlichen Anklänge werden ebenfalls sichtbar in den großen Kränzen aus gewundenem Hopfen oder geflochtenem Getreide. Sie verbergen die Aluminiumpfosten oder das metallene Lampengestänge. Generell tritt die Technik (Lautsprecheranlagen, Lüftung oder Videoleinwände) in den Hintergrund, so dass ein zeitloser Raum entstehen kann. Zur ländlichen Kulisse gehört auch der Werkstoff Holz, wie er im Cannstatter Wasenzelt eingesetzt wird. Unbehandelte, berindete Holzplanken bedecken dort die Eingangsseite, während auf der gegenüberliegenden Seite eine Scheune als Bühne fungiert. Holz, *das* Material für Boden, Wände, Balustraden, Bühnenaufbauten, Blenden, Tische oder Bänke, dominiert in allen Zelten. Ein Grund hierfür

---

357 Vgl. *Fokussiertes Gespräch mit Innenarchitektin am Fr., 29.09.2000* und *Fokussiertes Gespräch mit Art Director am Fr., 29.09.2000.* Dieser erklärte seine Zeltpräferenz: *„Es könnte sein, dass es an der Farbgebung lag. Also mir sind die bemalten Holzteile aufgefallen. Das fand ich eine sehr, sehr stimmige und glückliche psychologische Farbwahl, weil dadurch eine Gemütlichkeit erzielt worden ist."*
358 Zitat und Verweis aus *Fokussiertes Gespräch mit Innenarchitektin am Fr., 29.09.2000.*
359 Aufgrund der Galerieeinbauten sind die Kopfbilder am Verschwinden.
360 Vgl. Wilhelmers-Schwabenwelt: Zeltplan, auf: http://www.schwabenwelt.de/html/zeltplan. html [08.03.2015]; auch Beschreibung des neuen Schwabenbräu-Zeltes in Gessler 2010, S. 26.

sind zunächst praktische Vorzüge wie Pflege, Gestalt- oder Haltbarkeit[361]. Darüber hinaus geht es aber in den Augen einer Brauerei darum, *„dieses Ursprüngliche"* zu haben, da dieses der jüngere Konsument, *„nachsucht"*. Er wolle sich in ein *„bestimmtes Umfeld [...] traditionell einordnen"*.[362] Holz mitsamt seinen emotionalen Einschreibungen ermöglicht dies. Es kann als imaginiertes „‚Traditionsmaterial'" auch „‚Wärme, Geborgenheit, Bauernhaus'"[363] suggerieren, wie Barbara Michal herausarbeitete.

„Holz, das bringt ja, [...] wenn man es mal gestaltet hat, ist eben: Holz bringt Wärme, Holz bringt Atmosphäre, bringt Gemütlichkeit. [...] Holz [bringt] eben ein bestimmtes Ambiente [...] und aber auch eine bestimmte Zeltatmosphäre an verschiedenen Stellen" (Interview mit Wirt B am Mo., 05.07.1999).

Schließlich wird eine vertraute Behaglichkeit inszeniert, indem gewisse Materialien und Gestaltungskomponenten Jahr für Jahr aufgegriffen werden. Zum Standarddesign gehören beispielsweise Elemente der Bierwelt wie Hopfen und Getreide, was mehrfach in Interviews hervorgehoben wurde.

„Das ist auch ein eingefahrenes Gleis. Da kannst du nicht mit radikalen Veränderungen [kommen]. Erstens aus wirtschaftlichen Gründen nicht. Dann kommt aber sicherlich ein Hauptanliegen mit dazu, der Mensch will nicht jedes Jahr immer was anderes. Er hat sich an ein bestimmtes – das muss nicht grad haarscharf gleich sein – Ambiente gewöhnt, und da fühlt er sich wohl" (Interview mit Wirt B am Mo., 05.07.1999).

Es entsteht nicht nur ein Wiedererkennungseffekt, sondern auch ein vertrautes Umfeld, in dem entlang einer bekannten, harmonischen, unkomplizierten Formensprache, ein als gemütlich bezeichnetes Ambiente konstruiert wird.[364] Grabowski schreibt hierzu:

---

361 Vgl. Gabriele Mai: Kneipeneinrichtungen – zwischen konservativ und alternativ. Eine Untersuchung in Göttinger Innenstadt-Kneipen. In: Gudrun Schwibbe (Hg.): Kneipenkultur. Untersuchungen rund um die Theke. Münster 1998, S. 69-82, hier S. 78, 81.

362 *Interview mit Brauerei B am Di., 25.07.2000.*

363 Zitat von Eduard Führ nach Barbara Michal: Holzwege in Plastikwelten. Holz und seine kulturelle Bewertung als Material für Bauen und Wohnen. Bamberg 1989, S. 116; hierzu ebd., S. 63-65, 77.

364 Der Begriff „harmonisch" (oder „stimmig") reflektiert einerseits das omnipräsente Festzelt-Wortfeld rund um „Stimmung". Andererseits öffnet er, folgt man Schulzes Überlegungen zur Erlebnisgesellschaft 2000, S. 294f., die Tür zu einer Ästhetik, die von „Gemütlichkeit (Genussschema). Dazugehören (anti-exzentrische Distinktion), Harmonie (Lebensphilosophie) geprägt ist: „Da die Suche nach dem Schönen aus der Angst kommt, muss die Harmonie einfach sein, denn das Ungewohnte, Komplizierte, gar Avantgardistische im ästhetischen Zeichenkosmos würde gerade dort Angst erregen, wo man ihr entkommen möchte. [...] Geborgenheit braucht Stallgeruch."

*„In der gewohnten Umgebung [des Bierzeltes] fühlt man sich zugleich hei-
misch, streift schnell die einzwängenden Konventionen ab. Man ist unter
sich, fühlt sich fast so wie auf dem Sofa daheim."*[365]

Einschränkend zu Grabowski sollte erwähnt werden, dass die Besucher im Mittelschiff auf blanken Bänken „hocken" und sich die Gemütlichkeit nicht auf ein
bequemes Sitzen bezieht, wie Brauerei B im Gespräch betonte. Bis 1999 wurden
im Schwabenbräu- und Dinkelacker-Zelt sogar rohgezimmerte Bänke und Tische
direkt ins Erdreich eingeschlagen. Zum neuen Jahrtausend wurden dann die üblichen Biergarnituren aufgestellt und Gras, Kies oder sogar Dreck von Holzböden
zugedeckt, was nach Ansicht des Art Directors das *„Innengefühl"*[366] und letztlich
die Behaglichkeit verstärkte.

In den abgetrennten Seitenbereichen intensiviert sich dieses „Innengefühl",
da Einbauten und niedrige Decken kleinere Raumeinheiten kreieren. Im Gegensatz zum offenen Mittelschiff entstehen dort private, „abgeschirmte Inseln".[367]
Mit gerahmten Bildern an der Wand, Zierrat und Decken auf den Tischen, tief
hängenden Lampen über vereinzelten massiven Tischen werden innerhalb eines
Zeltes Zonen erschaffen, die an eine Gastwirtschaft erinnern. Dort, wo in einzelnen VIP-Boxen auch ein „Hauch von Luxus"[368] sein kann, finden Gäste Platz, die
pro Person einen ungefähr doppelt so hohen Mindestumsatz als im Mittelschiff
aufbringen.[369] Oder sie haben eine persönliche Einladung des Wirtes, der Brauerei oder eines Unternehmens, das diese Bereiche für eine Sonderveranstaltung
reserviert hat. Meine Erhebungen zeigen, je separierter eine Loge und damit
auch je restriktiver der Zugang ist, desto üppiger sind die Dekorationen. In den
Seitennischen, die beispielsweise „nur" durch eine Brüstung vom Mittelschiff
getrennt sind, sind oft Biergarnituren ohne Polsterung und Tischschmuck aufgestellt.

So ergibt sich ein abgestuftes System an Zeltzonen, die sich in Ausstattung,
Mindestumsatz und Zugänglichkeit unterscheiden: vom öffentlichen Mittelschiff
bis hin zur exklusiven Brauereischenke mit eigenen Toiletten und anspruchsvol-
lerer Speisekarte. Dabei können die offeneren Seitenbereiche eher dem Mittelschiff zugeschlagen werden. Die baulich abgesonderten, gehobenen Nischen
mit deutlich höherem Mindestverzehr hingegen, wo sich am ehesten Eliten und
Berühmtheiten finden, bilden hingegen einen eigenen distinktiven Raum. Doch
alle Regionen beruhen auf dem einen Designkanon – bodenständig, rustikal und
harmonisch unkompliziert –, der es den Besuchern erlauben soll, vom Alltag ab-

---

365 Grabowsk 1999, S. 104.
366 *Fokussiertes Gespräch mit Art Director am Fr., 20.09.2000.*
367 Gessler 2010, S. 26f.
368 Ebd., S. 27.
369 Vgl. hierzu Cannstatter Wasenzelt Reservierungsformular [09.03.2013].

zuschalten und sich im kreierten Wohlfühl-Ambiente zu vergnügen. Denn: *„Die Leute gehen dorthin, wo sie sich wohler fühlen."*[370]
Der „Zustand des Wohlbefindens" entspricht einer Facette der Gemütlichkeit, wie Brigitta Schmidt-Lauber zeigen konnte.[371] Gemütlichkeit, ein positiv besetztes Gefühl, lade zum Entspannen und zur Abkehr von einer alltagsgebundenen Normalität ein. Zu den Kernelementen, die jene Emotion bedingen, gehören Behaglichkeit, Überschaubarkeit, Wärme und Harmonie. Genau derart aufgeladene Stilmittel werden in der Zeltinnen- und Außengestaltung genutzt, um die Besucher ins Zelt zu locken. Es scheint, als ob mit Hilfe des Interieurs und der Fassaden von den Wirten eine eigene Welt – losgelöst aus zeitlichen und lokalen Bezügen – erzeugt und angeboten wird. So vermag Holz als „Material der Heimat", „Gegenwelten" zu schaffen und „kleine Fluchten" zu eröffnen.[372] Ordentlich, harmonisch, hübsch hergerichtet, signalisieren die Zelte, dass hier alltägliche Unordnungen und urbanes Durcheinander draußen bleiben. Schutz vor solchem Ungemach verheißt auch der breite Giebel, der einen Ort der Zuflucht suggerieren kann.
Solche atmosphärischen Aufladungen werden per rustikaler Inszenierung bewusst vorgenommen. Sie sind von Betreiberseite intendiert und werden – alles deutet darauf hin – von Besucherseite erwartet, machen sie doch ein Zelt erst zu dem besonderen festiven und (scheinbar) simplen Raum, wo der Alltag außen vor bleiben kann. Denn Gemütlichkeit öffnet „Spielräume und Freiräume im Hinblick auf alltägliches Rollenverhalten und geforderte Selbstdisziplin", so Schmidt-Lauber.[373] Auf dem Rummelplatz erklären die Besucher:

> *„,Wir wollen einfach Spaß haben', sagen Karolin und Esther, 22 und 23 Jahre alt. Mit ihrer Clique, die sich vom Studium kennt, haben sie sich bewusst dieses Festzelt ausgesucht. ,Hier ist nichts aufgesetzt oder gestelzt. Man kann so sein, wie man ist'."*[374]

Über- und Eintritt

„Wo geht man rein und niemals vorbei?"
aus dem Lied: *Fürstenberg-Song*

„Drei Ehepaare [...], die alle schon so um die fünfzig Jahre alt waren, ordentlich gekleidet, die Frauen mit Handtaschen über den Armen [...], näher[n]

370 *Interview mit Bedienung M am Do., 24.03.2011.*
371 Brigitta Schmidt-Lauber: Gemütlichkeit. Eine kulturwissenschaftliche Annäherung. Frankfurt a.M. 2003a, S. 125.
372 Michal 1989, S. 146f.
373 Schmidt-Lauber 2003a, S. 227.
374 Edgar Rehberger: Ein Abend beim Wasenwirt. In: Cannstatter Volksfestzeitung 09/2009a, S. 35-36, hier S. 35.

sich dem Seiteneingang, der weit offen steht. Die eine Frau eilt etwas voraus. Sie lacht. Und kurz bevor sie das Zelt betritt, dreht sie sich zur Gruppe um, lacht noch mehr, während sie tanzende Bewegungen macht. Zu einer imaginären Melodie schiebt sie beide Arme vor und zurück, wiegt die Hüfte und biegt die Knie. Ohne Worte scheint sie den anderen zu sagen: ‚Ja, jetzt gehts los. Hier gibts Remmidemmi. Hier ist der Ort, um zu tanzen und Spaß zu haben.' Die andern grinsen zurück. Alle freuen sich, alle wissen, was sie von diesem Abend wollen" (05. Feldbericht, Fr., 06.08.1999 vom Unterländer Volksfest).

Der Weg ins Zelt ist kurz. Wenige Meter liegen zwischen dem öffentlichen Rummelplatz und dem umschlossenen Zelt, dessen Zutritt beschränkt ist: Jugend- oder Brandschutzauflagen und Reservierungsbestimmungen limitieren spontane Visiten. Gerade an Wochenenden warten Scharen von Feierlustigen vor den Eingängen. Irgendwann öffnen sich die Türen, und die Besuchswilligen strömen hinein, solange die Pforten nicht wieder wegen Überfüllung zugemacht werden.

Zaghaftigkeit kennzeichnet auch nicht den Eintritt jener Gäste, die dank vorheriger Reservierung oder einer Flaute ungehindert ins Zelt kommen können. In der Regel wissen oder vermeinen die Zeltgänger zu wissen, was sie erwartet. Mit dem Betreten *und* Verbleiben im Zelt willigen sie ein, sich auf das dortige Geschehen einzulassen. Oft gibt es allerdings einen Moment der Unschlüssigkeit, wenn sich das Mittelschiff in seiner Größe vor dem Gast auftut. Viele Besucher geraten ins Stocken, sobald sie den unmittelbaren Türbereich verlassen haben.[375] Eine Fülle an Wahrnehmungen stürmt auf sie ein: Dunst geschwängerte, stickige Luft, dröhnende Musik, ein vibrierender Boden, üppige Dekorationen, Gruppen von Menschen, die zusammen lachen, bei fortgeschrittener Uhrzeit auch ausgelassen auf den Bänken stehen, sich in den Gängen drängen und als eine dichte Wand aus Leibern den Blick verstellen. All dies fordert Aufmerksamkeit und verleitet zum Innehalten. Neuankömmlinge orientieren sich, spähen nach den reservierten, seltener nach freien Plätzen und entscheiden vielleicht, dass sie doch nicht bleiben wollen. Nach welchen Kriterien sich Besucher für den Verbleib entschließen oder generell ein Zelt auswählen, ist nicht erforscht. Das Musikprogramm, das rein subjektive Gefallen des Ambientes und – bei einer spontanen Einkehr – welche anderen Gäste in welcher Anzahl und Stimmung anwesend sind, scheinen allerdings die Entscheidung zu beeinflussen.[376]

---

375 Während eines Samstagabends konzentrierte ich mich auf das Eintreten. Mehr als die Hälfte aller Besucher kam damals nach dem Eintritt ins Stocken, um erst nach dem Umschauen vollends ins Mittelschiff einzutreten. Vgl. *16. Feldbericht, Sa., 13.05.2000 vom Stuttgarter Frühlingsfest.*

376 Auf meine Frage, wie Besucher ein Zelt auswählen, erhielt ich folgende Antwort: „Das ist zuerst das Bier, dann das Essen und dann die Musik, wenn alle offen sind und noch Plätze frei sind. Natürlich spielt auch das Flair des Zeltes eine Rolle" (Interview mit Bedienung M am Do., 24.03.2011).

Tritt der Besucher ein und bleibt da, bedeutet das jedoch nicht, dass er bereits (im dortigen Geschehen) „drin" ist. Vielmehr erlebte ich die ersten Schritte im Zelt wie ein Zaungast. Die Sitzplätze stehen nämlich hinter Holzbrüstungen. Somit stürmt die Atmosphäre ungehindert auf einen ein, während man noch baulich-räumlich von den bereits Anwesenden getrennt ist. Doch schon der erste Nebengang führt mitten in die Bankreihen. Anders verhält es sich mit den Logen, Stuben oder VIP-Bereichen. Balustraden und „verdeckte" Zugänge, die teilweise nur von Seitengängen her erreichbar sind, setzen die leicht erhöhten Nischen deutlich ab. Der Weg zur Seite, die Stufe oder gleich eine ganze Treppe hoch auf die Empore kann als zweiter Eintritt, als eine „Vervielfältigung der [Eintritts-]Schwelle", gewertet werden.[377] Der Gast verlässt hier den allgemeinen Zeltbereich und begibt sich im Falle der VIP-Logen in eine Zone, deren Zugänglichkeit restriktiv und letztlich sozial exklusiv ist.

Der Sitzplatz

„… der wirklich allerschönste Platz"
aus dem Lied: *Der schönste Platz ist immer an der Theke*

Nach seinem Eintritt kann ein Besucher nur im *Idealfall* frei auswählen, auf welcher Bank er sitzt: ob unmittelbar vor der Bühne oder näher an einem der Kopfenden, ob am Gang oder mitten auf einer Bank, ob unter Leuten oder eher vereinzelt. Im Idealfall bietet ein solcher Platz genügend Raum, um bequem und locker zu sitzen. Dieser Idealfall tritt jedoch nur ein, wenn ein Zelt leer und komplett reservierungsfrei ist – abends also nie. Denn erstens ist das Sitzen dann beengt, und zweitens füllt sich ein Zelt nicht gleichmäßig, sondern je nach Standort der Bühne von vorne nach hinten oder von der Mitte nach außen. Obendrein sind bestimmte Bereiche zuerst überbucht (nämlich die exklusivsten Logen vor den offeneren Bereichen).

In den Stuttgarter Zelten wird auf Bierbänken gesessen, die sich in langen Reihen durch das Mittelschiff ziehen. Zur festgeschraubten Bierbank gehört ein ebensolcher Tisch, die beide 2,20 Meter lang sind. Meist stehen zwei bis drei Garnituren (ein Tisch mit je einer Bank links und rechts) aneinandergerückt.[378] Die Bierbänke haben in den Mittelschiffen und in den offeneren Seitenbereichen weder Polsterung noch Rückenlehnen. Da die Bänke (27 cm tief) in relativ geringem Abstand zur nächsten Garnitur gestellt sind, ergibt sich oft ein „Hocken",

---

377 Schütte 1997, S. 165.
378 Vgl. Dering/Eymold 2010, S. 218-220. Dieses Sitzarrangement begann, sich vor rund fünfzig Jahren durchzusetzen. In München wurden Stühle verdrängt. In Stuttgart wurden geschlagene Bänke und Tische abgelöst. Nicht untersucht ist bislang, welchen Einfluss das Mobiliar auf das Feiern hat.

bei dem „Hintern" oder „Rücken" aneinanderzustoßen drohen.[379] Dazu kommt bei voller Zeltbelegung ein fast zwangsläufiges „Schenkel an Schenkel", da als Bankbesetzung bis zu fünf Personen gerechnet werden; das heißt, pro Person stehen dann rechnerisch 44 cm in der Breite zur Verfügung. Ein möglicher Platzmangel wird verschärft, da auf den Bänken, den Tischen oder drunter im Gestänge oft noch Jacken und Taschen verstaut werden.

„Wir [zu diesem Zeitpunkt bereits zehn Personen an einem Tisch] stehen dicht gedrängt auf der Bank. Die Freunde (zwei Jungs und ein Mädchen) der Schwedinnen haben sich auch noch zu uns an den Tisch gedrängt [also 13]. Die Enge lässt sich nur noch im Stehen ertragen" (01. Feldbericht, Sa., 24.04.1999 vom Stuttgarter Frühlingsfest).

Zweitens erfreuen sich nicht alle Sitzplätze der gleichen Attraktivität. Im Gegensatz zu einem Restaurant platzieren sich die Besucher nicht möglichst weit voneinander entfernt,[380] sondern in lockerem, gehäuften Verbund suchen sich (oder reservieren) die Menschen zunächst eher Plätze im zentralen Mittelschiff. Die ruhigeren Randbereiche gehören dort zu den weniger begehrten Plätzen. Ursächlich für jene Clusterbildung ist zunächst, dass eine private Unterhaltung (wie oft in einem Restaurant) nicht die Absicht eines Festzeltbesuchs ist. Vielmehr haben die Menschen im Festzelt vor, in aller Offenheit mit vielen anderen gesellig zu sein und sich zu vergnügen.[381] Infolgedessen bleiben die Besuchergruppen näher beieinander. Außerdem lässt jene Vergnügungsabsicht die Mitte und den Bereich unmittelbar vor der Bühne zuerst anfüllen. Hier, in greifbarer Nähe zu den Musikanten, setzen sich die Besucher hin, die exzessiv feiern wollen. Die geringe Distanz verspricht ein intensives Erlebnis – eine enge emotionale Eingebundenheit in das Geschehen,[382] wohingegen nachmittags sich beispielsweise Familien mit Kindern weiter hinten niederlassen. Dort ist es ruhiger, dort kann man sich unterhalten, erlebt aber dennoch die Zeltatmosphäre. Nur eben nicht so laut und exponiert. Die Bühne ist nämlich der Blickfang. Wer sich direkt davor aufhält, nimmt in Kauf oder plant letztlich gesehen zu werden.

---

379 In München auf dem Oktoberfest stehen die Bänke *ohne* Zwischenraum nebeneinander! Dort drohen die Rücken nicht nur aneinanderzustoßen, dort hat man den *direkten* Kontakt: links, rechts und hinten.

380 Vgl. Lacrosse 1978, S. 380.

381 Vgl. *Interview mit Wirt A am Fr., 02.07.1999: „Aber es ist eben einfach ein wesentlicher Teil der Faszination Volksfest und Festzelt [...], dass eben auch viele andere da sind. [...] wenn sie irgendwo reinschauen und da ist ‚tote Hose', da gehen sie nicht hin, da laufen sie weiter. Sie gehen dahin, wo schon andere sind. (Ich einwerfend: Ja.) Deshalb schmeckt das Bier nicht frischer und der Gockel nicht besser. Im Gegenteil, sie müssen wahrscheinlich eher noch länger darauf warten, wenns voll ist. Aber Menschen gehen immer dahin, wo andere Menschen sind."*

382 Vgl. *Interview mit Bedienung M am Do., 24.03.2011*; vgl. zur räumlichen Trennung von „Vorn & Hinten" [sic] auch Grabowski 1999, S. 107f.

Da die Gruppe eine einmal auserkorene Bank in der Regel beibehält, erfolgt die Reservierung oder die spontane Tischwahl (insofern eine Auswahl besteht) mit Bedacht, wie sich beobachten lässt. Selbiges gilt für den langen Tisch, wo es keinen herausgehobenen Platz am Tafelende für statushöhere oder feierlustige Gruppenmitglieder gibt. Vielmehr tendieren jene dazu, nicht am Rand, sondern eher beieinander und meist mittig am Tisch zu sitzen. Wahrscheinlich weil, so meine Überlegungen im Feldbericht, *„keiner einen Langweiler oder eine Langweilerin neben sich haben [will]. [Das] wäre dann nämlich still, verwaist – eine erst zu überwindende Ruhezone – und folglich tödlich für eine rege [Runde].*"[383] Obendrein ist anzunehmen, dass feierlustige Ranghöhere ihre Position geltend machen können und sich daher nicht ans Bankende setzen (müssen), wo es zu Beginn des Abends kein enges Ein-, sondern nur ein Angebundensein gibt. In gemischtgeschlechtlichen Gruppen scheinen Frauen nicht häufiger außen zu sitzen als Männer, wie meine diesbezüglich kursorischen Beobachtungen ergaben. Über den Abend hinweg allerdings verändern sich die ursprünglichen Sitzanordnungen und stehen zunehmend zur Disposition: Es wird auf die andere Seite geklettert, aufgerückt, umgesessen. Letztlich werden auch Fremde am Tisch aufgenommen.

Das Platzfinden, das Füllen und Verdichten verläuft über den ganzen Tag hinweg, da immer wieder Menschen kommen und gehen. In Abhängigkeit von der Uhrzeit, dem Wochentag und dem Wetter erfolgt dieser Prozess verschieden schnell und resultiert in unterschiedlichem Gedränge. Schönes Wetter verleitet die Menschen länger auf dem Rummelplatz zu verweilen, wohingegen ein Unwetter Scharen ins schützende Zelt treiben kann. Während ein Zelt an den starken Wochenendtagen schon vor 16.00 Uhr bis in die hinterste Ecke komplett gefüllt sein kann, bleiben sonntags selbst zur nächtlichen Hauptbesuchszeit manche Bereiche dünner besetzt. Generell lassen sich jedoch drei Abschnitte im Besucherzustrom und parallel dazu im Sitzplatzverhalten erkennen: das *„Mittagsgeschäft"*, das *„Nachmittagsloch"* und schließlich der nach Spiegel „typische" Zustand, der abends und nachts dort herrscht.[384]

Vormittags kommen Zeltgäste, die den Mittagstisch und leichte Unterhaltung wollen. Doch schon jetzt finden sich vor der Bühne jene, die eher ausgelassen feiern. Wie die Webcam-Beobachtungen zeigen, stehen bereits am frühen Nachmittag vorne Besuchergruppen singend auf den Bänken, während andere Gäste weiter hinten noch sitzen und essen. Sind es unter der Woche häufig junge Menschen (Schüler, Studenten), die in der flauen Besuchszeit um 14.00 oder 15.00 Uhr *direkt* vor der Bühne feiern, vergnügen sich am Wochenende auch werktätige Besucher in diesem zentralen Bereich. Ist das Zelt dann gut gefüllt, weitet sich die festive Lockerheit selbst nachmittags bis in die hinteren Reihen aus. Doch

---

383 *01. Feldbericht, Sa., 24.04.1999 vom Stuttgarter Frühlingsfest.*
384 Siehe Spiegel 1982, S. 188; und vgl. auch *Interview mit Bedienung M am Do., 24.03.2011.*

das Verhalten ist uneinheitlich: essen, sitzen, singen, auf den Bänken tanzen, sich unterhalten, schauen, trinken, zuprosten – alles findet parallel statt. Um ungefähr 16.30 Uhr findet der Umbau statt. Die Vormittagskapelle ist mit ihrem Programm fertig. Die Musik kommt von der „Konserve", bis die Abendunterhaltung beginnt. Die Türen stehen weit offen. Jetzt herrscht ein Kommen und Gehen. Besucher mit Reservierungen treffen ein, Gäste ohne Buchungen räumen die Tische (meistens friedlich, wenn nicht, hilft der Sicherheitsdienst nach). Die eigentliche – abendliche – Feiergemeinschaft trifft ein. Familien mit Kindern verlassen die Zelte. Jetzt beginnen die Menschen auf den Bänken zusammenzurutschen. Jetzt verdichtet sich das Sitzen. Besonders am Wochenende wird es eng. Der eigene Körperraum verliert an Bedeutung. Anstandsabstände verschwinden. Bekannte rücken notgedrungen auf „Tuchfühlung" mit Unbekannten. Nachzügler drängen, steigen und klettern über andere zu ihrer Gruppe auf die Bank.

In den exklusiven Boxen oder selektiven Brauereischenken mit eigener Garderobe, wo Sitzbänke Rückenlehnen und Polster haben, ist kein solches Gedränge. Hier haben Besucher mit Armband Zutritt. Ohne Reservierung kommt man nicht in diese Bereiche, es hilft auch nicht, „früh" zu kommen. Diese Zone füllt sich gleichmäßig. Sie wird von Anfang an maximal genutzt, da es keine Bühne als zentralen Anker gibt. In der Regel sitzen Bekannte zusammen, da ganze Tische gebucht werden müssen. Nur bei kompletten Sonderbelegungen oder Brauereiabenden kann es sein, dass es zu einer Vermischung kommt. Dann gibt es auch hier ein „Drüberklettern", Auf- und Einrücken wie im Mittelschiff.

Gemeinsam ist allen Publikumsbereichen, dass sie gewisse Ähnlichkeiten mit einer „offenen Region" haben, in der – wie Lacrosse schreibt – „die Kontaktaufnahme mit einer nicht bekannten Person erlaubt ist."[385] Eine solche sozial und normativ-explizit ungeregelte Zone gestattet Blickkontakte oder dass fremde Anwesende direkt angesprochen werden können. Obendrein kann jeder ein gegenseitiges Vorstellen initiieren. Übliche hierarchisierende Verhaltensnormen, die in Begrüßungssitten oder bei Gesprächsaufnahmen bedacht werden, sind im Zelt aufgehoben. Es gilt stattdessen die „implizite Norm" der Offenheit. Grabowski verweist in seinem Feldtagebuch auf jene „ungeschriebene Verhaltensordnung, die man gleich beim Eintritt in ein Bierzelt sofort internalisieren muss".[386] Dieses gegenseitige Zulachen, Zunicken und die einhergehende Unverbindlichkeit, über die sich die Beteiligten im Moment der Gesprächsaufnahme im Klaren sind, erleichtert nicht nur die Geselligkeit – die gegenseitige Unterhaltung (im wörtlichen wie im übertragenen Sinne) –, sondern außerdem, dass fremde Personen ohne Unbehagen eng zusammen an einem Tisch sitzen können. Das hilft beim Konstituieren einer Tischgemeinschaft, da sich die Besucher nicht nur im sächlichen, sondern auch im sozialen Raum bewegen. Anti-Struktur im Turnerschen

---

385 Lacrosse 1978, S. 380; vgl. ebd. auch das Folgende.
386 Grabowski 1999, S. 102.

Sinne beginnt aufzublitzen. Der Alltag ist verlassen, der Schritt in die Liminalität steht bevor.

„Neben uns setzt sich – natürlich erst nachdem wir gefragt wurden, ob die Plätze frei sind, ein Paar in den sogenannten besten Jahren. [...] Beide sind gepflegt und tragen modische Freizeitkleidung. Sie bestellen sich jeder ein Bier, er eine Haxe und sie ein halbes Göckele und richten sich ein, soll heißen: Er zieht seine blaue Jacke aus und legt diese über die Bank. Sie auf der gegenüberliegenden Seite macht das gleiche. Beide nicken uns zu. Wir stoßen gleich mit ihnen an" (24. Feldbericht, Mi., 04.10.2000 vom Cannstatter Volksfest).

5.2 Die Aufwärmphase

Kaum hat sich ein Besucher mit anderen hingesetzt, eingerichtet und umgeschaut, könnte es eigentlich losgehen mit dem Feiern. „Eigentlich", weil sich die wenigsten Menschen sofort nach dem Eintreffen wild vergnügen. Die allermeisten sind zunächst gesellig. Das heißt, man unterhält sich und lässt sich unterhalten. Nach Utz Jeggle entspricht Geselligkeit, verstanden als das „spezifische Wesen eines Gruppenkontakts", dem Versuch, den Raum zwischen privatem und öffentlichem Leben spielerisch zu füllen.[387] David Riesman, Robert J. Potter und Jeanne Watson beschreiben Geselligkeit als kollektiven Prozess, „bringing forth a product which is partly verbal, partly choreographic or stylized and ritualized action – a product for which the producers are also the consumers, the performers also the audience."[388] Im Festzelt steht eben jenes leichte, wechselseitige Verhalten am Anfang der Liminalität. Gefördert wird dies mit einer ganzen Sequenz von Handlungen, die auch helfen, sich auf das Betwixt-and-Between einzulassen. Denn nach Turner gelangen die Teilnehmer weder einfach in die liminale Phase, noch besteht sie, wenn einmal erreicht, ohne beständiges Zutun weiter. Vielmehr benötigt der Schwellenzustand fortwährende Handlungen, mittels derer sich „sacred play-space and time for anti-structure" kreieren lassen.[389] Dies geschieht in der Aufwärmphase, in der die Liminalität allenthalben aufblitzt und letztlich zum Durchbruch gelangt.

In den exklusiven Logen erlebte ich das Zusammensein allerdings in anderer Ausprägung. Während im Mittelschiff fröhlich gegrölt und getanzt wurde, blieben

---

387 Utz Jeggle: Bemerkungen zur deutschen Geselligkeit. In: François Étienne (Hg.): Sociabilité et société en France, en Allemagne et en Suisse. 1750-1850, ed. Recherche sur les Civilisations. Paris 1986, S. 223-234, hier S. 223, 233.

388 David Riesman/Robert J. Potter/Jeanne Watson: Sociability, Permissiveness, and Equality. In: David Riesman (Hg.): Abundance for What? And other Essays. New York 1964, S. 196-225, hier S. 197.

389 Turner 1986, S. 133.

im VIP-Bereich alle sitzen. Kein *Prosit der Gemütlichkeit* wurde angestimmt. Wir führten stattdessen eine angeregte Unterhaltung. Das Stimmung-Machen, jenes planmäßige „Anheizen" und Intensivieren der Involviertheit (emotional, vokal und kinetisch), drang nur gedämpft vom Mittelschiff in die Brauereistube. Mir war, als gäbe es zwei Welten im Festzelt.[390] Denn die Holzumbauten, die Einblicke verhinderten, erschwerten ebenso den Ausblick auf die Bühne und trennten den VIP-Bereich atmosphärisch ab. Schließlich ist wahrscheinlich, dass die damals anwesende Prominenz aus Politik und Wirtschaft weniger bereit war, unseriös zu werden (oder gar zu wirken), sich gehen zu lassen und aus den Rollenerwartungen zu lösen. Ausgelassenes Feiern von populären „Stars" aus dem Showgeschäft hingegen, über das die Medien berichten – das ich aber bei keinem Feldbesuch beobachten konnte –, gehört wohl eher zu deren (PR-)Alltag, da es die gewünschte öffentlichkeitswirksame Schlagzeile einbringen kann.[391]

Das einzige von mir observierte Ereignis, das als ein Brechen der gewöhnlichen Umgangsformen erachtet werden könnte, mag das unbeabsichtigte Zusammentreffen und nivellierende Interagieren von Eliten und Besuchern aus anderen sozialen Schichten sein. So bemerkte ich im VIP-Bereich, wie festgefügte Hierarchien zumindest aufweichen:

„S hat sich in der Zwischenzeit mit den Senioren prächtig unterhalten. Dabei ging der Impuls von ihm aus. Sehr höflich und galant hat er die ergrauten, Dirndl tragenden Damen mit einem charmanten Grinsen angesprochen. Den Herren prostet er stets zu. Das Gespräch dreht sich um das Feiern und wie schön es wäre, dass alt und jung so zusammensitzen" (23. Feldbericht, Sa., 30.09.2000 vom Cannstatter Volksfest).

Die beschriebene Runde bestand nicht nur aus verschiedenen Altersgruppen, sondern umfasste obendrein Personen mit ungleichem sozioökonomischen Status. S, ein Bühnenarbeiter, war – ohne es zu wissen – von sich aus gesellig mit dem Namensgeber und Miteigner eines bekannten Stuttgarter Unternehmens und dessen Freundeskreis. Die Senioren hießen das Gespräch willkommen und verabschiedeten sich herzlich, als S zum Rummelplatz aufbrach. Stunden später, nachdem wir wieder in den VIP-Bereich zurückkehrten und der Gewährsmann

---

390 Der Unterschied der Stimmungslagen von Mittelschiff und VIP-Bereich geht aus den entsprechenden Feldberichten (Nr. 22 und 23) und auch aus den dort gemachten Bandmitschnitten vom 29.09.2000 hervor. Vgl. u.a. *22. Feldbericht, Fr., 29.09.2000 vom Cannstatter Volksfest: „Bis ich um 23.00 Uhr nach Hause ging, [hatte] ich kein Singen und Tanzen, kein lautes Mitklatschen oder gar ein ‚Auf-die-Bänke-Steigen' dort erlebt. Während im Mittelschiff die Stimmung brodelte und die Menschen johlten [...], blieb [im Brauereibereich] die gute Stimmung kontrolliert und gezügelt. Das Ganze war ein gleichzeitiges Nebeneinander von Festzelt pur und einer Gastwirtschaft, die sich dorthin unter die schützenden Zeltplanen verirrt hatte."*
391 Vgl. Oktoberfest-Live: Mittendrin. Promis. Der Almauftrieb in Käfer's Wiesnschänke (vom 21.09.2009), auf: http://www.oktoberfest-live.de/nachrichten/prominente/2009/almauftrieb-kaefers-wiesn-schaenke-wiesn-472909.html [08.03.2015].

uns nicht begleitete, wurden wir allerdings von anderen Anwesenden abweisend behandelt. Freie Plätze wurden uns versagt, oder wir wurden unverhohlen übersehen. Die soziale Rangfolge war wieder zurechtgerückt.

„[...] jeder sieht uns an, dass wir da nicht dazugehören. Unsere Kleidung ist nicht schick genug, hat keine Markennamen [...] Alle sind wichtig und spielen sich auch so auf. Ich fühle mich unwichtig. Was für ein Kontrast: Im Mittelschiff gibt es soziale Nivellierung, und Klassenunterschiede werden im Alkohol ersäuft, weggeschunkelt und im Chor niedergebrüllt. Hier im VIP-Bereich [...] bleiben alle Unterschiede erhalten und Distanzen gewahrt. Und wir spielen nicht in der sozialen Liga derer, die um uns herum sitzen. Das haben die uns angesehen. Selbst die Bedienungen kommen nur zögerlich. Und eine ‚vergisst‘ selbst bei mehrmaligem Nachbestellen [die Order]. G und S sind die einzigen, die rauchen. Schon gibt es einen bösen Blick" (23. Feldbericht, Sa., 30.09.2000 vom Cannstatter Volksfest).

Der anti-strukturelle Ordnungsfreiraum, wie er parallel im Mittelschiff geschaffen wurde, manifestierte sich im Herbst 2000 nicht in den abgeschirmten VIP-Logen. Zwei Besuche erscheinen mir allerdings unzureichend, um Verallgemeinerungen zu wagen. Meine weiteren Ausführungen beschränken sich daher auf die Vorkommnisse im Mittelschiff und in den offeneren Seitennischen. Dort konnte ich teilnehmend übermütiges Feiern beobachten, nachdem die Besucher „angeheizt" oder „hochgekocht" worden waren.

Dieses „Aufwärmen" findet zwischen 17.00 und 19.30/20.00 Uhr statt. Die gesamte Phase umfasst zwei, drei Musikrunden und Pausen für die Band. In dieser Zeit lassen sich fünf Einheiten erkennen – die erste Bestellung, das erste Zuprosten, das Essen, das animierte Zutrinken und schließlich das Stimmung-Machen –, die die Besucher meist in dieser Reihenfolge durchlaufen. Einzelne Schritte können aber auch übersprungen oder durcheinander gewürfelt werden. Außerdem überlappen sich die Sequenzen, da nicht alle Gäste im Festzelt simultan eintreffen und sich von Anfang an synchron verhalten. So kommt es in diesem Zeitraum vor, dass die einen gemeinsam zu Abend essen, während direkt daneben welche mit wedelnden Armen auf der Bank tanzen. Der Anschaulichkeit halber beschreibe ich die fünf Sequenzen, als ob die Anwesenden sie nacheinander vornehmen und die überschäumende Feierlaune erst gegen Ende dieses Abschnitts erreichen. Der gesamte Ablauf wird maßgeblich durch die Musik gesteuert, da die Betreiber in diesem Zeitfenster Essen verkaufen wollen.[392]

„In der ersten Phase kommen die Leute – also so zwischen 16.00 und 18.00 Uhr. [...] Sie suchen sich einen Platz und tun als Erstes was essen.

---

392 Vgl. *Interview mit Bedienung M am Do., 24.03.2011* und *Interview mit Wirt C am Do., 23.09.1999.*

Das heißt, man sitzt, hat ein Göckele, tut was essen und trinkt die erste Maß. Das dauert so eine bis 1 1/2 Stunden. Erst danach kommt die Feierlaune. In der Zeit davor soll es unterhaltend sein, spaßig ja, aber nicht zu brachial. Denn, wenn die Menschen auf den Bänken stehen, dann essen die Leute nicht mehr. Das dauert keine feste Zeit. Aber man soll eben nicht um fünf oder sechs Uhr schon das Publikum so hochkochen, dass die Küche vernachlässigt wird. Wir spielen dann Abba in dieser Phase oder eher volkstümlichere Sachen. Das können auch in der Sitzphase eventuell Schunkellieder sein oder der Anton. *Wir nennen das: ‚Lederhosenmusik'. Das unterhält die Leute, der eine oder andere steht schon auf der Bank, aber eben nicht so powermäßig, dass sich jemand gestört fühlt. Dann kommt die Aufwärmphase zwischen sechs und sieben Uhr. Das ist abhängig je nach Wochentag und nach Wetter. Also wenn das Wetter schön ist, dann bleiben die Leute einfach länger auf dem Platz. In dieser Aufheizphase spielen wir die typischen Partytitel wie* YMCA, (Hölle)Wahnsinn *oder* Amarillo, *aber auch Rock 'n Roll [...]. Da stehen die Leute dann auf der Bank, haben auch schon das erste oder zweite Bier konsumiert. Die Anheizphase macht die Leute warm für den Abend"* (Interview mit Musiker am Di., 05.04.2011).

Aus den Ausführungen des Volksfestmusikers geht hervor, dass die Länge des „Anheizens" von Abend zu Abend variiert. Mal dauert es Stunden, bis alle von der ausgelassenen Festzeltstimmung angesteckt sind. Mal verbreitet sie sich wie ein Lauffeuer, wenn „alle" schon lange vor 18.00 Uhr auf den Bänken stehen. Zum einen beeinflusst der Füllgrad, wann der Funke überspringt. Zum anderen liegt es an den unterschiedlichen Persönlichkeiten der Zeltbesucher, wann jeder für sich genug „in Stimmung" ist, um auf eine Sitzbank zu steigen. Dieses deutet meine Umfrage an: 16,3 Prozent aller Befragten steigen nach eigenen Angaben schon bei den ersten Tönen auf die Bank, während 16,3 Prozent damit warten, bis fast „alle anderen" oben sind. Unabhängig davon jedoch sind sich die allermeisten (84,6 Prozent) einig, dass im Zelt „gute Stimmung" herrscht. Ähnlich stark bejahten 79,1 Prozent, dass Bier und Göckele im Festzelt dazugehören.[393] Und in der Tat, alle drei – Bier, Hühnchen und „gute Stimmung" – gibt es im Festzelt. Die ersten beiden Dinge lassen sich bei der Bedienung bestellen. Das Letztere entsteht nicht von alleine, aber oft per Zuruf, wie ich bei meinen Feldbesuchen erlebte und im Folgenden entlang der fünfteiligen Handlungssequenz nachzeichne.

---

393 Alle Ergebnisse siehe Anhang 10.4. Noch positiver wurde die Aussage bewertet, dass im Festzelt die Atmosphäre locker und ungezwungen sei. 86,1 Prozent kreuzten an „trifft meistens zu" oder „trifft voll zu".

Die erste Bestellung

„Bringen s' mal drei Bier",
aus dem Lied: *Kreuzberger Nächte sind lang*

Kaum bedacht in den Feldberichten, verlief die erste Bestellung meist in gewohnten Bahnen. Zu dieser Auftaktinteraktion gehört neben dem üblichen Bestellvorgang auch die Begrüßung und die Namensschildchen am Revers, die helfen, einen persönlichen Kontakt zwischen Gast und Service herzustellen (und so zum Geben von Trinkgeld zu animieren).[394] All dies soll(te) zum Wohlfühlen beitragen. Die Bedienung M:

> *„Da muss man sich in die Rolle des Gastes versetzten. Für mich beginnt es, dass ich Pärchen begrüße. Ich helfe der Frau aus dem Mantel. Ich halte meine Tische sauber, mache einen leichten Witz. So kann der Gast einfach vom Alltag umschalten und sich in eine entspannende Situation versetzen; er kann wegwischen, was vor und draußen vor dem Zelt war – (schmunzelnd) dann schmeckt auch weniger gutes Essen. Anders bei einer schlechten Begrüßung, wenn dann auch noch das Essen vorgeknallt wird, das Besteck auf den Tisch geworfen wird. [...] Ein Gast fühlt sich wohl, wenn Sauberkeit erkennbar ist. Die Musik und das Flair stimm[en]" (Interview mit Bedienung M am Do., 24.03.2011).*

Angesichts der begrenzten Garderobensituation im Mittelschiff mag dort eine solche umfassende Fürsorge eher nicht vorkommen. Allerdings ist das Bemühen um einen sauberen Servicebereich weder ein Einzelfall noch das Erzählen von Kalauern. Denn aufgeräumte, abgewischte Tische und Bänke laden zum Hinsetzen ein, und ein freundliches Augenzwinkern oder ein kleiner Scherz beflügeln gleich zu Beginn das emotionale Vergnügen der Besucher. Wenn mehrere Gäste gleichzeitig lachen, stärkt das deren Gemeinschaftsempfinden. Darüber hinaus kann Gelächter fördern, dass aktiv Hemmungen abgebaut werden.[395] Amüsiert distanzieren sich die Anwesenden vom „Ernst des Lebens" und lösen sich aus ihren alltäglichen Bezügen.

Doch manchmal verläuft die erste Bestellung nicht reibungslos. Sie lässt (zu) lange auf sich warten, wenn zu viele Besucher gleichzeitig ins Zelt strömen und Service sowie Ausschank mit dem Andrang nicht Schritt halten können. Dann zeigt sich, warum die erste Bestellung eine eigene, wenn auch kleine Einheit in der Aufwärmphase ist:

---

394 So der Hinweis in *Fokussiertes Gespräch mit Bedienung W am Do., 29.04.1999.*
395 Vgl. Carl Pietzcker: Sigmund Freud. Der Witz und seine Beziehung zum Unbewussten. In: Wolfram Mauser (Hg.): Lachen. Würzburg 2006, S. 19-28, hier S. 21, 24f.; auch Sigmund Freud: Der Witz und seine Beziehung zum Unbewussten. Leipzig/Wien 1905, S. 110; oder Bakhtin 1968, S. 8.

„XYZ und ich warten eine weitere kleine Ewigkeit. Dabei ist das Warten an sich nicht so schlimm, viel schlimmer ist die Untätigkeit, zu der wir beim Anstoßen angesichts der fehlenden Krüge verdonnert sind" (23. Feldbericht, Sa., 30.09.2000 vom Cannstatter Volksfest).

Statt mit vergnüglichen Handlungen verbringt ein Besucher die Zeit mit aufmerksamem Warten, um den zuständigen Kellner nicht zu verpassen. Der Tisch vor einem bleibt leer. Eine „Hilfsbeschäftigung zugunsten einer sozialen Gelegenheit", die das Anstoßen, Trinken und Essen „vor allem [für] Erstankömmlinge" sein können, ist nicht zur Hand. Mögliche Beklemmungen lassen sich aufgrund der fehlenden „materiellen Mittel" nicht glätten, ohne die – wie Lacrosse weiter ausführt[396] – niemals Geselligkeit existiert. Erst mit dem Eintreffen der ersten Bestellung kann es losgehen.

Das erste Zuprosten

> „Jetzt gehts los!",
> ein typischer Festzeltchant

Die Getränke kommen rasch, insofern es sich um Volksfestbier handelt. Denn bei anderen Getränken – wie Sonderbieren (Weizen, Dunkles, Alkoholfreies, Radler), Erfrischungsgetränken, Wein, Schnäpsen, Sekt, Mineralwasser oder Kaffee – dauert es oft länger, bis die Order eintrifft. Lange Wege, unterschiedliche, oft kleinere Glasformen (Erfrischungsgetränke werden beispielsweise in 1/2-Liter-Glaskrügen abgefüllt) und zu wenig Schankpersonal in Relation zur Getränkevielfalt verlangsamen den Service. Ein Bierzelt ist auf massenhaftes Biertrinken eingerichtet. Bier macht den Löwenanteil der verkauften Getränke aus: Über eine Million Maß konsumieren die Besucher während der 17-tägigen Festdauer.[397]

Zur Infrastruktur gehören daher mehrere Zapfanlagen, wo extra Schankkellner einen Krug nach dem anderen mit Volksfestbier füllen, das einen höheren Stammwürz- und Alkoholgehalt als normales Helles hat. Die „besondere Süffigkeit" und der „vollmundige Charakter des Bieres" sollen dabei laut einem Werbetext „zu unbeschwerter Gemütlichkeit mit entsprechenden Gaumenfreuden"[398] einladen. Weizenbier, Radler, alkoholfreies oder dunkles Bier werden preisgleich ebenfalls im dickwandigen Ein-Liter-Glaskrug kredenzt. Der robuste Krug, der

---

396 Lacrosse 1978, S. 380.
397 Vgl. Johannes Koch: Vier Millionen auf dem Wasen. In: Stuttgarter Nachrichten, 13.10.2012, auf: http://www.stuttgarter-nachrichten.de/inhalt.cannstatter-volksfest-vier-millionen-auf-dem-wasen.290a14fb-b2d9-4615-a61c-4ecfce9994d0.html [08.03.2015].
398 Ratebeer: Schwabenbräu Volksfestbier, auf: http://www.ratebeer.com/beer/schwaben-brau-volksfestbier/63014/81218/ [08.03.2015].

leer 1300 Gramm wiegt[399] und zum leichteren Füllen einen hohen Rand hat, ist mit dem jeweiligen Brauereisignet verziert. Er verfügt über einen kräftigen Henkel und rundherum laufende Eindellungen, sogenannte „Augen", die dessen Stabilität erhöhen. Aus Gründen der Wirtschaftlichkeit – günstigerer Anschaffungspreis, optimiertes Reinigen, bessere Sicht beim Einschenken und einfacheres Erkennen für den Service, wann Nachschub fällig ist – löste der Glaskrug den traditionellen Steinkrug ab.[400]

Nicht selten tragen Bedienungen bis zu zehn gefüllte Krüge, gerade wenn zwischen 17.00 und 18.00 Uhr neue Gäste eintreffen. Für die Kellner ist dies eine Arbeitserleichterung trotz des erheblichen Gewichts.[401] Und für eine Tischgruppe bedeuten zehn Maß auf einmal, dass (fast) alle gleichzeitig ihr Bier erhalten. Nach dem Abkassieren kann das erste gemeinsame Anstoßen geschehen:

„Das Bier kommt. Der Kellner bringt zehn Maß auf einmal. Alle lachen über das Gesicht, die Vorfreude ist erkennbar. Es ist ein bisschen wie Weihnachten, alle sind erwartungsvoll. Die Biere werden durchgereicht. Dann wird auf Initiative vom Chef angestoßen und alle trinken. Genussvoll wird der Schaum von den Lippen abgeleckt" (05. Feldbericht, Fr., 06.08.1999 vom Unterländer Volksfest).

Dieses erste kollektive Anstoßen wird von den Besuchern selbst initiiert, sobald die Mitglieder einer Besuchergruppe ein Bier vor sich haben. Als würden die Anwesenden darauf warten, richten sich prüfende Blicke in die Runde, ob alle etwas zum Anstoßen haben und bereit sind. Man schaut sich an. Die Hand fasst an den Henkel oder umschließt den Krug. Der informelle oder formelle Gruppenanführer oder ein mittig sitzendes Mitglied hebt den Krug und beginnt, ihn zur Mitte zu führen. Die anderen verstehen diese Geste als Aufforderung, ihre Gläser einander entgegenzubringen. Folgt die Gruppe nicht gleich, kann ein ermunterndes „Auf-gehts" nachhelfen. Fast synchron werden so die Krüge zur Tischmitte gebracht, treffen aufeinander. Von „krachend" bis „klingend" reicht die Wucht, mit der die darauf ausgelegten Krüge aneinandergestoßen werden. Die Augen der Beteiligten richten sich spätestens jetzt auf die anderen Personen. Ein „Prost", vielleicht ein Zunicken über größere Entfernungen hinweg, damit alle eingeschlossen und per Krug- und/oder Augenkontakt eingebunden sind. Un-

---

399 So Interviewpartner Bedienung M: „Bierzeltbedienungen 01 – Stress". Anhang aus: E-Mail an CB vom 29.03.2011.

400 *Interview mit Wirt C am Do., 23.09.1999.* Ab dem Volksfestjahr 1999 gab es Bier nicht mehr im Steinkrug (abgesehen von einer Sonderaktion). Vgl. Hartl 2010, S. 141. Nach Dering/Eymold 2007, S. 135, begann in München die Ablösung in den 1950er Jahren. Auch Prammer 1987, S. 150.

401 Vgl. Interviewpartner Bedienung M 29.03.2011.

ter Umständen ein Absetzen,[402] bevor der Krug zum Munde geführt wird. Die Gruppe trinkt gleichzeitig ein paar Schluck Bier. Schließlich werden die Krüge abgestellt.

Dieser gesamte Ablauf ist in unserem Kulturkreis so selbstverständlich, dass er zum kulturellen Alltagswissen gehört. Ausführungen, was in welcher Reihenfolge abläuft, sind genauso unnötig wie Erinnerungen, dass angetippt, geschaut oder aufeinander gewartet werden muss. Als unhöflich gilt nämlich, alleine vorab seinen Durst zu löschen und so die antizipierte Einheit der Gruppe zu brechen. *„Wer allein trinkt, säuft,"* lautete daher das Verdikt, das mich eines Abends an einem bunt zusammengewürfelten Tisch von Fremden traf, als ich nicht warten wollte.[403] Schwerwiegender noch – „ein großes Tabu", laut Wolfgang Schivelbusch[404] – ist es, sich dem Anstoßen zu entziehen oder ein angedeutetes Zutrinken nicht zu erwidern. Uneinigkeit besteht in manchen Runden, ob alkoholfreie Erfrischungsgetränke teilnehmen können. *„Doch"*, so sinnierte ich im ersten Feldbericht, *„wer grenzt schon gerne Freunde aus? Mit einer Art großzügigen Geste wird der Saft oder Sprudel in die Bierrunde eingeladen und dann geduldet. "*[405] Denn beim ersten Zuprosten in einer Tischrunde geht es nicht um das Trinken selbst, vielmehr geht es um Gemeinschaft, Begrüßung, einen Auftakt und das gegenseitige Zugestehen, dass das Feiern beginnen kann.

Zunächst bekräftigt eine Tischrunde, die sich schon kennt, mit dem Zuprosten ihre gegenseitige Verbundenheit. „Bekräftigen" ist dabei wörtlich zu verstehen. Denn erstens wiegt ein voller Krug deutlich über zwei Kilogramm,[406] was zweitens einer nachhaltigen Grobmotorik im Tun bedarf. Körperlich – ohne jede feine Zurückhaltung – bringen sich die Anstoßenden ein. Die Gruppe zentriert sich um die klirrenden Gläser und wendet sich vom restlichen Zelt ab. Das synchrone Handeln bringt Sammlung und direkten physischen Kontakt. Für die Anstoßenden gibt es nur Beteiligte. Gemäß dem wissenschaftlichen Diskurs über die deutsche

---

402 Je nach Gruppengepflogenheiten gehört dieses Absetzen dazu. Vgl. Matthias Kolb: Anstoßen, absetzen, austrinken. In: Berliner Zeitung, 18.08.2005, auf: http://www.berliner-zeitung.de/archiv/ein-seltsamer-brauch-der-bayern-harrt-der-erklaerung-anstossen—absetzen—austrinken,10810590,10311386.html [08.03.2015].

403 *06. Feldbericht, Sa., 25.09.1999 vom Oktoberfest München.*

404 Wolfgang Schivelbusch: Das Paradies, der Geschmack und die Vernunft. Eine Geschichte der Genussmittel. Frankfurt a.M. 1995, S. 181.

405 *01. Feldbericht, Sa., 24.04.1999 vom Stuttgarter Frühlingsfest.* Von verständlicher „oft zu beobachtender Skepsis Nicht-Biertrinkern gegenüber" schreibt Veiz 2009, S. 250, „wenn man sich klar macht", dass das Ziel die „Verbrüderung" und „Verschmelzung' mit der Masse" sei.

406 Ein bis zum Eichstrich gefüllter Krug bringt es auf über 2,2 Kilogramm. Doch Klagen über das schlechte Einschenken gehören (besonders in München) zum öffentlichen Diskurs. Vgl. Dering/Eymold 2010, S. 208.

Trinkkultur klingen hierbei Versatzstücke von germanischen Trinkritualen bis hin zu mittelalterlichen Zechgelagen an.[407]
Sitzen gänzlich Unbekannte in Reichweite voneinander oder ist die eigene Gruppe kleiner, werden häufig die Nachbarn in das erste Zuprosten miteinbezogen. In diesen Fällen signalisiert das Zutrinken den Fremden ein freundliches Wohlwollen und die guten Absichten.[408] Das vereinte Handeln hilft dabei nicht nur, mit den Umsitzenden unverbindlich Kontakt aufzunehmen und deren Anwesenheit anzuerkennen, sondern es hilft auch, den Grundstein für die gesellige Feiergemeinschaft zu legen. Nachzügler werden derart ebenfalls willkommen geheißen und integriert. Eine denkbare Abgeschlossenheit einer bestehenden Gruppe kann sich somit in eine offene Situation verwandeln, die zu unbeschwerter Geselligkeit einlädt. Kurzerhand werden Vornamen ausgetauscht. Das im Festzelt häufig gebrauchte „Du" unter Fremden lockert auf, erleichtert ein unverbindliches Plaudern und im Anschluss das gemeinsame Feiern.
Das erste Anstoßen setzt folglich eine Zäsur, mit der die Lösung aus den alltagsweltlichen Bezügen spätestens jetzt besiegelt wird. Am Tisch beginnt das (Be-) Trinken gemeinsam. Zumal dem ersten Anstoßen weitere Runden folgen, *„sobald jemand am Tisch auffordernd den Krug anhebt und in die Mitte streckt."*[409] Wie Untersuchungen über Trinkgewohnheiten in Kneipen herausfanden, hat das sogenannte „Niveautrinken" im Zutrinken seinen Ausgangspunkt. In diesem Prozess neigen in erster Linie männliche Gruppenmitglieder dazu, ihre Gläser ungefähr gleich schnell zu leeren und sich parallel zu alkoholisieren.[410] Obendrein nimmt der formelhaft ritualisierte Auftakt dem Trinken jede Beliebigkeit und unterstreicht das Besondere des Momentes, in dem die Teilnehmer per Anfangsklirren dem vergnüglich-geselligen Verlauf des weiteren Abends zustimmen. Die Runde schließt nonverbal einen auf Gegenseitigkeit angelegten Pakt, der das kollek-

407 Zum Klischee vgl. Hermann Bausinger: Typisch deutsch. Wie deutsch sind die Deutschen? München 2000, S. 43. Dass Bier „in unserer Kultur als Bedeutungsträger aufgeladen" wurde, schreibt Thomas Schwerdtfeger: Das Bierglas. Zwischen Gebrauchswert und Fetisch. In: Wolfgang Ruppert (Hg.): Chiffren des Alltags. Erkundungen zur Geschichte der industriellen Massenkultur. Marburg 1993, S. 105-124, hier S. 107. Zum Mantra der germanischen oder mittelalterlichen Verweise vgl. Franz Dröge/Thomas Krämer-Badoni: Die Kneipe. Zur Soziologie einer Kulturform oder „Zwei Halbe auf mich!" Frankfurt a.M. 1987, S. 196-199; Hasso Spode: Alkohol und Zivilisation. Berauschung, Ernüchterung und Tischsitten in Deutschland bis zum Beginn des 20. Jahrhunderts. Berlin 1991, S. 208-214; Schivelbusch 1995, S. 181-184, dort: „Die Regeln und die Rituale, die das Trinken in der Kneipe begleiten, ragen als Relikte aus einer längst vergangenen Zeit in unsere moderne Zivilisation hinein."
408 Vgl. ebd., S. 181.
409 *08. Feldbericht, Mi., 29.09.1999 vom Cannstatter Volksfest.*
410 Hanna Würth ermittelte, dass fast 60 Prozent aller befragten Männer sich in der Trinkgeschwindigkeit nach anderen richten. Bei Frauen betrug der Anteil nur 3 Prozent derer, die nach eigenen Angaben „Niveautrinken". Vgl. Hanna Würth: „Die Runde geht auf mich!" Eine Untersuchung über den Umgang mit Alkohol und das Trinkverhalten in Kneipen. In: Gudrun Schwibbe (Hg.): Kneipenkultur. Untersuchungen rund um die Theke. Münster 1998, S. 185-193, hier S. 191. Hierzu auch Dröge/Krämer-Badoni 1987, S. 194, 198.

tive (Be-)Trinken und liminale Sein absegnet. Mit dem körperlichen Gestus des grobschlächtigen Aneinanderstoßens selbst, bei dem auch Krüge zu Bruch gehen können, erfolgt bereits eine erste Abkehr von verfeinerten, kontrollierten Tischmanieren. Die Partizipanten stoßen darauf an, dass es jetzt losgehen kann und darf – insofern nicht das eintreffende Essen das ausgelassene Vergnügen verzögert.

Vom Essen

„Ich dufte gut und bin so knusprig braun",
aus dem Lied: *Ich hab 'ne Zwiebel auf dem Kopf*

Mit Hunger feiert es sich nicht unbeschwert. Und – eine weitere Alltagsweisheit – auf einen leeren Magen trinkt es sich nicht gut, sonst wirkt der Alkohol zu schnell. Als unerlässlich gilt daher eine „Grundlage", unter der meist eine „kräftige", nahrhafte Speise verstanden wird.

> *„Nach der ersten Getränkerunde bestellen alle etwas zum Essen. Die einen wollen Hähnchen oder Haxen, die anderen aber auch Braten mit Klößen oder Pfannengerichte. Unsere Gruppe gibt die Bestellung für die Gerichte gemeinsam auf. [...] Jetzt essen wir mehr oder weniger alle zur selben Zeit"* *(13. Feldbericht, Do., 07.10.1999 vom Cannstatter Volksfest).*

Über den ganzen Tag hinweg werden in den großen Zelten 7.000 bis 10.000 Essen frisch zubereitet. Abgesehen vom Mittagstisch liegt zwischen 17.00 und 20.00 Uhr der kulinarische Hauptzeitraum, in dem täglich Tausende von halben Brathähnchen mit Brötchen verzehrt werden.[411] 2008 waren das in der 17-tägigen Festdauer insgesamt über 400.000 halbe Hähnchen, was das gegrillte Geflügel zur meist bestellten und „beliebtesten Volksfest-Leckerei" macht(e).[412] Damit ist das Göckele das kulinarische Pendant zum Festbier, was sich auch beim Reservieren zeigt. Die Halbe-Hähnchen-Marke gehört wie die Biermarken zum festen Mindestumsatz für Mittelschiff und Seitenbereiche, wenngleich die Wertmarken ebenfalls für andere Gerichte oder Getränke genutzt werden können.

Alle Zelte haben nämlich eine umfangreiche Speisekarte. Haxen, Wurstgerichte, Schnitzel oder Kesselfleisch werden mit Kraut, Spätzle oder Bratkartoffeln serviert. Ein Ochse brutzelt jeden Abend in einem Zelt. Mit schwäbischer Hausmannskost wie Linsen, Kutteln oder Maultaschen setzen die Wirte einen regionalen Akzent. Darüber hinaus finden sich mit Ente, Braten oder Wild auch

---

411 Vgl. Wulf Wager: 15 Stunden unter Dampf. In: Cannstatter Volksfestzeitung 10/2010, S. 14-15, hier S. 14.
412 Zur Zahl vgl. Bettina Hartmann/Michael Deufel/Marko Belser: Göckele-Test. Klein, aber teuer. In: Stuttgarter Nachrichten, 01.10.2008 (aktualisiert 25.09.2009), auf: http://content.stutt-garter-nachrichten.de/stn/page/detail.php/1833124 [23.02.2013].

Klassiker der „gutbürgerlichen" deutschen Küche auf dem Menü. Eher später am Abend wird kalte Vesperküche gegessen, zu der Bierrettich, pikante Fischbrötchen – gegen „Kater & Co."[413] – sowie Wurstplatten und Käsebretter für mehrere Personen gehören. Darüber hinaus gibt es je nach Zelt auch „feinere Küche" wie Scampipfanne oder Kürbiscurry.

Trotz dieser Vielfalt haben die angebotenen und verzehrten Speisen gemeinsam, dass das Fleischige und Fettige überwiegt. Es wird mit Butterschmalz gegrillt, Sahnesoße „drangegeben" und Speck „draufgepackt". Auf Wunsch wird ein Griebenschmalzbrot geschmiert. Abgesehen davon, dass sich die Aromastoffe dank des Geschmacksträgers Fett besser entfalten, gelten gerade fettige Nahrungsmittel als „gute Unterlage", um die Wirkung des Alkohols zu verlangsamen. Laut Veiz verheißen das Deftige und Fettige den Festzeltbesuchern obendrein Genuss und Völlerei, die „im Zentrum jeder Volksfestaktivität" stehen.[414] Dabei geht es heute jedoch weniger um Fleisch als „Festtagsessen", als um das hemdsärmelige, vollmundige Schlemmen, das herzhafte Hineinbeißen an sich. Vor über siebzig Jahren, als die erste Hähnchenbraterei in Stuttgart ihre Pforten öffnete, waren gegrillte Hähnchen (oder generell Wurst- und Fleischwaren) etwas festtäglich Besonderes, doch diesen Nimbus besitzen sie gegenwärtig nicht mehr. Dank ihrer Einfachheit entsprechen sie eher „Comfort Food". Das sind Speisen, die nostalgische Emotionen wecken können, oft mit Kindheitserinnerungen verknüpft werden und ein Wohlgefühl versprechen.[415]

Außerdem können die Hähnchen und Haxen ohne manierliche Anstrengung mit den Fingern gegessen werden, wenngleich Besteck mit dem Essen gereicht wird. „Wer isst Göckele schon mit dem dazu servierten Besteck?", fragten die Autoren eines Tests und schilderten sodann, wie saftig sich das „feste Fleisch" beim Abzupfen anfühlte.[416] Entsprechend liegt am Tellerrand ein Reinigungstuch zum Abwischen der Hände bereit. Das Essen erlangt so eine taktile Qualität. Das halbe Hähnchen muss zerlegt werden, die Knochen sind noch dran. Peinliche Verlegenheit aufgrund schmutziger, fettglänzender Finger, um deren Vermeidung willen nach Norbert Elias das Gabelessen eingeführt wurde,[417] konnte ich nicht beobachten. Vielmehr essen die Besucher vollmundig und unbeeindruckt mit den Händen oder mit Messer und Gabel, ganz wie es ihnen beliebt.[418] Die Regel, nach der es sich gehört, Grillhähnchen mit Besteck zu essen, ist im Betwixt-and-Between des

413 Klauss & Klauss: Dinkelacker-Zelt: Speisekarte: Grill- und Fischspezialitäten, auf: http://www.klauss-und-klauss.de/cms/index.php?id=12 [19.01.2012].
414 Veiz 2009, S. 243.
415 Vgl. Brian Wansink: Mindless Eating. Why we eat more than we think. New York 2010, S. 148.
416 Hartmann/Deufel/Belser 2008/2009 [23.02.2013].
417 Vgl. Norbert Elias: Über den Prozess der Zivilisation. Soziogenetische und psychogenetische Untersuchungen. Bd. 1, 21. neu durchges. u. erw. Aufl. Frankfurt a.M. 1997, S. 262-265.
418 Die Ablösung bestehender Regeln wurde bei einem Wasen-Besuch mit einer Japanerin deutlich. Verunsichert fragte sie mich, ob sie das Hähnchen mit Besteck oder mit den Händen essen sollte. Vgl. *26. Feldbericht, Fr., 06.10.2000 vom Cannstatter Volksfest.*

Festzeltes ungültig. Sie ist ersetzt durch einen anderen Anstand, der selbst von Knigge-Experten rezipiert wird.[419]

Andere gewöhnliche Tischmanieren sind in der Alterität des Bierzeltes ebenfalls außer Kraft wie Rauchen und Essen am gleichen Tisch.[420] Oder während die einen noch essen, stehen nebenan welche auf der Bank und tanzen – Essen auf Knie-höhe sozusagen. Gedanken über Hygiene, Reinlichkeit oder properes Benehmen stehen hinten an. Freunde und Fremde greifen ohne Rücksicht mit (ungewasche-nen) Fingern nach gemeinsamen Käse- und Wurstplatten.

> *„Eine Gruppe Jugendlicher fragt, ob sie sich hinsetzen dürfen. T sagt ja [...] Ein Käseteller von uns ist bei Weitem noch nicht ganz leer gegessen, und der steht da so. T beißt von einem Stück Käse [...] Einer der Jungen schaut hungrig zu. T bietet von dem kollektiven Teller an. Das lässt sich dieser nicht zweimal sagen, und schon kreist der Teller unter den Jugendlichen, die sich die Reste schmecken lassen. Wir sorgen für Nachschub [...]"* (25. Feldbe-richt, Do., 05.10.2000 vom Cannstatter Volksfest).

Dieses vereinte Verzehren eines Gerichtes, von einer Platte oder aus einer Pfanne – ja selbst die Gleichzeitigkeit, mit der eine Gruppe an einem Tisch die Mahlzeit einnimmt –, ist die dritte Auffälligkeit beim Essen im Festzelt. Im Sinne des ersten Anstoßens kann das Gemeinsame im Mahl als Ausdruck und Bekräfti-gung des geschlossenen Feierbündnisses interpretiert werden, vergleichbar einem Geschäftsessen nach Vertragsabschluss.[421] In diesem Zusammen bildet *und* ma-nifestiert sich kontinuierlich die Feiergemeinschaft, die anfangs des Abends auf die Tischgruppe beschränkt ist, später aber auch Fremde einbezieht, mit denen geteilt wird. Das beschriebene kollektive Essen aus „einer Schüssel" ist kein Ein-zelfall. Denn Überfluss ist Teil des Feierns.[422] Es ist reichlich da, man sättigt sich, geht verschwenderisch und großzügig mit dem Essen um. Dazu gehört auch, dass die neuen „Freunde" des Abends zu einem Bier oder Schnaps eingeladen werden. Losgelöst aus dem Alltag verbinden sich die Zeltbesucher untereinander. Beginnt jene Communitasbildung mit dem ersten Zuprosten, so setzt sich dieser Prozess beim Essen fort und dauert den ganzen Abend an. Es wird selbstinitiiert einan-der zugetrunken oder per Animation nachgeholfen – nämlich mit dem *Prosit der Gemütlichkeit*.

---

419 Vgl. hierzu Knigge.de: Themen. Bei Tisch. Die Tischmanieren, auf: http://www.knigge.de/the-men/bei-tisch/die-tischmanieren-2044.htm [08.03.2015].

420 Rauchen ist in den Festzelten nach §7, Absatz 1 des Landesnichtraucherschutzgesetzes (LNR-SchG) gestattet.

421 Hierzu Gert von Paczensky/Anna Dünnebier: Kulturgeschichte des Essens und Trinkens. Mün-chen 1997, S. 370. Zur Gemeinsamkeit vgl. auch *Webcam-Beobachtungen 6, Fr., 08.10.2010 um 18.41 Uhr: Ein Doppeltisch (also 18 bis 20 Personen) isst gleichzeitig.*

422 Vgl. Greverus 1977, S. 7.

Animiertes Trinken

„Ein Prosit der Gemütlichkeit",
ein Kurzgesang

Seit über hundert Jahren erschallt in Bierzelten der Kurzgesang *Ein Prosit der Gemütlichkeit*. Seinen Ausgangspunkt hatte er im Zelt von Georg Lang auf dem Oktoberfest. Dort wurde 1899 ein Textheft verteilt, das den musikalisch unterlegten Trinkspruch enthielt: „Ein Prosit, ein Prosit der Gemütlichkeit; ein Prosit, ein Prosit der Gemütlichkeit; eins – zwei – drei – gsuffa". Bernhard Dittrich aus Chemnitz firmiert als der Verfasser des Chants, der von manchen Zeitgenossen als „recht geschmacklos" bewertet wurde.[423] Trotz aller Kritik gehörte der Gesang dennoch spätestens Ende der 1920er Jahre zum Standardrepertoire und erschien in der 1928 entstandenen Kurzgeschichte von Wolfe als ein Kulminationspunkt seiner festiven Erfahrungen.[424] Die Beliebtheit des relativ kurzen Trinkliedes ist bis heute ungebrochen. Sowohl das Publikum als auch die Betreiber schätzen es. Auf der Besucherseite zeigt sich die Popularität darin, dass die Menschen reihenweise tatkräftig mitmachen:

„Der Kapellmeister fordert auf: ‚Die Krüge' – Pause – ‚hoch', die Ersten folgen. ‚Das sind ja viel zu wenig. Alle mitmachen. Die Krüge – hoch!' Fast alle halten ihren Krug jetzt in den Zelthimmel gereckt. Das Prosit der Gemütlichkeit wird intoniert. Die Menschen an den Tischen stoßen an. So auch drei junge Männer [...]. Gerade rechtzeitig kam ihr Bier, um gleichzeitig mit den anderen Menschen im Zelt anzustoßen. Es war ihnen wichtig, es den anderen parallel zu tun. Denn ansonsten hätten sie nicht so bestimmt und rasch nach den Krügen greifen müssen, als hätten sie Angst gehabt, in einer Sinfonie den Tutti-Einsatz im Orchester zu verpassen" (15. Feldbericht, Mi., 10.05.2000 vom Stuttgarter Frühlingsfest).

Und auf der Betreiberseite wird das *Prosit der Gemütlichkeit* fest ins Programm eingeplant. Aus der mir vorliegenden Stückabfolge (Playlist) vom Mittwoch, 06. Oktober 2010 geht hervor, dass das *Prosit* für diesen Abend insgesamt 22-mal angesetzt war! Umgerechnet auf die rund 300 Minuten, die die Band abzüglich der Pausenzeiten im Zeitraum von 17.00 bis 23.00 Uhr spielte, heißt das, dass rechnerisch alle 13 bis 14 Minuten ein *Prosit der Gemütlichkeit* (PdG) angestimmt werden sollte. Doch die Intonation des Chants seitens der Kapelle verteilte sich laut der „Playlist Wasen 2010" nicht gleichmäßig. In der zweiten

---

423 Vgl. Sünwoldt 1985, S. 314, die Georg Queri aus dem Jahr 1912 zitiert.
424 Wolfe 1962, S. 556: „In an instant they were all linked together, swinging, swaying, singing in rhythm to the roar of those tremendous voices, swinging and swaying, singing all together as the band played ‚Ein Prosit!' Ended at length the music, but now all barriers broken through, all flushed and happy, smiling at one another, they added their own cheers to the crowd's great roar of approval when the song was ended."

Musikrunde (18.30 bis 19.30 Uhr) war das *Prosit* sechsmal in 60 Minuten vorgesehen, am Ende des Abends (21.45 bis 23.00 Uhr) hingegen nur noch viermal in 75 Minuten. Besonders vor den Pausen häufte sich das *Prosit* in der Aufwärmphase. Hingegen war für die letzte halbe Musikstunde überhaupt kein *Prosit* beabsichtigt.[425] Wie die schriftliche Fixierung und die Verteilung andeuten, wird das *Prosit* bewusst eingesetzt. Denn aufgrund seiner Zweiteilung, der erste Part gilt der „Gemütlichkeit", während sich der zweite Abschnitt explizit auf das Trinken bezieht, besitzt der Kurzgesang für Wirt *und* Besucher festrelevante Qualitäten. Einerseits steigert er den Bierumsatz. Andererseits hilft er maßgeblich, aus Tischgemeinschaften eine Zeltgemeinschaft zu bilden, eine kollektive Beschwipstheit zu fördern und später, wenn es denn sein muss, eine zu feierwütige Masse auch mal auszubremsen.

Erreicht wird dies, indem das *Prosit* im Unterschied zum selbst initiierten Zutrinken in vielfacher Hinsicht erweitert und gesteigert ist. Es wird erstens kollektiver, da nicht nur eine Tischgruppe mitmacht, sondern im angestrebten Idealfall trinkt das ganze Zelt. Diese Kollektivität rührt daher, dass der Prozess komplexer und musikalischer wird. Das elaboriertere *Prosit* verlangt von den Besuchern, dass sie sich intensiver *aktiv* einbringen, dass sie zu *Teilnehmern* werden. Denn vor dem eigentlichen Anstoßen kommen Ausschmückungen hinzu, die auf eine konzertierte Partizipation zielen: ein Präludium an signalhaften Auftaktbeats, mehrfache exklamatorische Mitmach-Appelle des Dirigenten an die Zeltbesucher, nachfolgende synchrone Bewegungsabläufe mit Wechselchants und erst dann das eigentliche *Prosit*-Singen aller Beteiligten mitsamt Abschluss-Shouts.[426] Das oben beschriebene (erste) Anstoßen – ein eher wortkarges, auf die gemeinsame Handlung hin zentriertes Tun – wandelt sich in einen nuancierten Vorgang mit mehreren musikalischen, crescendierenden Elementen, Tempiwechseln als auch repetitiven Gebärden, die Kennerschaft voraussetzen. Ein Textheft wie vor hundert Jahren wird heute nicht mehr verteilt. Außerdem variiert jede Musikkapelle die begleitenden Kurzgesänge. Mal wird das *Prosit* mit, mal ohne „eins – zwei – drei – gsuffa" (das Anzählen geschieht durch den Frontmann, „gsuffa" wird vom Zelt geschrien) oder stattdessen mit einem harmonisch aufsteigenden, dreifach gesungenen „Prost" abgeschlossen. Daher wächst dem Dirigenten oder Front-

---

425 Die geplante Verteilung sah vor: 17.00 - 18.15 Uhr 6 x; 18.30 - 19.30 Uhr 6 x; 20.00 - 21.30 Uhr 6 x; 21.45-23.00 Uhr 4 x. Die Verteilung innerhalb der Runden, zum Beispiel 2. Runde: 3-Titel-Medley, *Prosit (PdG)*, 2-Titel-Medley, *PdG*, 2 Titel, *PdG*, 3 Titel, *PdG*, 2 Titel, *PdG*, 1 Titel (Pause); im Vergleich 4. Runde: Medley, *PdG*, 2 Titel, *PdG*, 4 Titel, *PdG*, 2 Titel, *PdG*, 8 Titel (Spielende). Vgl. Interviewpartner Musiker: Playlist Wasen 2010 – Mi., 06.Oktober. Anhang aus: *E-Mail an CB vom 05.04.2011*.

426 Siehe als ein Beispiel für den Ablauf von 01:00 bis 02:17 auf: Youtube: fête de la bière stuttgart 2008 (vom 25.10.2008), auf: https://www.youtube.com/watch?v=TW885X7-BaM [08.03.2015].

mann[427] der Band die Führungsrolle zu. Er gibt das Signal zum Anfangen und fordert nachdrücklich zum Mitmachen auf. Er startet die verschiedenen Abschnitte und Wechselgesänge. Damit gibt er das Tempo und den Duktus des musikalischen Dialogs im Zelt vor. Einem vom Frontmann vorgegebenen *„Prost Ihr Säcke"* wird *„gemeinsam brüllend ‚Prost Du Sack' entgegnet"*.[428] In einem anderen Fall erinnerte mich ein fröhliches Frage- und Antwortspiel an ein Kasperletheater – Dirigent: *„Bei wem seid Ihr?"*, dann Zelt: *„Beim XYZ"*, wieder Dirigent: *„Wo seid Ihr?"*, Zelt: *„Im ABC"*, schließlich Dirigent: *„Wer spielt hier?"*, und abschließend Zelt: *„[Name der Band]"*.[429] Dadurch, dass auf einfache und in der Kindheit eingeschliffene, positiv besetzte Muster zurückgegriffen wird, erhöht sich die Wahrscheinlichkeit der Teilnahme. Dasselbe gilt für die prägnante Rhythmisierung, die zum Mitmachen verleitet.[430]

Dank der Intensivierungen und Ergänzungen erlangt das komplette Wechselspiel eine Dauer von mitunter bis zu zwei Minuten Länge, was mich zu folgendem Kommentar im *16. Feldbericht, Sa., 13.05.2000 vom Stuttgarter Frühlingsfest* veranlasste: *„Ich bin schon leicht genervt, mir geht das zu lange, mein Arm wird schwer – mein Krug ist noch so voll, ich will trinken."* Doch, wie mir der Volksfestmusiker im Interview erklärte, haben die Länge der gesamten *Prosit*-Interaktion, die Verhaltensvorgaben und akzentuierten Wechselgesänge eben die Einbindung möglichst aller zum Ziel. Für das intendierte Zusammengehörigkeitsgefühl *„muss"* das *Prosit der Gemütlichkeit „zelebriert werden"*. Dafür ist es nötig, die Aufmerksamkeit zuerst von allen zu bündeln. Kein Anwesender soll im Zelttrubel das Trinklied verpassen. Das wollen nach Aussage des Musikers weder die Besucher wegen der Gemeinschaft (die auch mal einen bereits leeren Krug des Nachbarn mit Bier aus dem eigenen füllen), noch der Wirt wegen des Umsatzes. Der Musiker dazu:

„Wir zum Beispiel leiten das Prosit der Gemütlichkeit [PdG] *immer mit einem Beat ein. Dann kommt das* PdG. *Wir spielen es ungefähr alle 15 Minuten. [...] Zuerst spielen wir: ‚Wir wolln die Krüge sehn!' Dann kommt das ‚Die-Krüge-hoch'. Die Menschen wollen da ein Gemeinschaftsgefühl. Also das muss schon zelebriert werden, weil sonst kriegt das die Hälfte im Zelt nicht mit, wenn man gleich das* PdG *anstimmen tut. Das ganze ‚Wir wolln die Krüge sehn' und ‚Die-Krüge-hoch', das rufen wir dann auch mehrfach, dauert so ungefähr 30 Sekunden. Dann kommt das eigentliche* PdG, *das dauert so ungefähr 45 Sekunden* (singt). *Dann das obligatorische: ‚Zicke-Zacke,*

427 1999/2000 gab es noch Dirigenten. Heute werden die Bands eher von einem sogenannten Frontmann oder einer Frontfrau geführt.
428 *16. Feldbericht, Sa., 13.05.2000 vom Stuttgarter Frühlingsfest.*
429 *01. Feldbericht, Sa., 24.04.1999 vom Stuttgarter Frühlingsfest.*
430 Vgl. Reinhard Kopiez/Guido Brink: Fußball – Fangesänge. Eine FANomenologie. Würzburg 1998, S. 143-148.

*Zicke-Zacke, hoi, hoi, hoi'. Schließlich Frontmann: ‚Danke', Zelt: ‚Bitte',
Frontmann: ‚Bitte', Zelt: ‚Danke'. Frontmann: ‚Saufen'* (singt).
*Mit einem PdG, das hat mal jemand ausgerechnet, da macht ein Wirt einen
Umsatz von € 5.000.-. Mit den PdGs kann man den Bierumsatz stark anhei-
zen. Da, wo es kein PdG gibt, also auf anderen Veranstaltungen, da ist der
Umsatz dann entsprechend niedriger. Dann gibt es da auch kein gemeinsa-
mes Trinken"* (Interview mit Musiker am Di., 05.04. 2011).

Derart animiert, lassen sich viele Zeltbesucher aktiv auf das Geschehen ein,
was sich beispielsweise im Heben und Senken der Krüge oder im inbrünstigen
Mitskandieren[431] manifestiert. Darüber hinaus sind ein intensiviertes körperliches Erleben und eine gefühlsmäßige Einbindung seitens der Teilnehmer denkbar. So lässt sich das harmonische Singen als Ausdruck von freudigen Emotionen
werten.[432] Obendrein kann auf Basis von Berichten davon ausgegangen werden,
dass die Gesamtkomposition des *Prosits* wahrscheinlich eine das Zelt umfassende harmonische Gemeinschaftsregung hervorrufen kann; Implikationen, die
weit über den Bedeutungsgehalt des „freien" Zutrinkens in der kleinen Runde
hinausgehen. Diese mögliche Wirkungsmacht liegt in der inhärenten Dualität
des Prosits begründet. Denn es werden sowohl der Alkoholkonsum („gsuffa")
als auch die Gemütlichkeit besungen. Einerseits betont das Liedchen damit ein
lautes, fröhliches Sichbetrinken, andererseits die Wohlfühl-Stimmung.

Der Doppelcharakter: Gemütlichkeit und Trinken
Gemütlichkeit: Die Gemütlichkeit steht im Mittelpunkt des Liedchens. Gemäß des Textes wird sie mehrfach mit einem Prosit besungen. Nach den For-
schungsergebnissen von Schmidt-Lauber ist Gemütlichkeit „ein atmosphärischer
Begriff",[433] der auf einer subjektiven Befindlichkeit in der Freizeit basiert. Situ-
ationsgebunden erleben die Menschen, einen Moment der Zwanglosigkeit, entspannen sich und fühlen sich wohl. Externe Reize wie eine bestimmte Musik,
Beleuchtung oder Materialien fördern dabei nach Schmidt-Lauber die gemütliche Befindlichkeit. Ein intimes „Bei-sich-Sein" wird inszeniert. Entlang dieser
Elemente drängen sich für mich Parallelen zum Bierzelt auf. Das Licht ist dort
gedämpft, Besucher „hocken" leger und sitzen nicht steif, Holz und anderer Zierrat sollen behagliche Wärme („Gemütlichkeit" eben) vermitteln. Ein alltagsentlas-
teter, zwangloser Freiraum wird gestaltet. Dort ist man unter sich, die allgemeine
Öffentlichkeit bleibt „draußen". Mit den Worten von Schmidt-Lauber könnte man
sagen, ein Ort, wo „das Leben zumindest für einen Moment ‚schön' werden
soll".[434] Dennoch handelt es sich nach Schmidt-Lauber beim Bierzelt (und den

431 Vgl. besonders ab 01:18 auf: Youtube, fête de la bière [08.03.2015].
432 Vgl. Kopiez/Brink 1998, S. 157.
433 Schmidt-Lauber 2003a, S. 39; das folgende Zitat ebd., S. 72.
434 Ebd., S. 92.

dortigen Erfahrungen) um das „folkloristisch inszenierte Stereotyp" der „deutschen Gemütlichkeit". Und jene werde nicht als Teil einer authentischen Lebensrealität wahrgenommen, sondern als eine Imagination, eine Vorstellung, deren Aufführung von Zuhörern oder Zuschauern „erlebt und konsumiert wird."[435]

Welche Gefühle die Teilnehmer im Bierzelt erfahren, welche Zuschreibungen sie für ihre Erlebnisse vornehmen, ist jedoch nicht systematisch erforscht. Es muss daher unbestimmt bleiben, was die Teilnehmer emotional erfahren, und ob sie den erlebten Geschehnissen und Befindlichkeiten „Gemütlichkeit" oder „gemütlich" als Begriff zuordnen.[436] Dass Gefühlslagen vorliegen, ist offensichtlich. In den selbst gedrehten Teilnehmer-Videos werden euphorisches, aber auch gequältes Grinsen gleichermaßen aufgezeichnet. Die große Mehrheit beteiligt sich allerdings lachend am Geschehen, ist körperlich involviert und stößt auf die Gemütlichkeit an, die Dittrich – ganz Kind seiner Zeit – 1899 als Referenz in den Text setzte. Denn gerade gegen Ende des 19. Jahrhunderts vergemütlichten sich viele traditionelle Feste, indem sie „‚familiarisiert'", sprich der Öffentlichkeit, entzogen wurden.[437] Dittrichs Lied war für das Langsche Oktoberfestzelt geschrieben worden, mit dem das Feiern von der Rummelplatzöffentlichkeit hinein ins Zelt verlagert wurde. Bis dahin standen nämlich auf der Münchner Wiesn kleinere Buden und Bänke um einen Platz, wo die Musik spielte und „auf dem lebhafter Verkehr herrschte". Mit dem Aufkommen der Festzelte um 1890 verschwand diese Form des publiken Feierns und ein anderes, ein zurückgezogenes festives Setting in den Zelten entstand: „Dieser Freiraum muss als Rahmen für die Gesellität einbezogen werden", schreibt Möhler dazu.[438] Meines Erachtens verbalisierte Dittrich diese Entwicklung und hob die Absonderung hervor.

Dehnt man das Ideal der Gemütlichkeit, den „Ausdruck und [die] spezifische Färbung des deutschen Rückzugs ins Private", über die kleine Runde hinaus aus, wie es nach Bausinger die Tendenz im Deutschen ist, dann gehören auch größere gesellige Einheiten dazu. Diese werden in der Folge ebenfalls mit den „Prinzipien der Nähe, Harmonie und Gemütlichkeit" umschlossen. Bei fehlenden Familienbanden wird sodann das „Gefühl der Zusammengehörigkeit" zum notwendigen Kitt.[439] Dittrich hätte auch ein „Prosit der Gesellität" schreiben können, um das weder private noch ganz öffentliche Zusammensein im Zelt zu fassen. Nur wären dann das Beschwören der emotionalen Seite im Zuprosten und damit das Sentiment der Einheit und die „Bestätigung gleichgesinnten Tuns", das „ein Stück

435 Ebd., S. 173f.
436 Schmidt-Lauber 2003a basiert ihre Studie auf Befragungen in Hamburg und Schleswig-Holstein. Sie ließ Gymnasiasten Aufsätze schreiben und interviewte diese wie auch 65 Personen zwischen 14 und 92 Jahren. Ob sich darunter Festzeltgänger befinden, wird nicht erwähnt. Es ist daher fraglich, ob ihre Aussagen zum (bayerischen) Bierzelt in Süddeutschland Bestand hätten.
437 Vgl. Bausinger 2000, S. 64.
438 Möhler 1980, S. 209.
439 Bausinger 2000, S. 64f.; aber auch einschränkend ebd., S. 154.

Geborgenheit"[440] zu geben vermag, unberücksichtigt geblieben. Die Gemütlichkeitsproklamation markiert den Rückzug der Menschen ins Zelt, was in der Folge – nicht zuletzt durch das gemeinsame, synchronisierte Singen und Handeln – die Festgemeinschaft hervorbringt. In der Offenheit des Rummelplatzes herrscht ein Kommen und Gehen. Wer dazugehört, wer am Feiern teilnimmt oder wer als Passant vorbeischlendert, verändert sich fortlaufend. Im Zelt ist es einfacher zu erkennen, wer *partizipiert*: Wer erwidert das Zutrinken und gehört in der Konsequenz zur Communitas dazu.

Trinken: Das Trinken wird im zweiten Teil des *Prosits* nicht nur gefordert, sondern per „gsuffa" (gesoffen) zumindest sprachlich als erfolgt betrachtet. Und in der Tat, das Trinklied schlägt sich im Bierumsatz nieder. Wie hoch bleibt Spekulation, zumal sich nicht immer das ganze Zelt beteiligt. Es hängt vom Zeltfüllgrad, dem Verhältnis von Männern zu Frauen,[441] der Uhrzeit oder auch der Tagesform von Besuchern und Musikern ab, wie nachhaltig am *Prosit* teilgenommen wird. Gewiss ist, dass die ungeschriebenen Regeln des Anstoßens – dass man sich einem hingestreckten Krug kaum entziehen kann – im Falle des per *Prosit* initiierten Trinkens helfen, den Konsum zu steigern. Denn oft reicht eine Person am Tisch, die der Aufforderung nachgibt:

„Ergreift [beim PdG] an einem Tisch niemand die Initiative, fühlt sich niemand animiert, dann bleibt das '[Die-]Krüge-hoch' aus. Doch bereits eine Einzelperson ist ausreichend, um den Gruppenritus in Gang zu setzen" (08. Feldbericht, Mi., 29.09.1999 vom Cannstatter Volksfest).

Motivierend für das Trinken wirken so Form und Bedeutungsgehalt des kollektiv gebrüllten „Gsuffas". Eine weitere Variation, die anstelle des „Gsuffas" den Trinkgesang abschließt, ist ein vom Frontmann gesungenes „Saufen". Gleichermaßen setzt auch dieses ein Signal, dass nun getrunken werden darf und soll.

Meine Beobachtungen im Festzelt deuten darauf hin, dass am Ende des *Prosits* zwar Bier getrunken wird, aber die individuell konsumierte Menge nicht einem „Saufen" entspricht. Zeltbesucher bewerten Trinkvolumina und entsprechende körperliche Trinkstadien weitaus dezidierter.[442] Dennoch wird die erste Maß Bier meist in der ersten, spätestens aber in der zweiten Musikrunde zeitlich abgestimmt zur Musikpause geleert. Hierbei hilft die hohe Frequenz des Kurzgesanges direkt vor den Spielpausen. Ohne Musikbefeuerung setzen sich dann viele Besucher hin, was das Bedienen erleichtert oder gar erst ermöglicht.

440 *Interview mit Brauerei A am Mo., 22.11.1999.*
441 Der Bierkonsum von Frauen ist in der Regel geringer als jener von Männern. Siehe hierzu *Interview mit Wirt C am Do., 23.09.1999.* Siehe auch Kap. 5.3.
442 Liest man die Besucherinterviews von Veiz, fällt auf, dass zwölf von 15 Befragten teilweise vehement verneinten, dass für sie ein Rausch zum Oktoberfestbesuch dazugehöre. Siehe Veiz, 2001b.

In der Aufwärmphase erlangen die Teilnehmer in der Regel keinen Bierrausch, sind nicht besoffen, sondern sie erreichen eher einen Zustand, der sich als „Bierseligkeit" beschreiben lässt. Die Feiernden sind nicht mehr nüchtern. Sie sind aufgekratzt und angeheitert. Die Menschen stehen für den Kurzgesang oft extra auf, fühlen sich nun so wohl, dass ein Sichöffnen stattfindet – wortwörtlich zum Beispiel, indem beim *Prosit* die Arme weit vom Körper gestreckt werden, was diesen schutzlos erscheinen lässt. Peinlichkeitsschwellen sinken. Lautes, falsches Mitgrölen vor anderen wird praktiziert und toleriert. Die im Alltag undenkbare, weil abwertende und latent sexuell konnotierte Anrede eines anderen als „Sack" kann jetzt ohne Sanktionen tausendfach vollmundig zelebriert werden. Spielerische Leichtigkeit und kollektive Harmonie reichen sich die Hand und wechseln sich im *Prosit der Gemütlichkeit* ab. Mal rückt das Beschwören einer gefühlvollen Atmosphäre in den Vordergrund, mal gibt man sich ausgelassen. Alkoholisierte Euphorie und Gemütlichkeit verbinden sich im Trinkgesang, sind aufeinander bezogen und fallen wiederum auseinander.

Ambivalenzen: Dieser Doppelcharakter zeigt sich auch darin, dass das Trinklied überdies zum Beruhigen der Feiernden zu späterer Stunde genutzt werden kann:

„Die Zeltbesucher um uns herum stehen aufgeheizt, angesoffen und voller Schwung auf den Bänken. [In] der Musikpause will keiner von den Bänken steigen. Es ist jetzt 21.00 Uhr, und der Dirigent hat Schwierigkeiten, die aufgepeitschte Masse zu bändigen. Gleich mehrfach, jedes Mal an Tonschärfe und Befehlston zunehmend, fordert der Dirigent die Menschen auf, sich hinzusetzen. Die Bedienung könne sonst nicht bedienen, so seine Begründung, die im von den Gästen angestimmten Hey Baby *[unterzugehen droht]. Der Ausweg ist ein* Prosit der Gemütlichkeit, *das Energien in der den Zeilen eigenen [Heimeligkeit] und trägen Gefühlsduselei aufsaugt und im Anstoßen schließlich verpuffen lässt. Nach zwei Aufforderungen sitzt die Masse" (23. Feldbericht, Sa., 30.09.2000 vom Cannstatter Volksfest).*

Gemäß meinen vorausgegangenen Ausführungen lässt sich dieses Phänomen[443] damit erklären, dass das vielstimmige, leidenschaftliche Besingen der „Gemütlichkeit" atmosphärisch die fröhlich-wilde Ausgelassenheit bricht. Das Gefühl einer wohligen Gelassenheit – also Gemütlichkeit – wird kontrapunktisch der aufgewühlten, alkoholisierten Ekstase entgegengesetzt. In dieser Lesart, die auch mein Feldbericht wiedergibt, evozieren die Teilnehmer lautstark einen Stimmungswandel,

---

443 Wie mit dem *Prosit* eine zu exzessive Zeltstimmung gedämpft wurde, erlebte ich nicht nur einmal. Vgl. auch *16. Feldbericht, Sa., 13.05.2000 vom Stuttgarter Frühlingsfest: „Ein Musiker erklärt über ein Mikro, dass man Stromausfall habe. Ein Pfeifkonzert ist die Antwort. Die Stimmung hängt vage in der Luft [...]. Zur Versöhnung stimmt die Musikkapelle* Ein Prosit der Gemütlichkeit *an. Und Friede kehrt ein."*

der sie in „ruhigeres Fahrwasser" bringt. Die anregenden Konnotationen im *Prosit* treten in den Hintergrund.

Abgesehen von der Schwierigkeit emotionale Vorgänge mittels Beobachtungen zu entschlüsseln, bleibt angesichts des Doppelcharakters letztlich offen, wie einerseits die festive Intensivierung und andererseits die Beruhigung mit dem gleichen Ritus gelingt. Aus meinen Feldberichten und Interviews geht nicht hervor, ob sich die Qualität des Trinklieds wandelte: Ob offensivere Teile wie das Zicke-Zacke gegen Ende des Abends oder im geschilderten Befriedungsfall wegfielen. Aussagen zur Quantität hingegen betonen den stimulierenden Charakter des Kurzgesanges. Das Feiern wird nämlich gerade in der Aufwärmphase heftiger, wenn vermehrt *Ein Prosit* gespielt wird. Es formt *und* konsolidiert die Communitas: Liminalität macht sich breit. Hierbei hilft das Lied, doch nicht allein. Es wird nämlich nicht pausenlos gespielt. Zum „Anheizen" gehört mehr.

Stimmung machen

„Und dann die Hände zum Himmel ...",
aus dem Lied: *Die Hände zum Himmel*

„Anfeuern", „anheizen", „nachlegen" finden sich immer wieder in meinen Feldberichten, den Interviews oder in journalistischen Schilderungen, um die Prozesse in der *Aufwärm*phase zu beschreiben. Dieses Wortfeld erinnert stark an Vorgänge in der Küche, wo auf dem Herd etwas zum „Brodeln" gebracht wird. Bleibt man bei diesen Koch-Analogien, bewirkt das Zuführen von Energie einen Aggregatwandel. Gestalt und Konstitution der vorliegenden Materie verändern sich. Festes wird flüssig oder gar gasförmig. Soweit die Küche und deren verzehrbare Zutaten, nur wie verhält es sich mit dem *„Kochen der Volksseele"*,[444] das im Festzelt stattfinden soll?

Im kontrollierten Laborversuch mit identischen Bedingungen gelingt es, jene Faktoren zu bestimmen, die einen Aggregatwechsel beeinflussen. Das Festzelt hingegen präsentiert sich als unkontrollierbar. Jeden Tag gibt es eine andere Ausgangslage, ein einheitliches „Kaltstarten" der Anwesenden findet nicht statt. Angeheiterte Sitzenbleiber vom frühen Nachmittag sind bereits da. „Vorgeglühte" Besucher treffen ein. Der augenfälligste Unterschied zwischen Koch-Vorgängen in einer Laborküche und dem „Hexenkessel" Bierzelt ist aber vor allem die „Materie", der Energie zugeführt wird. Sie ist im Festzelt kein teilnahmsloser Stoff, sondern mit Vorfreude erfüllte Menschen, die willens sind zu feiern. Feiern geht nicht ohne Eigenaktivität. Dennoch gibt es Parallelen, die den Gebrauch des Wortfeldes nahelegen. Beim „Hochkochen" in einer Küche sowie im Festzelt

---

444 *Interview mit Wirt B am Mo., 05.07.1999.*

handelt es sich um einen Prozess, in dem Energie induziert wird und sich schließlich in Bewegung umsetzt. Nicht von alleine, sondern mit Hilfsmitteln kommt etwas in Schwung und wird in Gang gebracht.[445] Darum soll es im Folgenden gehen.

„Die bekannten Weisen stoßen auf Zustimmung, die friedliche Atmosphäre im Zelt ist aufgekratzter als vor dieser Musikrunde. Der Geräuschpegel hat sich erhöht. [... jetzt] beginnt das langsame und sorgfältige Anheizen der Stimmung. [...] Der Dirigent klettert von hinten auf die Bühne und schreitet vor ans Mikro. Wer Schumi-Fan sei, will er wissen [Schumacher entschied frühzeitig die Formel-1-Weltmeisterschaft CB]. *Lautes, wildes Johlen schlägt ihm entgegen [... Noch] brandet der Jubel [durch das Zelt.] Diesen Funken aufgreifend, kündigt der Dirigent ein italienisches Lied an, indem er es ansingt: ‚Vooooolare‘, so er; ‚Ooohooh‘, so die vielstimmige Antwort aus dem Zelt. [...] die ersten Tische sind mittlerweile auf den Bänken. [... jetzt] ist die Musik gar nicht mehr leise. [...] Mit dem Ferrari-Geplänkel hatte alles begonnen. Die Bläsertruppe ist nun mit Bassist, Gitarrist, Keyboardspieler und Sängerin vergrößert. Die Band ist komplett und legt los mit Anton aus Tirol. Das verfehlt nicht seine Wirkung. [... Gruppen] johlen und klatschen begeistert den Rhythmus mit. Andere Zeltbesucher erheben sich von ihren Plätzen und klettern hoch auf die Bänke. [...] Der* Anton *tut seine Schuldigkeit [... Die Stimmung] im Zelt hat sich [...] ziemlich gesteigert. Animiert, angeheizt und aufgekratzt ist zumindest ein Drittel schon am vergnüglichen Feiern. Es ist nicht die wilde Ausgelassenheit vom Abend, aber auch nicht mehr die satte Gemütlichkeit von vor einer Stunde"* (27. Feldbericht, So., 08.10.2000 vom Cannstatter Volksfest).[446]

Wann das Stimmung-Machen genau losgeht, lässt sich mit Hinblick auf den Spielbeginn der Musik festhalten. Im Feldbericht oben war es sonntags um 15.00 Uhr, für das abendliche Feiern, das im Mittelpunkt meines Interesses steht, beginnt der Einsatz um 17.00 Uhr (beziehungsweise 16.30 oder 17.30 Uhr). Doch nicht *sofort* sind alle Besucher zur Ausgelassenheit bereit. Wie vorne beschrieben, kommen viele erst, richten sich ein, manche sind mit Essen beschäftigt. Andere Gäste wiederum, die sich in den reservierungslosen Bereichen seit dem Mittag vergnügen, feiern bereits euphorisch. Entsprechend der persönlichen Neigungen herrscht zunächst ein polyfones Verhaltensmischmasch im Mittelschiff und den Seitenbereichen. Spätestens gegen Ende der Aufwärmphase besteht allerdings in der Regel *die eine* Festcommunitas, die unisono in Stimmung ist. Das heißt, fast ausnahmslos stehen je nach Zelt zwischen 3.000 und 5.000 Menschen auf den

---

445 Zum „In-Gang-Setzen" vgl. Lacrosse 1978, S. 382-384.
446 Der Bericht entstand am letzten Festsonntag. Da dann die Menschen eher früher heimgehen und die Band bis zum Schluss durchspielte, begann das „Anheizen" entsprechend früher. Bei zwei Reservierungsphasen zum Beispiel am Wochenende wird für jeden Abschnitt je eine Aufwärmphase durchlaufen.

Bänken, singen und tanzen zur Musik. Die Festzeltbesucher sind dann Teilneh-mer und in das Geschehen involviert. Die Liminalität hat sich Bahn gebrochen und vollends Einzug gehalten.

Abgesehen vom steigenden Alkoholpegel, gehören ein gezielter Musikeinsatz, bewusst genutzte Wechselchants, ein provoziertes fröhliches Lachen und die Be-sucher selbst zu den Stimmungsmachern. Neben den Profis auf der Bühne zählen nämlich auch extrovertierte Gäste, zu den Promotoren der guten Laune. Deren Partylust steckt die anderen an. Darüber hinaus ist die Menschenmenge selbst ein Stimmungsfaktor. In dünn besetzten Zelten kommt nur langsam eine alle An-wesende umfangende feierfreudige Atmosphäre auf: *„[K]ein Funke [kann] von Tisch zu Tisch springen"*,[447] weil Lücken bestehen. Zum Feiern gehören andere Menschen. Der Anschein des Alleinseins – ob in der Gruppe oder als Individuum erfahren –, den ein zu gering gefülltes Zelt vermittelt, verheißt kein Vergnügen, wie mir Gesprächspartner erklärten.[448] Dann hat es eine Musikband schwer, die Besucher zu erreichen und einzubinden. Um leere Bänke zu vermeiden, werden oft gerade an schwächeren Tagen *„Mallorca-Stars"*[449] oder andere Berühmthei-ten für Kurzauftritte gebucht. Solche „Zugpferde" locken Menschen ins Zelt, ver-sprechen sie doch ein unterhaltsames Spektakel. Handelt es sich um Popgrößen mit einem aktuellen Hit, dann können diese binnen Sekunden das Zelt in ein „Tollhaus" verwandeln, in dem die Masse tobt.[450] In anderen Fällen, in denen sowohl der Interpret als auch die Titel etwas weniger Geltung besitzen, reicht es dennoch allemal aus, um das Zelt zu füllen, die Besucher in Schwung zu bringen und damit deren eigene aktive Enthemmung zu erleichtern. Kurzum: Stimmung wird gemacht. Im dicht besetzten Zelt bleibt dann oft die einmal in Bewegung gebrachte Menge aufgekratzt. Das vereinfacht für die Band deren eigentliche Aufgabe:

„Die Leute haben ihre Erwartungen. Sie wollen von uns richtig bespaßt wer-den. Wenn wir das nicht tun, dann wird auch gebuht und dann gibt es Pfiffe von den Leuten. Und wir haben eben gewisse Möglichkeiten, dies und das zu tun. Aber wenn wir keine Partystimmung machen, dann gefällt das den Leuten nicht" (Interview mit Musiker am Di., 05.04.2011).

---

447 *08. Feldbericht, Mi., 29.09.1999 vom Cannstatter Volksfest.*
448 Vgl. hierzu *Interview mit Wirt A am Fr., 02.07.1999;* oder *Fokussiertes Gespräch mit Art Director am Fr., 29.09.2000.*
449 *Interview mit Musiker am Di., 05.04.2011.* In Folge des Massentourismus nach Mallorca bildete sich eine Partyszene mit dort verorteter Musik und Interpreten heraus. Hierzu auch Szabo 2011.
450 Vgl. *07. Feldbericht, So., 26.09.1999 vom Oktoberfest München: „[...] jetzt wird der Lou Bega angekündigt. ALLE stehen auf. Es geht wie ein Ruck durch das Zelt, und es herrscht der Wahn-sinn. Ich spüre meine Erregung, den anderen geht es nicht anders. Lou Bega [...] hatte den Som-merhit des Jahres mit Mambo No. 5. [...] jetzt heben alle ab. Stimmung pur. [...] Alle singen, klatschen, tanzen [...]. Ehrlich: Das Zelt tobt. [...] war es ursprünglich ein etwas langsamer Abend, hat der Stimmungsmacher Lou Bega wie eine Initialzündung gewirkt. Die Leute sind zum Teil auf den Bänken geblieben und tanzen dort weiter."*

Wie aus dem Zitat hervorgeht, erachten *„die Leute"* die Band als die Lokomotive, die per Aufführungsprogramm sie, die Besucher, in Schwung bringen soll. Bei manchen Zeltgästen reicht schon der erste Akkord, um sie auf die Bänke zu treiben. Andere benötigen eine längere Anlaufzeit, um in Fahrt zu kommen. Darauf (und auf die Chance fürs Abendessen) geht die Band ein. Zu Beginn des Abends macht sie eine Gratwanderung zwischen „Tafelmusik" und „Trinkanimator".[451] Viele Menschen sitzen zunächst,

„wippen zur Musik, lachen, singen oder klopfen im Takt mit. Eigentlich schwingt das ganze Zelt leicht zur Musik. [...] S und ich singen die Lieder mit und amüsieren uns. K hält sich eher zurück. Lässt sich dann aber auch von unserer Fröhlichkeit anstecken" (08. Feldbericht, Mi., 29.09.1999 vom Cannstatter Volksfest).

Die Musiktitel sind gefällig, heiter und populär. Traditionellere „Volks"- und Marschmusik, wie sie in den 1990er Jahren noch häufig als blasmusikalischer Einstieg ins Abendprogramm gespielt wurde, gibt es heute vielleicht am frühen Nachmittag oder sonntags.[452] Denn „am Abend tuts eine schlappe Polka nicht mehr", wie die Cannstatter Volksfestzeitung 2004 schrieb.[453] Stattdessen erklingen zum Aufwärmen aktuelle deutsche Schlager, beliebte Oldies und Lieder des volksmusikalischen Schlagers. Alle Stücke unterhalten, sind aber in diesem Zeitraum nicht zu *„brachial"*, wie der Musiker ausführte.[454] Nach und nach wird allerdings ein Stimmungsbogen in den ersten zwei oder drei Musikrunden aufgebaut, indem ähnliche Elemente wie im *Prosit der Gemütlichkeit* eingesetzt werden: das Vor-und-Zurück der Chants sowie das Crescendierende mit seinen Dynamik- und Tempointensivierungen.[455]

Im Verlauf der jeweiligen Musikrunde wird sowohl an Lautstärke als auch an Geschwindigkeit – dem Vorwärtsdrängen des Musikcharakters – zugelegt. Relativ früh zum Beispiel kommt die wahrscheinlich einzige[456] Schunkelrunde

451 Möhler 1980, S. 227.
452 Vgl. *Interview mit Musiker am Di., 05.04.2011;* oder *Interview mit Wirt A am Fr., 02.07.1999,* die beide vom Ende der „typischen" Festzeltmusik berichten.
453 Monika Bönisch: Polka und Ballermann. In: Cannstatter Volksfestzeitung 04/2004, S. 16-17, hier S. 17.
454 Vgl. *Interview mit Musiker am Di., 05.04.2011.*
455 Auch Alfred Smudits: Musikalische Erlebniswelten. In: Jürgen H. Kagelmann/Reinhard Bachleitner (Hg.): Erlebniswelten. Zum Erlebnisboom in der Postmoderne. München/Wien 2004, S. 135-150, hier S. 137f.
456 Mehrfach wurde betont, dass nicht mehr so viel geschunkelt werde wie früher. Vgl. *Interview mit Musiker am Di., 05.04.2011; Interview mit Bedienung M am Do., 24.03.2011*; oder schon im ersten *Interview mit Wirt A am Fr., 02.07.1999.* Letzterer zum *Schneewalzer: „Das ist passé."* Gerade die jüngeren Besucher wollten keine Schunkelrunden mehr. Dazu auch Anzeige: Wasenwirt. In: Cannstatter Volksfestzeitung 10/2010, S. 34: „Beim Wasenwirt tanzen alle auf den Bänken! Schunkeln kannst du woanders!"; und Interviewpartner Musiker Playlist 2010. Nach meinem Kenntnisstand gibt es keine Untersuchung zum Schunkeln, das eine besonders im deutschsprachigen Raum gepflegte (Sitz-)Tanzform darstellt. Während bei volkstümlichen Konzerten, Fernsehübertragungen des volkstümlichen Schlagers oder auf manchem Dorffest weiterhin öfters geschunkelt wird, gilt das nicht für die großen Bierzelte.

des Abends mit althergebrachten Titeln wie dem *Kufsteinlied* oder passend zum Cannstatter Wasen dem Lied *Auf am Wasa*. Beim Schunkeln wiegen sich die Menschen, einander untergehakt, von links nach rechts nach links usw. im 3/4-Takt. Die Schunkelbewegung ist relativ einfach und beschaulich. Die Besucher müssen nicht extra aufstehen (oder sich hinsetzen). Jeder kann bequem in dem Zustand verbleiben, der seiner momentanen Stimmungslage entspricht. Daher ist der Aufwand zum Mitmachen niedrig. Mögliche Hemmschwellen, die beim frühen Klettern auf die Bänke erfahren werden könnten, werden umgangen. Obendrein kann – falls „nötig" – das Essen beim Schunkeln warten oder umschunkelt werden. So bringt ein Sichwiegen mehrheitlich die Menschen ins Schwingen und einander näher. Abstände zwischen den Körpern werden, um der gemeinsamen Bewegung Willen geringer. Fremde und Freunde schließen die Reihen. Leiber bilden lange Ketten, deren paralleles oder gegenläufiges Wiegen an eine Massenchoreografie erinnern kann.

> *„Es schließt sich das Schunkellieder-Potpourri an. Die Menschen um uns wiegen sich im Sitzen. [... Fiesta Mexicana wird angespielt]. Es bleibt im gleichen Viertelmetrum, nur wird es jetzt ein 4/4-Takt. Das wirkt schneller, moderner, weil nicht mehr nur jeder dritte Schlag wahrgenommen [betont] wird. Aber das Grundtempo bleibt das gleiche. [... Es] wird halt nicht geschunkelt, aber getanzt" (15. Feldbericht, Mi., 10.05.2000 vom Frühlingsfest Stuttgart).*

Einmal im Schwingen, wird als Nächstes die Musik akzentuierter, indem, oft übergangslos angehängt, ein Taktwechsel vollzogen wird. Die Menschen sollen nicht zur Ruhe kommen. Im unveränderten Grundtempo von etwa 120-144 Schlägen pro Minute[457] schließen sich wohlbekannte tanz- und mitklatschbare Stücke an. Gemäß der musikpsychologischen Rhythmusforschung gibt es, wie Reinhard Kopiez und Guido Brink ausführen, bestimmte Tempi von Klopfimpulsen, die „einen besonders starken Drang" zum Mitklatschen auslösen. Wird jener „innere Schwingungskreis" durch äußere rhythmische Akzente stimuliert, kommt es nach Kopiez/Brink zum Mitklatscheffekt, auch „Tony-Marschall-Effekt" genannt.[458] In der Unterhaltungsmusik, wie sie in erster Linie im Festzelt erklingt, wird dieser Effekt allenthalben genutzt.

Abgesehen davon fordert die Kapelle aktiv mit einem *„die Hände"* oder *„alle Klatschen"* zum Mitklatschen auf. Bandmitglieder machen das Klatschen prägnant vor. Sie führen die Hände affektiert, weit ausholend über dem Kopf zusammen. Das Mitmachen wird hiermit zwar initiiert, aber gleichzeitig wird es auch

---

457 Viele dieser musikalischen Beobachtungen verdanke ich dem passionierten Freizeitmusiker und Beschäftigten in der Musikbranche Gerhard Herbach, der mehrere Feldbesuche mit mir unternahm.

458 Kopiez/Brink 1998, S. 143-148; vgl. dort auch das Folgende.

beinahe als gegeben gesetzt. Wie sich aus dem weiter oben zitierten Feldbericht erschließt, kann davon ausgegangen werden, dass der Dirigent wusste, dass das Zelt – mit Kasperletheater aufgewachsen und per Frage- und Antwortspiel animiert – ihm ein „Ohoh" auf sein „Volare" entgegnen würde. Obendrein fördern bestimmte Musiktitel wie das Standardlied *Die Hände zum Himmel* das kollektive Singen und Klatschen geradezu und daraus resultierend die Gemeinschaft. Im Chor singen nämlich weite(ste) Teile des Zeltes: „Wir klatschen zusammen und keiner ist allein." Solcherart beginnt unüberhörbar die auditive *Mit*gestaltung des Abends. Anders als beim Applaus, der sich am Ende eines Stückes oder einer Sequenz anschließt, ist das Mitklatschen perkussiver Bestandteil der Unterhaltungsmusik. Die Besucher partizipieren am Klang wie auch am Gesang. Dank der Stimmung, die in der Aufwärmphase kreiert wird, *„können [die Besucher nun] so laut sein und so sein,"* wie sie wollen.[459] Die Dynamik intensiviert sich.

Unterstrichen wird diese atmosphärische Forcierung erstens durch die Beleuchtung. Zu Beginn des Abends herrscht noch Tageslicht, dem die Zeltplanen jede Grelle nehmen. Setzt dann die Dunkelheit ein, tauchen die großen Lampenringe das Zelt in warmes Licht. Mit dem Fortschreiten des Abends vermindert sich die Helligkeit. Gegen Ende der Aufwärmphase liegt das Mittelschiff in gedämpftem bis abgedunkelten Licht, während die Bühne im gleißenden Rampenlicht erstrahlt. Das Flair im Zelt erfährt eine dramatische Wandlung. Ein Betreiber hierzu:

„Der Raum gestaltet die Atmosphäre, deswegen dunkel. Sie schaffen eine eigene Welt für sich, und damit vergess' ich automatisch, was drum'rum passiert. Und wir schaffen eine eigene Welt, die in sich selbst funktioniert. Das passiert durch das Licht" (Interview mit Brauerei A am Mo., 22.11.1999).

Lichteffekte im Dämmerlicht verstärken die Außeralltäglichkeit der Situation[460] und führen sie vor Augen. Im Wasenwirt-Zelt beispielsweise zaubern laut Werbetext zwölf LED-Scheinwerfer „ein faszinierendes Farbenspiel" und sorgen für Partyatmosphäre.[461] Das Blinken der Strahler visualisiert den Rhythmus, den die Besucher multisensorisch erfahren. Bewegungen verzerren sich im wechselnden Licht, Konturen verwischen. Die „harte Realität" wird ausgeblendet.

Zweitens nimmt nach und nach die Besetzungsstärke der Band als auch die Geräuschqualität der Instrumente (Lautsprecher verstärkt) zu. Abends setzt die Kapelle oft bereits laut ein. Der Boden vibriert, die Bank federt, die Menschen er-

---

459 Antwort einer Besucherin auf meine Frage, was *„denn das Gute an der Stimmung sei"*, aus: 16. Feldbericht, Sa., 13.05.2000 vom Stuttgarter Frühlingsfest.
460 Vgl. Smudits 2004, S. 144.
461 Cannstatter Volksfest: Festzelte: Wasenwirt, auf: http://www.cannstatter-volksfest.de/index. php?id=26 [17.11.2010].

fahren das Schwingen am eigenen Leib.[462] Der Körper wird ohne eigenes Zutun durch die Beschallung vereinnahmt. Die immense Geräuschkulisse dringt ungebremst ans Ohr, das sich nicht wie ein Auge schließen lässt. Laut einem Oktoberfest-Musikmeister, den Ernst Schusser befragte, soll das so sein, damit „eine längere geregelte Eigenunterhaltung der Besucher" verhindert werde.[463] Ob dies eine explizite Absicht der Musiker auf dem Cannstatter Wasen ist, erschließt sich nicht aus meiner Erhebung. Oft besteht jedoch eine Unterhaltung darin, dass man sich gegenseitig anbrüllt. Und „grölen", „johlen" oder „schreien" wurden von mir regelmäßig in den Feldberichten als Verben gewählt, um den vokalen Ausdruck von Besuchern (mich eingeschlossen) zu beschreiben. Damit beeinflussen sich die Lautstärke der Musik und jene der Besucheräußerungen gegenseitig. Mit dem Evozieren der (guten) Stimmung wird nicht nur der Geräuschpegel voluminöser, sondern das Besucherverhalten wird ebenfalls „lauter". Die Gesten werden größer und fahriger. Das Klatschen wird raumgreifender, erst vor der Brust, dann über dem Kopf. Aus Sitzen wird Stehen. Aus dem Hin-und-her-Wiegen, entsteht das Tanzen mit gebeugten Armen am Körper. Die Arme öffnen sich weit, die Bewegungen zur Musik werden ausladend. Häufig wird aus dem Wippen ein Hopsen oder gar Springen.

Abhängig vom Wochentag verläuft dieser das Mittelschiff und die Seitennischen integrierende Prozess unterschiedlich schnell. An den besuchsschwachen Abenden kann sich das „Anheizen" bis nach 20.00 Uhr hinziehen. An den Wochenenden hingegen eilt die Ausgelassenheit wie ein „Lauffeuer" durchs Zelt und ergreift noch vor Ende der ersten Musikrunde die hintersten Ecken. Zu meinem Erstaunen konnte ich so per Webcam beobachten, wie bereits um 18.09 Uhr freitags in den einsehbaren Bereichen die allermeisten Anwesenden auf den Bänken standen, es sei denn, sie waren am Abendessen.[464]

Ungeachtet der Reichweite und der Geschwindigkeit, mit der die „Stimmungswelle" die Menschen mitreißt, breitet sie sich jeden Abend nach ähnlichem Muster aus. Die der Bühne nahen Bereiche werden zuerst erfasst, dann läuft die „Welle" nach hinten. Zudem gibt es im weiten Zeltrund Tischgemeinschaften, die früh geschlossen auf die Bänke klettern und am längsten bei möglichen Stimmungsflauten stehenbleiben. Analog dem eingangs genutzten Wortfeld ließen sich diese Tischgemeinschaften als „Glutnester" bezeichnen. Deren Fröhlichkeit feuert an, von dort kann die gute Laune andere entfachen und hält länger vor. An solchen Tischen befinden sich oft Menschen, die extrovertiert, gesellig und

---

462 Vgl. Sünwoldt 1985, S. 312: „Das rhythmische Trampeln lässt den Boden vibrieren, ich spüre körperlich den Schlag des Taktes."

463 Ernst Schusser: Musik in Münchner Bierkellern und Oktoberhallen. In: Günther Noll/Wilhelm Schepping (Hg.): Musikalische Volkskultur in der Stadt der Gegenwart. Hannover 1992, S. 180-194, hier S. 181.

464 Siehe *Webcam-Beobachtungen 5, Fr., 08.10.2010 um 18.09 Uhr.*

feierbereit sind.[465] An einem Abend war es die von mir im Reisebus befragte Fasnachtsgruppe, die direkt nach dem Eintreffen im Zelt schnellstmöglich auf die Bänke kletterte, um dort gemeinsam zu tanzen. Nach und nach ließen sich die Nebensitzenden an den anderen Tischen anstecken.

Sollten sich Banknachbarn nicht von alleine dem Trubel anschließen, dann werden die Sitzenden sehr oft von den Stimmungsmachern ergriffen und kurzerhand am Arm hochgezogen. Oft wird dem Drängen nachgegeben. Manche Tischgenossen aber weisen diese einnehmende Geste von sich. Es sei denn, die Aufmunterung zum Tanzen auf den Bänken kommt vom Chef, wie ich auf den Betriebsausflügen erleben konnte.[466] Gibt es hingegen kein klares soziales Gefälle, kann es sein, dass sich eine solche (zusammengewürfelte) Tischgemeinschaft über das Unterfangen des Auf-die-Bänke-Steigens zuerst abstimmt. Mit einem fragenden Blick in die Runde versichern sich die Menschen dann, dass das Stehen und Tanzen auf dem Sitzmobiliar von der Kleingruppe goutiert wird. Die vom Frontmann ausgesprochene Ermunterung *„auf die Bänke"* reicht nicht allen als Erlaubnis,[467] gängige Verhaltensnormen einfach so zu brechen. Abstimmungsprozesse im Kleinen werden nötig. Als ich ein solches *„gegenseitiges Abchecken"* an einem Tisch beobachtete, befragte ich die Besucher in der Musikpause über ihr zögerliches Hochklettern, dem ein (für mich ungewöhnliches) Stehen auf dem Zeltboden vorausging. Deren Begründung:

„‚Wir wollten uns gegenseitig abchecken. Mal sehen, machen die mit, dann machen wir das auch. Wir sind für so was offen', so die Aussage der Frauen. Einer der vier jungen Männer meint grinsend, er habe zu arg geschunkelt, während ein anderer zugibt, dass er [sich das Auf-die-Bänke-Klettern] nicht getraut habe (er ergänzt grinsend: ‚Gell, das will sie hören'). Dann führen sie weiter aus: ‚Wenn man sich nicht kennt, weiß man nicht[, was der andere macht beziehungsweise machen will. Nachdem wir [uns] hinsetzen, sind wir gemütlich, sind vorsichtig und tun erst mal sehen. Deshalb sind wir erst aufgestanden'" (12. Feldbericht, Mi., 06.10.1999 vom Cannstatter Volksfest).

465 Vgl. *16. Feldbericht, Sa., 13.05.2000 vom Stuttgarter Frühlingsfest: „Ein Mittdreißiger der Gruppe steht die Schultern schüttelnd und rüttelnd auf der Bank. Er hält zwei Frauen [...] im Arm. Zu dritt wiegen sie sich zur Musik. Singen lautstark mit. [...] Er ist der Chef im Ring, er dominiert mit seiner extrovertierten Ausgelassenheit seine ganze Gruppe und zieht die im Festtaumel mit."*

466 *13. Feldbericht, Do., 07.10.1999; und 25. Feldbericht, Do., 05.10.2000, beide vom Cannstatter Volksfest.*

467 Überlegungen über den Erlaubnisgehalt der Aufforderungen machte meine Begleitung A direkt im Feld: *„A wertet das [Jetzt gehts los] als eine Erlaubnis von oben, jetzt feiern zu dürfen, jetzt auf die Bänke zu steigen, jetzt der Ausgelassenheit zu frönen. Ob Erlaubnis oder Aufforderung [..., es] ist die seitens der Veranstalter (in Gestalt des Dirigenten) und des Programmzuständigen ausgesprochene Verhaltensdirektive, die eine Absolution von ansonsten unschicklichem Benehmen mit einschließt"* (24. Feldbericht, Mi., 04.10.2000 vom Cannstatter Volksfest).

Die mögliche Zurückhaltung hinsichtlich des Hochkletterns, sei es wegen der visuellen Herausgehobenheit oder des Mit-den-Füßen-Tretens des eigenen Sitzplatzes (oder gar der Sitzpolster, wie sie in den Seitenbereichen ausgelegt sein können), schwindet mit der Anzahl jener, die auf den Bänken stehen. Die Normalität dreht sich um. Gegen Ende der Aufwärmphase ist es üblich, auf den Bänken zu stehen. Die Wenigsten sitzen.

Deshalb erfolgen manche „Schaustückchen" von den *„Paradiesvögeln"*[468], den Spaßmachern unter den Besuchern, die gehört oder gesehen werden wollen bereits in der Aufwärmphase,[469] bevor der Lärm alles zudeckt, das ganze Zelt auf den Bänken steht und das Licht zurückgefahren wird. Das exponierte Tanzen, ob auf der Bank, auf dem Tisch oder im Gang, von jung oder alt, Mann oder Frau, gehört dabei zu den üblichsten Einlagen, die nicht selten mit komischen Gebärden (eher Männer, weniger Frauen) oder anzüglichen Gesten (Frauen und Männer) ausgeschmückt werden:

„Ein ca. 50-jähriger Mann mit Halbglatze [...] nutzt dieses ‚Ich bin so toll' aus dem Lied, um seinen Pullover hochzuschieben und seinen Bierbauch zu entblößen. Die blanke Haut spannt sich über seiner Wampe. Er windet seinen Körper und streicht lasziv über seinen nackten Bauch. Er schiebt die Hüften vor und zurück, während er die ihm gegenübersitzenden (Frau und Mann) schelmisch anlacht. Schließlich mündet seine Darbietung in einer Art Bauchtanz. Er rollt seine Bauchdecke, schiebt die Hüften von links nach rechts und windet seine Arme dabei. Ich fasse es nicht, ein Mann, der sich solcherart exhibitioniert. [...] Dem Mann, der in seinen Bewegungen noch so koordiniert war, dass er vielleicht angetrunken, aber keinesfalls betrunken [war], haben nicht nur S und ich fasziniert und amüsiert zugeschaut, sondern viele Hälse wurden in seine Richtung gereckt und gestreckt" (26. Feldbericht, Fr., 06.10.2000 vom Cannstatter Volksfest).

Auch erlebte ich akrobatische oder clowneske Vorführungen wie einen Handstand auf Bierkrügen oder das Tröten auf einer extra mitgebrachten, selbstgebastelten „Trompete" aus Schlauch und Haushaltrichter. Mit ihren Einlagen ernteten diese Possenreißer, die zumeist Männer waren, *„Bravo-Rufe"* und Applaus von den umliegenden Bänken sowie die wohlwollende Aufmerksamkeit

---

468 *Interview mit Brauerei A am Mo., 22.11.1999.*
469 Vgl. *27. Feldbericht, So., 08.10.2000 vom Cannstatter Volksfest: „Ich habe das Gefühl, [die Jugendlichen] singen dieses Lied uns und allen anderen vor, die um sie herum sitzen. Es ist ein anzügliches Lied und auch wieder nicht. Denn der erste Teil der Strophe beginnt mit einem Satz, der sexuelle Assoziationen hervorruft, um dann im zweiten Teil eine harmlose Wendung zu nehmen. Sie singen lauthals, inbrünstig und voller Freude ihr bayerisches Schelmenlied: ‚Sie hat a haarige (2 x), sie hat a haarige (Pause) – Angorakatz'. Sie hat a nasse (2 x), sie hat a nasse (Pause) – Wäsch draussa hänga [...]'."*

vom anderen Geschlecht.[470] Da die Menschen im Zelt ihre Blicke nicht beständig der Bühne zuwenden, bemerken die Besucher schnell solche kreativen, nicht alltäglichen Darbietungen seitens Dritter. Ich hatte gar den Eindruck, dass viele Feiernden solche devianten Handlungen im Voraus planen oder als Publikum mit Spannung antizipieren und nach ihnen Ausschau halten, geschehen sie doch regelmäßig. Das rasche Drehen der Köpfe, *„sobald sich einer streckt, um etwas zu sehen, schauen andere sofort auch in diese Richtung"*,[471] der offene Beifall und die lauten Anerkennungsrufe belegen zumindest, wie unterhaltsam die „Gast"-Vorführungen sind.

Solche „Kabinettstückchen" bezeugen und verstärken eine Atmosphäre, in der es möglich ist, die üblichen Verhaltenskonventionen zu brechen. Die Spaßmacher zeigen den Zuschauenden, dass sie bereit sind, sich närrisch zu verhalten. Sie inszenieren eine Überschreitung der „guten Sitten" und lassen theatralisch „die Sau raus".[472] Anstelle von Lächerlichkeit und einhergehender sozialer Demütigung schallt ihnen (meist) Anerkennung[473] entgegen, was nicht gleichermaßen für die groben Tabubrüche wie nackte Busen oder Hintern gilt (vgl. hierzu Exkurs in Kap. 5.3). Darüber hinaus signalisieren die „Witzbolde" ihrem Publikum, zu welchem sie nach der Einlage wieder gehören, dass ihre frei gewählte, nicht ernst zu nehmende Rolle auch von anderen eingenommen werden kann. Bevor sich die eine oder der andere versieht, mag sie oder er vielleicht selbst durch ihre oder seine Handlungen mit Aufmerksamkeit bedacht werden oder Teil einer lustigen Begebenheit sein. Eine humoristische Kreativität, die die mögliche Situationskomik erkennt, erfasst viele Besucher. Fällt zum Beispiel ein beladenes Tablett herunter oder wird ein Bier auf jemand verschüttet, lässt die Schaden*freude* angesichts eines solchen Missgeschicks nicht lange auf sich warten. Gegen Ende der Aufwärmphase häufen sich die „komischen" Begebenheiten, die auch in der heißen Phase nicht abreißen. Die Teilnehmer verbreiten aktiv gute Laune und schneiden einander Grimassen.[474] Eine allseitige Gelöstheit tritt ein. Die Bereitschaft für jene spaßige Leichtigkeit steigert sich, was in der vom Alltag entlasteten

470 Zu Akklamation vgl. *10. Feldbericht, Fr., 01.10.1999 vom Cannstatter Volksfest.* Anerkennung von Frauen erhielt der Spieler der „Trichter-Trompete", vgl. *24. Feldbericht, Mi., 04.10.2000 vom Cannstatter Volksfest.*
471 *26. Feldbericht, Fr., 06.10.2000 vom Cannstatter Volksfest.*
472 Diese Formulierung nutzte ich in meinem Fragebogen. Vgl. Umfrageergebnisse in Anhang 10.4.
473 *08. Feldbericht, Mi., 29.09.1999 vom Cannstatter Volksfest: „Bei einem fetzigen Stück reißt es einen alten Mann hoch [...]. Er windet sich, twistet, beugt die Knie, dreht sich um sich selbst und wirbelt mit den Armen herum, als sei er nicht über sechzig oder gar siebzig, sondern frische zwanzig. Er sprüht vor Musikalität und Tanzlust. Eine Frau, auch schon über vierzig, billig gekleidet, steht direkt hinter ihm und feuert ihn an. Eine andere klatscht ihm sitzend zu. Nach und nach jubeln ihm auch die umliegenden Bänke zu und geben Szenenapplaus."*
474 Grimassen erscheinen regelmäßig in den selbst gedrehten Videos. Zum Beispiel bei 01:25 oder 01:36 von Youtube, fête de la bierè [08.03.2015].

Situation des Festzeltes weitere – den gängigen Ordnungen entrissene – Handlungsspielräume eröffnet.[475]

Oben auf der Bühne blödeln ebenfalls die Mitglieder der Bands oder extra engagierte Alleinunterhalter in den Musikpausen. Die Entertainer sind sich der Wirkungsmacht von Witzen bewusst. Für einige Lieder verkleiden sich die Musiker mit eigenwilligen Accessoires wie großen Brillen, farbigen Perücken oder grellen Hemden, was die Alterität der Situation unterstreicht. Gespielte Scherze, die meist sexuelle Konnotationen haben, sollen die Anwesenden ebenfalls amüsieren, auflockern und folglich distanziertes Verhalten aufheben. Obendrein laden die Unterhaltsprofis Besucher zu Showeinlagen auf die Bühne (die gesteigerte Form des „Kabinettstückchens" im Mittelschiff, das oft in der heißen Phase stattfindet). Doch die Feiernden werden bereits mit ihrem Lachen eingefangen und am Klamauk beteiligt. Dazu gehören auch die mannigfaltigen, grotesken Gesten der Line Dances (Reihentanz), die der Frontmann oft vorexerziert. Dann ist die Lustigkeit nicht mehr nur inszeniert, sondern wird von den Lachenden und Machenden im Mittelschiff in diesem Moment selbst erfahren. Das Theatralische wird zum eigenen Besuchererlebnis, wandelt sich und wird wahrscheinlich als authentisch erfahren. Im vollen Zelt kann ein eingangs aufgesetzter Übermut viele anstecken und erfassen. Unter Umständen ist die Stimmung schon in der Aufwärmphase so „überwältigend", dass selbst in der langen Musikpause, keine Ruhe mehr einziehen will:

„Dann ertönt [nicht mehr live, sondern von der ‚Musikkonserve'] das Lied Weiß der Geier, und die Jugendlichen beginnen vorne, wieder mitzusingen. Die, die sich schon hingesetzt haben, klettern wieder auf die Bänke zurück. Die Stimmung steigt. In der Musikpause ist das nicht vorgesehen. Und ich erlebe diese Art von Selbstentzündung zum ersten Mal, aber sie ist nicht aufzuhalten. Das Publikum will feiern und nicht Pause machen. Der Bär tanzt. Schließlich [kommt] das nächste Konservenlied Über den Wolken *[Version DTK][476]. Nein, die Leute beruhigen sich nicht. Die feiern einfach weiter. Autark, autonom, ‚muss die Freiheit wohl grenzenlos sein', singt die Masse. Bis nach [hinten] ist wieder alles auf den Bänken" (01. Feldbericht, Sa., 24.04.1999 vom Stuttgarter Frühlingsfest).*

Im leeren Zelt hingegen – so mein Eindruck – entsteht eine bizarre Situation, in der auf der Bühne angestrengt eine ulkige Atmosphäre kreiert wird, die die leeren Reihen kaum erreicht und sich verläuft. Was auf der Bühne geschieht, wird nicht im Zelt aufgenommen und reflektiert. Zwei Kreisläufe werden offensichtlich. Das vergnügliche Lachen ist sowohl Ergebnis als auch Kraftstoff für

---

475 Vgl. Braun 2002, S. 8.
476 Dieter Thomas Kuhn and Band (DTK) arrangierten 1996/1997 den gleichnamigen Hit von Reinhard Mai (Original 1974) erfolgreich neu. In der DTK-Version ist das Lied ein Zeltstandard.

die Stimmungsarbeit, für das aktive Enthemmen und Entgrenzen. Wenn dagegen keine Fröhlichkeit im Festzelt aufkommt, gibt es auch kein Vergnügen und ohne Stimmung findet der Spaß nicht statt. Die Liminalität bleibt außen vor. Haben die Menschen hingegen ihren Spaß, sind angeheizt und in Stimmung, dann steht der heißen Phase nichts mehr im Weg. Darum geht es auch nach Aussage des Musikers im Festzelt:

> *„Ganz allgemein und grundsätzlich, wenn ich einen Abend im Zelt verbringen will, habe ich die Erwartung zu feiern. Sie wollen Spaß haben und von der Musik so angeheizt werden, dass sie feiern können. Saufen, Singen und Spaß" (Interview mit Musiker am Di., 05.04.2011).*

5.3 Die heiße Phase

„But now all barriers broken through, all flushed and happy", kleidete Wolfe seine Eindrücke zum Ausklang eines *Prosits* in Worte.[477] Animiert und angeheizt, erlebte der Schriftsteller einen Moment, in dessen Folge „alle Barrieren durchbrochen" oder ebenfalls als Übersetzung denkbar „alle Grenzen überschritten" waren. Geschildert hat Wolfe damit seine Erfahrung von Liminalität, die sich aus dem Stimmung-Machen ergab. Die heiße Phase entspricht jenem Schwellenzustand.

Hey, das geht ab: „Wir feiern die ganze Nacht!"

Nun sind die Besucher nicht mehr nur bereit, sich körperlich und emotional einzubringen[478] – was eine Absicht ausdrückt –, sondern sind in Aktion, sind im Hier und Jetzt involviert. Ob 20.43 oder 22.17 Uhr spielt keine Rolle, denn die Feiernden sind in vollem Schwung. Sie sind komplett im Geschehen gefangen, „absorbed into a single synchronized fluid event", wie Turner schrieb.[479]

Kaum beginnt die Musik nach einer Pause zu spielen, klettern die Menschen in der Feierfreude auf die Bänke. Manche steigen im Übermut gar auf die Tische. Nur vereinzelt bleiben Besucher sitzen. Die Musik dröhnt. Die Besucher schwingen, wedeln mit den Armen, klatschen unisono im Takt. Wie auf Kommando johlen Tausende den Refrain. Übergangslos intoniert die Band den nächsten Partyhit, den die Masse schon an den ersten Takten erkennt und jubelnd begrüßt. Wieder singen die Feiernden. Der Frontmann verstummt, das Mittelschiff ergreift die Gelegenheit, führt das Lied begeistert weiter und ergötzt sich

---

477 Wolfe 1962, S. 556.
478 Am Do., 07.10.1999 besuchten meine Kollegen und ich den Wasen. In den Tagen davor konnte ich Gespräche mithören: *„Seit Tagen haben [die Kollegen] sich auf die Stimmung gefreut, auf das gemeinsame Feiern und Singen und Auf-den-Bänken-Tanzen, auf die ‚Sause' und das Gemeinschaftserlebnis, auf das Lustigsein" (13. Feldbericht, Do., 07.10.1999 vom Cannstatter Volksfest).*
479 Turner 1982, S. 48.

an der eigenen Klanggewalt. Die Luft ist dick und dampfig. Kurzerhand wird ein *Prosit* eingeschoben und die Gemeinschaft gestärkt. Das Bier rinnt die Kehlen hinab, löscht den Durst, glättet raue Stimmen. Der Alkohol steigt zu Kopf. Die Menge reagiert aufgekratzt. Von der Bühne herab erschallt ein Stück, das die Dynamik reflektiert und in Bewegung ableitet. Die Band spielt einen Reihentanz, der Frontmann zeigt die einzelnen Tanzpositionen. Ein Meer von Händen reckt sich in den Zelthimmel, die Arme heben und senken sich im Gleichmaß. Visuell und auditiv verschmelzen die vielen Besucher zu einer vielarmigen und vielstimmigen Masse, um anschließend auseinander zu brechen. Da tanzen zwei wild im Gang, dort macht eine ein Solo auf einem Tisch, hier haken sich welche unter. So geht es Lied um Lied, Schluck um Schluck. Berauscht von Alkohol halten und stützen sich Fremde und Freunde. Dann torkelt jemand von der Bank, was viele mit Spott quittieren. Umgestoßenes Bier ergießt sich über den Tisch, über die Kleidung. Irgendwo in der Enge brandet Ärger auf, Banknachbarn beschwichtigen, der Sicherheitsdienst greift ein. Eine harmonische Ballade, inbrünstig von den Menschen mitgegrölt, dämpft und beseelt. Nicht wenige legen die Arme einander über die Schultern. Vereinzelt wandert eine Männerhand auf Po oder Busen. Ganz Enthemmte zeigen nackte Haut oder folgen dem Ruf zu einem Tanzwettbewerb auf die Bühne, mit dem die Spielpause der Band überbrückt wird. Die Ausgelassenheit hingegen kennt keine Pause. Selbst in der Wartegemeinschaft für den Toilettengang oder dortselbst werden die Zelthits gesungen. Räumlich durchdringt die gute Laune das ganze Zelt. Die lärmige Ausgelassenheit überspringt die Gänge, erfasst die gehobenen Seitenbereiche oder aktiviert die Besucher auf den Emporen, die dem Treiben lange nur zuschauten. Im *besten* Falle feiern *„vom VIP bis zu den niedrigen Leuten"*, *„Jung und Alt, unterschiedlichste Menschen gemeinsam"* an einem Ort.[480]

Alltägliche Disziplinierungen wurden lachend in der Phase der Separation abgelegt. Jetzt herrscht ein Enthusiasmus, der bis ungefähr eine halbe Stunde vor Schankschluss die gleiche Intensität behält. Das erreichte Spaßniveau ist von keinem Stimmungstief mehr bedroht, das sich in der Aufwärmphase noch ausbreiten kann, wenn die Band ein zu ruhiges, unbekanntes oder unbeliebtes Stück anstimmt. Die heiße *Phase* ist nämlich jener oft beschriebene „Höhe*punkt*", wenngleich Dauer und Ausgestaltung eher den Begriff „Hoch*plateau*" nahelegen. In diesem Abschnitt erreicht das stete atmosphärische Verdichten von Musik, Körperlichkeit und Alkoholisierung seine höchste Intensität. Die Kapelle erzeugt nun Stimmungswellen.[481] Sämtlich auf hohem Niveau pendelt das Stimmungsbaro-

480 Aus *Interview mit Musiker am Di., 05.04.2011.* Die folgenden Ausführungen beschränken sich weiterhin auf das Mittelschiff und die weniger exklusiven Seitenbereiche.

481 Siehe *Interview mit Musiker am Di., 05.04.2011; Interview mit Bedienung M am Do., 24.03.2011*; oder Sünwoldt 1985, S. 314.

meter im Idealfall zwischen – überspitzt ausgedrückt – ausgelassenem Überschwang und bierseliger Weltumschlungenheit.

„Dann ist die Partyphase. Da spielen wir alles Querbeet. Es kommen moderne Titel aus allen Bereichen. Auch Titel, wo die Leute mitmachen können. Und dann immer wieder was Ruhigeres, um die Leute abzukühlen. Da gibt es standardmäßige Balladen, wo sich alle Leute in den Armen liegen, zum Liebhaben. Das sind dann einfach positive Gefühle, da kommen dann auch die Feuerzeuge raus, nicht der Exzess. Wir werden auch vom Veranstalter angehalten, mit der Musik abzukühlen, um Schlägereien entgegenzuwirken" (Interview mit Musiker am Di., 05.04.2011).

In der heißen Phase, jenem „single synchronized fluid event", lassen sich die Faktoren 1) Stimmungsmusik (klangliche Partizipation), 2) Bewegung (Tanz und Körperbeherrschung), 3) Alkohol (Rausch) und daraus folgend 4) ein emotionales Hochgefühl (Flow-Zustand) ausmachen. Von den Vieren werden die Musik und der Alkohol seitens des Wirts angeboten, während das Singen, Tanzen oder das Flow-Erlebnis zum Teilnehmen der Besucher gehört. Die Faktoren Musik, Bewegung und Alkoholkonsum mitsamt den liminalen Folgen beeinflussen sich dabei die ganze Zeit gegenseitig und durchdringen sich. Ein kausaler Zusammenhang lässt sich vom Musikangebot hin zum Singen und anschließend zur Bewegung ausmachen. Anfangs stimmen sich die Besucher meist „ohne tänzerischen Mitvollzug" auditiv und vokal ein.[482] Das musikalische Mitmachen bringt sie dann selbst in Schwung, sie setzen sich in Bewegung. Andererseits überschneiden und widersprechen sich die Prozesse: Das Bier löst, der Tanz bindet ein. Oder die Stimmungsmusik mitsamt der Partizipation begünstigen in erster Linie einen harmonischen Zusammenhalt, fördern aber auch gleichzeitig die spielerische Abkehr vom disziplinierten Verhaltenskorsett des Alltags. Mit der folgenden Trennung in die vier Faktoren reduziere ich die Komplexität jener Geschehnisse und versuche, das aktive Feiern in schriftlicher Form zu fixieren.[483]

482 Peter Fauser: Des Volkes Tanzen heute. Beobachtungen bei einer Kirmes in Südthüringen. In: Marianne Bröcker (Hg.): Tanz und Tanzmusik in Überlieferung und Gegenwart. Bamberg 1992, S. 169-185, hier S. 172.
483 Vgl. hierzu Edith Turner: Communitas. The Anthropology of Collective Joy. New York 2012, S. 220f.; auch Turner 2000, S. 133: „Spontane Communitas kann niemals adäquat in einer Strukturform zum Ausdruck gebracht werden".

Die Stimmungsmusik

„Dam dam, dam dam … Everybody now!",
aus dem Lied: *Marmor, Stein und Eisen bricht*

Ohne Musik käme das Feiern im Festzelt nicht nur ins Stocken, sondern zum Erliegen. Im Umkehrschluss schafft es in dieser Phase die Kapelle, mit bestimmten Musikstücken das ganze Zelt in kurzer Zeit in einen „Hexenkessel" zu verwandeln. Die Beschallung prägt die Atmosphäre, spielt sich in den Vordergrund und lenkt die entstandene Festgemeinschaft. Am „Steuer", die „Marschroute" vorgebend, befindet sich der Frontmann der Band. Vor zehn Jahren musizierten auf dem Cannstatter Wasen noch größere „Showbands", denen ein (oft nichtsingender) Dirigent vorstand. Im Vergleich hierzu ist die heutige Besetzung der Partybands kleiner und weniger bläserlastig. Konsequenterweise sind die Arrangements „rockiger", da E-Gitarre und E-Bass ein größeres Gewicht erhielten. Ebenfalls veränderte sich die Titelauswahl. Die Menge an Märschen, volksmusikalischen Polkas und Schunkelwalzern ging stark zurück. Partymusik dominiert nun das Programm. „Musik zum Feiern" wäre eine kurze, aber gleichzeitig zu unscharfe Bezeichnung.[484] Vielmehr ist die Musik, die in den Festzelten gespielt wird, erstens durch ein typisches Vorleben des Repertoires, zweitens durch eine spezifische Darbietungsweise und drittens durch melodische und textliche Kriterien wie Simplizität oder Mitsingbarkeit gekennzeichnet. Der Musik gelingt es damit, die Feier*stimmung* zu erzeugen, zu halten und zu modulieren.

Zum Vorleben

Die musikalische Unterhaltung im Festzelt hält keine *„böse Überraschung"*[485] bereit. Sie basiert auf dem Vertrautheitsprinzip. Die Stücke sind fast ausschließlich[486] gecovert, also keine originären Eigenkompositionen oder Uraufführungen. Will sich eine Kapelle profilieren, arrangiert sie eher ein bislang nicht bedachtes Evergreen neu und spielt es als erste Band auf dem Volksfest. Das Repertoire hat einen relativ „traditionellen Kern", der sich nur langsam ändert, und einen sich wandelnden „aktuellen Rand".[487] Die intonierten Lieder stehen oder standen sämtlich oben in den Charts oder sind vertraute Festzeltstandards. Sie

---

484 Generell handelt es sich um „populäre Musik" oder „Popularmusik", deren Ästhetik, Konzeption und Definition jedoch einem andauernden Diskurs unterliegen. Vgl. u.a. Peter Wicke: „Populäre Musik" als theoretisches Konzept. In: PopScriptum 01/1992, S. 6-42, auf: http://www2.hu-berlin.de/fpm/popscrip/themen/pst01/pst01_wicke.htm [08.03.2015]; oder Julio Mendívil: Ein musikalisches Stück Heimat. Ethnologische Beobachtungen zum deutschen Schlager. Bielefeld 2008, S. 142-148, 154-158.
485 *16. Feldbericht, Sa., 13.05.2000 vom Stuttgarter Frühlingsfest.*
486 Die meisten Bands haben Eigenkompositionen, die vereinzelt gespielt werden. Außerdem werden die Zelte besungen. Als Beispiele vgl. die Lieder *Fürstenberg-Song* oder *Wir gehn zum Wasen.*
487 Kopiez/Brink 1998, S. 214, die auf Karnevalssitzungen verweisen.

werden teilweise in Schulen, gar Kindergärten[488] gepflegt oder sind beliebte, volkstümliche Schlagertitel. Letztere, vom Musiker im Interview als *„Lederho-senmusik"* bezeichnet, weisen Anklänge des Alpenraums in Text sowie Arrange-ment auf oder haben eine als „,typisch deutsch'" erachtete Melodieführung[489]. Obendrein basieren viele dieser „Ohrwürmer" auf Sporthymnen oder sogenannten „Volksliedern",[490] was deren Eingängigkeit und Chancen erhöht, sich zunächst zum allgemeinen Partyhit zu entwickeln. Denn bevor ein Stück erstmals im Fest-zelt gespielt wird – das gilt in erster Linie für das aktuelle, deutschsprachige Repertoire der Partymusik, die englischen Lieder kommen aus den Charts –, hat der Titel meistens eine oder alle dieser Stationen erfolgreich durchlaufen: Bal-lermann – Après-Ski – Karneval.[491] Bei diesen Feier-Gelegenheiten gewinnen die Stücke an Popularität. Sie erlangen ihre „Party"-Tauglichkeit, da sie mit anderen im deutschen Kulturkreis anerkannten Orten und Begebenheiten des ausgelasse-nen Vergnügens verknüpft werden. Einer der Partyhits (vielleicht auch ein zweiter) wird in der Folge zum jährlichen Festhit mit der Chance, sich als Teil des Kernreper-toires zu etablieren. Als gern zitiertes Beispiel gilt das Lied *Fürstenfeld*, an dem sich 1984 die Besucher nicht satt hören konnten.[492] Bei meinen Feldbesuchen

---

488 Beispiele wären das *Fliegerlied* oder *Das rote Pferd*. Siehe Youtube: 120 Kinder singen live Das rote Pferd Part 2 (vom 08.10.2007), auf: http://www.youtube.com/watch?v=LUepvFKbnI4&-feature=relmfu [08.03.2015]. Das *Fliegerlied* wurde von Andreas Donauer (Donikkl) als Kinder-lied konzipiert und aufgezeichnet, um dann in der Coverversion (Tim Toupet) erfolgreich in der Partyszene zu werden.

489 Eine Begrifflichkeit, entnommen aus einem Interview in Mendívil 2008, S. 226; ebd., S. 222, auch Aussagen zum deutschen Musikfeld. Außerdem *Interview mit Musiker am Di., 05.04.2011.* Als Beispiel für *„Lederhosenmusik"* wird der Titel *Anton aus Tirol* angeführt.

490 Diese Bezeichnung wähle ich, um das jeweilige Zelt-Vorleben eines populären Liedes möglichst prägnant zu fassen. Dabei wird der Begriff „Volkslied" eng als normative Vorgabe hinsichtlich eines hohen Alters verstanden. Hierzu Josef Focht: Die Anfänge der oberbayerischen Volksmu-sikpflege in der Zwischenkriegszeit. In: Inga Mai Groote (Hg.): Musik in der Geschichte. Zwi-schen Funktion und Autonomie. München 2011, S. 111-134, hier S. 126. Es soll nicht um die jahrzehntelange Forschungsdiskussion gehen, welche Stücke als „Volkslied" oder als „Populär-musik" zu benennen sind. Ein „Volkslied"-Beispiel ist das Lied *Allee*, in dem das Stück *Carneval de Paris* – das *Olé Olé* (offizielles Lied der Fußball-WM 1998) im Chorus mit der Melodie von *Das Wandern ist des Müllers Lust* verbunden wurde. *Das Wandern* ist ein populäres Lied (ein sogenanntes „Volkslied") aus dem 19. Jahrhundert. Eine Entwicklung durchlief auch *Am Ufer/ Strande der Donau [Donaulied]*, dessen Text modifiziert wurde. Die Melodie und Anfangsverse entsprechen einer Version, die ich bereits 1981 hörte. Beispiele für Sporthymnen sind *Auf uns* oder *54, 74, 90, 2010*.

491 Beispieltitel: *Ab in den Süden* (2003 Sommerhit, Ballermann → Festzelt), *Cowboy und Indianer* (2006 Ballermann, Après-Ski, Karneval → Festzelt), *Viva Colonia* (2003 Karneval, Ballermann → Festzelt), *Schatzi schenk mir ein Foto* (2011 Ballermann, Après-Ski, Karneval → Festzelt) oder *Scheiß drauf* (2013 Ballermann → Festzelt). Siehe auch Ann-Kathrin Gerke/Philipp Vet-ter: An Tagen wie diesen da brennt der Huat. Auf: Oktoberfest-Live.de (vom 26.09.2012), auf: http://www.oktoberfest-live.de/wiesn-hits/oktoberfest-wiesn-hit-tage-diesen-brennt-huat-2520249.html [08.03.2015].

492 Vgl. Sünwoldt 1985, S. 312-314.

im Jahr 2000 teilten sich diesen Status *Anton aus Tirol* und *Hey Baby*, die immer wieder von den Gästen angestimmt wurden. Die Besucher kennen die Festhits.

„[...] zum Beispiel beim Stück Allee. *Das hat irgendeiner umgeschrieben. Also das Olé, Olé vom Fußball, da wurde dann draus: ‚Eine Straße, viele Bäume, ja das ist eine Allee. Allee ...‘ Das singen dann alle und sind glücklich. Wir brauchen das nur anzufangen: ‚Alleeeeeee‘ (Musiker singt vor). [...] Wir brauchen das noch nicht mal zu spielen. Nur der Bass und die Sänger. Dann innerhalb von fünf Sekunden ist die Stimmung da, die Leute auf den Bänken, es geht sofort los. Die Leute wissen gleich, was es ist" (Interview mit Musiker am Di., 05.04.2011).*

Die Darbietungsweise

Das zweite Kennzeichen der Musik im Festzelt ist, dass sie auf die Feiernden einstürmt und sie bedrängt. Das gilt nicht nur für die dröhnende Lautstärke, sondern auch für das unterbrechungsfreie Spielen der einzelnen Titel in Form von blockartigen Hit-Medleys (wie mehrere aneinandergehängte Neue Deutsche Welle-Songs). Die Feiernden stehen unter *„Dauerbombardement"*. Die Band forciert die Ausgelassenheit, baut Spannung auf, um im kollektiven Singen von *Ein Prosit* zu kulminieren:

„Wir [B, ein Besucher und ich] erörtern, warum die Menschen auf die Bänke steigen. Aus seiner Sicht [ist] die Musik das wesentliche Element, das die Masse zum Kochen bringt; durch die Reizüberflutung seitens der Musik und deren Dauerbombardement müsse die so entstandene Anspannung durch das Feiern, das Tanzen und Johlen, das laute Singen abgebaut werden" (25. Feldbericht, Do., 05.10.2000 vom Cannstatter Volksfest).

Zum Antreiben gehört ebenfalls, dass die Kapelle die Besucher auffordert, sich zu beteiligen. Mit *„einladenden Handbewegungen"*, gerufenem *„Alle singen"* bis hin zum detaillierten Vormachen von Tanzpositionen reichen die Anweisungen,[493] die alle appellativen Charakter haben. Die zentrale Bühne und mehrere Videowände, die die Bühnenshow vervielfältigen und in hintere Ecken tragen, garantieren eine hohe Sichtbarkeit der Band. Zudem sorgen Scheinwerfer dafür, dass im Halbdunkel des Mittelschiffs die Aktionen auf der Bühne optisch hervorgehoben werden. Damit stellen sowohl Aufbauten als auch technische Inszenierungen (Beleuchtung, Beschallung) sicher, dass die Impulse von der Band bei den Anwesenden ankommen. Ansonsten „verpufft" die Animation, die letztlich auf Interaktion *zwischen* Band und Besuchern angelegt ist. Denn das Mitsingen

---

493 Aus *02. Feldbericht, Do., 29.04.1999 vom Stuttgarter Frühlingsfest.*

besitzt eine wichtige „Rückkopplungsfunktion", die der Band zeigt, dass die „richtigen Titel ausgewählt"[494] wurden.

„Eine schlechte Band zieht ihr Programm durch, egal, wer unten sitzt. Andere beginnen mit Musik und brauchen ein Feedback vom Publikum, welche Stücke sie jetzt spielen sollen, weil die Stimmung danach ist" (Interview mit Bedienung M am Do., 23.04.2011).

Zur spezifischen Darbietungsweise gehört nämlich auch, dass die Musik im Festzelt einer inszenierten Unterhaltung entspricht – und zwar im wörtlichen, kommunikativen Sinne. Die Besucher insistieren auf gewissen Liedern, stimmen diese selbst an oder reichen den Musikern Zettelchen mit Wunschtiteln. Populäre Titel werden mit Applaus oder Jubel begrüßt. Überdies ist das musikalische Muster von vielen Festzeltarrangements selbst auf ein Hin und Her zwischen Bühne und Mittelschiff angelegt. Viele Stücke haben Präludien oder Zwischenspiele, in denen sich Musiker und Teilnehmer Tonfolgen oder Frage-und-Antwort-Chants zusingen. Der Part, den das Mittelschiff – dann eigentlich Co-Musiker – in manchen Liedern übernimmt, kann dabei eine Ad-libitum-Ergänzung oder ein fester Bestandteil sein, ohne dass melodisch oder rhythmisch etwas fehlte.[495] Da diese Kurzgesänge oder bestimmte Klatschrhythmen mehrfach wiederholt werden und auf markanten, gängigen Mustern basieren, prägen sie sich ein und erleichtern das Mitmachen. Eine weitere Form, wie Besucher eingebunden werden, ist das ostentative Verstummen des Leadsängers oder gar der ganzen Kapelle mitten im Lied. Die Feiernden übernehmen dann die unausgesprochene musikalische Einladung und werden zu einem A-cappella-Chor, in dem Tausende *zusammen* singen. Die Gesangslautstärke scheint sogar anzuschwellen, wenn das Zelt seinen Solopart übernimmt. Die Teilnehmer singen ohne Hemmungen lautstark und leidenschaftlich, obwohl nicht jeder Ton getroffen wird. Überdies möglich: Während ein Teil des Zeltes singt, begleiten dies andere mit akzentuiertem Rufen oder Pfeifen.[496] In Ermangelung an Instrumenten nutzen die Zeltgänger das Klatschen, Donnern von Bierkrügen oder Stampfen, um sich klangvoll auszudrücken. Improvisierte Jauchzer vergnügen den Schreienden und die Nachbarn auf den Bänken. Es braucht kein Belcanto im Festzelt. Das sangeslustige „Schmettern"

---

494 Fauser 1992, S. 178.
495 Zum Beispiel das Lied *Wahnsinn* von Wolfgang Petry/Die Lollies, in dessen Refrain das Zelt versetzt zu „warum schickst du mich in die Hölle" rhythmisch „Hölle, Hölle, Hölle" in der Spielpause einschiebt. Zu diesem Wechselspiel gehören weitere Zelteinsätze: Leadsänger: Gefühle – Zelt: fühle, fühle, fühle; und Leadsänger – Zelt: Müll – Zelt: Müll, Sondermüll; abschließend Leadsänger: Ich will dich – Zelt: ganz allein.
496 Vgl. hierzu Youtube: Oktoberfest 2010 – Everyone is singing Country Roads!!! (vom 03.10.2009), auf: http://www.youtube.com/watch?v=PrbRP4DN6cI [08.03.2015]. Bei 0:38 hört der Sänger auf zu singen. Bis 01:15 singt das Zelt alleine, nur begleitet durch das Schlagzeug. Ab 01:00 setzt ein rhythmisches Skandieren von „hoi, hoi, hoi" ein. Pfiffe ertönen gegen 01:15. Das Video belegt auch lautes, falsches Singen.

kann vielmehr als Ausdruck jener Freude verstanden werden, die das Singen gleichzeitig unter den Beteiligten stiftet.

Simplizität

Die Musik im Festzelt ist drittens durch Simplizität in einerseits melodischer und andererseits textueller Hinsicht gekennzeichnet. Dazu der Musiker: *„Die Einfachheit zahlt sich aus. Unter uns – je blöder, um so leichter funktioniert.“*[497] Dies bedeutet erstens, dass „Lieder" gespielt werden: „Lieder sind jedoch die Gattung, die im musikalischen Horizont der meisten Menschen sowohl am stärksten vertreten, als auch am leichtesten nachzuvollziehen sind."[498] Folglich sind die Titel nicht zu kompliziert. Die Dur-Melodien und besonders der jeweilige Refrain verlaufen homofon,[499] was zudem das Erfassen der Tonfolgen erleichtert. Das Tempo, nicht zu schnell oder zu langsam meist im 4/4 Takt, pendelt zwischen 120 – 144 Schlägen pro Minute – dem „Rhythmus, wo jeder mit muss"[500] –, damit problemlos *mit*geklatscht, *mit*gemacht und *mit*gesungen werden kann.

Die Mitsingbarkeit zeigt sich nicht nur im begrenzten, moderaten Tonumfang der Lieder oder im Fehlen von gewagten Intervallsprüngen, sondern auch in der sprachlichen Qualität der Texte. Simple Reimschemata, Wiederholungen und Klangsilben wie *La* oder *Na* erleichtern es, die Eckpunkte im Refrain zu erfassen (sollten dessen Worte nicht schon geläufig sein) und diese sogar an- oder betrunken zu reproduzieren. Da die Aneignung und Wiedergabe von über fünfzig Liedern, bei denen während eines Festzeltabends mitgesungen wird, einfacher fällt, wenn sprachliche Kompetenz vorliegt, werden meines Erachtens viele deutsche Schlager gespielt. Interessanterweise liegt nämlich der Anteil der deutschsprachigen Stücke im Festzelt weit über deren Repräsentanz in den allgemeinen Top-50-Single-Charts und den Radioprogrammen für die Hauptbesuchergruppen der 20- bis 45-Jährigen. Im Gegensatz zu den Radiostationen mit vergleichbaren Zielgruppen, die selten deutschsprachige Titel, Schlager oder Stimmungsmusik spielen, besteht das abendliche Repertoire auf dem Wasen hingegen mehrheitlich aus diesen. Gerade in der Aufwärmphase und in der heißen Phase reiht sich oft ein deutsches Lied ans andere.[501]

---

497 *Interview mit Musiker am Di., 05.04.2011.*
498 Kopiez/Brink 1998, S. 219.
499 Vgl. *15. Feldbericht, Mi., 10.05.2000 vom Stuttgarter Frühlingsfest: „Die Melodiefolgen sind in der Tat stark vereinfacht. Kontrapunkte fehlen, die Begleitung ist flach und eingängig. Keine gegenläufige Zweit- oder Drittstimme bei den Bläsern. Herausfordernde Läufe – sowohl in Technik als auch Harmonie – Fehlanzeige. Die Musik ist einfach zubereitet und leicht verdaulich. Ein Festzelt ist keine Konzerthalle".*
500 Kopiez/Brink 1998, S. 144. Die Autoren verweisen auf den Weg, den die Arme beim Klatschen über dem Kopf zurücklegen. Die Strecke braucht eine minimale Zeit. Das Tempo kann daher nicht viel über 144 Schlägen pro Minute liegen (vgl. ebd., S. 20).
501 Vgl. Interviewpartner Musiker Playlist 2010. Zur Repräsentanz deutschsprachiger Lieder im Radio vgl. RP-Online: Deutlich weniger deutschsprachige Musik im Radio (vom 09.03.2005), auf: http://www.rp-online.de/gesellschaft/fernsehen/deutlich-weniger-deutschsprachige-musik-im-radio-1.1606497 [08.03.2015].

Die Stimmungslieder beinhalten dabei häufig Wortwitz, Kraftausdrücke oder frivole Doppeldeutigkeiten,[502] was ein weiterer Grund für die starke Präsenz von deutschen Texten sein könnte. Das Fremdsprachenvermögen der meisten Besucher genügt wahrscheinlich nicht, um die Zeile „Now Muscle Shoals has got the Swampers" aus dem Festzeltstandard *Sweet home Alabama* zu verstehen. Zum Mitgrölen des englischen Refrains reichen die Englischkenntnisse jedoch allemal, gerade auch dann, wenn dieser einprägsam ist. Jene Merkbarkeit – ungeachtet der Sprache – mag an der generellen textuellen Einfachheit oder an einem deutlichen verbalen Fauxpas liegen. „Who the fuck is Alice?" entgegnet da das Zelt ungeniert dem vom Frontmann gesungenen „Alice" im Lied *Living Next Door to Alice*. Im deutschen Pendant *Joana* wird die Transgression variationsreicher und mit einem vorangestellten textlosen, aufsteigenden Iubilus kombiniert, in dem „überschäumende Freude oder gar Verzückung zum Ausdruck"[503] kommen können. In einem Youtube-Video, das eine Oktoberfest-Zeltszene zeigt, lässt sich folgender Wechselgesang hören:

Alle: „Oh – Oh – Oh – Oh – Oh – Oh – Oh – Oh" [aufsteigend]
Leadsänger: „Joana" – [Zelt einschiebend:] „du geile Sau"
Leadsänger: „geboren, um Liebe zu geben," – [Zelt:] „du Luder"
Leadsänger: „verbotene Träume erleben," – [Zelt:] „du Drecksau"
Leadsänger: „ohne Fragen an den Morgen danach."[504]

Die im Video hörbare, aufgeregte Fröhlichkeit, mit der sich Männer und Frauen beteiligten, kommentiert dort Youtube-User Babipopo: „Wie peinlich die Leute abgehen, nur weil sie mal laut ‚Luder' und ‚Drecksau' sagen dürfen … lol." Solche vehement gesungenen, im Alltag als unschicklich oder beleidigend verstandenen Vulgaritäten sind nicht selten im Feiertaumel des Festzeltes. Der festive Überschwang macht den Tabubruch möglich[505] und erhält aus der vergnüglichen Gratifikation, die solch deviantes Verhalten bereiten kann, neuen Auftrieb. Dabei sind die Anzüglichkeiten zwar wegen ihrer sexuellen Konnotationen klar dem adulten Bereich zuzuordnen, gleichzeitig erscheinen sie aber als Äquivalent des „Potty Humors"[506] von Kindern, die Wörter wie „Furz" an sich schon lustig finden. Mittels solcher verbaler Verstöße, die besonders auf das „bodily

---

502 Ein Beispiel für Wortwitz sei die textliche Reihung von „Gott und Durst" in *Viva Colonia*: „Wir lieben das Leben, die Liebe und die Lust. Wir glauben an den lieben Gott und ham auch immer Durst." Lieder mit frivolen Anspielungen sind: *Das Rote Pferd* oder *Cowboy und Indianer*. Im Lied *Scheiß drauf* wird der Kraftausdruck mehrfach im Refrain wiederholt.

503 Kopiez/Brink 1998, S. 162.

504 Youtube: Wiesn Hit 2008 „Joana – Du Luder" im Hacker-Pschorr (vom 03.10.2008), auf: http://www.youtube.com/watch?v=wEgPAuO3sPk [08.03.2015] (Transkription CB).

505 Vgl. *Am Ufer/Strande der Donau [Donaulied]*, in dem eine Vergewaltigung verharmlost wird: „Ich machte mich über die Schlafende her. Oho-oh-olalala …".

506 Mit diesem Begriff wird im Amerikanischen der (klein-)kindliche Fäkalhumor bezeichnet („potty" ist umgangssprachlich das Töpfchen).

lower stratum"[507] rekurrieren, befreien sich die Beteiligten von Konventionen und enthemmen sich. Auf dem Erwachsenenspielplatz,[508] der das Festzelt in diesen Momenten ist, darf dann die „gute Kinderstube" vergessen werden. Das signalisieren sich die Beteiligten im gemeinsamen Skandieren, dem stimmen sie lauthals zu. Soziale oder geschlechtsbedingte Unterschiede im Sprachgebrauch werden weggesungen. Obendrein setzen sich die Teilnehmer über Generationsgrenzen hinweg, wenn „naive Kinderlieder",[509] die ebenfalls fest zum abendlichen Repertoire gehören, von den Anwesenden, gleich welchen Alters, angestimmt werden. Deren (teils unbefangene) Albernheit steht zwar im Kontrast zu den obszönen Tabubrüchen, dennoch lässt sich dies gleichermaßen dem außeralltäglichen Spielplatz-Gebaren von Erwachsenen zuordnen.

Wiederum andere Titel, die beispielsweise aus den Fankulturen und dem Sportumfeld stammen, betonen den Gemeinschaftsgedanken. Die Lieder beinhalten nationale Bezüge wie das Lied *Ladioo*, mit dem sich das Land und die Nationalmannschaft sowie letztlich die erfahrene Communitas im gleichen Atemzug bejubeln lassen: „Stehn wir zu Schwarz-Rot-Gold und das im ganzen Land. Es ist so geil, es ist so geil, so geil, wie wir zu sein. Ladi Ladi Ladi Ladioo [...]". Einem lokalen Bekenntnis entspricht hingegen eher das Stück *Ein Stern*, mit dem explizit Stuttgart oder der VfB Stuttgart besungen werden. Andere Titel befassen sich ausschließlich mit dem Thema „Heimat" oder dessen Gegenpol die „Ferne". Beide Inhalte entsprechen Konstrukten, die dichterisch aus der urbanen Realität hinausführen. Mit einem hingebungsvollen „I will wieder *hoam*" *(Fürstenfeld)* oder in englisch „Take me *home*, country roads" *(Country Roads)* werden wie in den Liedern *Ab in den Süden, Über den Wolken* oder *Major Tom* Orte besungen, an denen sich der Singende momentan nicht befindet, aber hinwünschen könnte. Wie das Festzelt sind „die Heimat" und „die Ferne" außeralltägliche Räume. Alle diese Orte versprechen zumindest eine sorgenfreie, alltagsentlastete Zeit, und manchmal sogar mehr wie im Lied *Ich war noch niemals in New York* angestimmt, nämlich: „[...] einmal verrückt sein und aus allen Zwängen fliehn".

Die Modulation der Feierstimmung
Das Repertoire ähnelt sich in vielen Punkten. Stilistisch und musikalisch ist die Bandbreite begrenzt, was den Aufbau, die Tonarten oder das Tempo der Lieder betrifft. Darüber hinaus treten auch in der Wortwahl oder thematisch gewisse Wiederholungen auf. Gleichzeitig sind die Titel aber differenziert genug, um die Stimmung trotz der allgemeinen Feierfreude lenken zu können. Mal treiben Stücke die Teilnehmer an, das Singen wird lauter, die Bewegungen fahriger. Solche

---

507 Bakhtin 1968, S. 20; auch Klauser 2007, S. 319-323.
508 Vgl. Szabo 2006, S. 49, 61-63.
509 Als Kinderlieder zählen gegenwärtig das *Fliegerlied* oder *Das rote Pferd* (in den 1980er Jahren war es der *Ententanz*). Die enthalten Doppeldeutigkeiten in *Das rote Pferd* (auch in *Cowboy und Indianer*) dürften Kindern eher verborgen bleiben.

„Titel, wo es wirklich eine auf die zwölf gibt, wo es abgeht, wo es knallt," kommen nach Aussage des Musikers gegen Ende der heißen Phase. Diese *„powermäßigen"* Lieder lobpreisen oft Spaßig-Vergnügliches, das Feiern oder Tanzen wie zum Beispiel der Partyhit *Hey, das geht ab.* Andererseits spielt die Band auch mal weniger *„brachiale"* Titel oder emotionale Balladen,[510] damit das Feiern nicht zu heftig wird. So erscheint das Singen der Lieder mit Heimatbezug eher inbrünstig als ekstatisch. Der Körperkontakt wird dann oft enger, die Menschen liegen sich die in den Armen, machen zusammen eingehakt Rund- oder Banktänze. In diesen Momenten stehen positive Gemeinschaftserlebnisse im Vordergrund. Die Kapelle nutzt die Pole „Party" und „Harmonie", um das intensive Involviertsein auf hohem Niveau in Wellenform zu modulieren. Dafür gibt es zwei Gründe: das Fördern des Bierumsatzes und die Beibehaltung der *guten* Stimmung im Zelt.

> *„Von der Musik ist der Umsatz abhängig. Da war mal eine Galaband, die waren als Band richtig gut. Aber in der Titelauswahl waren die zu anspruchsvoll. [Der Wirt] lief Amok, weil der Bierumsatz war nicht wie sonst. Die Musik war klasse, aber das Partyvolk hat viel weniger getrunken, weil das eine gediegene Party war. Die Leute goutieren das schon mit weniger Konsum. Dann gibt es weniger Stimmung, weil weniger getrunken wurde, und dann gibt es noch weniger Stimmung und es wird noch weniger getrunken. Das ist wie in einem Kreislauf. Bei lockerer Stimmung wird mehr getrunken, bleiben die Leute locker und trinken mehr"* (Interview mit Musiker am Di., 05.04.2011).

Obwohl die Feierlust gemäß dem geschilderten „Mechanismus" den Bierkonsum fördert – dazu gehört auch, dass *„das laute, heftige Mitsingen und Schreien"* durstig macht[511] –, erschwert der Enthusiasmus gleichermaßen das Bedienen. Denn wenn das Zelt am „Kochen" ist, kommt der Service nicht durch. Daher werden immer wieder ruhigere Musiksequenzen eingeschoben, die das Geschehen drosseln, viele zum Hinsitzen ermuntern und so den Nachschub an Getränken ermöglichen.

Zweitens geht es darum, eine angetrunkene Menschenmasse, dicht bei dicht, Tausende von Körpern zählend, bei guter Laune zu halten. Allein schon das Anfeuern mit lauter Musik reicht, um Spannungen aufzubauen. Im Überschwang ergeben sich oft Rempeleien. Obendrein steigert der Alkoholkonsum den Kontrollverlust sowie bei manchen die Angriffslust. Das akzentuierte Skandieren fördert zusätzlich die Aggressivität. Solchen Missstimmungen werden ruhigere Titel entgegengesetzt. Diese betonen das Melodische gegenüber dem Rhythmischen und bremsen in der Folge den Bewegungsdrang. Im Extremfall kann mit den Balladen eine Panik verhindert werden:

---

510 *Interview mit Musiker am Di., 05.04.2011.*
511 *Interview mit Bedienung M am Do., 24.03.2011.*

„Einmal gab es eine Pfefferspray-Attacke [...]. Das ist dann nicht mehr lustig bei 3.000 bis 5.000 Leuten, da kann es eine Panik geben. Die Polizei hat uns dann gebeten, ruhigere Musik zu spielen, nicht weiter anzuheizen. Aber das sind Einzeltäter, Einzelidioten. Das sind die Ausnahmen" (Interview mit Musiker am Di., 05.04.2011).

Die Musik im Festzelt ist somit nicht nur einem Motor vergleichbar, der die einmal in Gang gesetzte Party am Laufen hält, vielmehr wird die Feier durch die Musik beeinflusst. Der heitere Charakter der Melodien und viele fröhliche Texte bringen ein spielerisches Geschehen hervor, in welchem Ernsthaftigkeit hinten angestellt wird. Je nach Klangfarbe, Arrangement und Charakter treibt die Musik die körperliche Ausgelassenheit voran oder gibt den Teilnehmern Gelegenheit, ihren Emotionen und Wünschen eine Stimme zu geben. Ob Party oder Schulterschluss, die Feiernden öffnen sich. Sie machen mit: unüberhör- als auch unübersehbar.

Tanzende Körper

„Alle Hände nach oben … Wir reiten zusammen",
aus dem Lied: *Das rote Pferd*

„Ich habe das Gefühl, ich stehe in einem Wald voller Arme. Ich sehe nur noch Arme und sonst nichts. Ich sehe auch nicht weit, eigentlich bin ich von einer Mauer Menschenleiber umringt. Menschenleiber, die sich räkeln und winden. [...] Die Bank unter meinen Füßen wippt. Der Tisch, auf den immer jemand kurz seinen Fuß stellt, schwankt. Die Menschen um mich herum tanzen oder stehen plötzlich neben mir und schauen mich an. Ein Mann tanzt auf zwei Bänken und verliert das Gleichgewicht. [...] andere Hände, die schnell zur Hilfe kommen, [können] seinen Absturz verhindern" (23. Feldbericht, Sa., 30.09.2000 vom Cannstatter Volksfest).

Wippende Körper, wedelnde Arme oder gestikulierende Menschen dominieren optisch das Zelt in der heißen Phase. Allenthalben bewegen sich die Feiernden „rhythmisch geregelt" zum Takt der Musik,[512] sie tanzen. Aufgrund des Tempos, metrischen Aufbaus und der melodischen Struktur kann dies problemlos auf sämtliche Musiktitel des Abends geschehen. Fröhliches Lachen begleitet die Bewegungen. Nach all dem „Hochkochen" der Stimmung, gefangen im Treiben, angeführt von der Musik, gehen die Menschen im Hier und Jetzt auf. Dank der Animation und der körperlichen Reizstimulation, der die Teilnehmer sowohl durch ihr ei-

---

512 Bechdolf/Scheer 1998, S. 10. Zum Rhythmischen als Bewegungsfigur vgl. auch Sonja Windmüller: Faszination Rhythmus. Überlegungen zu einem Forschungsprogramm. In: Zeitschrift für Volkskunde 106/2010, S. 45-65, hier S. 52.

genes Handeln – Mitsingen und Mitklatschen – als auch durch die Lautstärke und das Bedrängende der Musik ausgesetzt sind, „fährt die Musik in die Beine", genauer „in die Arme" und entlädt sich im Tanz.

Ich schreibe „in die Arme", weil komplizierte Beinarbeit, Sprünge oder ausgefeilte Schrittkombinationen im Zelt entfallen. Hauptsächlich wird auf den Bänken, im Überschwang auch auf den Tischen, und weniger in den Gängen getanzt. Der Platzmangel begrenzt die Bewegungen, die konsequenterweise meist in stehender Haltung mit Oberkörper und Armen durchgeführt werden. Das erhöht im angetrunkenen Zustand die Standstabilität. Darüber hinaus bringt dieser Tanzstil mit sich, dass die emporgestreckten Arme eine hohe Sichtbarkeit haben. Das Miteinander ist unübersehbar. Doch der „vielarmige Wald" verstellt ebenso die Sicht auf andere und wirft den Einzelnen auf sich zurück. „*Selbst- und Wir-Erlebnisse*"[513] treffen im Tanz aufeinander, gehen eine Melange ein. Beteiligte geraten außer Atem, schwitzen und bekommen vielleicht eine Gänsehaut, alles Wahrnehmungen des eigenen Körpers. Einen Moment später berühren sich die Feiernden, halten einander und machen gleichförmige Gesten, erleben so die anderen, werden zur Masse: *„Das Gefühl ist individuell, das Phänomen ist kollektiv."*[514]

Das Tanzen im Zelt ist geprägt von solchen koexistenten Gegensätzen, die sich vermischen, abwechseln und ineinander auflösen. Dazu gehören neben der Spannung von Massengeschehen versus singulären Erfahrungen auch, dass im Verbund und lose, kollektiv oder allein, definiert oder beliebig, aufmerksam intensiv oder locker entspannt sowie gezügelt oder hemmungslos getanzt wird.

Lose – im Verbund

Bei den meisten „Tanzschlagern"[515] bewegen sich die Menschen lose nebeneinander. Doch einige Musiktitel verbinden die Feiernden körperlich: kürzer beim *Fliegerlied*, während dessen sich die Teilnehmer die Hände schütteln, am längsten bei den Schunkelliedern oder Polonaisen, sollte es denn welche geben. Die Bindekraft bei letzteren (die Hände liegen „nur" auf den Schultern der vorangehenden Person) ist allerdings geringer als beim Schunkeln, selbstinitiierte An- und Einschlüsse geschehen während des Schreittanzes. Beim Schunkeln ist die Verkettung hingegen kontinuierlicher Kernbestandteil. Ohne fortwährenden Körperkontakt lässt sich nicht schunkeln. Links und rechts zusammengekoppelt mit anderen schwindet nicht nur der persönliche Raum. Die eigene Bewegungsfreiheit wird gar dem Wiegen der geschlossenen Reihe untergeordnet. Selbst inaktive, antriebslose Eingehängte werden mitgezerrt. Einzelpersonen gehen in der Gruppenbewegung auf: Es bleiben lange Ketten, die schwingen.

---

513 Hervorhebung Smudits 2004, S. 144.
514 *Interview mit Brauerei A am Mo., 22.11.1999.*
515 Fauser 1992, S. 178.

Individuell – kollektiv

Sehe ich vom Klatschen (rhythmischen Arm- und Handbewegungen) als tänzerischem Ausdruck ab, überwiegt der Freestyle, das Ad-libitum-Tanzen der Feiernden. Beziehe ich jedoch das Unisono-Klatschen nicht nur als klanglichen Mitvollzug, sondern auch als motorisches Schema mit ein, dominieren spätestens mit Beginn der heißen Phase die gleichförmigen Bewegungen. Uniforme Massendarbietungen[516] wie synchrone Klatschmuster, Schunkelketten oder Line Dances springen ins Auge, besitzen einen gewissen optischen Reiz und weisen eine eigentümliche Sogwirkung[517] auf.

„[Beim Stück YMCA*] macht man bei jedem dieser Buchstaben bestimmte Armbewegungen, die einander abwechseln. Ich weiß das, weil ich den Lernprozess von vielen Volksfestbesuchen durchlaufen habe. Am ersten Samstag war mir das noch neu, und ich fands affig. Ja, [...] weil ich diese Gleichschaltung beim Tanzen nicht mag. Einerseits, andererseits stimmt auch das genaue Gegenteil: Tage später gefällt mir das Gewedel mit den Händen, weil es doch zu komisch ist, [...] und die tausendfach synchronen Bewegungen einen gewissen Reiz haben. Massenreiz. Ästhetisch-optischen Reiz"* (24. Feldbericht, Mi., 04.10.2000 vom Cannstatter Volksfest).

Es wird zwar heute weniger geschunkelt als vor zehn, zwanzig Jahren,[518] doch kollektives Tanzen gibt es nach wie vor, wenn nicht sogar in verstärktem Ausmaß. Das massenhafte Reihentanzen (und etwaige Schunkeln) prägen das Zelterleben nachhaltig. Denn während das Schunkeln zurückging, haben die Reihentänze stark an Popularität gewonnen.[519] Mir scheint, dass die Line Dances das Schunkeln ablösten. Als Line Dances werden Tänze verstanden, bei denen die Teilnehmer individualisiert in Reihen neben- oder hintereinander stehen und identische, choreografierte Bewegungen durchführen. Damit entsprechen der kollektive Ausdruck und simultane Handlungsvollzug, mit dem sich die Communitas bildet und stabilisiert, dem Schunkeln:

---

516 Solche kollektiven uniformen Klatsch- oder Rufmuster provozieren auch Assoziationen zu Massenchoreografien des Dritten Reichs. Vgl. hierzu *01. Feldbericht, Sa., 29.04.1999 vom Stuttgarter Frühlingsfest* oder Brandl-Risi 2010, S. 208.

517 Vgl. zum unbewussten mimetischen Prozess Christoph Wulf/Jörg Zirfas: Performativität, Ritual und Gemeinschaft. Ein Beitrag aus erziehungswissenschaftlicher Sicht. In: Dietrich Harth/Gerrit Jasper Schenk (Hg.): Ritualdynamik. Kulturübergreifende Studien zur Theorie und Geschichte des rituellen Handelns. Heidelberg 2004, S. 73-93, hier S. 89. Zur Perspektive eines Teilnehmers siehe Wolfe 1987, S. 313; vgl. auch Veiz 2001a, S. 26-59.

518 Da das Schunkeln bislang nicht wissenschaftlich betrachtet wurde, gibt es folglich auch keinerlei Untersuchungen über die stattfindende Ablösung des Schunkelns durch die Line Dances als choreografierte Massentanzform. Da Tanzen nicht im gesellschaftlichen Vakuum stattfindet, interessiert gerade, welche Bedeutung dieser Wandel hat.

519 Vgl. hierzu Interviewpartner Musiker Playlist 2010; oder *Webcam-Beobachtungen* (Bewegungsschema klar erkennbar) als auch die in meinen Feldberichten notierten Musiktitel.

„[Zum Lied: Die Hände zum Himmel*] Wie auf Kommando heben alle ihre Hände zum Zelthimmel, wenn ‚Die Hände' gesungen wird [...] Wenn ‚Wir klatschen' kommt, klatschen selbstverständlich alle mit. Ich bin euphorisch. Dieses Lied mit diesem Text, das ist ja sozusagen mein Forschungsprogramm. ‚Keiner ist allein, drum lasst uns fröhlich sein', geht es weiter. Genau, um das geht es hier im Zelt. Keiner ist allein, alle sind fröhlich und nun wird dieses Gefühl auch noch in Worte gepackt und voller Glückseligkeit und Freude mitgesungen" (16. Feldbericht, Sa., 13.05.2000 vom Stuttgarter Frühlingsfest).*

Verändert gegenüber dem verketteten Schunkeln hat sich, dass bei Line Dances der Tanzende weiterhin ungebunden, singulär agiert. Das gilt besonders dann, wenn sich synchrone Gesten und Ad-libitum-Phasen abwechseln wie bei den Stücken *YMCA* oder *Die Hände zum Himmel*. Beim Schunkeln hingegen lösen sich die verschlungenen Arme nicht. Während eines Reihentanzes ist ein aktiver Körper zwar Bestandteil einer relativ identisch gestikulierenden Masse, besteht jedoch in der leibhaftigen Isoliertheit weiter. Abstinente werden nicht mitgeschleppt. Ein physisches, den eigenen Körper und möglicherweise die individuelle Eigenheit aufgebendes Verschmelzen findet nicht statt.

Es gibt einen weiteren Unterschied zwischen den Line Dances und dem Schunkeln. Wenngleich beide Tanzmuster auf jeweils festen Bewegungsabläufen basieren, wirkt das Schunkeln im Vergleich zu den Reihentänzen als simple Choreografie. Selbst die motorisch anspruchsvolleren Schunkelstandards *Auf und nieder* oder *Links, rechts, vor, zurück*, zu deren textlichen Vorgaben sich die wiegenden Beteiligten erheben, hinsetzen oder nach hinten und vorne beugen, erscheinen weniger anspruchsvoll als *Rucki-Zucki* (der Reihentanz-Hit der 1970er Jahre) mit drei rhythmisch gesetzten Arm- und zwei Beinbewegungen oder als der Zeltstandard *YMCA* (Hit von 1978) mit „nur" vier elaborierten Armpositionen. Die Komplexität der Reihentänze nahm seit der Jahrtausendwende jedoch zu. Umfangreiche Posen, die Hüften, Rumpf, Kopf oder Arme – ja, regelmäßig den ganzen Leib – einbinden, gehören nun dazu. So werden zu den neueren Stücken wie dem *Fliegerlied* acht und zu *Komm, hol das Lasso raus* sogar rund zwanzig distinktive Bewegungen durchgeführt.[520]

Die Teilnehmer gleichen sich durch diese synchronisierten Gesten einander an. Ein mimetischer Prozess der „kreativen Nachahmung" läuft ab.[521] Das Ausführen der Bewegung, oft begleitet von gemeinsamem Singen, beherrscht den Moment. Die „sozial-integrative" Komponente[522] im Tanz kommt zum Vorschein. Sozioökonomische oder ethnische Distinktionen, Geschlechterdifferenzen und

---

520 Vgl. zu den Bewegungsmustern Youtube, fête de la bierè 2008 [08.03.2015]; oder zu *Komm, hol das Lasso raus* den entsprechenden Nachweis im Liederverzeichnis.
521 Wulf/Zirfas 2004, S. 89.
522 Fauser 1992, S. 170.

Altersunterschiede werden kollektiv mit erhobenen Armen weggewedelt und ver-
wischt.[523] Die Teilnehmer werden im Tun quasi homogenisiert. Dieses Anpassen
gilt besonders für das Schunkeln, wo sich in den langen Ketten keine soziale
Rangfolge der Tanzenden[524] ausmachen lässt. Auf den Bänken schwinden die
Distanzen in der Gleichförmigkeit: erst körperlich, dann hierarchisch. Selbst im
freien Tanzen ist kein Statusgefälle entlang von Demarkationen wie unterschiedlicher Lebensstilpräferenzen erkennbar. Im entgrenzenden Schwellenzustand
verblassen gängige Klassifikationen, da sich die Feiernden im Mittelschiff *miteinander* amüsieren und *zueinander* Brücken schlagen. So tanzte an einem Abend
ein wohlsituierter, älterer weißhaariger Herr in Anzughosen und Jackett mit einer
jungen stachelhaarigen Punk-Frau in zerrissener Strumpfhose und kurzem Rock.
Das Paar, er sie im Arm haltend, drehte vergnügt lachend eine Runde im Gang.[525]
  Trotz all des uniformen Tanzens unterscheiden sich die Reihentanz-Bewe-
gungsfolgen in der Ausführungsqualität. Diese Differenzen rühren vom persönlichen Grad der Alkoholisierung, der Vertrautheit mit den jeweiligen Mustern
und von der individuellen Begabung her. Ist das eigene tänzerische Vermögen
beim Schunkeln oder beim Durcheinander des freien Tanzens wenig evident,
zeigt sich der Level der Körperbeherrschung deutlich in den Line Dances. Die
choreografierten und parallel stattfindenden Posen ermöglichen einen direkten
Vergleich von Tänzer zu Tänzer. Das individuelle Können ist gegenwärtig umso
augenfälliger. Denn es erhöhte sich nicht nur die Zahl der Stellungswechsel je
Line Dance, sondern die Menge an intonierten Tänzen mit definierten Moves
nahm zu (zum Beispiel *YMCA, Die Hände zum Himmel, Fliegerlied, Das rote Pferd,
Lasso*). Für jene Feiernden, die die Positionsabfolgen nicht beherrschen, macht
der Frontmann die Bewegungen vor. Das animierende Vorführen hilft, die Massenchoreografie zu realisieren, indem alle, ungeachtet ihres Kenntnisstandes,
wissen, welche Tanzstellungen „drankommen". Als Orientierungshilfe dienen
auch Banknachbarn, die auf den Tisch klettern, sich als Vortänzer exponieren
und damit ihre Fertigkeit demonstrieren. Für die Dauer des Liedes oder bis der
Sicherheitsdienst einschreitet und dem Auf-dem-Tisch-Tanzen ein Ende bereitet,
kann der Vortänzer so Ansehen gewinnen. Abhängig von der Besuchergruppe
kann dieser Statusgewinn möglicherweise in den Alltag hinübergerettet werden.

---

523 Vgl. auch Brandl-Risi 2010, S. 210, die über eine „[nicht-hierarchische] Herstellung einer flüch-
    tigen Gemeinschaft in der Synchronisierung" schreibt.
524 Hierzu auch Vera Jung: Körperlust und Disziplin. Studien zur Fest- und Tanzkultur im 16. und
    17. Jahrhundert. Köln/Weimar/Wien 2001, S. 343. Zum Tanz als Kommunikationsmittel siehe
    Maren Witte: Bewegung benennen. Zum Verhältnis von Sprache und tänzerischer Bewegung.
    In: Kathrin Bonacker/Sonja Windmüller (Hg.): Tanz! Rhythmus und Leidenschaft. Marburg
    2007, S. 155-164, hier S. 157.
525 *08. Feldbericht, Mi., 29.09.1999 vom Cannstatter Volksfest.*

Andererseits können jene Besucher, die die Posen der Line Dances nicht ge-
lernt haben oder nicht vollziehen wollen,[526] motorisch pausieren. Ebenso können
sie nach ihrem Gefallen tanzen und sich der Synchronizität entziehen. Während ein
solches nonkonformes Verhalten bei formaleren Tanzanlässen missbilligendes
Kopfschütteln ernten kann, eröffnet die Liminalität jenen sanktionslosen Raum
zur persönlichen Entfaltung.

Ad libitum – Choreografie

Diese freie Kreativität und die feste, reproduzierte Choreografie entsprechen ei-
ner weiteren Ambivalenz, die die motorischen Praktiken im Zelt kennzeichnet. Beide
Ausdrucksformen gibt es neben- und nacheinander. Im Vergleich zu reglementierten
Tänzen wie Walzer, Tango oder Samba, deren Körperhaltung, Schrittfolgen oder
Armlinien exakt standardisiert sind, findet sich keine solche Definitionsschärfe
für die kollektiven Bewegungsmuster im Festzelt. Abgesehen davon, dass die
Kombinationen geringeres körperliches Geschick erfordern (unter anderem da
die Beinarbeit im Zelt weitgehend entfällt), ist die Gestaltung der Line-Dance-Mo-
ves weitaus freier in der Auslegung. Das imaginäre Schwimmen beim *Fliegerlied*
kann im Brust-, Kraul- oder Paddelstil vorgenommen werden. Obendrein werden
Gesten überzeichnet oder wegen der Angetrunkenheit ungenau. Dennoch existiert eine bestimmte Reihenfolge, in welcher die Posen durchzuführen sind. Die
Zeltmusik gibt dabei das Metrum vor. Weichen Feiernde vom Bewegungszyklus
ab, ergibt sich eine gewisse Komik. Denn das Unzeitgemäße einer solchen Ge-
bärde hebt dann die enthaltene skurrile Körperlichkeit hervor. Nehmen Hunderte
von Feiernden beim *Fliegerlied* auf die Zeile „Stark wie ein Tiger" spielerisch eine
protzige Muskelpose ein, hat dies eine lustige Konnotation in der parodistischen
Überzeichnung.[527] Die Allseitigkeit schützt vor Spott. Doch erfolgt die Mimik ver-
spätet, ist nicht auszuschließen, dass sich der Tänzer einer gewissen Lächerlichkeit
preisgibt. Zum einen aufgrund des Durcheinanders, zum anderen, weil das eigentlich Groteske der Geste in der Singularität zum Vorschein kommt.

Das motorische Hinterherhinken erscheint als schusselig und unachtsam.
Denn das synchrone Reproduzieren der Moves als auch das begleitende Singen
erfordern einen gewissen Grad an Involviertheit und Aufmerksamkeit. Dieser Fo-
kus wird umso „wichtiger", wenn das bislang konsumierte Bier die körperliche
Koordination beeinträchtigt. In Sekundenschnelle wechseln beispielsweise die
Hand- und Armstellungen beim Titel *YMCA*. Daher richten die Teilnehmer mehr
als ihre Bewegungen passend zur Musik aus. Es entsteht eine Art kognitiver
Fokus, gerichtet auf die Band und den Tanz, der hilft, die Massenchoreografie

---

526 Ausdrücklich weigerte sich ein Banknachbar, bei *YMCA* mitzumachen, weil es sich um ein
     „Schwulenlied" handle, aus: *23. Feldbericht, Sa., 30.90.1999 vom Cannstatter Volksfest.*
527 Für die Gesten vgl. Youtube: Fliegerlied (vom 29.09.2009), auf: http://www.youtube.com/
     watch?v=1wdUP2EkaE8 [08.03.2015].

zu realisieren. Im Kontrast zu dieser gebündelten Intensität steht das lockere Durch- und Nebeneinander von Aktionen, das immer wieder hervorbricht. Dann schweifen Blicke durchs Zelt, an einem Tisch trinkt man sich zu, dort steigen welche auf den Bänken umher. Anstatt an einem kontinuierlichen Strang, fransen die Bewegungen und damit das Sein aus. Die Menschen generieren ihre eigene Tänze, wie spontane Schaueinlagen oder Rundtänze zeigen. Dann legen sich bestehende Tisch- oder neu formierte Gemeinschaften die Arme über die Schultern und drehen sich um eine imaginäre Achse im Kreis.[528] Manchmal initiieren Gruppen auch spezifische Tänze, so geschehen von Zimmerern in Kluft, die ihren Tanz zunächst auf der Bank machten. Im Anschluss holte der Dirigent sie auf die Bühne, damit das gesamte Mittelschiff die Darbietung sehen konnte und die Bühnenshow wieder im Mittelpunkt der Aufmerksamkeit stand.[529] Im gemeinsamen Zuschauen, gefolgt von Unisono-Klatschen, kollektivem Singen und Schwingen entstand in wenigen Momenten wieder die gebündelte Festcommunitas.

„Sau rauslassen" – „gezügelt"
Die Massenchoreografie kanalisiert das individuelle Verhalten und letztlich dessen Erleben,[530] indem sie kontrollierte Bewegungsfolgen einfordert. Der beherrschte Körper, der besonders während der Line Dances zum Vorschein kommt, erscheint ambivalent zu jenem, der sich nach eigenem Gutdünken dem ausgelassenen Feiern hingibt. Dabei können es ein- und dieselbe oder verschiedene Personen sein, deren Handlungen zwischen angepasstem, konformen Armeschwenken mitsamt heiterem Singen und andererseits exaltierter Soloeinlage einschließlich lautem Schreien hin- und herpendeln. Auf den ersten Blick stehen sich im Tanz ein gezügeltes Agieren, wie es sich im Reihentanz manifestiert, und ein festives „Sau-Rauslassen" unvereinbar gegenüber. Letzteres erachten fast Dreiviertel der von mir Befragten zumindest manchmal als möglich. Für 44 Prozent trifft es „meistens" oder „voll zu", dass sie (wenn sie wollten) „die Sau rauslassen" könnten. Unter den Frauen stimmten 51 Prozent diesem Erfahrungsgehalt „voll zu", während Männer dies nur zu 17,4 Prozent taten (vgl. Anhang 10.4). Die relativ hohe Zustimmung der Frauen, das eigene Verhalten mit tierischen Attributen (Sau) zu verknüpfen, mag an den von mir befragten Reisegruppen liegen (eher jüngere Frauen, die Mitglied eines Stammtisches oder einer Fasnachtsgruppe waren, wohingegen viele Männer mit Vorgesetzten und Arbeitskollegen im Bus saßen). Andererseits kann das Umfrageergebnis aber auch eine (geschlechts-

---

528 *07. Feldbericht, So., 26.09.1999 vom Oktoberfest München: „Ich [...] umarme zwei, die ich nicht kenne. [...] Die beiden im Trachtenlook reichen ihre Arme den anderen, greifen nach den Händen, ziehen andere [...] zu uns. Alles Kunden und Verkäufer. Dann stehen wir da, sechs, sieben sind alle unter- beziehungsweise übergehakt. Alle legen die Arme umeinander, während wir einen Kreis bilden. Die Musik passt gut, und wir beginnen einen Rundtanz! Einfach so."*
529 Hierzu *09. Feldbericht, Do., 30.09.1999 vom Cannstatter Volksfest.*
530 Hierzu Smudits 2004, S. 144.

spezifische) Bewertungsskala reflektieren, in der lautes Grölen, raumgreifendes Bewegen, rhythmisches Zucken oder groteske Verrenkungen dem „Sau-Rauslassen" zugeordnet werden. Wenn dem so ist, dann offenbart sich auf den zweiten Blick, dass schon der tänzerische Mitvollzug der körperlich koordinierten Line Dances für viele Teilnehmer(innen) eine Abkehr von maßvollem Benehmen und ergo ein „animalisches" Sichgehen-Lassen bedeuten kann. Die Aufführung von kindischen und imaginiert-tierischen Gesten – Anfang der 1980er beispielsweise ein Flügelschlagen zum *Ententanz* oder heute ein mimisches Umsetzen des Schweifwedelns zum Lied *Das rote Pferd* – entspricht dann einem spielerischen Ausloten des Närrischen, welches die Gefahr birgt, sich lächerlich zu machen.

Jene Unsicherheit könnte erklären, warum die meisten Befragten angaben, dass sie sich auf den Bänken befinden, wenn alle Banknachbarn auch oben sind (vgl. Anhang 10.4). Sobald viele Besucher auf den Bänken tanzen, nimmt die Menge ein denkbares Stigma, das groteske oder exaltierte Bewegungen nach sich ziehen könnten. Damit die meisten Menschen jedoch zu Handlungen bereit sind, die sie als unschickliche Entgrenzung (im Sinne von Elias) empfinden, bedarf es eben der Aufwärmphase mitsamt den kollektiven, routinierten Verhaltensmustern und dem leiblichen Distanzverlust. Währenddessen wurde einerseits die im Alltag gebotene körperliche Zurückhaltung weggeklatscht und weggetanzt. Andererseits entstand mit der zwischenmenschlichen Nähe eine intime Atmosphäre.[531] Beide Faktoren erleichtern das Enthemmen. Die Zeltgemeinschaft gibt die Sicherheit, sich nicht individuell bloßzustellen.

Folglich finden in der heißen Phase jene Tanzdarbietungen statt, in denen sich vor allem junge Frauen exponieren. Die Besucherinnen präsentieren sich bewusst der Menge, indem sie auf der Bühne einen Reihentanz (vor-)tanzen. Andere wiederum beteiligen sich unbekümmert bei einem (Pole-)Dance-Wettbewerb[532] und bewegen sich neckisch hüpfend bis hin zu lasziv windend, halb entblößt vor Tausenden Augen für den Gewinn eines Bieres oder einer Flasche Sekt. Das tänzerische Vermögen stößt hier auf ein Gemisch von Anerkennung und Ablehnung seitens der Feiernden, da der Körper erotisch zu Schau gestellt wird. Die Tänzerinnen fürchten wahrscheinlich nicht, so nehme ich im Rückgriff auf Studien zum Techno-Tanz von Kristin Pauli an, dass ihre expressive Körperlichkeit „als Aufforderung zu ‚mehr' verstanden werden könnte".[533] Gleichwohl im aufreizenden Tanzstil und den entsprechenden schlüpfrigen Assoziationen das eigentlich „gezähmte Fleischliche" hervorbricht und sich „ungezähmt" gibt. Denn während im

---

531 Vgl. Lacrosse 1978, S. 385.
532 Vgl. hierzu Aufnahmen von einem Pole-Dancing-Wettbewerb im Festzelt beginnend ab 5:11, auf: Youtube: Sa. [sic] 09.10.2010 (vom 10.10.2010), auf: http://www.youtube.com/watch?-v=St2_X5PE7Lw&NR=1 [08.03.2015].
533 Kristin Pauli: Neue Freiheit Marke ‚Techno'? In: Ute Bechdolf (Hg.): Tanzlust. Empirische Untersuchungen zu Formen alltäglichen Tanzvergnügens. Tübingen 1998, S. 197-202, hier S. 198.

Zelt einerseits körperliche Genüsse wie Trinken, Essen oder Tanzen ausgelebt[534] werden sowie mit der Sexualität leichtfertig umgegangen wird, behalten fast alle Feiernden eine gewisse Kontrolle über ihre (Trieb-)Bedürfnisse und physischen Funktionen. In der Gelöstheit des Schwellenzustandes entsteht somit vor allem ein Raum für lustvolles Vergnügen auf der Basis von (Körper-)Beherrschung.[535] Die choreografischen Elemente im „Sau-Rauslassen" dienen als Richtschnur, damit die Teilnehmer sich nicht selbst verlieren.

> *„Es soll einen Wettbewerb [auf der Bühne geben. Fünf sehr junge Frauen] wollen sich allesamt vor mehreren Tausend Männern lasziv hin und her wiegen. [...] und diese Mädchen trauen sich doch allerhand. Besonders die eine schwenkt betont sinnlich ihr Becken hin und her. Sie wirft ihr langes Haar herum, alle Blicke liegen auf ihr. Sie weiß es. [...] Sie tanzt schlängelnd mit dem Busen vor an die Kante der Bühne. Dort geht sie in die Knie und zieht sich mit vorgeschobenen Becken wieder hoch. [...] Sie zieht gar noch ihr Trägerhemdchen aus und windet sich erotisch im BH. [...] Es wird gejohlt, gepfiffen. ‚Ausziehn', ‚ausziehn', schreien schon die Ersten [...]. Einer der [M]änner, der forscheste [...], klimmt an der Bühne hoch. Schon hängt er am Balkongeländer. Doch Hände, ich meine Ordner zu sehen, ziehen ihn wieder zurück. [...] Ja, nach dieser Einlage geht es ganz normal mit dem Festverlauf weiter. Ein anderer Stimmungshit wird [gespielt], und die Masse singt und klatscht ausgelassen mit [...]. Erotisch aufgeheizt und angereizt ist das Zelt in seiner Gesamtheit eher nicht, dafür ging die Show nicht weit genug und blieb ein Showteil. Die Einlage ist auch als solche verstanden und aufgenommen worden. [...] Die Triebe an sich haben die meisten unter Kontrolle. So viel ‚Sau wird nicht rausgelassen'"* (23. Feldbericht, Sa., 30.09.2000 vom Cannstatter Volksfest).

Es ist die Minderheit der Teilnehmer, die im festiven Überschwang oder berauschten Zustand mit vermindertem Gleichgewichtssinn „aus dem Rahmen" und augenscheinlich von der Bank fällt. Trotz des massenhaften Bierkonsums schwanken und torkeln nur wenige Teilnehmer in der Festmasse. Die Mehrheit verliert nämlich bewusst nicht die Gewalt über ihren Körper und damit über das Geschehen:

> *„[Eine weibliche Interviewpartnerin von Veiz auf die Frage nach Rauschzuständen CB] Ne, das kann ich hier nicht mal, ... weil ich Angst hab, durch das, dass das hier eben so ein Massenauflauf ist, könnte ich jetzt gar nicht so viel trinken, dass ich sag, ich hätte dann keine Kontrolle mehr über mich. Da hätte ich Angst [...] dass ich mich selber gar nicht mehr auskenn' und*

---

534 Zum Auskosten der fleischlichen Genüsse vgl. Jung 2001, S. 99.
535 Vgl. Pauli 1998, S. 200.

so in dieser Masse irgendetwas passiert. [… – Frage Veiz: Trinkst du nur so viel oder so wenig Bier oder Alkohol, dass du noch – Befragte:] die absolute Kontrolle über mich hab. Absolut Herr des Geschehens bin."[536]
Ohne körperliche Kontrolle drohen nämlich nicht nur Verletzungen oder hämisches Grinsen, in dem sich soziale Missbilligung und Missachtung ausdrücken, sondern mit dem Verlust jeglicher körperlichen Beherrschtheit – der Selbstkontrolle – droht in den Augen der meisten Teilnehmer[537] letztlich ein Ende der *festiven* Leichtigkeit. Des Gleichgewichtssinns beraubt, wankend und taumelnd, schwindet die Fähigkeit, an den uniformen Choreografien und Unisono-Klatschmustern teilzunehmen. Übelkeit zwingt zum Aussetzen und beendet damit für diesen Menschen das Feiern. Häufen sich solche Unpässlichkeiten oder andere alkoholbedingte Aussetzer wie sexuelle Transgressionen (vgl. Exkurs in Kap. 5.3), dann wird zunächst das Gemeinsame im Geschehen unterminiert. Die Communitas – der umfassende Festkörper – ist in Gefahr, sich zu zersetzen, und das zu einem Zeitpunkt, in dem das Mittelschiff angetrunken und ausgelassen in Bewegung ist. Die festive Ordnung droht sich aufzulösen, der koordinierte Festkörper könnte in unberechenbare individuelle Leiber zerfallen. Es könnte zum „Exzess" kommen.[538] Diesem wirken die Veranstalter entgegen. Denn ein Chaos würde den Geschäftsbetrieb nachhaltig stören. Und für viele Teilnehmer birgt ein unbeherrschtes Geschehen potentiell Gefahren, sodass sich ihre Sorglosigkeit in Beklemmung wandelt. Über 40 Prozent meiner Umfrageteilnehmer kreuzten an, dass ihnen manchmal im Festzeltgedränge nicht wohl sei (vgl. Anhang 10.4). Veiz' Interviewpartnerin betonte ihre Angst vor dem Kontrollverlust.
Das disziplinierte Tanzen erscheint als Kontrollmechanismus, indem es die Zeltcommunitas nicht nur hervorbringt, sondern auch stabilisiert und letztlich bändigt. Line Dances oder Balladen, bei denen sich Teilnehmer harmonisch in den Armen liegen, helfen, ein denkbares Chaos zu zügeln, das unbeherrschte, undisziplinierte Körper schaffen könnten. Der Gleichschritt der Massenchoreografien und der Gleichklang des häufigen Unisono-Klatschens und -Singens erzeugen folglich eine Sicherheit im doppelten Sinne. Erstens garantiert die Ubiquität des lärmenden Verhaltens, dass Feiernde nicht schon „aus dem Rahmen" fallen und sich „daneben" benehmen, wenn sie an den grotesken Körperbewegungen partizipieren. Für manche Teilnehmer entspricht ein solches Verhalten gar einem „Sau-Rauslassen". Zweitens verheißt die gebändigte Körperlichkeit sowohl den Betreibern als auch den Teilnehmern, dass sie die Kontrolle über das Geschehen behalten und sorglos sein können. Alkohol, in Maßen genossen, hilft bei diesem Sorgenbrechen, das hemmungslose „Saufen" jedoch nicht.

536 Interview 5, in: Veiz 2001b, S. 47f.
537 Zwei Drittel aller von Veiz befragten Oktoberfestgäste betonten, wie wichtig es für sie ist, die Kontrolle über sich selbst oder das Nach-Hause-Kommen zu behalten. Vgl. Veiz 2001b.
538 Vgl. Jung 2001, S. 346f.

Das Biertrinken

„Saufen, saufen, saufen",
aus dem Lied: *Saufen, saufen, saufen*

Befindet sich die Zeltgemeinschaft auf dem festiven Hochplateau des Abends, dann haben die meisten Biertrinker mindestens die zweite, vielleicht die dritte Maß Bier vor sich stehen.[539] Das fortwährende Animieren, das *Prosit* zu zelebrieren und gemeinsam anzustoßen, hilft beim (frühen) Leeren des ersten Bieres. Zudem fördert das stundenlange Feiern selbst den Durst. Das laute Singen macht einen rauen Hals, den Trinken glättet. Das Tanzen bringt die Teilnehmer ins Schwitzen und weckt das Verlangen nach Flüssigkeit. Die Tendenz des Niveautrinkens verleitet obendrein zum ungefähren Gleichmaß in der Trinkgeschwindigkeit.[540] Darüber hinaus sind Alkoholika oft in greifbarer Nähe. Ein Schnapsverkäufer läuft mit Spirituosen von Tisch zu Tisch und bietet sie feil. Wenn, dann bestellt meist ein Mann, lädt Umsitzende ein, die eine oder andere Runde wird „gekippt".

Auf den ersten Eindruck erscheint das ganze Zelt gleichermaßen alkoholisiert. Näher betrachtet, fällt allerdings zunächst eine enthaltsame Minderheit ins Auge. Deren Nüchternheit bringt sie nicht zwangsläufig in eine Außenseiterposition[541], wenn diese Anwesenden ansonsten teilnehmen, also *mit*feiern, *mit*singen oder *mit*tanzen. Zweitens offenbart sich, dass die nicht abstinente Mehrheit – um die es hier geht – Alkohol in verschiedenen Quantitäten sowie auf diverse Art und Weise konsumiert. Differenzen zeichnen sich am ehesten entlang von Alterskohorten ab, wie meine Umfrage ergab. Gerade die „Frage" nach dem zweiten Bier erhielt eine der höchsten Zustimmungen von der jüngsten Kohorte Ein Wirt verwies auf geringere Trinkvolumina von Frauen versus Männern. Außerdem präferie-

---

539 Exakte Zahlen zum Bierkonsum für die Volksfestzelte liegen mir nicht vor. Diese Schätzung basiert auf den Reservierungsbedingungen (verpflichtende Abnahme von zwei oder drei Biermarken pro Platz). Vgl. auch Interviewpartner Bedienung M: Aw: Nachfrage wg. Bierkonsum. E-Mail an CB vom 14.10.2012. Dt. Schaustellerbund 2000, S. 114 [08.03.2015], beziffert den Bierkonsum der Stuttgarter Besucher mit 15.000 Hektoliter, was einem Drittel des Oktoberfests entspricht (Quelle: Bayerischer Brauereiverband). Danach lag Ende der 1990er Jahre der durchschnittliche Pro-Kopf-Bierverbrauch für jeden Wasen-Besucher (Zahlen bereinigt, Kinder und Nicht-Zeltgänger eingeschlossen) bei 1,1 Liter (Oktoberfest 1,4 Liter). Dering/Eymold 2010, S. 204, geben für 2008 1,1 Liter als durchschnittlichen Konsum eines jeden Wiesnbesuchers an. Für 2012 besagen die Stuttgarter Zahlen laut dem Sprecher der Wirte Werner Klauss (zitiert in Koch 2012 [15.10.2012]), dass „durchschnittlich jeder dritte Besucher eine Maß getrunken [hat]. Das klingt erst mal nicht nach viel, der Gesamtverbrauch dürfte damit jedoch immerhin im siebenstelligen Bereich liegen."
540 Vgl. Dröge/Krämer-Badoni 1987, S. 194-199; Würth 1998, S. 191.
541 Manuel Güntert: Sozialverhalten auf Studentenparties. Fallstudie und Literaturanalyse. Magisterarbeit. Konstanz 2004, S. 28, auf: http://nbn-resolving.de/urn:nbn:de:bsz:352-opus-40295 [08.03.2015], schreibt, dass Nüchterne auf Studentenparties sich in einer Außenseiterposition befinden, da jene das deviante Verhalten ausüben.

ren letztere eher Bier als Frauen.[542] Darüber hinaus indiziert meine Umfrage (vgl. Tabelle 6) neben geschlechts- auch schichtspezifische Normen im Umgang mit Alkohol. Besucher mit höherem Ausbildungsabschluss tendieren nach eigenen Angaben zu einem moderateren Trinkverhalten als die Gruppe der Facharbeiter.

Tabelle 6: Ausgewählte Antworten zum Bierkonsum in Prozent

Aussagen (vorgegeben)	Alle	Alterskohorten				Geschlecht		Ausbildung	
		16 - 28	29 - 40	41 - 55	56 - 70[543]	Männl.	Weibl.	Facharbeiter	Akademiker
Bier und Göckele gehören dazu.									
trifft voll / meistens zu	78,1	76,0	79,1	79,3	85,7	78,8	80,0	80,0	63,6
stimmt selten / überhaupt nicht	7,2	8,0	8,4	3,4	14,3	7,0	8,6	8,0	13,6
Bei einer Maß Bier bleibt es nicht.									
trifft voll / meistens zu	72,8	80,0	70,8	65,5	85,7	77,5	62,9	74,0	68,1
stimmt selten / überhaupt nicht	11,8	4,0	10,4	20,6	14,3	7,0	20,0	10,0	9,1
n*	110	25	48	29	7	71	35	50	22

Quelle: eigene Erhebung und Berechnungen (vgl. Anhang 10.4).
* Die Unterschiede in der Anzahl ergeben sich daher, dass nicht alle Fragebögen sämtliche Angaben zu Alter, Geschlecht oder dem höchsten Ausbildungsabschluss enthielten.

Trotz aller Unterschiede und individuellen Nuancen lassen sich unter den Nichtabstinenten drei Grundtypen im Umgang mit Alkoholika herausdestillieren. Die größte Gruppe ist jene, die kontrolliert trinkt. Diese Teilnehmer halten „ihren

542 Vgl. *Interview mit Wirt C am Do., 23.09.1999;* und Verbundprojekt zur gesundheitlichen Situation von Frauen in Deutschland, im Auftrag des BM für Jugend, Familie, Senioren und Frauen 1999. Berlin 1999, S. 31, auf: http://www.bmfsfj.de/RedaktionBMFSFJ/Broschuerenstelle/Pdf-Anlagen/frauengesundheitsbericht-kapitel1-ueberblick,property=pdf,bereich=,rwb=true.pdf [08.03.2015].
543 Die Ergebnisse jener Alterskohorte basieren auf lediglich sieben Antworten, was zu Verzerrungen in der Erhebung geführt haben könnte.

Pegel" - ihr Maß der Angetrunkenheit. Eine Minderheit unter den Teilnehmern geht äußerst offensiv mit dem Alkohol um und nimmt einen Vollrausch wissentlich oder willentlich per „Kampftrinken" in Kauf. Im Gegensatz zur ersten Gruppe besitzt hier der uneingeschränkte Konsum von „lecker Alkohol" eine zentrale Rolle. Der 22-jährige Oktoberfestbesucher weiter: „Primär ist erst mal Alkohol. Alles andere, was danach kommt, ist erst mal egal."[544] Zum dritten gibt es Feiernde, die sich erfolglos bemühen, dosiert Bier zu trinken. Im Feierüberschwang trinken sie doch einen „über den Durst". Sie passieren das „Schwellenbier",[545] mit dem sie unabsichtlich die Grenze zur Trunkenheit überschreiten.

Der jeweilige Umgang mit alkoholischen Getränken basiert dabei auf bereits gemachten Erfahrungen und folglich erlangtem Wissen, wie sich der Alkoholverzehr auf einen selbst und auf andere auswirkt. Rausch kann als kulturelle Technik verstanden werden.[546] Beredtes Zeugnis dafür legt die deutsche Umgangssprache ab, in der dezidiert „angedudelt", „besoffen", „Schwips" oder „Suff" genutzt werden, um diverse Trunkenheitsstadien zu unterscheiden. Dieses Wissen muss nicht im Festzelt erworben worden sein, sondern kann von Wirtshausbesuchen herrühren. Dort konstatierten Franz Dröge und Thomas Krämer-Badoni im Trinkverhalten sowohl eine gewollte spezifische, alkoholvermittelte Geselligkeit als auch „eine deutliche Gefährdung der Kohärenz des Kneipenlebens durch Trunkenheit".[547] Beides verursacht der öffentliche Alkoholkonsum, dessen Auswirkungen nicht nur persönliche, sondern auch soziale sowie gesellige Qualitäten aufweisen; gesellig im Sinne des gemeinsamen Amüsements untereinander und sozial verstanden als das hierarchische Verhandeln von Gruppenpositionen. Es vermischen sich Individuelles und Kollektives, Innen (Eigenes) und Außen (Fremdes).

Die Ebenen von Allgemeinheit, also der große Handlungsbogen, dem ich folgen will, und persönlichen Akzenten, die *oft* Betrunkene setzen, treffen aufeinander. *Oft*, da sich per teilnehmender Beobachtung kein exakter Grad der Alkoholisierung von Feiernden ermitteln lässt. Manche Widersprüche - wie zum Beispiel einerseits Klagen von Wirtsseite über im Vergleich zu vorigen Dekaden rückläufige oder stagnierende Trinkvolumina und andererseits eine aktuell „gefühlt höhere" Promillezahl laut der Polizei[548] - können hier nicht aufgelöst werden. Je nach Betrachtungsausschnitt verändert sich das Bild. Momentaufnahmen durchkreuzen kontinuierliche Entwicklungen, gehören ob ihrer möglichen Prägekraft zum Festgeschehen dazu - drohen aber in ihrer devianten Singularität, Generalisierungen zu verzerren.

544 Interview 15, in: Veiz 2001b, S. 209.
545 Hierzu Dröge/Krämer-Badoni 1987, S. 199.
546 Vgl. Johanna Rolshoven: Der Rausch. Kulturwissenschaftliche Blicke auf die Normalität. In: Zeitschrift für Volkskunde 96/2000, S. 29-49, hier S. 31.
547 Dröge/Krämer-Badoni 1987, S. 198.
548 Koch 2012 [15.10.2012].

Im Folgenden beschreibe ich die oben kurz vorgestellten Grundtypen des Trinkens: „Pegel halten", „über den Durst" und „Kampftrinken". Den betrunkenen Besuchern räume ich dabei mehr Platz ein als den angetrunkenen, wenngleich letztere zahlenmäßig klar dominieren. Damit stellt der Umfang meiner Erläuterungen die Relevanz jener Verhaltensweisen auf den Kopf. Doch die teilweise extremen Praktiken der Volltrunkenen, die häufig die beschworene „Bierseligkeit" bedrohen und im Festausschluss resultieren, markieren, welche Ordnungen in der liminalen, heißen Phase zur Disposition stehen und welche nicht. Dazu gehören auch zwei Exkurse: einer über das „Exen" als markantes Beispiel des „Kampftrinkens" und ein zweiter über Transgressionen im sexuellen Bereich – beides „Unordnungen", die geduldet, missbilligt oder sanktioniert werden.

„Pegel halten"

Der überwiegende Teil der Feiernden unterscheidet zwischen dem auflockernden Trinken und dem berauschenden, exzessiven „Saufen". Von den Meisten wird weder gänzliche Nüchtern-, noch Volltrunkenheit gewünscht. Sie trinken ihr Bier nicht nur, weil es dazugehört, gut schmeckt oder in der Gruppe „Spaß" bereitet,[549] sondern auch um der Feierfreude per beschwingter Beschwipstheit nachzuhelfen; denn etwas Alkohol lockert, fördert die Redeseligkeit und die euphorische Stimmung. Dass manche eine alkoholisierte Leichtigkeit schon relativ früh am Abend anstreben, lässt das „Vorglühen" vermuten. In Bierlaune ist es für viele einfacher, auf das Sitzmobiliar zu steigen, laut mitzusingen und sich in bizarren Bewegungen zu winden. Die Hemmschwellen sinken parallel zur Füllhöhe im Glas: *„20.30 Uhr [...] da sind alle schon ein klein bisschen gelöst, das ist eine Loslösung von den Hemmungen. Aber besoffen sind sie noch nicht. Das ist wichtig."*[550]

Gleichwohl reduziert die große Mehrheit in der heißen Phase den Konsum von alkoholhaltigen Getränken. Die Trinkgeschwindigkeit wird gedrosselt, der Anstieg des Alkohollevels verflacht.

„Dann kommt das Partygeschäft. Dann verdient man nicht mehr. Der Gast hat dann kein Interesse am Essen und Trinken. Das Publikum schwelgt in der Partystimmung. [...] dann sind die Leute nur noch auf den Bänken. Dann heißt es, trinken, hopsen, tanzen, feiern. [...] Zu dem Zeitpunkt haben viele ja schon eine bis zwei Maß während des Essens getrunken. Man merkt die Wirkung der Biere. [...] Der Pegel wird gehalten" (Interview mit Bedienung M am Do., 24.03.2011).

Für den im Unterschied zur Aufwärmphase gebremsten Bierkonsum gibt es fremd- und selbstbestimmte oder betreiber- und teilnehmerseitige Beweggründe, die an den alkoholbedingten Effekten liegen. Es ist im Interesse der

---

549 Hierzu *Fokussiertes Gespräch mit Art Direktor am Fr., 29.09.2000.*
550 *Interview mit Bedienung M am Do., 24.03.2011.*

Betreiber, ein gewisses Niveau einer massenhaften Angetrunkenheit nicht zu überschreiten, um die sorglose, „bierselige" Atmosphäre zu halten. Eine alkoholbedingte Enthemmung von Tausenden, auf dichtem Raum gedrängt, birgt nämlich für einen Wirt geschäftsschädigende Risiken wie Schlägereien oder Verletzungen. Uneinsichtigkeit, Streitereien oder eine gereizte Stimmung, in der auch mal einer *„schneller ausflippt"*, waren für Wirt B alle ein *„Ausfluss der alkoholischen Verhältnisse"*.[551] Daher kann es dann vorkommen, dass eine Bedienung einem bereits betrunkenen Teilnehmer ein alkoholfreies Bier unterschiebt und folglich eine noch stärkere Trunkenheit abbremst.[552] Auch ist es denkbar, dass, wenn die Stimmung und die Getränkeverkaufszahlen hoch sind, weniger vehement zum Trinken animiert wird.[553] Werden jedoch weniger *Prosits* zelebriert, nimmt nicht nur die Frequenz des von außen initiierten Anstoßens ab, sondern die Musikblöcke werden ebenfalls länger. Das minimiert obendrein den Raum für das selbstgesteuerte, gruppeninterne Zutrinken. Denn in dröhnender Lautstärke rückt das gesellige, kollektiv-veranlasste Trinken, das die Mahlzeit oder eine Unterhaltung eingangs allenthalben begleitete, in den Hintergrund. Die Gemeinschaft findet nun ihre hauptsächliche Ausdrucksform im gemeinsamen Singen und Tanzen.

Andererseits steuern viele Teilnehmer bewusst ihr eigenes Tun. Die Feiernden nehmen nach einem oder mehreren Auftaktbieren langsamer alkoholische Getränke zu sich[554] oder wechseln auf alkoholfreie. Ein 44-jähriger Versandarbeiter, den Veiz interviewte, sagte, er trinke „halb, halb, woaßt. Normal und bleifrei. [...] Weil da kann i des ganze kontrollieren, woaßt."[555] Jene Absicht, beherrscht Alkohol zu konsumieren und folglich einen Rausch – „dass i mi nimmer auskenn" – zu vermeiden, teilten fast alle von Veiz befragten Oktoberfestbesucher. Viele erklärten, dass sie nicht die Gewalt über ihr eigenes Tun verlieren wollten: *„Ich würde nie so viel Bier reinschütten, dass ich nicht mehr weiß, wer ich bin."*

Neben den situationsbezogenen Befürchtungen um das Ich – den sogenannten „Filmriss", bei dem infolge des stark erhöhten Alkohollevels das Erinnerungsvermögen aussetzt – beeinflusst auch das Danach (der Heimweg, der nächste Morgen), das ja *nach* dem Feiern stattfindet, das Trinkverhalten *während*dessen. Wiederholt wiesen die von Veiz Befragten darauf hin, dass sie nach dem Fest noch den Heimweg meistern müssten. Gesetzliche Promillegrenzen für die Teilnahme im Straßenverkehr bremsen so den Alkoholkonsum. Altwirtin Maier klagte 2008: „Die Leute trinken nichts mehr. Entweder fehlt ihnen das Geld, oder sie haben Angst um ihren Führerschein."[556] Außerdem scheuen viele

---

551 *Interview mit Wirt B am Mo., 05.07.1999.*
552 Vgl. Schweizer 2009, S. 125, 164.
553 Vgl. *Interview mit Musiker am Di., 05.04.2011.*
554 Vgl. hierzu *Interview mit Wirt A am Fr., 02.07.1999.*
555 Interview 14, in: Veiz 2001b, S. 195; die folgenden Zitate ebd., S. 120, 60.
556 AHGZ Online 2008 [08.03.2015].

Übelkeit oder Kopfschmerzen am nächsten Tag, den ein zu hoher Alkoholkonsum verursacht, und trinken daher moderat. Trotz aller Alterität im Festzelt wird nämlich gerade unter der Woche oft der dräuende morgige (Arbeits-)Alltag *nicht* vergessen: *„Wo am Montag jeder sagt, au, da sollte ich einigermaßen nicht blau machen, sondern einen klaren Kopf haben".*[557] Schließlich kann es vorkommen, dass die Tischgemeinschaft eine Nachbestellung modifiziert, sich eine Allianz der Nichttrinker bildet und dem im Verhältnis zu sehr Betrunkenen zur Mäßigung auffordert. Denn „die soziale Kontrolle über das Trinken – sofern eine bestimmte individuelle Schwelle erreicht ist – [ist] relativ rigide."[558] Die meisten Menschen begrüßen einen „Schwips", während sie den „Suff" ablehnen.

> *„[Veiz: Wie ist des so mit dem Rausch? Ist dir der wichtig?] Na, i moan, des is jetzt net so das A und O, aber es ergibt se halt amal. Jetza, net in diesem Sinne bis zur Bewusstlosigkeit, aber mer is immer a bisserl angedudelt. I denk mer, des g'hört dazu, weil ma kann se ja net daher setzen und a [Limonade] trinka."*[559]

„Über den Durst"

Doch die Wirkung des Alkohols setzt leicht verzögert ein. So ergibt es sich nach obigem Zitat „halt amal", dass Teilnehmer im Feierüberschwang und dank des Anstoßens, das ja nach wie vor zelebriert wird, die Schwelle von der Angetrunken- zur Betrunkenheit überschreiten. Des Weiteren wird die unbeabsichtigte Trunkenheit durch das Volksfestbier gefördert, da dieses über einen höheren Alkoholgehalt als normales Helles verfügt. Gewohnte Biervolumina, wie sie in anderen Kontexten gepflegt und nur mit anheiternden Erfahrungswerten verknüpft werden, können so im Festzelt zum Rausch führen. Erschwert wird die Selbstkontrolle überdies, weil Banknachbarn Alkoholika spendieren.

Euphorisiert vom bereits getrunkenen Bier, umfangen von der Festgemeinschaft, geschieht das Einladen von anderen – Freunden oder eben erst geschlossenen Bekanntschaften – relativ häufig. Gerade auch, weil ein alleiniges Trinken mit dem unbeherrschten „Saufen" in Verbindung gebracht wird (ich erinnere an das Verdikt: *„Wer allein trinkt, säuft"*)[560] und folglich Kotrinker rekrutiert werden. Ein bereits kredenztes und bezahltes Getränk abzulehnen, besonders wenn die Einladung mit einem Zutrinken verknüpft wird, besitzt aber in der Zurückweisung eine unfreundliche Konnotation, die der allseitigen Heiterkeit entgegenläuft. Ergo wird mitgetrunken. Denn ein Nicht-Kotrinken kann als Kränkung seitens des anderen aufgefasst werden – eine Interaktionsnorm, die selbst in der Schwellen-

---

557 *Interview mit Wirt B am Mo., 05.07.1999.*
558 Dröge/Krämer-Badoni 1987, S. 200.
559 Interview 9, in: Veiz 2001b, S. 104.
560 *06. Feldbericht, Sa., 25.09.1999 vom Oktoberfest München*;. auch Rolshoven 2000, S. 30.

phase trotz aller liminalen Anti-Struktur weiterbesteht. Nicht nur kollektive Trinkusancen begünstigen das Freihalten von anderen und damit deren erschwerte Selbstkontrolle, sondern auch die festive Situation an sich. Dem Feiern ist nämlich inhärent, dass verschwenderisch mit Ressourcen umgegangen wird.[561]

> *„An einem Tisch, über den Gang gelegen, prassen Frauen und Männer zügellos. Ständig bestellen sie Bier nach. Kaum gebracht, fordern die [Mittdreißiger] schon Nachschub. Geschnapselt wird auch zwischendrin. Geld spielt keine Rolle. Die feiern in vollen Zügen, genießen den Augenblick. Ich bekomme Tischgesellschaft. Gleich sieben Mädchen [...], die sind alle gerade mal um 16 'rum [...]. Zwei Cola, Fanta und zwei Bier, so die dürftige Bestellung der Mädchen. Die eine hat gar nichts bestellt. Zwei trinken aus demselben Glas. [...] Also nichts von der protzenden Großzügigkeit der prassenden Gruppe am anderen Tisch. Hier wird noch nicht viel selbst verdient [...]. Das hier ist die Sparvariante. [...] Wir stoßen gemeinsam an. Die eine nimmt einen meines Erachtens viel zu großen Schluck aus ihrem Bierkrug. [... Ich bin] entsetzt, mit welchem Zug die Kleine ihren Krug leert. [Nur] macht sie es ja wie wir Erwachsenen" (16. Feldbericht, Sa., 13.05.2000 vom Stuttgarter Frühlingsfest).*

„Kampftrinken"

Während die *große* Mehrheit versucht, relativ mäßig zu trinken (wenn auch teilweise ohne Erfolg), gibt es eine Minderheit, die unbekümmert Alkoholika konsumiert und einen Vollrausch nicht grundsätzlich ablehnt. Augenfällig werden dabei nicht Alkoholkranke, die sich in der Menschenmasse verlieren, sondern es sind Gruppen, in denen mit Alkohol offensiv umgegangen wird. Umgangssprachlich wird dies auch als „Kampftrinken" bezeichnet; ein Verhalten, bei dem das Betrinken wie eine Art Wettstreit betrieben wird. Teilnehmer beweisen dabei sich selbst als auch anderen ihre Trinkfestigkeit in einer sportlichen Herausforderung. Anders als die Umgangssprache nutze ich diesen Begriff umfassender. Ich subsumiere unter „Kampftrinken" alle Trinkformen, die einen Rausch bewusst oder gewollt in Kauf nehmen. Gemeinsam ist den Varianten, dass bedenkenlos „gebechert" wird. In der milderen Form, die den Großteil jenes Konsumverhaltens ausmacht, ist das eine feucht-fröhliche Zecherei. In Extremfällen ist es das „Komasaufen", bei dem exzessiver Missbrauch Alkoholvergiftungen bewirkt, die eine medizinische Behandlung erfordern.

Anders als bei den zuvor beschriebenen Trinkformen, die von (versuchter) Selbstkontrolle charakterisiert sind, wird beim „Kampftrinken" das Bier von Anfang an schnell und in großen Zügen konsumiert. Oft kommen solche Besucher

---

561 Fast 82 Prozent aller Umfrageteilnehmer gaben an (Anhang 10.4), über kein festes Budget mit einer Ausgaben-Obergrenze zu verfügen. Vgl. hierzu Greverus 1977, S. 7; auch Schweizer 2009, S. 100.

„vorgeglüht" ins Festzelt, bringen heimlich Hochprozentiges mit[562] und kippen Schnaps zwischendurch. Alkoholfreies Bier wird verschmäht. Dem Betrinken können Trinkspielchen eine leichte Note geben, indem beispielsweise gemeinsam, rhythmisch Likörfläschchen mit dem Deckel nach unten auf den Tisch geklopft werden. Oder es werden Wörter in der Gruppe ausgemacht, bei deren Erwähnung „gebechert" werden muss.

Das Betrinken entspricht einer Kommunikationsform. Innerhalb der Gruppe wird der Zusammenhalt gefördert, indem sich die Gruppenmitglieder gemeinsam auf den Rausch und damit auf Wahrnehmungs- und Verhaltensänderungen einlassen. Die Zugehörigkeit ist an das Trinken gebunden, mit dem das soziale Gefüge in der Gruppe, am Tisch oder im Umfeld ausgehandelt, verändert oder bestätigt werden kann.[563] Nach außen hin wird so nicht nur das abgrenzende „Wir" mitgeteilt, sondern auch das Streben nach Anerkennung. Zum einen signalisiert der ungebremste Konsum, dass ein Sichbetrinkender genügend Geld hat, um es „maßlos" auszugeben. Zum anderen verlangt Trinkfestigkeit Respekt, solange der eigene Körper im Spektrum der alkoholischen Auswirkungen beherrscht werden kann. Beschränkt sich die entstandene Trunkenheit auf Lallen, kaum aggressives Sprechen, mindere Obszönitäten und etwas unkoordinierte Gesten, wird sie von der großen Allgemeinheit toleriert.[564] Im Unterschied hierzu werden sexuelle Transgressionen, gewalttätige Handlungen und physische Aussetzer wie Erbrechen oder Torkeln missbilligt. Prestigegewinn, Spott oder letztlich der Festausschluss liegen oft nur einen Schluck weit auseinander.

Abgesehen von Persönlichkeitsnuancen – der eine verträgt mehr, der andere weniger –, handelt es sich bei den offensivsten Rauschtrinkern meistens um Jugendliche und junge Erwachsene, wie meine Umfrage und die Interviews von Veiz andeuten, die nach eigenen Angaben, „Bier, generell saufen".[565] Unter anderem

---

562 Vgl. Interviewpartner Bedienung M 14.10.2012.
563 Vgl. Thomas Hellmuth/Ewald Hiebl: Trinkkultur und Identität. Bemerkungen zu einer neuen Kulturgeschichte des Trinkens. In: Lothar Kolmer/Christian Rohr (Hg.): Mahl und Repräsentation. Der Kult ums Essen. Paderborn/München/Wien/Zürich 2000, S. 213-225, hier S. 219.
564 Siehe Rolshoven 2000, S. 30, die Paul Raybaut zitiert.
565 Interview 3 mit einer 15-Jährigen, in: Veiz 2001b, S. 27. Unter allen Interviews finden sich dort nur drei rundweg positive Aussagen zum berauschenden Trinken: zwei von 15-jährigen jungen Frauen und eine von einem 22-jährigen Mann. Meine Umfrageergebnisse siehe Anhang 10.4. Wenngleich in meiner Umfrage die Kohorte der 56- bis 70-jährigen Männer ebenfalls sehr stark bejahte, dass es nicht bei einem Bier bliebe (ein Indikator für unbesorgtes Trinken), ist diese Altersgruppe nur sehr gering im Zelt vertreten. Ich konzentriere mich daher auf die jüngeren Hauptträger des Rauschtrinkens. Hierzu Ludwig Kraus/Daniela Piontek/Alexander Pabst: Epidemiologischer Suchtsurvey 2009. Repräsentativerhebung zum Gebrauch und Missbrauch psychoaktiver Substanzen bei Erwachsenen in Bayern. IFT-Berichte, Bd. 175. München 2010, S. 49, auf: http://esa-survey.de/fileadmin/user_upload/esa_laenderberichte/Bd_175_ESA_Bayern_2009.pdf [08.03.2015]. Die Einstellung jener Alterskohorte zur Trunkenheit zeigt deutlich Youtube: Sabine und Jana auf dem Cannstatter Wasen (vom 24.10.2009), auf: http://www.youtube.com/watch?v=1UvU0IVZurl [08.03.2015].

liegt dies am Trinkverhalten von risikobereiten, jugendlichen Alkoholszenen, in denen Alkohol, quasi institutionalisiert, konsumiert wird. Der latente Gruppenzwang innerhalb einer solchen Peergroup erhöht die Trinkwahrscheinlichkeit, mit der ein Übergang in den Erwachsenenstatus markiert wird. Das Betrinken wird als Zeichen der Reife gesehen.[566] Der Rausch gewinnt somit für Jugendliche eine positive Bedeutung, nämlich die des Statusgewinns. Umgekehrt erklärt dies, warum die Hochschulabsolventen meiner Umfrage eine größere Reserviertheit gegenüber mehreren Bieren zeigten. Diese Gruppe von Arrivierten, im Falle meiner Befragung wahrscheinlich die Vorgesetzten unter den Arbeitskollegen, könnte nämlich aufgrund eines enthemmenden Rausches an „Gesicht" und damit letztlich an Status verlieren.

Ein weiterer Grund für das übermäßige *„Bechern"* ist, dass „extensives und manchmal sogar exzessives Trinken in der deutschen Gesellschaft" teilweise gebilligt wird.[567] Die Fähigkeit, größere Alkoholmengen ohne sichtbare Beeinträchtigung trinken zu können, wird als positiv erachtet. Trinkfestigkeit gilt „als erstrebenswerte Eigenschaft",[568] resultiert in attribuierter Männlichkeit oder erheischt Bewunderung (im Falle von Frauen). Eine zu rasch einsetzende Trunkenheit hingegen kennzeichnet den Trinker als inkompetent. Trinkfestigkeit hat damit den Nimbus einer (erlernbaren) Fertigkeit. Als mögliche Beweisführung für diese Kompetenz gilt das Trinken „auf ex" (auch „Exen"), zu dem es für größere Trinkgefäße wie dem 1-Liter-Maßkrug keine kulturwissenschaftliche Untersuchung gibt.[569]

EXKURS: DAS „EXEN"

Wenngleich ich nie das „Exen" beobachten konnte und es im Verhältnis zum ubiquitären, moderaten Trinken eher eine Rarität ist, kommt es im Festzelt immer wieder vor, dass tendenziell (jüngere) Männer eine Maß Bier auf einen Zug leertrinken, ohne zwischendurch abzusetzen. Damit kulminiert das Kampftrinken in dieser Praxis. Hier wird das Bier nicht genießerisch verkostet, sondern

---

566 Hierzu Irmgard Eisenbach-Stangl et al.: Jugendliche Alkoholszenen. Policy Brief November. Wien 2008, auf: http://www.euro.centre.org/data/1349444152_6356.pdf [08.03.2015].
567 Bausinger 2000, S. 44.
568 Ebd.; hierzu auch Eisenbach-Stangl et al. 2008 [28.05.2012].
569 Würth 1998, S. 191f., macht wenige Aussagen zum „Exen" von in Kneipen üblichen kleineren Gläsern. Nach ihrer Befragung trinken 12 Prozent der Frauen und 28 Prozent der Männer „gelegentlich ‚auf ex'". Sie folgert, es sei weniger verbreitet, weil es „im Widerspruch zu den in den meisten Kneipen gültigen Formen des geselligen Trinkens" stehe. Es beschleunige den Trinkrhythmus und leiste der Trunkenheit Vorschub. „Ex-Trinken" sei eher eine „,Mutprobe' für noch wenig mit Alkohol vertraute Jugendliche" oder ein Trinkritual für Verbindungsstudenten (ebd., S. 192). Nach Dröge/Krämer-Badoni 1987, S. 192, geschieht das Trinken „auf ex" selten .

verschwenderisch in sich „hineingegossen" und sekundenschnell „vernichtet".[570] Der Ausgangspunkt für das „Exen" kann manchmal eine Gruppennorm für die erste Bestellung sein oder auf Ansage erfolgen, wie in einem Youtube-Video erkennbar.[571] Wird das „Exen" derart in einer Gruppe initiiert, lässt sich erkennen, wer bereit und mutig genug ist, seine Position in der Hierarchie zu verteidigen oder zu verbessern. Leert einer hingegen alleine den Krug, handelt es sich meist um eine Art Wette, Herausforderung oder zirzensische Zurschaustellung der trinkerischen Leistungskraft. Konnotationen eines legendären Meistertrunkes[572] oder Stilisierungen von „archaischen Gelagen"[573] klingen an.

Das „Exen" entspricht ebenfalls einer Form der nonverbalen Kommunikation, die in einer kollektiven Situation stattfindet. Mehr noch, im Zelt herrscht eine Öffentlichkeit, die unter Umständen das ganze Mittelschiff umfassen kann, wenn auf der Bühne, dem Tisch oder der Bank stehend das Bier in einem Zug getilgt wird. Dann ist offensichtlich, wer es physisch aushält oder wer am schnellsten die Maß Bier „vertilgen" kann, wenn parallel Krüge geleert werden. Im Erfolgsfalle erntet der „Ex-Trinkende" Beifall oder Freibier, sollte das „Exen" als unterhaltende Sondereinlage auf der Festzeltbühne[574] ausgerufen worden sein. Die gewonnene Achtung korrespondiert im sozialen Geflecht mit einer Statusverbesserung (-konsolidierung), was oft eine Triumphgebärde unterstreicht. Denn beim „Exen" wird nicht nur ein möglicher Gegentrinker bezwungen oder die Aufgabe bewältigt, sondern der eigene Körper wird in mehrfacher Hinsicht zu einer „Höchstleistung" getrieben.[575] Zum ersten gelingt es dem Trinker, Schlucken, Atmen und zunehmendes Völlegefühl gleichzeitig zu beherrschen (die im Bier enthaltene Koh-

---

570 Das Verb „trinken" greift nicht den Gehalt des „Exens", bei dem schnellstmöglich ein Bier „vertilgt" wird. Hier in „unter 6 Sec.": Youtube: 1 Maß Bier auf EX unter 6 Sec. - Wiesn 2011 – Beer Chug.mp4 (vom 04.10.2011), auf: http://www.youtube.com/watch?v=21rt-_inHFk [08.03.2015].

571 Ein Beispiel vom Stuttgarter Frühlingsfest eingeleitet mit einem gesagten „Ex oder Ordnung" (02:46) auf: Youtube: 19.04.2008 – Wasen [Teil I] (vom 21.04.2008), auf: http://www.youtube.com/watch?v=Rp-UKOTTKck [08.03.2015].

572 Zur Legende vom Meistertrunk von Rothenburg o.T. vgl. Meistertrunk: Hintergründe, auf: http://www.meistertrunk.de/hintergruende.html [08.03.2015]; auch Bausinger 2000, S. 124f.

573 Hierzu Spode 1991, S. 18-23.

574 Youtube: Cannstatter Wasen Big Fm (vom 21.03.2007), auf: http://www.youtube.com/watch?v=h79SnnLMAY8 [08.03.2015]. Gerade von der eigenen Gruppe erhält der Trinkende positive Rückmeldung. Ob solche Herausforderungen regelmäßige, allabendliche, Pausen füllende Bestandteile sind, kann ich nicht sagen. Ebenso wenig, ob es in dieser Form mehrfach an einem einzigen Abend vom Veranstalter initiiert wurde. Im benutzten Youtube-Video verkündet der Ansager: „So, jetzt wisst Ihr, wie es geht", was darauf schließen lässt, dass jener „Ex-Test" mindestens noch einmal wiederholt wurde.

575 Ebd. offenbart sich die körperliche Anstrengung des „Exens". Es ist zu erkennen, wie der „Ex-Trinker" (als er wieder im Kreise seiner Freunde ist) mit sich selbst und seiner physischen Verfasstheit beschäftigt ist. Er muss tief ausatmen, schließt die Augen, wirkt erschöpft, steht nicht sicher und muss sich letztlich setzen. Hierzu auch Dröge/Krämer-Badoni 1987, S. 200, die auf „Körperlichkeit und Kraftkult" im Zusammenhang mit Trinken verweisen.

lensäure erschwert dies). Dann schafft er es, die Krugneigung mit der Schluck-
geschwindigkeit zu koordinieren. Wird zu schnell „gekippt", läuft das Bier an den
Mundwinkeln heraus; ein zu langsames Leeren hingegen gefährdet das „Exen",
weil Luft geschluckt werden könnte oder dies als Absetzen gilt. Zum dritten
scheut der Trinkende nicht, dass der gesamte Alkoholgehalt einer Maß dem Körper in Sekunden zugeführt und folglich auf einmal wirken wird. Auf diese Weise
kann die Standfestigkeit (im wörtlichen Sinne) und letztlich die Maskulinität[576] beziehungsweise die Belastbarkeit dessen, der „auf ex" trinkt, gezeigt werden.

Es versuchen sich mehr Männer als Frauen am „Exen".[577] Frauen konsumieren
in der Regel weniger sowie vorsichtiger Alkohol als Männer. Sie bewerten überdies „sowohl mäßigen Alkoholkonsum als auch Trunkenheit kritischer als Männer".[578] Darüber hinaus besitzt jenes genusslose In-sich-Hineinschütten brachial
derbe Implikationen, die es als sportliche „Kraftmeierei" erscheinen lassen. Leert
daher eine Frau einen Krug „auf ex", wagt sie sich in eine Männerdomäne[579]
mit unterschiedlichen Reaktionen. Wie ein Youtube-Video zeigt, skandierte und
klatschte fast das komplette Oktoberfestzelt, als eine Frau gut sichtbar auf dem
Tisch stehend eine Maß rasch ohne Absetzen in sich „hineinkippte".[580] In einem
Stuttgarter Fall erntete eine Frau hingegen keinen zeltweiten Jubel, ihr „Exen"
war weniger auffällig. Und während die Frau in München meines Erachtens von
einem Mann gegenüber wie von einem Groupie angefeuert wurde, erhielt die Stutt-
garterin von den männlichen Banknachbarn weniger uneingeschränkte Bewunderung, sondern eher beschützendes Wohlwollen oder beinahe verurteilendes
Kritisieren. So lässt sich, just als die Frau den Krug fast zur Gänze geleert hatte,
im Video hören: [Mann A] „Nicht übertreiben", [Mann B beschützend] „Ey – lass
se". Dann, als sie mit einem kleinen Rest im Krug ihre Aufgabenstellung als
erledigt sah, forderten zwei Männer: „Weitermachen".[581] Vergleiche ich beide
Begebenheiten, deutet vieles darauf hin, dass beim Münchner „Exen" die Ge-
schlechterrollen verkehrt wurden. In Stuttgart hingegen wirkte sowohl das Wohlwollen als auch das Kritisieren, als wären sie aus einer Position der männlichen
Überlegenheit heraus vorgenommen worden. Die Wasen-Szene erscheint somit
als Festschreibung der männlichen Trinkdominanz. Inwieweit sich die zwei kon-

---

576 Vgl. hierzu Güntert 2004, S. 29 [08.03.2015].
577 Auch Würth 1998, S. 191.
578 Verbundprojekt zur gesundheitlichen Situation von Frauen in Deutschland (1999), S. 31
     [03.06.2013].
579 Zu Stereotypen bzgl. Verhaltensstilen vgl. Dorothee Alfermann: Geschlechterforschung im
     Sport. Stereotype, Vorurteile und Diskriminierung (eingestellt 17.11.2010, Sammelbandveröf-
     fentlichung. Frankfurt a.M. 2008), S. 1-9, hier S. 3, 8, auf: http://www.uni-leipzig.de/~fra-
     ges/uploads/media/Dorothee_Alferman_Geschlechterforschung_im_Sport.pdf [08.03.2015].
580 Youtube: A Woman drinks the first Maß in one go (vom 28.07.2008), auf: http://www.you-
     tube.com/watch?v=p225icl8aR8 [08.03.2015].
581 Youtube: Mass auf EX im Wasenwirt (vom 06.10.2009), auf: http://www.youtube.com/
     watch?v=nfT8TNFmJvo [13.07.2012].

trären Deutungen verallgemeinern lassen oder gar Bestand haben, muss angesichts der dünnen Beleglage allerdings offenbleiben.
 Eine Aussage über die Folgen von fehlgeschlagenen „Ex-Trinkereien" erlaube
ich mir allerdings. So wollte ein Mann in Heldenpose gleich zwei Maß Bier nacheinander in sich „hineinschütten". Eingangs begleiteten anfeuerndes „Trink, trink,
trink"-Johlen und begeistertes Pfeifen sein Vorhaben. Das änderte sich abrupt
nach der zweiten Maß, als der vermeintliche „Held", sich zuerst auf den Tisch
und dann auf den Zeltboden erbrach. „Oh, der hats ausgekotzt", kann ich im Off
des Videos vernehmen.[582] Anstatt Applaus gab es nun hämisches Grinsen und
Gelächter. Feiernde, die direkt neben dem Erbrochenen saßen, verließen recht
schnell ihre Sitzplätze. Positive Gefühle oder eine mögliche Anerkennung seitens
Dritter waren in Ekel und Verachtung umgeschlagen. Ein offener Raum entstand
um den angeschlagenen Trinker, der von einer Frau getröstet wurde. Während
die „Gewinner", die erfolgreichen „Exer", also Mitten im Geschehen eingebunden
bleiben, befinden sich die Gescheiterten nicht nur im räumlichen, sondern auch
im sozialen Abseits. Sollte sich obendrein Übelkeit einstellen, „hocken" sie auf
der Bank und sind aus dem Feiern draußen – vielleicht sogar wortwörtlich: nämlich auf dem Weg zur Sanitätsstation aufgrund einer Alkoholvergiftung.

 Nun versuchen die wenigsten, die unbekümmert, maßlos Alkohol trinken,
ihre Krüge auf einmal zu leeren. Dennoch stellen sich nach dem erheiternden
Schwips mit fortschreitendem Alkoholkonsum weitere physiologische und psy-
chische Wirkungen ein. Die Betrunkenen verlieren Schluck um Schluck Gewalt
über sich, wobei es dann keine Rolle spielt, ob es versehentlich oder absichtlich
zum Rausch kommt.
 Zuerst springen körperliche Beeinträchtigungen ins Auge. Die Sprache ver-
zerrt sich, verkommt zum Lallen. Der Gleichgewichtssinn schwindet. Torkelnd und
schwankend kracht im weiten Zelt immer mal wieder ein „Besoffener" von der
Bank. Tölpelhafte Missgeschicke ereignen sich, wenn die Bewegungskoordination
abnimmt. Mit unsteter Hand geführt, schwallt das Bier aus dem Krug, ergießt sich
über den Trinker. Der Besudelte wird verhöhnt. Bierpfützen, die Jacken tränken,
werden belacht. Nausea ergreift Betrunkene. Vereinzelt wird unter den Tisch oder
in einen Krug uriniert.[583] Im Rausch tritt anstelle des gebändigten Körpers ein Leib
hervor, der das disziplinierte Selbst hinter sich lässt.[584] Als Konsequenz des „Sau-

---

582 Youtube: Oktoberfest 2010: 2 Maß Bier exen (vom 05.10.2010), auf: http://www.youtube.
 com/watch?NR=1&feature=endscreen&v=1lPxfJgO9eg [08.03.2015].
583 Vgl. *Interview mit Bedienung M am Do., 24.03.2011*. Der Befragte betonte die Seltenheit dieses
 Verhaltens.
584 Vgl. hierzu Norbert Elias: Über den Prozess der Zivilisation. Soziogenetische und psychogenetische Untersuchungen. Bd. 2, 21. neu durchges. u. erw. Aufl. Frankfurt a.M. 1997, S. 414. Als
 ein konkretes Beispiel vom Cannstatter Volksfest siehe hierzu Youtube, Sabine 2009
 [08.03.2015].

fens", eigentlich das Verb für *tierisches* Trinken und im übertragenen Sinne die saloppe, abwertende Bezeichnung für menschliches Betrinken, bricht derart – zugespitzt formuliert – das ungebändigte, unzivilisierte Selbst hervor. Denn während des Erbrechens beispielsweise agiert der Körper allein und verselbständigt sich, Kontrollansprüche über physische Funktionen oder manierliche Verfeinerungen gehen verloren. Oft reagieren die Umstehenden auf jene leiblichen „Aussetzer" missbilligend, machen sich lustig oder „übersehen" geflissentlich die Berauschten. Ob Ablehnung, die sich im Kopfschütteln sowie im Spott ausdrücken kann, oder Negation der Anwesenheit, im Resultat wird ein Betrunkener, der das kontrollierte An- oder Betrunkensein überschritten hat, sozial isoliert und letztlich von der Festgemeinschaft ausgeschlossen. Diese feiert nämlich zusammen weiter.

Zweitens vermindert sich mit Zunahme des Blutalkoholspiegels auch die Urteils- sowie Kritikfähigkeit, was sich oft in erhöhter Streitlust manifestiert. Obendrein tragen die Enge, kleinere Rempeleien in Folge von Tanzbewegungen, das Unisono-Klatschen und laute Schreien dazu bei, dass bei manchen eine latente Aggressivität aufgebaut wird. Doch eine angriffslustige Stimmung kann die kreierte Wohlfühlatmosphäre unterminieren. Wie ein roter Faden ziehen sich durch die Experteninterviews folglich die Verweise, dass wiederholt die Gemüter beruhigt werden müssten, sonst könnte die angeheizte Atmosphäre ausarten. Aber auch Besucher halten die Möglichkeit eines ungestümen Ausbruchs aufgrund der bestehenden Alkoholisierung für denkbar.[585] Das in den Medien gezeichnete Bild von beispielsweise zunehmenden Maßkrug-Schlägereien in Oktoberfestzelten[586] nährt solche Befürchtungen. Allerdings bemerkte ich bis auf *eine* aufkeimende Schlägerei, die vom herbeieilenden Service- und Sicherheitspersonal kurzerhand beendet wurde,[587] *keine* einzige handgreifliche Auseinandersetzung bei meinen über zwei Dutzend Feldbesuchen. Aufgrund der Zeltgröße und der Effektivität des Sicherheitsdienstes, der schlichtet und betrunkene Störenfriede möglichst vor der „Randale"[588] aus dem Zelt entfernt, kann es aber gut sein, dass ich nichts von solchen Vorfällen wahrnahm, sollten sie dann doch stattgefunden haben. Dazu der Musiker:

„Alle Arten von Grenzüberschreitungen gibt es da. Von Schlägereien, dem Kotzen ins Eck, Pinkeln unter den Tisch – auch sexuelle Sachen, wenn zwei ganz besoffen sind. Im Zelt sehen sie das nicht. Aber wir sehen das von der Bühne" (Interview mit Musiker, Di., 05.04.2011).

585 Vgl. Frage 9 in Anhang 10.4; und Interview 5, in: Veiz 2001b, S. 47f.
586 Vgl. News: Oktoberfest. Maßkrug-Schlägereien nehmen zu (vom 23.09.2010), auf: http:// www.news.de/gesellschaft/855074545/masskrug-schlaegereien-nehmen-zu/1/ [08.03.2015].
587 *05. Feldbericht, Fr., 06.08.1999 vom Unterländer Volksfest.*
588 Vgl. hierzu Youtube: Ordner schmeissen Randalierer auf Oktoberfest raus (vom 26.09.2009), auf: http://www.youtube.com/watch?v=k6CwmwaiOfM [08.03.2015].

Wie räumlich begrenzt die Wahrnehmung der Feiernden ist, zeigt das Video einer gefilmten Schlägerei[589] vom Cannstatter Volksfest. Das Fest lief, wie im Zelthintergrund zu erkennen, abgesehen von der lokal begrenzten Aufregung unbeeinträchtigt weiter: Die Musik spielte unverdrossen, vier, fünf Bankreihen entfernt tanzten die Menschen unbeirrt. Die direkten, uninvolvierten Nachbarn allerdings unterbrachen ihr Feiern und rückten vom Faustkampf ab. Sie brachten sich in Sicherheit, stiegen über Tische außer Reichweite und schauten dann – so meine Interpretation – abweisend mit verschränkten Armen über der Brust zu. Andere Umstehende wiederum nahmen den Vorfall nicht ernst. Einer zog ihn ins Lächerliche, indem er die „Streithähne" anfeuerte; ein Pärchen begann nur eine Minute später, Grimassen in die Kamera zu schneiden. Wenn auch nicht räumlich, so distanzierten sie sich doch mit dem Lachen vom Tumult. Sie deuteten dessen Ernsthaftigkeit um. Für die Grimassenschneider beschlossen die Narreteien die Störung. Es war deren Reintegrationsgeste in die Festgemeinschaft, die im großen Zeltrund kontinuierlich fortbestand. Etwas später füllten sich die Bänke um das „befriedete" Kampfzentrum wieder. Die Angegriffenen allerdings waren noch nicht wieder bereit, das Geschehene abzuschütteln und weiterzufeiern. Deren sorglose Feierstimmung war „zerschlagen". Und auch für den flüchtenden Aggressor war das Fest vorbei. Der Sicherheitsdienst lief ihm hinterher, um ihn höchstwahrscheinlich aus dem Zelt zu werfen, also vom festiven Geschehen auszuschließen.

Abgesehen vom streitsüchtigen Verhalten fördert der hohe Alkoholkonsum drittens das Enthemmen. Ehrenrührige Sprüche gehen leichter von der Zunge.[590] Die Bereitschaft zum Risiko steigt. Gerade sexuelle Transgressionen scheinen sich zu häufen, wenn die internalisierte Selbstkontrolle alkoholbedingt herunterfährt. Doch anders als bei Schlägereien gibt es im sexuellen Bereich situationsabhängige Grenzziehungen zwischen passablem und inakzeptablem Verhalten. Was das eine Mal positiv bewertet wird, entspricht in einer anderen Konstellation einer sexuellen Nötigung:

> „Dann nutzen die das Gedränge aus, dann drücken sie sich an dich und küssen dich einfach ... ja und wenn der dann ganz gut aussieht, ja, mein Gott, das ist Spaß, aber manchmal ist es echt eklig da."[591]

Ein genaueres Hinschauen ist folglich nötig, wenngleich sexuelle Tabus existieren, die nicht zur Disposition stehen (ein Kernbestandteil des „great amount of order" im Turnerschen Sinne sozusagen): der öffentliche Geschlechtsverkehr und sittenwidrige Belästigungen. Das soll aber nicht heißen, dass diese Tabus niemals gebrochen werden. Bevor allerdings solche auf die Gesamtzahl der Zeltbesucher

---

589 Youtube: Canstatter Wasen Schlägerei Fail (vom 30.04.2011), auf: http://www.youtube.com/watch?v=O5DhPQiIR3o [08.03.2015].
590 Vgl. Interview IV, in: Veiz 2001b, S. 294.
591 Interview 4, in: Veiz 2001b, S. 42.

überaus seltenen Vorkommnisse geschehen, treten häufiger andere Lockerungen oder Übergriffe im geschlechtlichen Bereich auf. Die festive Exaltiertheit, die intensivierte Körperlichkeit dank des beständigen Tanzens und nicht zuletzt der gelöste Selbstzwang infolge der Alkoholisierung eröffnen Spielräume, in denen gewisse sexuelle Vertrautheiten toleriert werden. Trotz aller liminalen Entgrenzungen wird das Festzelt jedoch nicht zum rechtsfreien Raum. Der Sicherheitsdienst wacht über die Einhaltung der Ordnung, was Raum für Leichtigkeit schafft.

EXKURS: TRANSGRESSIONEN IM SEXUELLEN BEREICH

Vom Aufwärmen hin zur heißen Phase nimmt der Körperkontakt zwischen den Feiernden zu. Es entsteht eine „Atmosphäre von hoher kollektiver Intimität"[592]. Dies lässt sich zum einen damit erklären, dass in der Schwellenphase alltagsübliche körperliche Distanzen und gängige Umgangsformen zwischen Unbekannten aufweichen. Dazu gehören das Zusammenrücken auf der Bank, Paartänzchen mit Fremden, das Unterhaken beim Schunkeln oder das Nahekommen beim Line Dance. Einmal wurde ich beispielsweise von einem Festwirt abends im Zelt herzlichst umarmt, wobei ich auflachen musste.[593] Hätte er mich beim Interview in den Arm genommen, wäre ich wahrscheinlich angesichts der empfundenen Unangemessenheit erstarrt.

Spätestens in der heißen Phase dann, wenn die Anwesenden im Mittelschiff ausgiebig feiern, wird verstärkt geflirtet, wie mir eine Besucherin versicherte.[594] Fast alle Interviewpartner von Veiz bestätigten dies ebenso. Gleichzeitig verneinten aber die allermeisten vehement die auf sie selbst bezogene Nachfrage, ob nach dem Flirten „auch was in Richtung Sexualität" laufe.[595] In der vergnüglichen Atmosphäre lachen sich viele Teilnehmer einander zu. Spielerisch unterhalten sich die Erwachsenen, indem nicht nur Rollen (wie die des Muskelmannes im *Fliegerlied*) temporär angenommen werden, sondern auch Beziehungsgefüge konsequenzlos zur Disposition gestellt werden. Das betrifft sowohl das Hierarchiegefälle als auch sexuell-intime Verknüpfungen, die angedeutet werden, aber in der großen Mehrzahl nie die oberflächliche Leichtigkeit verlassen, Schäkereien bleiben und einen Vollzug ausschließen. Die Beteiligten wissen um die Folgenlosigkeit ihres Tuns. Als ich an einem Abend, den ich mit einer Fußballmannschaft

---

592 Lacrosse 1978, S. 385.
593 Vgl. *10. Feldbericht, Fr., 01.10.1999 vom Cannstatter Volksfest.*
594 Vgl. *Interview mit Besucherin M am So., 17.09.2000.*
595 Vgl. Interview 8, in: Veiz 2001b, S. 88f.

verbrachte, „Ausziehn, ausziehn"-Rufe erntete, weil ich ins Schwitzen gekommen war, reichte mein Lachen, um die fehlende Ernsthaftigkeit der Aufforderung offenzulegen. Doch beinahe hätte ich einen Heiratsantrag bekommen, wenn nur Mike nicht schon gebunden gewesen wäre ...[596]

Zum Flirten gehört, dass es in Phasen unterschiedlicher Intensität verläuft. Die gemachten Andeutungen oder Verheißungen können im Fortgang der Interaktion unmissverständlicher werden. Zu beachten bei dem erotischen Geplänkel ist allerdings erstens der Trunkenheitszustand der Beteiligten. Zweitens ist es nicht unerheblich, wer am sexuell konnotierten Geschehen teilhat und drittens, in welcher Vehemenz der gegenseitige Austausch stattfindet. Das Spektrum umfasst Angetrunkene, die sich zuzwinkern, gegenseitig tief in die Augen schauen, und genauso welche, die im Rausch die Beherrschung verlieren und hemmungslos „fummeln". Auch gibt es nüchterne Männer, die die (Ange-)Trunkenheit einer Frau ausnutzen und grapschen. In Abhängigkeit von der intimen Ernsthaftigkeit reagieren die Feiernden, die Zeuge jener manchmal auch nackten Tatsachen werden: Je verbindlicher, desto stärker die Ablehnung.[597]

Findet die sexuell konnotierte Kommunikation unverhohlen zwischen Einzelnen und einer diffusen Menge im Mittelschiff statt, besitzt sie eher symbolischen Gehalt als wenn zwei auf der Bank „handfeste" Gesten austauschen. So können beispielsweise jene Frauen, die besonders extrovertiert tanzen – ich erinnere an das Pole-Dancing –, der gesichtslosen Allgemeinheit im Zelt zeigen, wie gut sie ihren Körper beherrschen und welche hohe erotische Anziehungskraft sie besitzen. Auf dem „Marktplatz der Eitelkeiten" stehen sie im Rampenlicht, während konkrete Handlungsschritte sexueller Art unterbleiben. Eine ähnliche Signalwirkung besaß jener lasziv-schelmische Bauchtanz des Mannes mit entblößter Wampe. Der Mann, *„der in seinen Bewegungen noch so koordiniert war, dass er vielleicht angetrunken [war], aber keinesfalls betrunken,"*[598] war so gelockert, dass er bereitwillig das „Ich bin so toll" des Liedes *Anton aus Tirol* als erotische Farce nutzte: Er, der starke Mann, präsentierte sich als Objekt des Begehrens, sein schwammiger Bierbauch war der Blickfang. Immerhin schauten so viele Umsitzende seinem kunstfertigen Bauchrollen zu, dass seine Einlage wahrscheinlich doch als „aufreizend toll" gelten könnte.

Während solche sexuell-konnotierte Aktionen meist auf eine breite positive Resonanz stoßen, irritieren obszönere Schaustücke. Ambivalente Reaktionen rufen meines Erachtens jene wenigen Frauen hervor, die provokativ ihre nackten Brüste der Zeltgemeinschaft entgegenstrecken. Da die weibliche Brust zu den sekundären Geschlechtsmerkmalen gehört, ist die erotische Färbung dieser „Schau-her-was-ich-hab"-Geste offensichtlich. Ähnlich sind die tief dekolle-

---

596 Vgl. *10. Feldbericht, Fr., 01.10.1999 vom Cannstatter Volksfest.*
597 Vgl. hierzu die diversen Interviews in Veiz 2001b.
598 Vgl. *26. Feldbericht, Fr., 06.10.2000 vom Cannstatter Volksfest* (zitiert in Kap. 5.2).

tierten Dirndl zu bewerten. Darüber hinaus jedoch schwingt im unverschämten, offensiven Zeigen der Brüste auch ein „Sieh-was-ich-mich-trau" mit, was aus dem Sexualobjekt ein selbstbestimmtes Subjekt werden lässt. Dennoch kann eine solche plakative Geste von Gästen als peinliche Entgleisung wahrgenommen werden.[599] Nach Medienberichten zu urteilen, geschieht dieses Entblößen – wenn überhaupt – eher auf dem Oktoberfest. Das mag an der höheren Anzahl der Besucherinnen aus den USA liegen. Denn in den USA ist das „Flashen" eine gängige Mutprobe in außeralltäglichen Momenten.[600]

Ebenfalls erfahren zu innige Berührungen oder Küsse keine uneingeschränkte Zustimmung. Ob der intensiven geschlechtlichen Verwicklungen können sie zumindest Verlegenheit bei Banknachbarn verursachen. Möglich ist daher, dass der Ordnungsdienst zur Mäßigung oder zum Unterlassen auffordert.[601] Auch haben sich manche Freizügige nicht (ganz) selbst vergessen. Sie sind (noch) Herr oder Frau ihrer Sinne und bleiben damit trotz aller Berauschtheit letztlich „gezähmt" von einem Rest Schamgefühl:

„[Wir sehen], wie sich ein junges Pärchen leidenschaftlich, wild und ungeniert küsst. Sie essen sich auf, wie wir lachend meinen. Und die Hand des Jünglings wandert am Körper seiner Freundin umher, um kurz darauf unter deren Pullover zu verschwinden. Sie wehrt diesen Vorstoß ab" (08. Feldbericht, Mi., 29.09.1999 vom Cannstatter Volksfest).

Anders verhält es sich bei den mit Zeltverweis geahndeten sexuellen Transgressionen. Hier mutet es an, als gäbe es kein schamvolles Zurückhalten mehr. Gesellschaftliche Normen und darauf beruhende gesetzliche Regelungen werden übertreten, wenn Geschlechtsverkehr öffentlich ausgeübt werden sollte, was ich nie beobachten konnte. Auf meine direkte Nachfrage erinnerten sich meine Interviewpartner an einen oder zwei derartige Vorfälle, die sie in ihrer langjährigen

---

599 Ein einziges Mal beobachtete ich, wie entblößte Brüste dem Zelt entgegengestreckt wurden. Das fand aber nicht während meiner Feldstudien statt, sondern bei einem „normalen" Besuch Mitte der 1980er Jahre, als sich die Geste in mein Gedächtnis einbrannte. Ausführungen zum seltenen Striptease auch bei Schweizer 2009, S. 180: „[...] ansonsten strippen meistens die Frauen, zur Freude der Männer (aber nicht immer!). Jedoch in dem gediegenen Bierzelt, in dem ich arbeite, findet so ein Striptease nur selten statt."

600 Vgl. Michael Halser: So ziehen die Mädels auf der Wiesn blank. In: Bildzeitung, 23.07.2009, auf: http://www.bild.de/muenchen/oktoberfest/oktoberfest/nackte-frauen-auf-dem-oktoberfest-5909028.bild.html [08.03.2015]. Siehe auch Bild 2 und 3 auf Oktoberfest-Live: Flirt & Sexy. Nackte Tatsachen (vom 28.09.2009), auf: http://www.oktoberfest-live.de/wiesn/sexy/fotostrecke-muc-oktoberfest-sexy-wiesn-nachrichten-467812.html [24.04.2013]. Bekannt für „Flashing" ist zum Beispiel Mardi Gras in New Orleans oder die Jerry Springer Show in den USA. Siehe Youtube: Jerry Springer Audience Flashers get insulted (vom 05.08.2008), auf: http://www.youtube.com/watch?v=TP9pXVD45I4 [08.03.2015].

601 Hierzu Youtube: Oktoberfest – Fatty Girl (vom 04.02.2007), auf: https://www.youtube.com/watch?v=7dxr4tZHhSw [08.03.2015].

Berufstätigkeit im Zelt erlebten. Alle betonten *ausdrücklich*, wie selten diese von den Betreibern nicht tolerierten Vorkommnisse seien:

„Die Erotik, um also von der sexuellen Stimmung zu sprechen, das macht auf das ganze Bierzelt bezogen einen verschwindend geringen Anteil aus. Wenn es sich ergibt zwischen zwei Angeheiterten oder ein Pärchen hingeht, dann sieht man die fummeln. Also letztes Jahr, da habe ich das auch gesehen, wie einer seine Freundin am Tisch gebügelt hat. Vor allen anderen. Die habe ich dann entfernen lassen. [...] Das sind einzelne Ausnahmen. Das sind Exzesse wie Bauch aufschlitzen" (Interview mit Bedienung M am Do., 24.03.2011).

Häufiger treten sexuelle Belästigungen auf. Im Unterschied zu erotischen Intimitäten, die auf einem gewissen Maß an gegenseitiger Zustimmung basieren, geschehen diese sittenwidrigen Handlungen ohne Einwilligung der Frauen, die meistens davon betroffen sind. Dazu gehören „Handykameras unter Dirndl-Röcken, was dann in vielen Fällen auch zur Anzeige gebracht wurde", wie Polizeirevierleiter Thomas Engelhardt nach dem Volksfest 2012 ausführte.[602] Oder 1999 musste ich beobachten, wie ein junger Mann von hinten kommend den Busen einer jungen Frau begrapschte. Sie wusste nicht, wer ihren Busen gedrückt hatte. *„Verärgert und gleichzeitig verunsichert"* schaute sie sich um und suchte *„Schutz bei ihren Freundinnen."*[603] Aus der geduldeten, oft auch gewollten Nähe in der Communitas entwuchs in diesem Fall ein illegaler Übergriff, der die Intimsphäre missachtete und als invasiv empfunden wurde. Dabei wurde damals nicht nur die Feierfreude des Opfers zerstört, sondern auch jene der Freundinnen und die meine. Denn abgesehen davon, dass solche Taten die sexuelle Selbstbestimmung der Opfer verletzen, machen sie Angst in und vor der Masse. Ohne die Sicherheit der körperlichen Integrität, ohne gegenseitiges Vertrauen und in der Furcht vor Belästigungen findet aber das sorgenfreie Gelöstsein vom Alltag, also das Erleben von Anti-Struktur ein Ende. Zum festiven Tun gehört eine unverbindliche, kollektive Privatheit in der Zeltöffentlichkeit, was dem ein- und umschließenden Wir der Communitas entspricht.[604] Dann können Beziehungen spielerisch ausgelotet werden. „Exklusive" sexuelle Praktiken hingegen brechen das erlebte Wir. Daher werden ungesetzliche Handlungen sowie alle Interaktionen, die über etwas „Fummeln" hinausgehen, *nicht im* Zelt geduldet.[605] Die Delinquenten werden entfernt. Nur so können sich die anderen Teilnehmer gehen lassen und feiern.

602 Thomas Engelhardt zitiert in Koch 2012 [15.10.2012].
603 *01. Feldbericht, Sa., 24.04.1999 vom Stuttgarter Frühlingsfest.*
604 Zu Ein- und Ausschlüssen auf dem festiven Höhepunkt vgl. Lacrosse 1978, S. 384f.
605 *Außerhalb* der Zelte (Stuttgart und besonders München) geschieht (einvernehmlicher) Geschlechtsverkehr. Diese Vorfälle werden hier nicht berücksichtigt, da sie methodische und inhaltliche Grenzen berühren. Wenn die Polizei solcher Umtriebe gewahr wird, werden die rechtswidrigen sexuellen Handlungen außerhalb der Zelte ebenfalls nicht toleriert. Siehe Cannstatter Volksfest: Frauen und Mädchen, auf: http://www.cannstatter-volksfest.de/index.php?id=48 [12.11.2012]; oder weitaus expliziter Sichere Wiesn: Tipps für Frauen, auf: http://www.sicherewiesn.de/index.php/de/tipps-fuer-die-wiesn [08.03.2015].

Der Flow-Zustand

„... mer läve dä Aureblick",
aus dem Lied: *Viva Colonia*

In der heißen Phase sind die Feiernden gefordert. Ihr Tun verlangt aktiven Einsatz. Regungslos sitzt fast niemand mehr im Mittelschiff. Alles und alle scheinen involviert. Nach dem „Anheizen" sind die Anwesenden jetzt am „Brodeln". Festes ist flüssig geworden, um das bereits benutzte Wortfeld erneut zu bemühen. So meinte ein Zeltbesucher in Mitten der wabernden Teilnehmer, dass dem *„Gitternetz der Menschen"* Energie zugeführt worden sei, es zu zittern begonnen habe und die Menschen sich schließlich lösen.[606] Jenes (Heraus-)Lösen bezieht sich hier nicht nur auf das Verlassen von alltäglichen Ordnungen, sondern ganz wörtlich auf den Wandel vom relativ statischen Sitzen hin zum bewegten Sein. Umgangssprachlich wird dies reflektiert: Die Teilnehmer „heben ab", oder – wie im Festzelthit *Tage wie diese* lautstark gesungen – sie „lassen [sich] treiben, tauchen unter, schwimmen mit dem Strom". Seien es solche Analogien oder der vom Psychologen Csikszentmihalyi gewählte Begriff „Flow" für ekstatische, glücklich stimmende Erlebnisse, ihnen allen ist ein kontinuierliches Bewegen inhärent. Das Agieren erfolgt scheinbar wie von selbst und in der Festgemeinschaft mit anderen zusammen als „shared flow", wie Turner schreibt.[607]

Csikszentmihalyi versteht unter Flow ein individuelles, bestmögliches Sein, in dem ein Mensch derart in einer Tätigkeit aufgeht, dass ihn scheinbar nichts anderes mehr kümmert. Flow kann im Alltag und in der Alterität erlebt werden, wenngleich der Zustand der *„optimal* experience" (Hervorhebung CB) sich deutlich vom normalen Einerlei unterscheidet. Indem Csikszentmihalyi einen Superlativ nutzt, verdeutlicht er die Herausgehobenheit der überaus positiven Erfahrung, ungeachtet dessen ob sie in der Arbeits- oder Freizeit erlebt wird.[608] Diese glücklich stimmende Einheit von Tun und Selbst erreichen die Akteure, wenn sie intensiv und beherrscht Handlungen ausüben, die direkte Rückmeldung geben und sich deutlich von existentiellen Belangen absetzen:

„[Flow activities] have rules: require learning of skills, set goals, provide feedback, make control possible. They facilitate concentration and involve-

---

606 25. *Feldbericht, Do., 05.10.2000 vom Cannstatter Volksfest.* B. J. Warneken verdanke ich im Rahmen eines Institutskolloquiums den Hinweis auf „fest zu flüssig". Vgl. auch Deborah Lupton: Going with the Flow. In: Sarah Nettleton/Jonathan Watson (Hg.): The Body in Everyday Life. London/New York 1998, S. 82-99, hier S. 85f. Lupton weist auf Metaphern hin, die benutzt werden, um Stimmungen zu beschreiben: „The ‚steam' metaphor is also frequently employed to conceptualise emotion. Steam is both wet and hot, the result of a boiling liquid" (ebd., S. 90f.).

607 Turner 1986, S. 133.

608 Vgl. hierzu Csikszentmihalyi 1991, S. 143-162.

ment by making the activity as distinct as possible from the so-called ‚paramount reality' of everyday existence".[609]

Solche mühelosen und doch gleichzeitig fokussiert intensiven Aktivitäten lassen sich in der heißen Phase allenthalben beobachten. Singuläre Teilnehmer wirken gebunden, gefangen im uniform anmutenden Tanzen, Klatschen oder Trinken von vielen. Eine Aktion ergibt die andere, eine Tätigkeit fließt in die nächste. Sogar Spielpausen der Band, in denen kein extra engagierter Alleinunterhalter überbrückt, werden dann „überfeiert". Die Menge singt selbstständig weiter, kommt nicht oder nur schwerlich zur Ruhe. Die Teilnehmer improvisieren: Männer tanzen miteinander, manche stimmen unvermittelt einen Chant an. Mit karnevalesken Accessoires mimen andere Feen oder Teufel. Seppelhüte wandern von Kopf zu Kopf. Gruppen fransen aus, spontan schließen sich Fremde an und vergnügen sich mit einer bestehenden Bankgemeinschaft. Es blitzt eine „beflügelte" Verbundenheit auf, ein Augenblick, in dem das Agieren und die Ausführenden als spontane Communitas gänzlich in einem singulären „fluid event" verschmelzen.[610] Zumindest erlebte ich so jene Minuten. Doch inwieweit sich meine Glücksmomente auf andere übertragen und damit verallgemeinern lassen, lässt sich per Observation nicht ermitteln.

Die Methode der teilnehmenden Beobachtung stößt sowohl beim Erfassen als auch beim Interpretieren von Gefühlen an ihre Grenzen. Ich konnte Tätigkeiten und Gesten erkennen, auf welche die von Csikszentmihalyi genannten Kriterien von Flow-Aktivitäten zutreffen – gemeinsames Anstoßen folgt Regeln, das Mitsingen von Liedern erfordert Textkenntnisse, Frage-und-Antwort-Spiele basieren auf Timing, Tanzbewegungen reißen nicht ab –, aber daraus die subjektiven Empfindungen der Teilnehmer abzuleiten, kann nur unter Vorbehalt erfolgen. Externe Regungen können Außenstehende zwar wahrnehmen, doch wie Gemütslagen erfahren werden (psychisch als auch körperlich), bleibt verschlossen. Gefühle, die für mich zum Feiern im Festzelt dazugehören, teil(t)en andere nicht. Ich war zum Beispiel erstaunt, dass nur rund 10 Prozent der von mir Befragten bejahten, dass sie *manchmal* im Bierzelt eine Gänsehaut bekommen, während 36,8 Prozent dieser Aussage „überhaupt nicht" zustimmten.[611] Andere Indikatoren als die beobachtbaren gewinnen so an Gewicht, um den Flow-Zustand beim Feiern in seiner emotionalen Gänze zu erfassen. Da allerdings keine methodisch gesicherten Untersuchungen zu außergewöhnlichen Bewusstseinszuständen mit Festzeltbezug vorliegen,[612] bleiben die folgenden Ausführungen fragmentarisch.

609 Ebd., S. 72.
610 Turner 1982, S. 129, 48.
611 Den vorgegebenen Erfahrungswert formulierte ich bewusst weich und vage („manchmal"), um hohe Zustimmungswerte zu erlangen. Dennoch lehnte die Mehrheit ab, „manchmal [...] eine Gänsehaut" zu bekommen. Siehe Umfragewerte im Anhang 10.4.
612 Veiz 2001a und 2001b oder Szabo 2006 füllen diese Lücke aufgrund methodischer Unzulänglichkeiten nicht. Mein Fragebogen enthielt kaum Fragestellungen mit Gefühlsbezug oder Inhalten, die Flow-Elemente betrafen.

Abgesehen von den Aktivitäten und dem Glücksgefühl gehören erstens eine „autotelic experience", zweitens „loss of self-consciousness" und drittens die „transformation of time" zu den persönlichen Erfahrungen, die Akteure im Flow durchlaufen.[613] Ein autotelisches Erlebnis schöpft aus und bezieht sich auf sich selbst ohne extrinsischen Antrieb. Die Tätigkeit ist an sich lohnend. Bezogen auf das Feiern verweisen viele der von Veiz befragten Teilnehmer auf das Vergnügen, das ihnen die festive Praxis bereitet:

> „... die Stimmung ist a so guat drauf, nette Leit am Tisch, dann wird also da mitgetobt und mitgeschunkelt, mitgelacht, das g'hört dazua, des is d' Wiesn ... (Zuprosten mit Maßkrügen) Und dabei passiers scho amal, dass i alloa drom steh und gar koa anderer net, aber des ist halt einfach der Übermut, weil i halt gern übermütig bin."[614]

Lachen kann komisch sein und verursacht ein Lachen; Spaß haben, weil das Teilnehmen Spaß macht – Assoziationen an andere selbstreferenzielle Handlungen und Gemütsregungen drängen sich auf. Die Anspannung im Tun richtet sich direkt auf die Aktivität und nicht auf deren Konsequenzen. Vielmehr noch, im Agieren des Flows ist die Aufmerksamkeit der Teilnehmer derart gebündelt, dass kaum Raum bleibt, um über Vergangenes, Zukünftiges oder anderes nicht direkt Feierrelevantes nachzudenken. Problematische, gefährliche Herausforderungen im Vergnügtsein stellen sich nicht, „there is little opportunity for the self to be threatened".[615]

Damit bestimmt zweitens das Tun das Bewusstsein. Die Feiernden verlieren ihr bewusstes Selbst. Befragt, ihre Gefühle zu beschreiben, „wenn man so auf dem Biertisch steht", antwortete eine 33-Jährige:

> „Es ist einfach das Gefühl des Ausgelassenseins. Einfach nicht immer so streng und in irgendetwas reinzugehören, einfach mal ... an nichts denken zu müssen, einfach mal so ... [Veiz unterbricht, fragt nach, CB] Einfach nicht mehr an den Alltag zu denken und einfach mal so richtig ausgelassen sein und eben durch die Masse, durchs Bier und durch die Musik mitgerissen zu werden."[616]

Jenes Mitgerissensein durch die Musik bestätigte die Mehrheit der von mir befragten Festzeltbesucher. 53 Prozent zählten dieses Gefühl „voll" oder „meistens" zu ihren Erfahrungen im Zelt (30,3 Prozent erlebten dies „manchmal"). Im Mitgerissensein – das legt die Metapher nahe – verbirgt sich sowohl die Dynamik als auch das Verlassen der Verhaftung im Alltäglichen: Reflexionen über sich selbst, über

---

613 Vgl. hierzu und dem Folgenden Csikszentmihalyi 1991, S. 62-70.
614 13. Interview, in: Veiz 2001b, S. 162f. (Hervorhebung CB).
615 Csikszentmihalyi 1991, S. 63; vgl. das Vorangehende ebd., S. 67.
616 Interview 12, in: Veiz 2001b, S. 150.

gestellte Erwartungen oder die Arbeitswelt finden dann nicht statt. Aufgrund des Hintenanstellens des gesteuerten Ichs – nach Csikszentmihalyi der Verlust des bewussten Selbst – zeigt sich dann eine gewisse Lässigkeit hinsichtlich der eigenen äußeren Erscheinung. Bedenkenlos werden beispielsweise von den Teilnehmern im Festzelt Grimassen vor Kameras geschnitten oder groteske Körperhaltungen eingenommen – eben „*einfach* mal so richtig ausgelassen sein" (Hervorhebung CB). Dabei klingt im genutzten Begriff „Ausgelassensein" ein weiterer Gehalt des Losgelöstseins an. Neben dem Sichbefreien von alltäglichen Ordnungen und der Abkehr von der körperlichen Starre entspricht das „Ausgelassensein" auch dem Loslassen der emotionalen Kontrolle.[617] Gefühle können und werden in der Alterität des Zeltes gezeigt. Empfindungen werden nicht mehr zurückgehalten:

> „*... also ich denk halt, des is auf der Wiesn, des is so a, ja, warmes Gefühl von innen heraus, wo die Poren aufmachen. Und da kann man atmen. Das ist das Schöne. Also, des is wie nach einer Dusche.*"[618]

Drittens verlieren die Akteure das Zeitgefühl, wenn Flow erfahren wird – was nach Csikszentmihalyi eine der gebräuchlichsten Beschreibungen ist. Vorgegebene chronologische Strukturierungen wie Uhrzeiten oder Zeitintervalle werden nebensächlich. Im Festzelt hängt keine Uhr, den Takt geben die Musik und deren Spielpausen vor. In der heißen Phase rhythmisieren das *Prosit*, die Tanzrunden und Spielpausen das Feiern, das scheinbar kein Ende und somit keine Zeit kennt. Aus der Sicht der Teilnehmer mag das so sein, wenn ich das vollmundige Mitsingen von Liedtexten wie „Kein Ende in Sicht" (aus *Tage wie diese*), „Wir feiern die ganze Nacht" (aus *Hey, das geht ab*) oder „Auf den Moment, der immer bleibt" (aus *Auf uns*) als Beleg für deren verändertes oder geschwundenes Zeitempfinden werte. Anhaltspunkte könnten auch die Stellen in meinen Feldberichten geben, die mein Vergessen der Zeit belegen, als ich im Teilnehmen das Beobachten vergaß: „*Die Zeit fliegt dahin. Erst vergeht sie langsam, plötzlich schnell.*"[619] Doch unbeeindruckt von jeglicher Zeitvergessenheit unter den Feiernden oder auch von manchem der professionellen Akteure,[620] bleibt für die Betreiber das Zeitgefüge bestehen. Die Volksfestordnung determiniert, wann der Bierausschank schließt und wie lange die Zelte geöffnet sind. Die Abfolge der Musikstücke ist minutiös vorgeplant, sowohl was deren Dauer betrifft als auch deren Gepräge. Die Spielpausen der Band markieren das Vorrücken der Zeit, und die Stückauswahl signalisiert, wann das große Finale „eingeläutet" wird.

---

617 Vgl. hierzu Lupton 1998, S. 96f.
618 Interview IV, in: Veiz 2001b, S. 302f.
619 *06. Feldbericht, Sa., 25.09.1999 vom Oktoberfest München.*
620 Vgl. Interviewpartner Bedienung M 29.03.2011.

5.4 Das große Finale

Eben noch in der heißen Phase rockte die Musikband das Zelt und spielte Titel, bei denen *„es wirklich eine auf die Zwölf gibt, wo es abgeht, wo es knallt".*[621] Doch ungefähr eine halbe Stunde vor Ende der Zeltöffnungszeit beginnt sich das Musikprogramm zu wandeln. Ruhigere Balladen werden mehr und mehr gespielt, die die Teilnehmer überschwänglich mitsingen. Vorher einander Unbekannte sind spätestens jetzt „Freunde":

> *„K [sechzig Jahre alt] ist inzwischen der ‚beste Freund' von den Jugendlichen und hat einen Riesenspaß. Aber, weil es gleich vorbei ist und meine Uhr kurz vor 23.00 Uhr zeigt, klettere ich nochmals auf die Sitzbank und bewege mich [...] zur Musik. Insgeheim hoffe ich jetzt auf einen Volksfestschlager" (25. Feldbericht, Do., 05.10.2000 vom Cannstatter Volksfest).*

Der Hit wird intoniert. Die Teilnehmer – als sträubten sie sich, den Abend beenden zu müssen – machen vehement mit. Aus den harten Beats und dem rhythmisch akzentuiertem Chorus wird ein harmonisches Lied mit langen Klangsilben, die sich dahinziehen und zum Mitsingen geradezu einladen. Viele Teilnehmer stehen eng zusammen, halten sich und legen einander die Arme über die Schultern. Daneben auf der Bank gähnt allerdings eine Lücke, wo noch kurz zuvor sich Besucher vergnügten. Die Ersten brechen auf und verlassen das Zelt, dessen bislang geschlossene Türen in diesen Minuten weit offenstehen. Schnell wird die letzte Bestellung aufgegeben oder im Falle von großen Gruppen mit gemeinsamem „Deckel" die Rechnung bezahlt. Das letzte *Prosit* schallt durch das Zelt, ergreift die Partizipanten, die unverdrossen weiter feiern wollen. In der kurzen Pause schöpfen die Teilnehmer ermüdet nach Atem, um dann im Endspurt in die finalen Lieder einzustimmen. Die ultimative Hymne[622] des Abends erklingt. Mancherorts verteilte Wunderkerzen leuchten beim abschließenden Musiktitel auf,[623] der in vielen Zelten seit Jahren *Sierra Madre* ist:

> *„Am Schluss erklingt* Sierra Madre. *Vereinzelt gehen Feuerzeuge an. Und das ganze Zelt steht, schwingt leicht nach links und nach rechts und singt wie beim Abschlusslied kurz vor dem Segen [eines] Gottesdienstes. Ich finde diesen Moment feierlich und erhebend – ‚aus tausend Herzen erklingt es wie ein Gebet'. Dann aber sehr abrupt der Musikschluss. Keine Zugabe*

---

621 *Interview mit Musiker am Di., 05.04.2011.*
622 Diesen Begriff nutzte der Musiker, um den feierlichen, getragenen Charakter dieser Lieder gegenüber den rhythmisch akzentuierten Stimmungsschlagern herauszustreichen. Ich folge diesem Gebrauch.
623 Vgl. hierzu auch Youtube: Sierra Madre – Hacker 2011 Finale Part 1 (vom 04.10.2011), auf: http://www.youtube.com/watch?v=DHoBn14RdPU [08.03.2015]. Zu den von den Betreibern oder der Band verteilten Wunderkerzen – in diesem Falle, um die Stimmung anzuheizen – vgl. *Fotos 29 und 30 ca. 21.00 Uhr, Sa., 23.09.2000 vom Cannstatter Volksfest.*

trotz stärkerem Rufen" (13. Feldbericht, Do., 07.10.1999 vom Cannstatter Volksfest).

Manchmal spielt die Band aber doch noch eine Zugabe, vielleicht ein vom Mittelschiff lautstark gewünschtes Lied, und bricht damit die starren ordnungsamtlichen Vorschriften. Auch denkbar, es wird ein „Rausschmeißer" intoniert, also nicht das geforderte Stück, sondern eine minder beliebte, ruhige Ballade, die dann weniger mitgesungen wird.[624] Das Feiern ist an sein Ende gelangt. Die großen Lichterkränze im Mittelschiff leuchten auf. Stimmengewirr, wo vorher stundenlang Musik alles übertönte, erfüllt das Zelt.

Im von mir gezeichneten Handlungsfluss erscheint die letzte, rund halbstündige Feiersequenz, das sogenannte große Finale, als ambivalent. Als „groß" ließen sich die Gefühle und das Tun bezeichnen, um dessen unmittelbar bevorstehendes Ende die Beteiligten wissen. So können die Teilnehmer in den gespielten stimmungsvollen Hymnen die Communitas erfahren, gleichzeitig aber verlassen gerade unter der Woche stetig Besucher das Zelt, und die Gemeinschaft zerfällt. In den vereinzelt intonierten Partytiteln hallt die Exaltiertheit nach, um von Balladen geschwächt zu werden. Die heiße Phase und der Schluss im Zelt überlappen einander. Ein fulminantes Finale erfasst und involviert die Teilnehmer intensiv, bewirkt positive Emotionen, während im selben Moment der Anfang vom Ende eingeläutet wird. Im Folgenden gehe ich beiden Inhalten nach.

Ein schönes Gefühl

„... aus tausend Herzen erklingt es wie ein Gebet",
aus dem Lied: *Sierra Madre*

„In der letzten halben Stunde fahren wir runter. Wir spielen zum Beispiel We are the Champions *[...], um jetzt ganz am Ende die Leute abzukühlen. Wir spielen die Lieder, damit die Leute beim Nach-Hause-Laufen diese Titel singen können. Dann haben sie ein schönes Gefühl. So erhaben. Dieses Wir-Gefühl und dass es ein schöner Tag war. Deshalb kommen die Hymnen am Schluss" (Interview mit Musiker am Di., 05.04.2011).*

Erlebnisse, die positiv bewertet werden, bezeichnen die Involvierten oft als „schön".[625] Dabei manifestiert sich das „Schöne" über die individuelle Gefühlsebene hinaus auch in beobachtbaren bejahenden Handlungen. Die Teilneh-

---

624 Als Beispiel vgl. Youtube: Michael Jackson - Heal the World - Hacker 2011 Finale Part 2 (vom 04.11.2012), auf: https://www.youtube.com/watch?v=m-5dqI5S0ro [08.03.2015].
625 Vgl. Horst W. Opaschowski: „Wir schaffen Glückseligkeit!" Anspruch und Wirklichkeit künstlicher Freizeit und Ferienwelten. In: Wolfgang Isenberg: Kathedralen der Freizeitgesellschaft. Kurzurlaub in Erlebniswelten. Trends, Hintergründe, Auswirkungen. 2. erw. Aufl. Bergisch Gladbach 1998, S. 11-34, hier S. 25f.

mer lachen fröhlich, singen frohgemut oder umarmen andere Feiernde. Anders als bei Flow-Erfahrungen rückt hier jedoch ein emotionales Aufmerken in den Vordergrund. Das positive Erleben speist sich scheinbar aus einem „Jetzt-erst-recht"-Verständnis, das dem drohenden Ende entgegengestellt wird. Mit der kurz bevorstehenden Wiedereingliederung gewinnt der Fest-Alltag-Gegensatz an Kontur.

Nach all der stundenlangen Exaltiertheit in der heißen Phase, so könnte man annehmen, existiere kein Raum mehr für das Alltägliche. Doch das Wissen um die alltäglichen Verflechtungen ist nicht verloren, wie meine Gespräche mit Feiernden zeigen. Der Schwellenzustand selbst definiert sich durch das Nicht-Sein der Normalität, deren dräuender Wiedereinzug im großen Finale zunehmend an Kontur gewinnt. Aufforderungen für die letzte Bestellung oder Ansagen vom Frontmann – *„ein letztes Mal die Krüge hoch"* – kommunizieren unmissverständlich, dass sich das Vergnügen dem Ende zuneigt. Zwar heißt es im Lied *Tage wie diese* „kein Ende in Sicht", doch nur ein (Vor-)Wissen über den unweigerlichen Schluss kann einen diesen temporär vergessen lassen. Die Kenntnis vom täglichen Einerlei erscheint als deaktiviert, zur Seite gestellt, kann aber jeden Moment wiederbelebt werden und offeriert so das Gegen zum Fest.

Ebenso fördern angenehme Überraschungen das „schöne" Erlebnis. Gewöhnliches trifft auf Besonderes. Für die Festgemeinde sind die Modulationen in Musik und Feierverhalten vorhersehbar. Geschäftsmäßig „spulen" die Betreiber Abend für Abend ein Programm ab, das zum Erfahrungsschatz der meisten Besucher gehört. Wenn dennoch etwas Unerwartetes eintritt, dann ereignet sich dies aufgrund des geschaffenen Freiraums in der Liminalität, in dem spontane Handlungen möglich sind. Wer hätte gedacht, dass der 60-jährige K der „beste Freund" von einer Gruppe Abiturienten wird? Dass zum lange vorher geplanten Besuch ein Auftritt eines Popstars gehört? Dass sich ein Kopfstand auf einem Biertisch machen lässt? Dass ein Flirt und ein Tänzchen mit einem Fremden noch nach all den Jahren als schöne Erlebnisse herausleuchten?

Turner vergleicht die liminale Befindlichkeit mit dem Verbmodus des Konjunktivs, in dem (ungleich der Wirklichkeitsform des Indikativs) das Mögliche und Spekulative – eben jenes Offene und Unbestimmte – zum Vorschein kommen.[626] In einer solchen „Zeit der Wunder" kann es dann auch sein, dass selbst ein routinierter Bandleader am Ende eines Abends erstaunt ins Mikrofon spricht: „Ich fasse es nicht". Anstelle des üblichen, oft abrupt wirkenden Endes, diktiert von organisationsseitigen Vorgaben, ersangen sich nämlich die Teilnehmer an einem gefilmten Volksfestabend erfolgreich eine Zugabe, die so nicht geplant war und generell eher selten ist. Im Begleittext des Youtube-Videos erklärt Autor Knutschikugel:

626 Vgl. Turner 1977, S. 36, 101f.

„,Eigentlich' sollten die Wilden Engel aufhören zu spielen ...... Da schallte es vor der Bühne von rund 150 Wilde Engel Fans [...]: Mexico! Mexico! Mexico!!! Ich sag' einfach nur: GEIL – GEIL – GEIL!!!"[627]

Indem die Musikgruppe dem Drängen der Feiernden nachgab, geschah eine Rollenumkehrung. Anstatt dass die Kapelle die Zeltgemeinschaft lenkte oder Tätigkeiten initiierte, kam der Impuls vom Mittelschiff. Zumindest der Frontmann als auch Knutschikugel hatten das vehemente Fordern so nicht erwartet. Beide geben ihrer Faszination Ausdruck: Knutschikugel per schriftlichem „Geil", gleich dreimal und in großen Lettern. Und der Sänger stand fassungslos für rund 15 Sekunden da, die Hände auf die Bühnenumrandung gestützt und schaute den Feiernden grinsend zu. Diese erklangen im Chor, viele mit den Händen zum Zelthimmel gereckt oder mit Freunden und Banknachbarn untergehakt, einander haltend. Dann setzte die gesamte Musikgruppe ein. Der Frontmann animierte zum Klatschen und wollte „die Hände sehn". Gemeinsam machten Band und Mittelschiff noch einmal „einen drauf". Oben auf der Bühne oder unten im Zelt, Professionelle oder Besucher gab es nicht mehr. Die Band gesellte sich mit auf „die Schwelle", gelangte in die Liminalität und missachtete die amtliche Regelung der Öffnungszeit, wenn auch nur für einen kurzen Augenblick. Denn nach rund drei Minuten waren das Lied und damit dieser „schöne" Moment vorbei. Ohne jeden Zweifel zu lassen, beschloss der Frontmann den Abend: „Dankeschön. Ihr wart supergeil. Kommt gut nach Hause." Damit war das magische, beglückende Wir, zu dem die oben auf der Bühne und jene unten im Mittelschiff gehörten, aufgelöst. Der Frontmann distanzierte sich von den Teilnehmern verbal (ihr) und räumlich, indem er sie in aller Deutlichkeit heimschickte. Doch bevor der Abend diese übliche Wendung nahm, existierte im Festzelt eine Ausnahmesituation, in der abgesehen vom Ordnungsverstoß das *alle* umschließende Wir zentral war.

Jene zelebrierte Zusammengehörigkeit gehört zum „schönen Augenblick" dazu,[628] sie ergibt sich regelmäßig im Finale. Dann hat die Mehrzahl der Teilnehmer nicht nur einige Stunden miteinander gefeiert, sondern viele haben sich geöffnet und Gefühle gezeigt. Eine intime Nähe ist entstanden, die dank der harmonischen Balladen nun an Gewicht gewinnt. Das kollektive Element scheint sich zu steigern. Die Hymnen wie beispielsweise *We are the Champions* oder *Angels* entschleunigen die Bewegungen, was das Miteinander in dreifacher Hinsicht fördert. Zum einen eröffnen ruhigere Musiktitel die Möglichkeit, körperlich enger zu schwingen. Tanzen auf schnellen Rhythmen benötigt nämlich mehr Platz. Das akzentuierte Klatschen geht zurück. Es wird einfacher für die (alkoholisierten) Teilnehmer, sich zu wiegen, gegenseitig zu umarmen und sich so zu stabilisieren. Zum

---

627 Hierzu und zu dem Folgenden siehe Youtube: Wilde Engel – Mexico Cannstatter Wasen Klaus / Klaus (vom 06.10.2012), auf: http://www.youtube.com/watch?v=QZ-H8SDJxPs [08.03.2015].

628 Hierzu Warneken 2010, S. 270f.; oder Oskar Lockowandt: Gipfel-Erfahrungen. Die Wiederentdeckung des Dionysischen durch die humanistische Psychologie. In: Gerd-Klaus Kaltenbrunner (Hg.): Grund zum Feiern. Abschaffung und Wiederkehr der Feste. Freiburg 1981, S. 51-77, hier S. 61.

zweiten ziehen sich in den moderaten Liedtempi die Vokale in die Länge. So schwellen nicht nur die Notenwerte von Schlüsselworten oder Klangsilben des Refrains an, sondern die jeden Einzelnen umhüllende Klanggewalt im Zelt steigert sich ebenfalls. Der Mitvollzug solcher simplen Melodien drängt sich gerade zu auf. Darüber hinaus erlauben es die sentimentalen Hymnen, entsprechende intensive Gefühlsregungen zu zeigen. Das kann sowohl per lautstarkem, inbrünstigem Gesang als auch häufig per optischer Mittel wie entflammter Feuerzeuge oder brennender Wunderkerzen geschehen. Der flackernde Schein – im besten Fall von hunderten Flammen – taucht das Zelt in ein besonderes Licht, das die Teilnehmer entfachten und in der Hand halten. Selbst wenn die Wunderkerzen auf Initiative der Band verteilt wurden, entzündet die Feiergemeinde die Lichter, die zu einem Lichtermeer, zu einem optischen Ganzen verschmelzen: *„[...] wo sich alle Leute in den Armen liegen, zum Liebhaben. Das sind dann einfach positive Gefühle, da kommen dann auch die Feuerzeuge raus".*[629]

„So erhaben", sagte der Musiker an anderer Stelle, als er die emotionale Qualität des Finales im Festzelt beschrieb. Die Teilnehmer erfahren sich als *eine* feierliche, (bier-)selige Gemeinschaft (ungleich von Gruppenloyalitäten, wie sie im Fußballstadion *gegen*einander treffen).[630] Das allseitige Nahekommen erscheint dabei nicht nur das Ergebnis der sinnlichen Involviertheit zu sein, sondern kann auch als Ursache für das Erleben eines solchen „schönen Augenblicks" gesehen werden. Distanzen – sowohl räumlicher als auch sozialer Art – nivellieren sich in den kollektiven Praxen und machen das Sein leicht, wie Turner schrieb: Die Teilnehmer benehmen sich „einfach so wie sie sind". Alltägliche Rollenanforderungen vereinfachen sich ebenso wie die Kontaktaufnahmen zwischen Fremden. Vertrautheit – vielleicht sogar Geborgenheit – und Ausgelassenheit fallen zusammen.[631]

Geborgenheit und Bierzelt muten als inkompatibel an, selbst wenn in Studien zu Volksmusikkonzerten das Festzelt mit dem „heimischen Sofa" oder einem „riesigen Stammtisch" verglichen wird.[632] Angesichts der besungenen Harmonie und geselligen Intimität drängt sich eher „Gemütlichkeit" als Begriff auf, obwohl im Vergleich zum Anfang des Abends weniger oft ein *Prosit der Gemütlichkeit* angestimmt wird. Die auratischen Komponenten wie die balladeske Musik, Illumination mit Feuer oder das sich gegenseitige, freundschaftliche Umarmen bilden den situativen Rahmen für ein mögliches „gemütliches" Wohlfühlen und können

---

629 *Interview mit Musiker am Di., 05.04.2011.*

630 Vgl. hierzu Kommentar von Musa Yalcin: „Wiesnhit 2012 .. GeilerSong .. Die Erinnerung: Umarmen von Menschen, die man nicht kennt im Suff :D", auf: Youtube: Die Toten Hosen // Tage wie diese (vom 22.03.2012), auf: http://www.youtube.com/watch?v=j09hpp3AxIE [08.03.2015].

631 Vgl. hierzu Warneken 2010, S. 276.

632 „Sofa" siehe Grabowski 1999, S. 104; „Stammtisch" siehe Göttle 1994, S. 240; vgl. auch Schulze 2000, S. 151.

so eine Sphäre für Regeneration und Kontemplation eröffnen.[633] Es ist denkbar, dass sich in einem solchen Raum ein sogenanntes „ozeanisches Gefühl" entfalten kann, in dem sich Innen und Außen oder das Empfinden für das Hier und Jetzt auflösen. In den Interviews von Veiz klingt in einzelnen Gesprächen an, dass sich Teilnehmer „in einer anderen Dimension", „auf einem ganz anderen Level"[634] erleben. Auch ist nicht auszuschließen, dass manche Feiernde beim Singen von *Sierra Madre* im Text aufgehen:

> *„Und sie denken daran,*
> *wie schnell ein Glück oft vergeht.*
> *Und aus tausend Herzen*
> *erklingt es wie ein Gebet:*
> *Sierra, Sierra Madre del Sur, ..."*

Ob sich daraus ein Transzendenzerleben für die große Allgemeinheit ableiten lässt, muss angesichts der hierfür inadäquaten Erhebungsmethoden und letztlich dünnen Belegdichte offenbleiben. Dennoch kulminiert das große Finale meist in jenem Moment des Über-sich-hinaus-Erfahrens, des bisweilen innigen Miteinanders von Menschen, die sich in der großen Mehrzahl fremd sind.

Das Ende im Zelt

„Der Abschied kommt, mir wirds bewusst ...",
aus dem Lied: *Wir gehn zum Wasen*

Parallel zur Orchestrierung des festiven Gemeinschaftsgefühls, beginnen die professionellen Akteure mit Tätigkeiten, die dem Vergnügen im Zelt ein Ende setzen. Diese Vorkehrungen werden nicht nach Gutdünken getroffen, sondern der Wirt ist an die Vorschriften zu Schank- und Öffnungszeiten der Zelte gebunden. Per Verordnung ist festgelegt, dass der Wasen von Sonntag bis Donnerstag von 11.00 bis 23.00 Uhr sowie freitags und samstags und am 2. Oktober bis um 24.00 Uhr offen hat. Eine Stunde vor Schluss muss die Lautstärke auf dem Festgelände reduziert werden. Eine halbe Stunde später endet per Vorschrift der Verkauf von Speisen und Getränken in den Zelten. Auf dem Platz an den Imbissständen dürfen diese noch 15 Minuten länger angeboten werden (22.45 oder 23.45 Uhr). Die Fahrgeschäfte fahren bis zu allerletzt, ohne plärrende Musik jedoch. Obendrein gibt es eine polizeiliche Festordnung für den Rummelplatz, die besagt, dass sich kein Besucher auf dem Wasen zwischen 01.30 und 06.00

---

633 Hierzu Schmidt-Lauber 2003a, S. 96. Schmidt-Lauber beschreibt ähnliche Komponenten (wie leise Musik, Kerzenschimmer) als heimische Gestaltungsmittel von Gemütlichkeit.
634 Interview 7, in: Veiz 2001b, S. 71.

Uhr aufhalten darf.[635] An diesen Zeiten richtet sich die geschäftliche Organisation aus. Folglich wird für den Abend in der Regel nur eine Band engagiert, die gegen Spielschluss rund fünf bis 5 1/2 Stunden[636] musiziert haben wird. Viele der Bedienungen oder das Küchen- und Schankpersonal sind sogar seit dem späten Vormittag im Einsatz und beginnen am nächsten Tag erneut früh mit dem Arbeiten. Dieses „Eingespanntsein" ist mitverantwortlich, dass das Ende derart unabänderlich durchexerziert wird. Für die im Zelt Beschäftigten wiederholt sich nämlich bis zum Ende des Cannstatter Volksfestes täglich der „ganz normale Wahnsinn".[637]

Abhängig vom Füllgrad des Zeltes und der Alkoholisierung, was sich auch im erlangten Umsatz niederschlägt, unterscheidet sich die Nachhaltigkeit, mit der die Stimmung per Balladen moduliert wird. Im Falle eines vollen Zeltes mit Umsatzzahlen, die den Erwartungen des Wirts entsprechen, wird das Animieren eher nachlassen als bei einem halbbesetzten Mittelschiff, wenn jedes mehr verkaufte Bier hilft, das vielleicht noch nicht erlangte Umsatzziel zu erreichen. Außerdem bedingen die Menge der alkoholisierten Teilnehmer als auch deren exzessive Ausgelassenheit, wie lange Stimmungshits gespielt werden. Denn um diese enthemmten An- oder Betrunkenen nach Musikschluss ohne Verzögerung aus dem Zelt zu bekommen, bedarf es eines deutlichen Abkühlens der heißen Phase. Hierbei sind einerseits die Hymnen und andererseits die unmissverständliche Kommunikation – dass der Abend vorbei ist – seitens der Band notwendig. Dazu gehört das Abrupte, das Ignorieren von gewünschten Zugaben und das unbeirrte Abbauen der Instrumente, das direkt nach dem ultimativen Lied des Abends einsetzt. Vehementer noch scheint die Wandlung, sollte die Kapelle wider Erwarten eine Zugabe intoniert haben. Vom Ordnungsbrecher zur Ordnungsmacht stellt sich deren Rollenverhalten in wenigen Momenten auf den Kopf. Blitzartig erstrahlen auch die mittigen großen Lampen, verdrängen das Dämmerlicht und erhellen das weite Zelt. Ein versöhnliches „Austrudeln" gibt es nicht. Die Atmosphäre verändert sich übergangslos.

Nicht nur die Betreiberseite leitet das Ende ein, sondern manche Teilnehmer hören vor dem offiziellen Schluss von selbst mit dem Feiern auf. Sie klettern von den Bänken, lösen sich aus ihrer Tischgemeinschaft. Unter der Woche machen dies mehr Besucher als am Freitag oder Samstag, wenn ausgeschlafen werden kann. Diese ersten Aufbrüche bemerken zunächst nur die direkten Banknachbarn, von denen sich die Gehenden verabschieden. Das mag ein Sich-die-Hände-Schütteln oder ein gegenseitiges Umarmen von Zweien oder vielen sein. Es kann

635 Vgl. *Interview mit Organisator am Do., 09.09.1999*; auch in.Stuttgart Veranstaltungsgesellschaft mbH: AW: Fragen im Rahmen eines Dissertationsprojektes. E-Mail an CB vom 09.04.2013.
636 Hierzu Interviewpartner Musiker Playlist 2010; oder auch Göckelesmaier: Programm, http://www.goeckelesmaier.de/cannstatter-volksfest-programm.html [08.03.2015].
637 Einen Einblick gibt Myvideo, Cannstatter Wasen 2008 [08.03.2015]; oder Schweizer 2009.

auch geschehen, dass eine solche Runde in einen Gruppentanz verfällt. In einem solchen Fall kommt der Aufbruch für einen flüchtigen Augenblick ins Stocken und wird aufgeschoben. Die Communitas, die eigentlich zerfällt, wird stattdessen für eine kurze Dauer bestärkt, indem enger Körperkontakt hergestellt wird. Die im Gehen begriffenen Gäste lassen sich nochmals (kurz) auf das Vergnügen ein. Schließlich schreiten sie dann doch zum Ausgang.

In die entstandene Banklücke rücken die verbliebenen Partizipanten auf (oft dankbar, dass die drückende Enge auf der Bank aufhört). Weil die Zelte häufig überfüllt sind oder Spätankömmlinge sich hinzugesellen, fallen diese vorzeitigen individuellen Aufbrüche anfangs nicht auf. Da sich dieses Verhalten aber fortsetzt, lassen sich gerade unter der Woche allmählich freie Plätze auf den Bänken zwischen Gruppen ausmachen. Die Zeltgemeinschaft beginnt peu à peu in die ursprünglichen kleineren Feiereinheiten zu zerfallen. Manche Regionen im Mittelschiff dünnen eher aus als die Zone direkt vor der Bühne, wo die Besucher weiterhin dichter beieinander singen und tanzen.[638] Das Leeren des Zeltes (von hinten nach vorn Verdünnen) erinnert damit tendenziell an eine Inversion des Füllprozesses (von vorn nach hinten Verdichten). Mit einem Unterschied allerdings: Am Anfang des Abends kommen die meisten Besucher nach und nach und beginnen folglich versetzt zu feiern. Mit dem Schlussakkord jedoch hören fast alle der noch verbliebenen Teilnehmer gemeinsam mit ihren festiven Handlungen auf.

„Vergebens, das letzte Lied ist gespielt. Die Musik packt zusammen. Und währenddessen löst sich nicht nur unsere Gruppe ganz schnell auf. Binnen 10 Minuten ist das Festzelt nur noch zu max. 30 Prozent gefüllt. Die Bedienungen beginnen abzuräumen. Meine Kollegen brechen ebenfalls sehr schnell auf, weil die S-Bahn fährt" (25. Feldbericht, Do., 05.10.2000 vom Cannstatter Volksfest).

5.5 Der Schluss

Ohne Musik und das Lichterspiel der Scheinwerfer herrscht ein anderes Flair. Stimmen hallen durch das Zelt. Die Gastlichkeit schwindet. Die große Mehrzahl der Gäste verlässt ohne Aufforderung in recht kurzer Zeit das Bierzelt und strömt auf den Festplatz. Nur vereinzelt bleiben Gruppen zurück, trinken den letzten Rest Bier, singen ein Lied. Die Aufräumarbeiten umkreisen sie.[639] Der Sicherheitsdienst fordert zum Gehen auf. Die allerletzten Teilnehmer verlassen das Zelt 30 bis 40 Minuten nach Musikschluss. Der Rummelplatz ist ruhiger. Die Fahrge-

638 Siehe *Webcam-Beobachtungen 17, Do., 07.10.2010 ab ca. 22.50 Uhr*.
639 Vgl. Myvideo: Cannstatter Wasen 2008 - Der ganz normale Wahnsinn (24) Zeltaustrieb und das Schlachtfeld (vom 14.10.2008), auf: http://www.myvideo.de/watch/5281881/Cannstatter_Wasen_2008_Der_ganz_normale_Wahnsinn_24_Zeltaustrieb_und_das_Schlachtfeld [08.03.2015].

schäfte fahren noch „lärmreduziert" bis zum Ende der nächtlichen Festöffnungs-
zeit. *„Und dann leert sich der Platz ungeheuer schnell."*[640] Die Menschen gehen
zu den Haltestellen der öffentlichen Verkehrsmittel oder zum Parkplatz. Manche
fahren ohne Umweg nach Hause, andere besuchen Clubs oder Gaststätten, um
dort weiterzufeiern oder sich mit Freunden einen „Absacker zu genehmigen".

Die Phase der Wiedereingliederung in den alltäglichen Bezugsrahmen dauert
für jeden (Ex-)Feiernden verschieden lange. Der Ausgangspunkt ist das Ende der
Liminalität im Festzelt, das sich mit dem Verstummen der Musik oder spätestens
dem Schritt hinaus auf den Festplatz einstellt. Doch während ein Teil der Gäste
die Reaggregation direkt an- und abschließend durchläuft, beginnt für jene, die
weitere gastronomische Orte frequentieren, ein neuer Abschnitt der nächtlichen
Freizeitaktivitäten. Diese beiden Praxen – einerseits der unmittelbare Einstieg in
die Reaggregation, andererseits deren Verschieben auf später, also das bewusste
Verlängern der Gemeinschafts- und Alteritätserfahrung – bilden den Abschluss
der von mir beschriebenen Handlungsmuster. Ich trenne beide Verhalten, da im
zweiten Fall der liminale Schwellenzustand im Zelt zwar verlassen, oft aber an
anderer Stelle beibehalten wird. Im ersten Fall – beim Heimgehen – lösen sich
die Teilnehmer aus dem außeralltäglichen Sein und fügen sich allmählich in ihre
Normalität ein. Die Prozesse, die eingangs die Communitas hervorbrachten und
den Raum für die ausgelassene Anti-Struktur kreierten, drehen sich in der Wiedereingliederungsphase um und führen die Besucher vom Schwellenzustand zurück in den Alltag.

Aufbruch und Heimfahrt

„Nach Hause, nach Hause ...",
aus dem Lied: *Nach Hause gehn wir nicht*

Das Ende des Abends erscheint fast wie ein spiegelverkehrter Ablauf der Hand-
lungsschritte, die Stunden zuvor die Festzeltgänger aus ihren gewohnten Bezügen herausführten. Grob vereinfachend invertieren sich die Aufwärm- und
Separationsphase, wenn der letzte Schluck getrunken wird, die Musik zu spielen
aufhört, die Besucher aufbrechen, das Zelt verlassen und nach Hause gehen.
Gegensatzpaare zu Eingangssequenzen lassen sich bilden, die in umgekehrter
Reihenfolge ablaufen. Begann der Abend mit einer Intensivierung von Musik,
Lichteffekten und Bewegung, so ist das Zelt nun eher reizarm. Das Licht ist hell,
der Lärmpegel im Vergleich zur heißen Phase gedämpft, und das akzentuierte
Stampfen und Wiegen auf den Bänken ist zum Stillstand gekommen.

---

640 *Interview mit Organisator am Do., 09.09.1999.*

Anstelle des ersten Zuprostens tritt die Verabschiedung. Ohne gemeinsame Gesten wie das synchrone Trinken (die meisten Krüge sind leer) oder paralleles Tanzen (die Musik ist verstummt) verschwindet die Klammer, die aus Unbekannten eine Communitas werden ließ und sie zusammenhielt. Das große Kollektiv trennt sich wieder in die ursprünglichen Einheiten auf. Es werden kurze Grußworte gewechselt, in denen das erlebte Vergnügen schwach nachhallt. Je nach Persönlichkeit und gegenseitiger Zuneigung erfolgt ein Händedruck, eine Umarmung, ein Klopfen auf den Tisch oder ein bloßes Kopfnicken. In wenigen Worten handle ich die Verabschiedungen von Sabine, Wolfgang, Jürgen oder Udo – alles Fest-Bekanntschaften – in meinen Feldberichten ab. Am Ende des Abends waren meine Gedanken schon auf der Heimfahrt. Außerdem erwartete ich nicht, die Feierfreunde jemals wiederzutreffen. Als ich dann doch einmal am Cannstatter Bahnhof Barbara und Dieter, zwei im Zelt zuvor kennengelernte, gutsituierte über zwanzig Jahre ältere Duzbekanntschaften einholte, war ich nicht nur leicht überrascht, sondern *„mit dem Duzen tue ich mich jetzt schwer, irgendwie fehlt die Aura der Zeltwand, die einen von der Wirklichkeit abschirmt".*[641]

Doch diese *„Aura der Zeltwand"*, innerhalb derer am späten Nachmittag ein gastlich-heimeliges Ambiente inszeniert wurde, verflüchtigt sich ebenfalls nach Schank- und Musikende. Anstelle von frisch gezapften Bieren, die den Besuchern kredenzt wurden, tragen die Bedienungen geräuschvoll Krüge ab, als sollte deren Klirren die letzten Besucher auf den Heimweg schicken. Die Tische werden abgewischt.[642] In der Umkehrung zur ersten Bestellung, die das Angekommensein in der Alterität markierte, signalisiert die aufräumende Geschäftigkeit deren Ende. Vom festiven Flair des Zeltes bleibt die Fassade, eine leere Hülle, die sich mit Aufräumarbeiten füllt. Die professionelle Organisation dringt in den Vordergrund. Die betrieblichen Tätigkeiten werden weder durch ein Lächeln, noch durch Musik oder warme Beleuchtung zugedeckt. Im Zelt wird nur noch vereinzelt gefeiert, aber allenthalben gearbeitet. Obendrein offenbaren die unbesetzten, blanken Bankreihen eine weitere Umkehrung: Müll, der sich auf dem Boden ansammelte. Im Zeltinneren springt nicht mehr die sorgsam kreierte propere Wohlfühl-Rustikalität ins Auge, sondern der unappetitliche Unrat unter den Bänken und Tischen – wie auf einem „Schlachtfeld"[643]. Einer realitätsfernen „Zauberwelt", wie im Lied *Wir gehn zum Wasen* besungen, gleicht das Zeltinnere jetzt nicht mehr. Gleichzeitig ist der Müll aber ein Beleg für die Alltagsferne und Anti-Struktur (Unordnung eben),[644] die eben noch im Zelt herrschte.

---

641 *24. Feldbericht, Mi., 04.10.2000 vom Cannstatter Volksfest.*
642 In München werden nachts sobald wie möglich, sogar die Bänke auf die Tische gestellt, was die Ungemütlichkeit verstärkt. In Stuttgart geht das wegen der verschraubten Garnituren nicht. Vgl. ab 03:25 auf Youtube: A day at the Hofbräu tent – Oktoberfest 2012 (vom 04.10.2012), auf: http://www.youtube.com/watch?v=-iMDMX1Swe8 [08.03.2015].
643 Vgl. Myvideo, Cannstatter Wasen (24) 2008 [08.03.2015]. Siehe auch Veiz 2001a, S. 99.
644 Vgl. John Fiske: Understanding Popular Culture. Boston/London/Sydney/Wellington 1989, S. 98.

Wenngleich sich das Zelt schnell leert, scharen sich einige Feierfreudige um wenige Tische. Jene Teilnehmer, die nach wie vor auf den Bänken stehen, singen unentwegt weiter und klatschen gemeinsam rhythmisch. Diese Inseln erinnern an die Stimmungs-„Glutnester", wie ich sie in der Aufwärmphase erwähnte. Wie bei realen Glutnestern besteht dort die Hitze länger, die heiße Phase dauert für diese Gäste an. Hielt eingangs des Abends deren gute Laune länger vor und überstand mögliche Stimmungstiefs, so übersehen und überhören diese oft betrunkenen Besucher nun, dass das Spektakel aus ist. Sie sind bestrebt, im Schwellenzustand zu verharren, indem sie offen ignorieren, dass das Feiern im Festzelt vorüber ist. Damit widersetzen sie sich der offiziellen Vorgabe, das Zelt zu verlassen. Während die allermeisten Festzeltgänger dies anstandslos machen, brechen diese Teilnehmer die Konvention. Sie sind liminale Überbleibsel. Zunächst werden die verharrenden Gäste gebeten, zu gehen. Dann baut sich der Sicherheitsdienst unmissverständlich auf, die leeren Reihen erhöhen dessen Sichtbarkeit. Nachdrücklich tragen mehrere Männer der „Security" dafür Sorge,[645] dass sich das Zelt schließlich leert.

„Die kühle, frische Luft weht mir schon entgegen. Ich atme befreit auf, als ich die stickige Enge hinter mir zurücklasse. Ich fühle mich leicht und beschwingt, was sicher am Alkohol, aber auch an der wohltuenden Ruhe liegt, die mich [...] draußen empfängt" (16. Feldbericht, Sa., 13.05.2000 vom Stuttgarter Frühlingsfest).

Mit dem Hinausschreiten vertauschen die Besucher die Wärme des Zeltes mit der frühherbstlichen Nachtkälte. Anstelle des „Anheizens" tritt nun eine Abkühlung. Die multisensorischen Reize, die nachmittags beim Betreten des Wasens den Menschen entgegenbrandeten, sind größtenteils verschwunden. Der Vergnügungsbetrieb ist verstummt. Wo vorher die Achterbahn brauste, lautstarke Musik dröhnte, Stroboskoplicht zuckte und Mandelduft über den Platz zog, strahlen helle Scheinwerfer auf eine erstarrte Szenerie. Scharen von Menschen gehen zu den Ausgängen. Der Festplatz als ein Ort der Freizeitgestaltung hat Pause. Rummelplatzbeschäftigte decken mit Planen die Fahrgeschäfte zu, Losbudenarbeiter verstauen die bunten Gewinne, Marktbudenverkäufer verschließen ihre Stände für die Nacht. Wie im Zelt verwandelt sich die Alterität des Vergnügungsparks in einen Ort, der jetzt vom Alltag der dort Angestellten gekennzeichnet ist. Überquellende Mülleimer und verstreuter Abfall entzaubern den Wasen. Schritt für Schritt kommen die Festzeltgänger nicht nur dem Verkehrsmittel näher, das sie

---

645 Vgl. Myvideo, Cannstatter Wasen (24) 2008 [08.03.2015]. Wie wörtlich dieses „Tragen" zu verstehen ist, zeigt ein Clip vom Oktoberfest: Das Sicherheitspersonal entfernt zum Reservierungswechsel handgreiflich einen betrunkenen Besucher, der das Zelt nicht verlassen will. Hierzu Youtube: Brutale Security auf Oktoberfest – Trash Monkey TV (vom 17.12.2012), auf: http://www.youtube.com/watch?v=u8YgtQB6XJY [08.03.2015].

in ihre Normalität bringt, sondern sukzessive verliert auch der Platz sein festliches Flair.

Mit wachsender Entfernung zu Zelt und Festplatz verändern die Menschen ihr Verhalten. Distanz tritt zwischenmenschlich auf. Einander un- oder nur kurz-bekannte Besucher gehen auf körperlichen Abstand. Klein(st)gruppen reisen allein im PKW heim. Und selbst in vollen Straßenbahnen werden Fremde möglichst nicht mehr berührt. Freunde hingegen bilden Grüppchen auf dem Bahnsteig und steigen in die gleichen Abteile. Im Schutz des Freundeskreises – wenn sie einander nach außen abschirmen – lassen sich manche Zeltgänger oft noch etwas gehen und brechen weiterhin Umgangsformen. Je nachdem, was es für eine Gruppe ist (ob Kollegen, Freunde oder Stammtisch) oder wie betrunken deren Mitglieder sind, wird noch laut gelacht, vielleicht gesungen oder ein „Zicke-Zacke, hoi, hoi, hoi" skandiert. In Bus oder Bahn grölen dann einige Mitfahrende mit, andere grinsen wissend und amüsiert. Ebenfalls nehmen Einzelne in der Öffentlichkeit groteske Posen ein, ohne zu befürchten, dass sie sich lächerlich machen. Mit rosa Plüschohren auf dem Kopf lässt sich einer in der U-Bahn zum Überschlag hinreißen.[646] Die meisten im Abteil, selbst wenn sie aus den Bierzelten kommen und noch eine Stunde zuvor johlend in Chants einstimmten, beteiligen sich allerdings nicht an diesen „restliminalen" Ausbrüchen, wie im Youtube-Video des Stuttgarter Zicke-Zacke-Wechselgesangs zu erkennen.[647] Vielmehr bewegt sich die große Mehrzahl auf ihrem Heimweg „schön langsam"[648] und ordentlich. Sie folgt den Anweisungen von Angestellten der Verkehrsbetriebe. Missachtungen und gefährliche Handlungen werden vom Bahnpersonal nicht geduldet und unterbunden.

Dennoch hat der Alltag noch nicht ganz wieder Einzug gehalten. Die allgemeine Stimmung ist gehoben. Das mag an der Alkoholisierung liegen. Andererseits spricht das relativ geordnete Verhalten der meisten Besucher dafür, dass es sich eher um ein letztes Aufblitzen von anti-strukturellen Praktiken handelt: Mit heiterer Gelassenheit werden die spontanen Kapriolen toleriert. Souvenirs wie Luftballons, überdimensionierte Losbudengewinne oder die grotesken Kopfbedeckungen, die manche weiterhin offen tragen, signalisieren woher deren Besitzer kommen und dass diese sich noch partiell in der Alterität befinden. Per

646 Siehe Youtube: Stuttgart After Wasen Party In Der U-Bahn U1 (Tommy Schwuchtel Hasenohren) :D (vom 03.10.2009), auf: https://www.youtube.com/watch?v=tBNyBXn6ek0 [08.03.2015].

647 Vgl. Youtube: Betrunkene von der Wasen Stuttgart 2010 bei Heimfahrt mit der U-Bahn (vom 18.10.2010), auf: http://www.youtube.com/watch?v=rXQkPGUOG6U [08.03.2015]; oder Youtube: Eine zugfahrt die ist lustig eine zufahrt die is schön! ;) (vom 01.11.2010), auf: http://www.youtube.com/watch?v=3-LFhdODJIE [08.03.2015].

648 Zu „schön langsam" vgl. 01:27 oder ab 02:29, als ein Besucher auf Rolltreppenanlagen kletterte und mit einem „sofort runter" zurechtgewiesen wurde. Siehe Youtube: U-Bahn Münchner Theresienwiese Oktoberfest - Sesam öffne Dich - wegen Überfüllung geschlossen (vom 10.10.2009), auf: http://www.youtube.com/watch?v=4snqA2GMV24 [08.03.2015].

Lebkuchenherz wird beispielsweise eine lose Gemeinschaft mit anderen Eignern von Lebkuchenherzen hergestellt. Außerdem können Rummelplatzbesucher mit den an Schießbuden gewonnen Trophäen ein Stück vom Fest mitnehmen und konservieren. Erinnerungen lassen sich an ein Objekt binden, erhalten haptische Qualität. Offene Prozesse werden so in Form gegossen, verlieren ihre Dynamik und erstarren. Vom vergnüglichen Abend bleibt der Miniaturmaßkrug, ein Andenken, dessen Gehalt sich zwar aus den Handlungen speist, aber ein tätiges Feiern letztlich inaktiv repräsentiert.

Das Bier, das manche Besucher auf der Heimfahrt trinken, erscheint ebenfalls als schwacher Abklatsch des früheren massenhaften Trinkens. Jetzt bindet es nur die unmittelbar Beteiligten ein, deren fortgesetzter Alkoholkonsum in öffentlichen Verkehrsmitteln die erlebte Liminalität nachhallen lässt. Die ausgelassene Stimmung dieser Volksfestheimkehrer kann dabei als deplatziert erscheinen, wenn mehr Nicht-Festgänger in einem Zugwagen fahren als Zeltbesucher.[649] Der Schluck Bier erinnert an ein invertiertes „Vorglühen". Die Besucher gönnen sich einen „Absacker", wie umgangssprachlich das letzte alkoholische Getränk eines geselligen Abends genannt wird. Wie das „Vorglühen" findet das „Absacken" im Zwischen statt. Die Teilnehmer sind weder im Alltag noch in der Liminalität. Sie nutzen den Alkoholkonsum zur Transition auf und von der Schwelle.

Schließlich erreichen die Besucher ihr Zuhause. Dort ziehen dann irgendwann die Festgänger die im Zelt getragene Kleidung aus. Waren sie herausgeputzt mit besonderen Accessoires oder Flechtfrisuren, erfolgen weitere Handlungen, die zusätzliche Schichten der individuellen, festlichen Aufmachung entfernen. Äußerlich normalisieren sich die Menschen, während sie innerlich vielleicht noch ihre Trunkenheit spüren. Stunden später ist der Alkohol abgebaut, manche leiden etwas länger unter einem „Kater". Doch letztlich nehmen am nächsten Morgen die Partizipanten wieder ihr gewohntes Leben auf. Der Alltag kehrt ein: Dynamische, exaltierte Bewegungen, lautstarke Ausbrüche – grölen, johlen, schreien – gehören nicht zur normalen Tagesordnung. Soziale Hierarchien erhalten Geltung. Zum Vorgesetzten wird auf Distanz gegangen. Sprachliche Vertrautheiten zwischen Unbekannten werden wieder als Bruch der Umgangsformen wahrgenommen. Die Reaggregation ist abgeschlossen.

> *„Und der sitzt da dorten [im Festzelt], macht sich so breit [...]. Dann sag i zu dem: ‚Geh weiter, rutsch a mal du fetter Hund'. [... Und] zum Schluss wars a ganz lustig, wo mer uns so nett unterhalten ham, da red'sd halt so einfach.*
> *Und a Wocha später [...] da hats g'hoaßen, also ich soll zu dem und dem Direktor, den i net kannte, hingehen, der hat a Arbeit für mi. Da geh i nauf [...]*

---

649 Vgl. Youtube: kauma und obernzenn vom oktoberfest (vom 04.10.2008), auf: http://www.youtube.com/watch?v=rxr_K5k-_Nc [08.03.2015]. Dieser Clip zeigt, wie unpassend das Geschreie während einer Heimreise vom Oktoberfest erscheint. Im Zelt wäre das Lärmen untergegangen.

und i seh des Gesicht vor mir [...] und ich denk mer, oh Scheiße! [...] sagsd nur: ‚I g'laub, mir ham uns scho amol g'sehn'. ‚Ja', sagt er, ‚i bin der fette Hund!' (Riesengelächter) [...] den Auftrag hab i dann trotzdem gekriegt, also mir warn dann natürlich wieder per Sie und i hab mi dann entschuldigt und so."[650]

Verzögerungen

„... nach Hause gehn wir nicht",
aus dem Lied: *Nach Hause gehn wir nicht*

Nicht alle Besucher fahren nach dem Zeltaufenthalt nach Hause, geradewegs zurück in die Normalität. Manche Feiergruppen, „die immer noch nicht genug" haben, trinken den „letzten Absacker" in einer Kneipe.[651] Die Trinkrunde verharrt in einem modulierten Schwellenzustand. Räumlich bleibt die Alterität bestehen: Eine Gaststätte wird aufgesucht, sie ist ein von alltäglichen Beschäftigungen entlasteter Raum. Im Anschluss an den Bierzeltbesuch führen dort die Teilnehmer die kollektiven Praktiken fort. Dabei steht der gemeinsame Alkoholgenuss im Mittelpunkt, der zweierlei ermöglicht. Zum einen kann der erreichte Alkoholpegel gehalten oder erhöht werden. Das verschiebt das gewöhnliche, nüchterne Dasein auf später. Zum anderen gibt das volle Glas dem Trinkenden einen Grund, nicht mit der Reaggregation zu beginnen. Einige Feiernde wollen in der Alterität verhaftet bleiben. Die Stimmung ist zu euphorisch, zu erhaben, als dass ohne Umwege die Reaggregation eingeläutet oder durchgeführt werden könnte. Thomas Wolfe beschrieb seine diesbezüglichen Erfahrungen:

„And yet we found we were not tired, we were not ready to go in. The fumes of the powerful and heady beer, and more than that the fumes of fellowship and affection, of friendship and of human warmth, had mounted to our brains and hearts. We knew it was a rare and precious thing, a moment's spell of wonder and of joy, that it must end, and we were loath to see it go."[652]

Stärker noch zeigt sich die Fortsetzung der Liminalität, wenn nach dem Bierzeltaufenthalt zu einer anderen Party, Tanzveranstaltung oder einer speziellen „Afterparty" gegangen wird. Das Vergnügen im Bierzelt erscheint dann beinahe

650 Interview 13, in: Veiz 2001b, S. 170f.
651 Vgl. Altersgenossenverein 1970: Galerie. Cannstatter Wasen 2007, auf: http://www.agv1970. de/galerie/bilder/wasen2007/index.html [08.03.2015].
652 Wolfe 1987, S. 315.

als Auftakt zu einer ganzen Nacht, die mit liminalen Aktivitäten verbracht wird.[653] An anderer Stelle wird weitergefeiert, die Wiedereingliederung findet irgendwann danach statt. Doch die einen Zeltaufenthalt betreffenden Handlungsmuster können als abgeschlossen gelten.

653 Als ein Beispiel siehe Couchsurfing: 23. GAYDELIGHT Party - Aer Club TONIGHT (vom 10.05.2012), auf: http://www.couchsurfing.org/group_read.html?gid=5948&post=12001408 [10.01.2013].

6. Prozessuale Analyse – „von fest zu flüssig"

Ein Abend im Festzelt lässt sich als Cultural Performance im Turnerschen Sinne darstellen. Beinahe minutiös, Schritt für Schritt zeigte ich auf den vorangehenden Seiten, wie sich die Besucher aus ihrem Alltag lösen, in den Schwellenzustand gelangen und sich letztlich wieder in ihre Normalität eingliedern. Trotz meiner zwanzig Unterkapitel, die Meilensteinen einer Entwicklung entsprechen, ist eine Cultural Performance mehr als einzelne Standbilder, die sich aneinander reihen lassen. Turner schreibt hierzu: „To *perform* [Hervorhebung Turner] is thus to complete a more or less involved process rather than to do a single deed or act."[654] Folglich drängt sich eine Betrachtung des Gesamtprozesses auf, die drei Charakteristika offenbart. Erstens ist der komplette Ablauf dynamisch. Er intensiviert, be- und entschleunigt sich. Zweitens sind die Ereignisse im Zelt durch ein komplexes, fortwährendes Zusammenspiel von mehreren Faktoren gekennzeichnet (wie räumliche Inszenierung, dargebotene Musik, Grad der Alkoholisierung oder Eigeninitiativen der Teilnehmer). Nur im Zusammenwirken aller Elemente kann die Liminalität einziehen, im Schwellendasein bewahrt werden und in der abschließenden prozessualen Reversion zum Erliegen kommen. Drittens gibt es ein Handlungsmuster, das idealtypisch drei aufeinanderfolgende Phasen Abend für Abend durchläuft, de facto aber oft Ungleichzeitigkeiten aufweist und über weite Strecken von flexibler Offenheit geprägt ist. Die Überlappungen in den Sequenzen rühren daher, dass die Cultural Performance im Bierzelt einen liminoid-liminalen Mischcharakter aufweist.

6.1 Ein dynamischer Verlauf

Stundenlang wird im Festzelt gefeiert. Werden die Vorbereitungen, der Hinweg oder die Heimfahrt mit eingerechnet, dann kann ein Festzeltbesuch einen ganzen Tag dauern. Der eigentliche Verlauf erfolgt dabei nicht in einzelnen Abschnitten, die sich stetig, in gleichbleibender Intensität aneinanderreihen, sondern sowohl der Prozess als auch die einzelnen Elemente desselben treiben voran. Nähe, Hitze oder Lärm werden eindrücklicher, sensorische Dimensionen überlagern sich mehr und mehr. Gleichzeitig steigert sich die Ereignisdichte in Qualität und Quantität über den Abend hinweg. In der Folge scheint es, als ob sich der Prozess beschleunigt und an Heftigkeit gewinnt. Anstelle von Ruhe und Gleichmaß treten Bewegung, Verve und Akzelerierung. Dieses rhythmische Intensivieren, also ein Forcieren von Ereignissen in einer bestimmten Zeit, ermöglicht

---

654 Turner 1982, S. 91.

den Schritt in die Liminalität und deren Beibehaltung. Das Herauslösen aus den alltäglichen Bezügen manifestiert sich im Wandel der Gegebenheiten. Die Veränderungen betreffen dabei sowohl Fassbares wie Kleidung oder Mobiliar als auch das Erleben und den „auratischen Rahmen".[655] Erreicht das Vorwärtsdrängen – das eigentliche Anheizen – ein bestimmtes Niveau, wird es bezüglich der Stimmungsvehemenz gehalten, wenngleich sich diese am Ende der heißen Phase moduliert. Das schwungvoll Ekstatische erhält dann emotionalere Züge. Die geschaffene Alterität erfährt abschließend eine atmosphärische Rückführung – das eigentliche Abkühlen. Die verdichteten Dimensionen schwächen sich ab. Die Akzente verlangsamen sich. Es „läuft auseinander". Die Besucher fügen sich wieder in ihre alltäglichen Bindungen und Bezüge ein.

Elemente der Intensivierung
Heruntergebrochen auf diverse Faktoren, lässt sich erkennen, dass die Geschehnisse innerhalb eines Zeltes stärker vorantreiben als außerhalb. Zum Beispiel nimmt die erfahrene Fülle (verdichten im wörtlichen Sinne) zunächst verhalten zu. Einzelne Besucher treffen auf Freunde, sitzen im PKW oder in der Gruppe im Reisebus. Die Enge in den öffentlichen Verkehrsmitteln steigert sich, je näher die Volksfesthaltestellen kommen. Auf dem Rummelplatz – gerade am späten Nachmittag – bilden sich Menschentrauben. Dennoch wahren Fremde hier meist einen Mindestabstand im Unterschied zum Festzelt. Eingangs gibt es dort zwar noch offene Plätze. Doch, wenn am frühen Abend die Gäste mit Reservierungen eintreffen, rücken die Besucher zusammen, bis sie aneinanderstoßen. Rasch wird ein Festzelt an den Spitzentagen überfüllt. Schließlich liegen sich dort Menschen – einander Bekannte oder Fremde – in den Armen. Das Verdichten betrifft somit nicht nur die Quantität an Leibern, also die entstehende, kumulierte Menschenmenge, sondern ebenso deren Nähe zueinander. Und das Einander-Nahesein gilt sowohl hinsichtlich der körperlichen Distanzen als auch hinsichtlich der anschwellenden Intimität der Interaktionen.

Der Bedeutungsgehalt von „Intimität" umfasst dabei dreierlei: erstens ein enges, zwangloses Umgehen miteinander, zweitens eine „anheimelnde, gemütliche" Atmosphäre[656] und drittens eine gewisse Flirt-Stimmung. Diese drei Facetten werden im Feiern von den Besuchern forciert und von den Betreibern gefördert. Die Besucher sind die Hauptträger der sich intensivierenden interpersonalen Vorgänge. Innerhalb der Kerngruppe, mit der eine Zeltvisite unternommen wird, herrscht bereits vorab ein gewisses Maß an Intimität, weil man sich kennt. Jene Vertraulichkeit im gegenseitigen Umgang weitet sich im Festzelt sukzessive aus, bis dann vorher Unbekannte relativ familiär miteinander umgehen. Zu

---

655 Smudits 2004, S. 139.
656 Vgl. den Eintrag „Intimität" auf Duden.de, auf: http://www.duden.de/rechtschreibung/Intimitaet [11.03.2015].

Beginn des Abends tauschen die Teilnehmer wohlwollende Worte aus, sie lachen sich zu, und manche duzen sich. Sie vollziehen verbindende Gesten, die unterstützt durch animiertes Zutrinken ausgreifen und kollektiver werden. Diese Familiarisierung bewirkt, dass soziale Schranken und Ungleichheiten temporär aufgehoben werden.[657] Parallel proklamiert das Mittelschiff mit dem *Prosit der Gemütlichkeit* wiederholt eine Wohlfühl-Stimmung, die – folgt man Schmidt-Lauber – vom alltäglichen Rollenverhalten und der einhergehenden Selbstdisziplin befreien kann.[658] In dieser kreiert-gemütlichen, intimeren Atmosphäre können Scham- und Peinlichkeitsschwellen sinken. Groteskes, mit Erotik spielendes Verhalten wie der geschilderte Bauchtanz wird möglich. Teilnehmer erleben auf Grund der Enge „Hautkontakt" (wie ein Interviewpartner mehrfach[659] betonte). Es kommt zu sexuellen Spannungen, die meistens bei Andeutungen bleiben. Geschieht „Handgreiflicheres", lässt sich dies als Extremwert auf der Skala der erotischen Aktivitäten verbuchen, zu der die Dynamik und die ansteigende Trunkenheit verleiten.

Die sich erhöhende Intimität und das Verdichten gehen Hand in Hand mit einer zunehmend bewussteren Körperlichkeit, die die Zeltgänger darüber hinaus erfahren. Einerseits erleben die Besucher ihren Leib verstärkt, was selbst für das bloße Rezipieren gilt. Der Boden vibriert. Die Bänke schwingen. Die Resonanz im Zelt umfängt die Besucher und hebt den Stimmungspegel. Den Anwesenden wird es heiß. Der verstärkte Alkoholkonsum beeinflusst den Gleichgewichtssinn und bewirkt vielleicht einen Taumel. Eine Sensation, die die eigene Leiblichkeit verdeutlichen kann. Andererseits beteiligen sich die Besucher, werden zu ekstatisch Feiernden, die „ ‚außer sich' geraten, lachen und sich dabei ‚als Körper' umso intensiver spüren."[660] Moderate Aktivitäten wie ein Schlendern über den Rummel oder das Suchen eines Sitzplatzes verwandeln sich so im Verlauf des Abends in Schweiß treibendes Line Dancing oder akzentuiertes, kollektives Klatschen.[661] Die *Eigen*tätigkeit vervielfacht sich ebenso wie die Handlungen um einen herum. Im Mittelschiff multiplizieren sich Gesten tausendfach. Ein gesprochenes Prost beim ersten Zutrinken in der kleinen Runde wird zum dreifach crescendierenden Massengesang des *Prosits*. Zum Erleben des Selbst gesellt sich das der Anderen und letztlich das Wir-Erleben.[662] Die Gemeinschaft wird sicht- und hörbar, später dann auch greifbar, wenn sich Feiernde gegenseitig halten.

Schließlich verändern sich die Räume von solchen der relativen Bewegungsruhe hin zu Orten der Erregung. Abgesehen von den diversen „Räumen" (wie

---

657 Vgl. Klauser 2007, S. 369.
658 Vgl. Schmidt-Lauber 2003a, S. 227.
659 *Interview mit Brauerei B am Di., 25.07.2000.*
660 Smudits 2004, S. 144.
661 Die implizite Bewertung von Wittenberg, dass der körperliche Aktivitätslevel auf dem Rummelplatz höher sei als im Festzelt, trifft zumindest für die abendliche Situation nicht zu. Hierzu Wittenberg 2005, S. 55.
662 Vgl. Smudits 2004, S. 144.

Daheim, Auto, Rummelplatz), die bis zur Ankunft im Festzelt durchlaufen werden, betrifft jener Wandel im Aktivitätsniveau auch das Zelt an sich. Mittags ist die Atmosphäre dort ruhiger als nachts. Aber selbst zu Beginn der Abendreservierung besteht für einen kurzen Moment eine gewisse motorische Verhaltenheit am Tisch, selbst wenn gleichzeitig im Mittelschiff ein reges Kommen und Gehen herrscht. Die Ausgelassenheit beginnt, sich Bahn zu brechen, wenn die Musik spielt. Aus sitzenden, *„reservierten"* Anwesenden werden übermütig Feiernde *„bis hin zum Halligalli"*.[663] Immobilität setzt sich in Bewegung um. Das bezieht sich auf das anfängliche statische Sein von vielen, das ins Fließen kommt, als auch auf ein individuelles Lösen. Angeregt von der Musik, gelockert vom Alkohol und bereit sich zu vergnügen, legen die Besucher ihre Hemmungen ab. Im festiven Schwung wird das rigide Verhaltenskorsett des Alltags abgestreift. Festgefügte Ordnungen weichen auf, stehen zur Disposition. Jenes Vorwärtstreiben oder Fließen, bringt die Anti-Struktur mitsamt der Communitas hervor. Erfasst diese akzelerierende Dynamik (das Anheizen) nicht weite Teile des Zeltpublikums, bleibt die festive Stimmung von Zurückhaltung geprägt. Möglicherweise erfahren die Besucher dann zwar die Alterität, erreichen aber in der Mehrheit nicht die Liminalität.

Gegen Schluss dreht sich der Prozess um. Die einzelnen vorantreibenden Elemente verkehren sich. Die Musik wird moderater, das harmonische Element erhält mehr Gewicht. Die Bewegungsintensität lässt nach. Die Gäste werden ruhiger, manche sind nach dem stundenlangen Tanzen müde. Obendrein dämpft die emotionale Betonung des Wir die liminale Ausgelassenheit. Am Ende des Schwellenzustandes dominiert nun diese Facette der Communitas. Die ekstatische Stimmung wird abgeschwächt, was den Übergang in die Reaggregation vorbereitet und erleichtert. Verstärkte sich eingangs die Intensivierung im Zelt, wird die Deeskalation der Vorgänge dort nach dem Musikschluss besonders deutlich. Binnen kurzer Zeit ist es im Bierzelt leer und leise.

6.2 Ein stetes Zusammenspiel

Diese rhythmische Dynamisierung und deren Umkehrung am Ende des Abends beruht nicht auf einem monokausalen Ursache-Wirkungs-Prinzip. Vielmehr herrscht ein vielschichtiges Zusammenspiel von einerseits konstant gegebenen, dinglichen Faktoren und andererseits sich wandelnden, auratischen Komponenten. Dabei beeinflussen sich Zeltatmosphäre, Alkoholisierung aber auch die musikalische Unterhaltung oder ein sich forcierendes Mitmachen gegenseitig. Aktionen von Betreibern und Besuchern sind zu einem gewissen Maß interdependent und verflechten sich über den Abend hinweg. Erreicht wird damit eine komplexe Inszenierung von Alterität. Abgesehen davon, dass sich diese während

---

663 *Interview mit Brauerei B am Di., 25.07.2000.*

des Feierns aufbaut, verdichtet und an Totalität gewinnt, besteht sie kontinuierlich in der Liminalität fort. Dieser Gesamtprozess bedarf dabei fortgesetzt der einzelnen Zutaten: ohne Musik keine Partizipation, ohne Alkohol keine Lockerung, ohne Vergnügungsabsicht kein gewolltes Sichgehen-Lassen, ohne Zeltkulisse keine Wohlfühl-Atmosphäre, ohne Festkleidung kein Heraustreten aus dem Alltag, ohne Handlungsparallelitäten wie im Essen oder Zutrinken keine Festgemeinschaft ...

Die fortgesetzte Rahmung und das andauernde Handeln kennzeichnen den festiven Verlauf. Sie bringen die Liminalität hervor. Sie schaffen den „sacred play-space", jenes „‚Flussbett und -ufer'",[664] das ein Sichfließen- und -treiben-Lassen ermöglicht. Zu Beginn des Festzeltbesuchs dominiert dabei eine eher objektgebundene Distanzierung zum Alltag. Greifbar wird die Alterität kreiert und arrangiert. Kleidung, Maßkrüge, Grillhähnchen oder eine Biergarnitur haben alle haptische Qualitäten. Gerade die Wirte schaffen für den dynamischen Gesamtprozess den zentralen, dinglichen, statischen Rahmen, der wie das Getränke- und Essensangebot als konstant betrachtet werden kann. Im Unterschied hierzu verändern die nicht-fassbaren Faktoren (wie Interaktionen, Atmosphäre oder musikalische Darbietung) ihren Charakter und drängen voran. Solche variablen, sich intensivierenden Aspekte bestimmen zunehmend die Separierung und die Aufwärmphase. Sie prägen schließlich die fortgesetzte alltagsentrückte Inszenierung. Der Motor hierfür ist die Musikkapelle, die zum Konsumieren *und* Produzieren von Vergnüglichem (wie Bier *und* Tanz) animiert.

Musik als Motor
Die Band steuert den Verlauf des festiven Bierzeltabends, indem sie die Musik wellen- oder stufenartig forciert. Die Quantität und Qualität der gesetzten Akzente nimmt zu, bis das große Finale mit harmonisierenden Klängen eingeläutet wird. Die musikalische Unterhaltung, deren relativ moderate mittägliche Lautstärke bis zum nächtlich vorherrschenden Dröhnen crescendiert, bindet die Individuen und die Gemeinschaft ein. Letzteres gilt zunächst für die auditive Immersion der Besucherschaft, bei welcher der Klangteppich alle Anwesenden gleichermaßen zudeckt. Darüber hinaus regen die dargebotenen Melodien an und verlocken nach und nach fast alle Besucher zum Mitmachen. Denn Musik vermag über Tonalität, Repertoire und Arrangement (wie Besetzung, Tempo oder Lautstärke) emotionale Regungen oder gar Spannungen zu erzeugen,[665] die per Gesang und Tanz nach außen abgeleitet werden. Verstärkend kommt hinzu, dass sich im Singen Gefühle nicht nur ausdrücken, sondern obendrein auf Zuhörer

---

664 Turner 1986, S. 133 (Übersetzung CB).
665 Vgl. Gunter Kreutz: Basic Emotions in Music (vom 08.08.2000), auf: Escom Conferences: Sixth International Conference on Music Perception and Cognition. Proceedings Tuesday. Keele 2000, auf: http://www.escom.org/proceedings/ICMPC2000/Tue/Kreutz.htm [08.03.2015].

übertragen können. Psychoanalytische Ansätze gehen davon aus, dass „hierdurch ein gleicher Gefühlszustand ausgelöst wird".[666] Das „Mitreißende" in der Musik rührt folglich von zwei Mechanismen her: erstens direkt durch die Rezeption der Darbietung einschließlich einer dann unmittelbar einsetzenden Aktivierung und zweitens indirekt durch ein Angestecktwerden von bereits partizipierenden Nebensitzern.

Tabelle 7: Besucher auf den Bänken
Im Bierzelt steigen immer wieder Besucher auf die Bänke. Vielleicht Sie auch schon mal. Wenn ja, welcher Aussage können Sie zustimmen? (mehrere Kreuze möglich)

Aussagen (vorgegeben)	Zustimmung n=104
Meist bin ich nach den ersten Tönen auf der Bank.	16,3 %
Alleine auf einer Bank, gut sichtbar für alle im Zelt, das mag ich.	2,9 %
Alle Banknachbarn sind auch auf den Bänken.	62,5 %
Die Musik treibt mich hoch.	40,4 %
Das Gefühl ist erhebend.	12,5 %
Ich habe Platz zum Tanzen.	7,7 %
Ich habe einen guten Überblick.	14,4 %
Bis ich auf die Bank steige, stehen schon fast alle im Zelt.	16,3 %
weiß nicht	4,8 %

Quelle: eigene Erhebung (siehe Anhang 10.4).

Im Festzelt vermischen sich diese zwei Effekte, sie sind ein Ausdruck der komplexen Interaktionen. Zu beobachten und zu bewerten, ob unmittelbare Eigeninitiative oder ein willkommenes Mitläufertum einen Gast auf eine Bank hochtreibt – insofern dieser nicht gezogen oder per Geste ermuntert wird –, war mir für viele Tischgemeinschaften unmöglich. In anderen Fällen allerdings, wenn extrovertierte Besucher(gruppen) behände bei den ersten Klängen auf die Bank

---

666 Kopiez/Brink 1998, S. 159.

kletterten und als Stimmungs-Nukleus wirkten, erschien es mir, als gehe eine stimulierende Sogwirkung von diesen „Spaßmachern" aus. Meine Umfrage indiziert
eben dies: Die Animation von der Bühne herab reicht alleine nicht aus, um alle
Besucher in Schwung zu bringen. Manche benötigen das festive Tun von anderen, um selbst mitzumachen. So verdeutlicht der Fragenblock, der sich mit dem
Auf-die-Bänke-Steigen beschäftigt (Tabelle 7), dass sich nicht das gesamte Publikum direkt von der Musik erfassen lässt. Die Anteile jener, die als Erste mit dem
Musikbeginn hochklettern oder sich als Letzte dazugesellen, wenn schon fast
alle oben sind, waren gleich groß (je 16,3 Prozent). Überdies markierten „nur"
40,4 Prozent die Aussage „Die Musik treibt mich hoch",[667] während 62,5 Prozent der Umfrageteilnehmer ankreuzten, dass sie auf einer Bank stehen, wenn
alle Nachbarn auch oben sind.

In der Gemengelage findet somit ein aktives Sichhinwegreißen-Lassen statt.
Besucher lassen sich einerseits von der Musik treiben. Andererseits tragen sie
selbst aktiv zum Feierüberschwang bei, indem sie (früh) Teil der musikalischen
Unterhaltung werden. Ein Angestecktwerden aller Anwesenden im Mittelschiff
setzt voraus, dass zumindest einige Besucher bereits teilnehmen. Ohne „Erstinfi-
zierte" kommt die „Stimmungswelle" nicht ins Rollen. Zu beachten ist allerdings,
dass zahlreiche Menschen mit der Absicht ins Zelt kommen, sich dort zu amüsieren, dort auf den Bänken zu tanzen und zu singen. Solche meist gut gelaunten,
manchmal „vorgeglühten" Gäste haben *„die Erwartung zu feiern"*. Aus eigenem
Antrieb heraus nutzen sie die erste Gelegenheit und lassen sich von der Musik
„bespaßen", wie der Musiker erklärte.[668] Sie machen direkt mit. Die einmal in
Schwung gebrachte Menge, die am Feiern ist, verhält sich wie ein Selbstläufer
aus der eigenen Vergnügungsabsicht heraus.

Wer seitens der Partizipanten konsumiert oder produziert, verschwimmt mit
dem Fortgang des Abends. Bier zum Beispiel wird konsumiert. Doch dabei wird
mehr als der Durst gelöscht. Mit dem Zutrinken erzeugen die Besucher aktiv die
Gemeinschaft. Die Musik gibt die Impulse, aber die Feiernden setzen den Anstoß in eine Tätigkeit mitsamt Resultat um wie bei den Wechselchants. Anstatt
zu reagieren, interagieren die Teilnehmer dann miteinander und mit der Band,
die deren Verhalten nicht „oktroyieren",[669] sondern lediglich koordinieren kann.
Der Frontmann gibt Klatschstellen, Gesangsparts oder Tanzbewegungen vor und
lenkt die wachsende Schar der Teilnehmer.

---

667 Im Fragenblock 8 (der Erfahrungsmatrix) stimmte etwas mehr als die Hälfte der Befragten der
   Vorgabe zu: „Die Musik reißt mich mit". 22 Prozent kreuzten an „trifft voll zu", 33 Prozent
   „trifft meistens zu", 30,3 Prozent „stimmt manchmal", 10,1 Prozent „stimmt selten" und 2,8
   Prozent markierten „stimmt überhaupt nicht" (1,8 Prozent „weiß nicht"). Siehe Anhang 10.4.
668 *Interview mit Musiker am Di., 05.04.2011*; dort auch das Vorangehende.
669 Gebhardt 1987, S. 163.

„[...] es gibt schon Kommunikation und Interaktion. Die sitzen nicht nur da. Gerade bei den Gesangsspielen. Da kann man was vorgeben. Und dann steuern wir das. Aber die geben auch was zurück" (Interview mit Musiker am Di., 05.04.2011).

Die eigentliche „Leistung" der Cultural Performance liegt in jenem Einbeziehen und Aktivieren der Besucher. Diese Einbindung unterliegt wie die anderen Prozesse auch einer Intensivierung. Vielfältige Faktoren umfassen und vereinnahmen die Anwesenden mehr und mehr: körperlich, psychisch und auch als soziales Wesen. Sie werden im Feiern wortwörtlich zu Teil-Nehmern, sie gehören zur Performance dazu.

6.3 Ein liminoid-liminaler Charakter

Nach Turners Konzept lassen sich in einer Cultural Performance drei Phasen ausmachen, die sich linear aneinanderreihen und theoretisch deutlich voneinander absetzen. Im Falle des Feierns im Festzelt durchläuft der Gesamtprozess ebenfalls Abschnitte, die in die dreiteilige Struktur von Trennungs-, Schwellen- und Wiedereingliederungsphase eingepasst werden können. Dennoch ist eine klare Grenzziehung zwischen den Sequenzen nicht immer möglich. Die Übergänge von Separation (Trennung) zur Liminalität (Schwellenzustand) als auch hin zur Reaggregation (Wiedereingliederung) sind verschwommen. Die einzelnen Teile überlagern sich. Das „Vorglühen", das ja noch vor dem Feiern stattfindet, wird oft schon von liminalen Aktionen begleitet. Hingegen kann das Kaufen eines Seppelhuts im nächtlichen Zelt den vestimentären Praktiken eine weitere Dimension hinzufügen. Elemente der einen Phase blinken in einer anderen auf. Darüber hinaus – anders als es das Bild der statischen Schwelle impliziert – unterliegt der Schwellenzustand selbst Veränderungen. Der Charakter der Liminalität wandelt sich beim Feiern im Festzelt. Nach Turner liegt während des Betwixt-and-Betweens *eine* bestimmte Gemengelage von Ordnungsfreiraum, Festgemeinschaft, Flow-Zustand und performativer Reflexivität vor. Meines Erachtens jedoch verschiebt sich das „Mischungsverhältnis" jener Komponenten in der mittleren Performance-Phase, was die Übergänge aufweicht und eine klare Grenzziehung erschwert.

Zu Beginn und am Ende der Liminalität dominiert der Aspekt der Communitas. Die gemeinschaftsstiftenden, enthierarchisierenden Aktionen überlagern dann die liminalen Normbrüche. Gruppenoutfits, das einander Zuprosten oder das kollektive Mahl bilden den Auftakt und kommunizieren gleichsam den „Pakt" unter den Besuchern, sich auf die Anti-Struktur einzulassen. Nur ob jene Handlungen noch als Separierung vom Alltag zu verstehen sind oder sich schon dem ersten Erleben des Betwixt-and-Betweens zuschlagen lassen, hängt davon ab, welches Faktorenverhältnis man als Liminalitäts-Richtschnur anlegt. Reichen

Regelverstöße von einigen Feiernden oder bedarf es des synchronen Agierens der umfassenden Festgemeinschaft? Kann eine kollektive Einheit „aller Leute" auch nur von zwei Teilnehmern empfunden werden? Wenn diese Zwei Communitas erfahren, befinden sie sich nach Turner in der Liminalität. Andere hingegen erleben keine Gemeinschaft und bewegen sich folglich noch zur Schwelle hin. Offen bleibt, wessen Gefühlslage den Ausschlag zur Etikettierung der Phase geben soll.[670]

„Mittig" auf der Schwelle, wenn das Formen der Festgemeinschaft abgeschlossen ist und offensichtlich Tausende parallel Handlungen vollziehen, ist die Liminalität als solche unschwer zu erkennen. Norm brechende Transgressionen geschehen allenthalben. Eine Aktion fließt in die andere. Die Teilnehmer können nun den Flow-Zustand erleben, den sie erst erlangen mussten. Gegen Ende der Schwellenphase rückt wiederum das Zelebrieren des harmonischen Zusammenhalts ins Zentrum der Aktionen. Spontane, kreative Ausbrüche nehmen im Vergleich zu Handlungen ab, die die Gemeinschaft beschwören. Zusammen mit jenem Paradigmenwechsel setzt noch während der Liminalität der Anfang der Reaggregation ein, denn die ersten Aufbrüche finden bereits statt und begleiten den Wandel.

In diesen Ungleichzeitigkeiten klingt der Hauptgrund an, warum der Phasenwechsel im Festzelt zwar durchlaufen wird, aber die Momente des Übergangs nicht exakt greifbar sind. Die im Festzelt zelebrierte Cultural Performance ist ungeachtet aller Verlaufsmuster und Handlungsroutinen im Kern flexibel und offen. Als Genre gehört sie nicht zur Gruppe der rein liminalen Prozesse, sondern sie ist im Wesentlichen gekennzeichnet durch liminoide Merkmale. Turner differenzierte idealtypisch zwischen liminal-rituellen und liminoiden Prozessen, um die vielseitigen Ausprägungen von Performances wie Stammesritual oder Kinoabend besser fassen zu können (vgl. Kap. 3.3). Für ihn bestimmen der Entstehungskontext eines kulturellen Genres, die Ernsthaftigkeit bei dessen Durchführung sowie die Reichweite der Bedeutung(en), ob es sich um ein liminal-rituelles oder liminoides Phänomen beziehungsweise eine Mischform handelt.

Volksfeste, jene „Kinder des 19. Jahrhunderts", sind aufgrund ihres Entstehungskontextes primär liminoiden kulturellen Manifestationen zuzuschlagen, die in komplexeren Gesellschaften auftreten. Das Treiben im Festzelt, das zwar regelmäßig stattfindet, orientiert sich nicht an sozial-strukturellen, religiösen Zyklen oder biografischen Rhythmen, sondern an einem bloßen Datum im Kalender. Jenes ist bedeutungsvoll, da zu diesem Zeitpunkt das Volksfest gefeiert

---

670 Vgl. Turner 1982, S. 47, 55. Welche Gewichtung den Ausschlag geben sollte, bleibt offen. Die Überlegungen Turners hinsichtlich liminoider und liminaler Phänomene befanden sich 1982 erst am Anfang. Turner starb 1983.

wird.[671] Zelebriert wird der Rummel an sich und nicht ein übergeordneter konkreter Anlass.[672] Ein Feiern von Fruchtbarkeit oder Erntedank, wie es im herbstlichen Stuttgart wegen der zentral platzierten Fruchtsäule konstruiert werden könnte, zieht nicht Tausende nächtlich in die Festzelte. Ich erlebte an keinem Abend irgendwelche Handlungsverweise, die auf Erntedank schließen lassen könnten. Vielmehr brechen Menschen individuell motiviert auf, um gemeinsam mit anderen Spaß zu haben und sich in ihrer Freizeit zu vergnügen. Männer und Frauen, die diese Absicht nicht teilen und andere Vorstellungen von Amüsement haben, frequentieren in der Regel nicht die Zelte. Selbst in präexistenten, hierarchischen Gemeinschaften wie einer Belegschaft, in der vom Vorgesetzten eine verpflichtende Aufforderung zum Besuch kommuniziert werden könnte, gibt es keinen Zwang, beim Betriebsausflug ins Festzelt mitzumachen. Anders hingegen bei einem liminalen Stammesritual, wie Turner hervorhebt, bei dem sich die normalerweise ordnungsliebenden, „lammfrommen und gesetzestreuen Leute" zur Teilnahme *genötigt* fühlen und – falls Teile der Zeremonie es erfordern – sich entgegen ihrem „Temperament und Charakter"[673] unordentlich verhalten. Denn zu liminal-rituellen Phänomenen gehört es, dass die Teilnahme daran kollektive, „moralische"[674] Pflicht ist. Sie haben einen fordernden und ernsthaften Duktus. Die Ausführung verläuft relativ rigide in engen Formen. Der Prozess hat einen gemeinsamen Beginn und ein gemeinsames Ende. Die Partizipation an liminoiden Genres, die spielerisch in ihrer Abfolge und in ihrem Gebaren sind, ist hingegen freiwillig.

Im Bierzelt ist die Cultural Performance über weite Strecken vom Synchronisieren und Vereinheitlichen der Handlungen geprägt. Von einer Einheit wird nicht a priori ausgegangen, sie wird vielmehr geschaffen. Der Prozess, der dies hervorbringt, zeichnet sich jedoch durch zahlreiche liminal-rituelle Aspekte aus. Zunächst findet er an einem vom Alltag separierten, speziell konfigurierten Ort statt, dessen Zugänglichkeit durch Reservierungen und Armbänder gesteuert wird. Dann verteilen sich die Besucher innerhalb des Zeltes – durch bauliche Mittel getrennt – gemäß der sozialen Hierarchien und prozessualen Involviertheit, was an die „rigorose Einordnung sozialer Gruppen bei wichtigen religiösen

---

671 Die Volksfestzeitspanne – ob in München oder Stuttgart – wird auch als „fünfte Jahreszeit" bezeichnet. Siehe hierzu Spiegel Online: Cannstatter Wasen. Volksfestbier statt Doping (vom 01.10.2007), auf: http://www.spiegel.de/reise/aktuell/cannstatter-wasen-volksfest-bier-statt-doping-a-508815.html [08.03.2015].
672 Szabo 2011, S. 66f., versteht ein Volksfest als Feier. So verweist er bzgl. des Oktoberfestes auf den Gründungskontext der Hochzeitsfeierlichkeiten von 1810. Dass aber die allabendlich über 100.000 Festzeltbesucher diese Hochzeit feiern oder ihrer gedenken, ist zweifelhaft.
673 Turner 1982, S. 43 (Übersetzung CB, Hervorhebung Turner); ebd. das Folgende.
674 Christian Bromberger: Fußball als Weltsicht und als Ritual. In: Andréa Belliger/David J. Krieger (Hg.): Ritualtheorien. Ein einführendes Handbuch. Opladen/Wiesbaden 1998, S. 285–301, hier S. 295.

Zeremonien"[675] erinnert. Darüber hinaus haben die Vorgänge eine temporäre Gliederung, die ähnlich einer Liturgie auf einem geplanten Programm von formell-festiven Bestandteilen basiert. Verschiedene Akteure nehmen spezifische Rollen wahr, wobei über weite Strecken nicht zwischen Zuschauern und Aufführenden unterschieden wird. Repetitive, symbolische Handlungen mit bestimmten Objekten (das Anstoßen mit den Maßkrügen) oder gar Choral-Akklamationen fördern außerdem die Bildung einer Communitas. Trotzdem entspricht das abendliche Feiern in seiner Gesamtheit keinem Ritual,[676] wenn von einem engen Begriff[677] ausgegangen wird, wie er auch in Turners Ausführungen anklingt. Es handelt sich vielmehr um eine liminoid-liminale Mischform, die deutliche liminoide Züge trägt, während liminal-rituelle Versatzstücke zum Vorschein kommen. Solche „kulturellen Überbleibsel"[678] sind zum Beispiel die Trinkpraktiken oder das egalitäre „Hocken" im Mittelschiff auf langen Bankreihen. Beide zählen seit Jahrzehnten zu den Kernbestandteilen des Festzelt-Feierns und rekurrieren auf ältere (liminal-rituelle) Traditionen.

Für die Mischform sprechen erstens die zu Beginn des Abends (und später auch noch) vorherrschenden Verhaltensdifferenzen. Zwar könnte man den Spielauftakt der Musik als Signal zum kollektiven, allseitigen Einsatz werten, dennoch lassen sich nicht alle Besucher unmittelbar auf einen musikalischen Mitvollzug ein. Überdies sind um 17.00 Uhr noch nicht sämtliche Gäste da. Hinsichtlich des prozessualen Phänomens gibt es zwar ein Spät-, aber kein Zuspätkommen, wie es in Ritualen der Fall wäre. Essen, Kommen, Anstoßen oder Tanzen auf den Bänken, alles geschieht durcheinander und nach Belieben der

675 Ebd., S. 296.
676 Meine Bewertung unterscheidet sich grundlegend von Veiz' Einordnung des Oktoberfestes. Siehe Veiz 2001a, S. 213-245, 378f.
677 Der umgangssprachliche Gebrauch des Wortfeldes „Ritual – Ritus" ist inflationär und „trivialisiert" (Paul Hugger: Die Ritualisierung des Alltags. In: Ders. (Hg.): Handbuch der schweizerischen Volkskultur. Bd. 3. Basel 1992, S. 1433-1440, hier S. 1433f.). In der wissenschaftlichen Auseinandersetzung gibt es ebenso unzählige Definitionen sowie Auffassungen von „Ritual" und dessen Funktionen und Bedeutungen. Als „undifferenziert als auch verwirrend" bewertet Jan Platvoet viele dieser Ritualtheorien (Jan Platvoet: Das Ritual in pluralistischen Gesellschaften. In: Andréa Belliger/David J. Krieger (Hg.): Ritualtheorien. Ein einführendes Handbuch. Opladen/Wiesbaden 1998, S. 173-190, hier S. 173). Während ein Teil der Ansätze explizit oder implizit Rituale auf religiös konnotierte, kollektive Phänomene beschränkt, nutzen andere Konzepte den Begriff „Ritual" für weltliche, individuelle Praxen. Platvoet entwickelt eine „provisorische Ritualdefinition" für „seine Zwecke", die auch pluralistische Situationen einschließt (ebd., S. 187). Die Schwierigkeit des theoretischen Fassens reflektiert auch Dietrich Harth: Handlungstheoretische Aspekte der Ritualdynamik. In: Ders./Gerrit Jasper Schenk (Hg.): Ritualdynamik. Kulturübergreifende Studien zur Theorie und Geschichte rituellen Handelns. Heidelberg 2004, S. 95-113, hier S. 96. Er führt den Begriff „das Rituelle" ein, um repetitive, kollektive, symbolische Handlungen ohne religiösen Bezug zu fassen. Turner nutzt in seinen späten Schriften „Ritual" eng im „mythischen", religiösen Stammeskontext. Hinweis: Der Sammelband Ritual (2000) erschien in Englisch bereits 1969.
678 Turner 1982, S. 55 (Übersetzung CB).

Teilnehmer. Erst nach und nach parallelisieren sich deren Aktionen, so dass erst auf dem Stimmungshochplateau eine Vergemeinschaftung vorliegt. Ebenso steigen gegen Ende des Abends einige Partizipanten schon vor dem Schlussakkord aus und verlassen den Schwellenzustand. Im Falle von nicht-liminoiden Genres wie Ritualen ist es aber nicht im Ermessen der Akteure, welches Verhalten wann ausgeführt und welche Rollen – aktiv oder passiv, initiierend oder nachfolgend – eingenommen werden. Als „institutionalisierte Kommunikationsform"[679] haben Rituale einen „normativen Charakter",[680] der eigenmächtige Impulse, zufällige Gesten oder spontane Interaktionen möglichst ausschließt. Solche „fixierte" Sequenzen, die einer relativ strengen Semantik folgen (sollten),[681] gibt es meines Erachtens im Festzelt nicht – sehe ich von den Trinkritualen ab. Die Wechselchants und Gesangsspiele unterliegen fortwährend Veränderungen und sind bis auf die Kernbestandteile des *Prosits der Gemütlichkeit* beliebig. Eine stets vorhandene potentielle Flexibilität prägt die Geschehnisse im Zelt, selbst wenn eine wiederkehrende, beinahe standardisierte Handlungsroutine durchlaufen wird.

Die Flexibilität zeigt sich in den kreativen Ausbrüchen der Feiernden, mit denen die geplanten Abläufe meist ausgeschmückt, manchmal gar unterbrochen werden. Dies geschieht, wenn sich die Partizipanten in den Spielpausen nicht hinsetzen, wie es die Betreiber erwarten, sondern „eigenmächtig" weiterhin singen und tanzen. Oder, wenn die Kapelle kurzerhand eine außerordentliche Zugabe spielt sowie Gäste Kabinettstückchen aufführen. Kommt letzteres vor, verschiebt sich die Aufmerksamkeit der Besucher von der Band hin zu extrovertierten Teilnehmern, die ihr selbst initiiertes Schauspiel der offiziellen Darbietung entgegenstellen. Im weitesten Sinn gehören hierzu auch Schlägereien oder sexuelle Transgressionen, die zwar legale Konventionen brechen, aber als Teil eines bis ins Extrem verzerrten ludischen Freiraums gesehen werden müssen. In formalisierten, rigiden Ritualen, in denen Rollen – die „hierarchische[n] Strukturen sozialer Ordnung"[682] oder Machtbeziehungen – festgefügt sind, kommen solche (auch drastischen) Verlaufsbrüche eher selten vor. Im Bierzelt hingegen können diese nicht ausgeschlossen werden. Sie sind vielmehr *stets* vorstellbar und damit Bestandteil des eigentlichen Phänomens.

Zweitens ist der Prozess im Festzelt trotz aller Routinen labil. Sowohl die professionellen Betreiber als auch das Publikum können dessen Durchführung unterbinden. Individuelle Befindlichkeiten von Besuchern, denen die „Ernsthaftigkeit"

679 Joachim Knuf/Walter H. Schmitz: Ritualisierte Kommunikation und Sozialstruktur mit einem Beitrag von Peter Masson. Hamburg 1980, S. 40.
680 Wulf/Zirfas 2004, S. 88.
681 Vgl. Michael Oppitz: Montageplan von Ritualen. In: Corina Caduff/Joanna Pfaff-Czarnecka (Hg.): Rituale heute. Theorien – Kontroversen – Entwürfe. Berlin 1999, S. 73-95, hier S.74.
682 Albert Bergesen: Die rituelle Ordnung. In: Andréa Belliger/David J. Krieger (Hg.): Ritualtheorien. Ein einführendes Handbuch. Opladen/Wiesbaden 1998, S. 49-76, hier S. 52.

fehlt, sich auf die Entgrenzungen einzulassen,[683] bremsen den dynamischen Prozess. Erreichen solche Gäste, die sich nicht hinwegreißen lassen, eine kritische Masse und die Anzahl der „Spaßmacher" wird zu gering, kann der prozessuale festive Vollzug ins Stocken kommen. Ebenfalls vermag die Band, wie im Falle der Pfefferspray-Attacke geschildert (vgl. Kap. 5.3), die herrschende Liminalität derart zu modellieren, dass nur eine von der anti-strukturellen Ordnung befreite Hülle übrigbleibt. Des Weiteren zergliedert das Programm den Abend, das unabhängig von den sich ergebenden Geschehnissen vorab aufgestellt wurde. Selbst wenn schon um 18.00 Uhr in der Aufwärmphase das Betwixt-and-Between erreicht wird, folgt nicht direkt die heiße Phase. Der große sich intensivierende Stimmungsbogen segmentiert sich entlang der Musikabfolge, die einerseits die Teilnehmer in ihrem Verhalten synchronisiert, andererseits diese in den Spielpausen in die (mögliche) Ungleichzeitigkeit entlässt. Nach einer solchen Unterbrechung – trotz Alleinunterhalter oder Berieselung mit aufgezeichneter Musik – hat sich das Stimmungsniveau gesenkt und die große Gemeinschaft muss rekreiert werden. Die temporale Struktur der Vorgänge im Festzelt entwickelt sich folglich nicht „organisch", sondern ist organisatorisch und betriebswirtschaftlich determiniert.

Aufgrund dieser kommerziellen Absichten besitzt das Ablaufschema schließlich für Wirte, Kellner und Kapelle andere, zusätzliche Bedeutungskomponenten als für die ausgelassen Feiernden. Umsatz, Bestellvolumen oder Gewinnmargen haben für die Festzeltgäste eine andere Wertigkeit als für die Betreiber. Im Gegensatz hierzu teilt in Ritualen die Communitas – zu der dann alle Involvierten gehören – „formell und substanziell das gleiche Schema von Glaubensinhalten".[684] Liminal-rituelle Phänomene zeichnen sich nämlich durch *eine* zentrale symbolische Gesamterklärung aus, die wie eine Klammer sämtliche Beteiligte, deren Handlungen, Gefühle als auch Sinneinschreibungen umfasst. Das ist anders im Festzelt, wo – wie beim Fußballspiel (auch eine Cultural Performance) – die verschiedenen Akteure kein „autonomes und kohärentes Ganzes an Repräsentationen, Glauben und Praktiken"[685] zelebrieren, das Anspruch auf Dauer und letztgültige Inhalte erhebt. Gleichwohl werden aber dort im liminoid-liminalen Feiern bedeutungsvolle Inhalte kommuniziert und erfahren, wie sie in der performativen Reflexivität zum Ausdruck kommen.

683 Zur Ernsthaftigkeit im *Tun* („deep seriousness, even dread") vgl. Turner 1982, S. 43. Im Gegensatz hierzu Interview 2, in: Veiz 2001b, S. 18: „[Veiz: Sie lassen sich da nicht mitreißen?] Nein. Also, also sehr schwer vorstellbar [... Veiz: Was genießen Sie denn an der Wiesn, wenn es nicht interessant auf den Biertischen ist?] (lacht) Schon die ausgelassene Laune der Leute, aber das heißt ja nicht, dass man selbst sich so verhalten muss. [...] allein schon die Tatsache, dass man verschiedene Charaktere studieren kann, ist doch ganz amüsant."
684 Turner 1982, S. 112 (Übersetzung CB); vgl. das Folgende ebd., S. 54.
685 Bromberger 1998, S. 299.

7. Spiegelungen – performative Reflexivität

Zu einer Turnerschen Cultural Performance gehört neben dem Erfahren von Anti-Struktur, Communitas und Flow auch das Element der Reflexivität, verstanden als widerspiegelnde, auf-sich-zurückgeworfene Eigenschau. Diese tritt in der Schwellenphase in einer Wir- und/oder Ich-bezogenen Ausprägung in der Liminalität auf. Die erstere, die kollektive performative Reflexivität entspricht dabei einer Befindlichkeit, in der sich eine soziokulturelle Gruppierung (oder Mitglieder derselben) quasi einen Spiegel vorhält und auf das reflektierte Bild mittels verhaltensmäßiger Kommentare und Einschreibungen verweist. Zurückgeworfen werden hierbei alltägliche Verhältnisse wie gesellschaftliche Beziehungsgefüge, Rollenzuschreibungen oder andere hierarchische Strukturen, die sich in gängigen Interaktionsformen oder öffentlichen Kommunikationsmustern manifestieren.[686] Wenngleich es sein kann, dass in spontanen kulturellen Aufführungen anders als in Ritualen lediglich ein begrenzter Grad des Auf-sich-Zurückbeziehens erreicht wird, lassen sich laut Turner stets Spuren von jener (Selbst-)Reflexivität finden. Diese gleichen einem „public way of assessing our social behavior".[687]

Auch wenn Turner von „at least the germ of self-reflexivity" schreibt, mutet es an, als seien – *beschränkt* auf die Konnotation des Nachdenklichen – jegliche reflexive Spuren vom Fluss des abendlichen Feiertaumels fortgespült worden. Das laute Singen, rhythmische Klatschen oder schweißtreibende Tanzen wirken nicht primär als besinnliche Praktiken. Obendrein erfahren viele Teilnehmer Flow, jenes Aufgehen im Hier und Jetzt, das sich gerade dadurch auszeichnet, dass eben keine bewusste Reflexion stattfindet. Ebenso steigert der Konsum von alkoholhaltigen Getränken keine irgendwie geartete „Spiritualität", sondern einen berauschten Zustand, in dem kognitive Fähigkeiten abnehmen und sich das Bewusstsein trübt. Eine *kontemplative* Eigenschau im Feiern konnte ich folglich nicht beobachten. Vielmehr zelebrieren und genießen die Besucher ausgelassen-losgelöst ein weltliches Vergnügen. Selbst wenn beliebte Lieder wortwörtlich den „lieben Gott" *(Viva Colonia)* oder „ein Gebet" *(Sierra Madre)* besingen und Communitas und Kommunion, wie Szabo feststellt, unter anderem auf einem Gemeinschaftsmahl/-trunk basieren,[688] lassen sich in den festiven Handlungen keine religiösen Sinneinschreibungen ausmachen, die auf ein geschlossenes Bedeutungssystem verweisen. Anders als in Gottesdiensten erlebte ich bei keinem meiner Feldbesuche, dass Gehalte zelebriert wurden, die die Gemeinschaft über

686 Vgl. Turner 1986, S. 24.
687 Turner 1982, S. 11. Im Text reihen sich Selbst-Reflexivität und „public way" (privat – öffentlich). Das Folgende ebd.
688 Vgl. Szabo 2006, S. 160, 215f.; oder Szabo 2011, S. 74, 80.

den Abend hinaus als institutionalisierte Gruppierung definieren. Daher erachte ich es als zu gewagt, auf der Basis von Assoziationen auch nur ansatzweise Analogien zwischen religiösen, transzendenten Inhalten oder kirchlichen Praktiken und andererseits der festiven Rummelplatzausgelassenheit zu konstruieren.

Das abendliche Festzelt entspricht keinem Ort der Besinnung, sondern umgekehrt: einem Ort der *aktiven, expressiven* Negierung von alltäglichen Gedanken sowie Sorgen machenden Bezügen und damit von tiefen Überlegungen. Besonders deutlich wird dies an den „Nahtverläufen" zwischen dem intensiven Feiern und dem Alltag. Raum zum Nachdenken entstand zum Beispiel dann, wenn von außen gestört wurde, wenn Feldforscherinnen (Egger, Veiz oder ich) explizit Banknachbarn befragten und mit Fest-Alltags-Gegensätzen konfrontierten. Dann erhielten Probleme oder (empfundene) Herausforderungen, die unsere Gesellschaft stellt, Einzug in das per Interview kreierte Zwischen. Der Musikschluss entspricht auch einem solchen Grenzraum. Wenn das Ende des Abends aufblitzt, verzögern zahlreiche Teilnehmer die Wiedereingliederung. Sie verlangen eine Zugabe, „genehmigen sich einen Absacker" oder besuchen eine „Afterparty". Sie distanzieren sich mittels dieser Praktiken vom Alltag, indem sie weiterhin die räumliche und körperlich-gestische Separierung aufrechterhalten. Außerdem spiegelt sich in jenem festiven Verharren, welche Erfahrungswerte die Teilnehmer mit ihrem Alltag verknüpften. Alltägliche Erwartungen – wie Leistung zu erbringen, Ordnungen zu befolgen oder sich in Strukturen einzupassen – können warten. Die leichte Sorg- und Gedankenlosigkeit soll bestehen bleiben. Denn es ist ein Wesenszug des Festzelt-Feierns, dass es eben nicht bedeutungsschwer ist.

Doch diese „im Ideengehalt, *gedankliche*" Unbedeutendheit[689] sollte nicht mit einer einhergehenden kompletten Inhaltsleere verwechselt werden. Denn die augenscheinlich fehlende Tiefgründigkeit und anstatt dessen jenes „laute" Schaffen und Zelebrieren der alltäglichen Distanz, gebiert nicht nur die festive Leichtigkeit, sondern in der Folge das Bedeutungsvolle am Festzeltvergnügen. In performativen Phänomenen werden nämlich Sinneinschreibungen praktisch her- und dargestellt.[690] Soziales Wissen und kollektive Erlebnisse werden dramatisiert: „That is literally ‚doing' codes."[691] Hierbei werden gesellschaftliche Inhalte und soziale Erfahrungen nicht nur aktiv umgesetzt, sondern innerhalb des Teilnehmerkreises per „ineinandergreifende[r] Systeme auslegbarer Zei-

---

689 Vgl. den Eintrag „trivial" (Hervorhebung CB) in Duden.de, http://www.duden.de/rechtschreibung/trivial [11.03.2015].

690 Vgl. Marcus S. Kleiner: Populäre Kulturen, Popkulturen, populäre Medienkulturen als missing link im Diskurs zur Performativität von Kulturen und Kulturen des Performativen. In: Ders./ Thomas Wilke (Hg.): Performativität und Medialität populärer Kulturen. Theorien, Ästhetiken, Praktiken. Wiesbaden 2013, S. 13-48, hier S. 16-19.

691 Turner 1977, S. 33 (Hervorhebung Turner).

chen"[692] kommuniziert. Diese kulturellen Einschreibungen sind „fest" vereinbart und an den Kontext gebunden, da in einer Interaktion mittels Codes deren übergeordnete Bedeutungen den Sendern und Empfängern bekannt sein müssen. Andernfalls kann ein verschlüsselter Inhalt nicht decodiert werden. Dann ist ein Anstoßen lediglich ein klirrendes Zusammenbringen von Trinkgefäßen, inhärente Sinneinschreibungen bleiben unverständlich. Solche fixierten Symbolisierungen – aufgeladene Objekte *und* expressive Praktiken – lassen sich im Festzeltgeschehen ausmachen. Die Wir-bezogene Eigenschau zeigt sich gerade auch in den diversen Ausprägungen des prozessualen Agierens. Anstelle eines begrifflich-reflexiven Verlaufs verweist maßgeblich ein „körperlich-habitueller" sowie „szenisch-mimetischer" (Nach-)Vollzug auf „kollektiv geteiltes Wissen".[693] Damit reproduzieren und spiegeln diese (möglicherweise auch aktualisierten) performativen Muster, wie die „Wirklichkeit" gedeutet oder der Alltag mitsamt seinen sozialen Ordnungen erfahren und erlebt wird.

Während der abendlichen Festzeltperformance werden zahlreiche codierte Handlungsprozesse vollzogen (wie Sitzweisen, Tanzeinlagen oder das ubiquitäre Anstoßen). Die Praktiken lassen sich grob in zwei Kategorien gliedern. Ein Teil übersteigert gesellschaftliche Standards, während der andere Teil der symbolischen Dramatisierungen die herrschende soziale Ordnung aufhebt und alltägliche Normen bricht. Zu den überhöhenden Mustern gehören tendenziell jene, die die Communitas hervorbringen. In der Kategorie der „Hinterfragenden" finden sich dagegen eher Verhaltensformen, die den anti-strukturellen Ordnungsfreiraum konstituieren. Brauer A formulierte pointiert: *„Demokratisches Zelt"* und / oder *„Feierabendrevoluzzertum".*[694]

Auch wenn ich mit dieser vereinfachenden Kontrastierung[695] die Wirklichkeit nicht in ihrer Gänze erfasse, verspricht ein solches akzentuiertes Gegenüberstellen, dass sich inhärente Sinneinschreibungen im observierten Feiern offenlegen lassen. Obendrein eröffnen sich Brückenschläge zu anderen Dualismen. Zunächst klingt die Diskussion der kulturphilosophischen Festforschung an, ob Feste – hier die Festzeltvergnügungen – entweder bestehende Herrschaftsstrukturen in Frage stellen oder letztlich bekräftigen. Eine festliche Feier wird als Affirmation des Alltags bewertet. Sie macht den gewöhnlichen Status quo für die Teilnehmer erträglich, indem die erfahrene Hochstimmung versöhnlich mit

---

692 Clifford Geertz: Dichte Beschreibung. Beiträge zum Verstehen kultureller Systeme. 6. Aufl. Frankfurt a.M. 1999, S. 21.
693 Wulf/Zirfas 2004, S. 89.
694 *Interview mit Brauerei A am Mo., 22.11.1999.*
695 Die Begriffe „Demokratie" und „Revoluzzertum" sind eigentlich keine Gegensätzlichkeiten. Der eine bezeichnet eine Herrschaftsform, der andere desavouiert eine Art der politischen Partizipation, deren Ziel auch die Einführung demokratischer Verhältnisse sein könnte. Dennoch lassen sie sich kontrastieren, da im „Revoluzzertum" immer eine potentielle Kritik der herrschenden Strukturen enthalten ist, während „Demokratie" in der gegenwärtigen Gesellschaft zumindest wertneutral, wenn nicht sogar mit Zustimmung bedacht wird.

den sozialen Ordnungen stimmt und diese sinnhaft erscheinen lässt – sozusagen das „demokratische Zelt". Dem gegenüber steht die kritische Position, die hervorhebt, wie in der festiven Ausgelassenheit die Partizipanten erfahren, welche Missstände existieren – quasi das „Feierabendrevoluzzertum". Vergnügliches, kollektives Feiern entlastet dann zwar von den alltäglichen Anforderungen, doch verdeutlicht es die herrschenden „Zwänge" und resultiert im Hinterfragen der Strukturen.

Eine weitere Polarität, die sich anbietet, ist das analytische Auftrennen von populärkulturellem Vergnügen in eine „evasive" (ausweichende) und eine „produktive" (bedeutungsstiftende) Ausprägung, wie sie John Fiske vornimmt. Charakteristisch für evasive Vergnügungen ist, dass sie körperzentriert sind und tendenziell „offensiv und skandalös" erscheinen,[696] da sie nicht nur mit exzessiver, undisziplinierter Körperlichkeit einhergehen, sondern in der Folge auch den Verlust der Selbst- und Sozialkontrolle provozieren. Das Produktive der zweiten Vergnügungsform bezieht sich auf das Generieren von spezifischen Bedeutungen, die in einem Zusammenhang mit alltäglichen Erfahrungen stehen. Solcherart spiegeln bedeutungsstiftende Amüsements die kulturelle Identität und existenten sozialen Beziehungen.[697] Fiske benennt als mögliche Verflechtung beider Formen, dass evasives Vergnügen in Teilnehmern jene Tatkraft und Selbstbefähigung erweckt, worauf dann die Erzeugung von Bedeutungen basiert.

Schließlich drängt sich ein drittes Gegensatzpaar auf, das den Kategorien Überhöhung (Sinnstiftung) oder Kritik (Evasion) zugeordnet werden kann, nämlich die Unterscheidung in einerseits liminal-rituelle und andererseits liminoide Praktiken. So klingt in letzteren laut Turner gesellschaftliche Kritik an, während liminal-rituelle Handlungsformen gemeinsame Erfahrungen repräsentieren und eher in soziale Herrschaftsverhältnisse integriert sind. Außerdem betonen liminal-rituelle Phänomene eine kollektive Rahmung und Wir-bezogene Spiegelungen. Liminoide Performancemuster hingegen zeichnen sich durch persönliche Verknüpfungen und individuelle Bezüge aus.[698]

Bevor ich im Folgenden den Sinngehalten der Codierungen entlang dieser holzschnittartigen Polarisierung von „demokratisch[em] Zelt" und „Feierabendrevoluzzertum", ergo von Affirmation und Hinterfragen beziehungsweise von Ordnung und Unordnung nachgehe, betrachte ich zunächst einige Beständigkeiten oder Wandlungen im Feiern. Denn die (Inter-)Aktionen und haptischen Kernelemente lassen sich überdies hinsichtlich ihrer Durchführungstradition unterscheiden: Also, wie

---

696 Fiske 1989, S. 56 (Übersetzung CB).
697 Ebd. In diesem Dualismus greift Fiske auf Roland Barthes' Begriffe von „Jouissance" und „Plaisir"
     zurück. Während Plaisir mehr alltagskonformen Freuden entspricht, die sich „mit der Kultur
     grundlegend einverstanden" zeigen, lässt sich Jouissance mit karnevalesken Ereignissen verknüpfen, die aus soziokulturellen Bindungen herausführen. Erwächst das Vergnügliche der Jouissance aus dem Evasiven, erheitert an Plaisir vor allem das Produktive. Siehe Maase 2009, S. 24.
698 Vgl. Turner 1977, S. 52.

lange werden sie schon auf dem Wasen zelebriert, und modifizierten sie in den Dekaden des Festzelt-Feierns ihre Form? Die diachrone Betrachtung erlaubt es, Veränderungen oder Kontinuitäten im Tun vor dem Hintergrund gesellschaftlicher Prozesse zu hinterfragen. Oder wie der Präsident des Cannstatter Volksfestvereins Michael Herzog von Württemberg sagte:

> *„1818 war es für die damalige Bevölkerung sicher auch eine ‚große Party'*
> *[...]. Damals haben die Menschen auch ausgelassen gefeiert. Es ist eben*
> *nur entsprechend dem Zeitgeist moderner und anders geworden."*[699]

7.1 „Doing Codes" im Wandel

Generell ist für Turner eine Cultural Performance mit den Alltagsbedingungen verwoben. Die Beziehungen zwischen der performativen Alterität und den herrschenden Strukturen erachtet er als „dialectical and reflexive".[700] Damit ergeben sich aus gesellschaftlichen Entwicklungen gewandelte Codierungen im Feiern, wenngleich traditionelle Formen beibehalten oder neue Praktiken ergänzt werden können. So soll es vor dreißig bis vierzig Jahren in Stuttgart noch einen „blauen Montag" der Handwerker gegeben haben, der dem „Maurermontag" vom Münchner Oktoberfest entsprach. Dort trafen sich am zweiten Montag Handwerker und Bauarbeiter in den Bierzelten und „ließen es [auf Kosten der Bauunternehmer] krachen".[701] In München als auch in Stuttgart ist diese Tradition zum Erliegen gekommen. Neu hingegen ist die gestiegene Anzahl der jungen, weiblichen Zeltbesucher. Gewandelte Lebensplanungen wie verzögerte Familienphasen förder(te)n diese Tendenz, die verstärkt eine *„gute Mischung"* entstehen lässt. Denn *„in dem Moment, in dem der männliche Anteil überdominierend ist, wird das brutal."*[702]

Bestehende Forschungslücken verhindern allerdings eine an demografischen, migrationsbedingten oder sozioökonomischen Entwicklungen angelehnte Gegenüberstellung von vergangenen mit gegenwärtigen Feierformen. Daher entfallen auch teilnehmerspezifische Differenzierungen, wenn ich wenige Hauptkomponenten von früher mit heute vergleiche. Der Blick auf die historischen Vorläufer erfolgt angesichts der Forschungsdefizite kursorisch, gerade auch was eine

---

699 Michael Herzog von Württemberg zitiert in Wulf Wager: Blaues Blut & Rote Wurst. In: Cannstatter Volksfestzeitung 09/2009c, S. 10–11, hier S. 10.

700 Turner 1986, S. 24.

701 KIR München: Am Maurermontag (vom 27.09.2010), auf: http://www.kir-muenchen.de/am-maurermontag/?pid=5395 [30.04.2013]. Zum Verweis auf den *„blauen Montag"* in Stuttgart vgl. *Interview mit Organisator am Do., 09.09.1999*, hier auch die folgenden Aussagen zu Stuttgart.

702 *Interview mit Brauerei A am Mo., 22.11.1999*. Ende der 1990er Jahre wurde ein Frauenanteil von 40 Prozent als sehr hoch und als etwas besonderes bewertet. Dies ist der heutige Normalwert, wenn der Frauenanteil nicht sogar etwas höher liegt.

detaillierte Chronologie betrifft. Dennoch können fotografische und schriftliche Miszellen sowie meine über zehnjährige Beschäftigung mit dem Thema Anhaltspunkte liefern. Ich stütze mich darüber hinaus auf Gewährsleute.[703]

Ausgehend vom Satz des Schwabenbräu-Wirts, dass zum Kern der Wasen-Zelte traditionell „die Bierbank, die Maß, das Göckele und die Musik" zählen (vgl. Kap. 2.2), überrascht es nicht, dass eben diese Elemente und die dazugehörigen Verhaltensweisen seit Jahrzehnten auf dem Wasen anzutreffen sind. Schon vor dem Zweiten Weltkrieg wurden die Besucher in den großen Cannstatter Festzelten von der Musik unterhalten, saßen auf langen Bänken, tranken Bier aus Krügen, verzehrten Würste oder Brathähnchen. Letzteres, das Essen von Göckele, wirkt oberflächlich betrachtet als eine Praktik, die unverändert erhalten blieb. Doch selbst wenn vom Essen mit den Fingern bis hin zur Gewürzmischung des Geflügels sich über Jahrzehnte Kontinuitäten ausmachen lassen, wandelte sich der Sinngehalt. Göckele entsprechen heute keinem besonderen „Festschmaus" mehr, sondern eher schlichter Hausmannskost und emotional aufgeladenem „Comfort Food". Sie wurden zum „Klassiker"[704], deren Verzehr für viele „halt dazugehört", also Brauch geworden ist. Damit gleicht es dem „Hocken" und späteren Stehen auf den Bierbänken, dem Anstoßen mit Krügen und dem Singen von *Ein Prosit der Gemütlichkeit,* die ebenso dazugehören. Anders als beim Göckele an sich modifizierte sich bei diesen zentralen Kernelementen allerdings deren (stoffliche) Beschaffenheit sowie Ausgestaltung. Die körperlich-expressive Ausführung jener Muster wurde jedoch im Wesentlichen beibehalten. Daher konnten jene Formen einerseits ihre Sinngehalte bewahren, die sie seit langer Zeit auszeichnen. Andererseits kamen Bedeutungsdimensionen hinzu, die mit einem Ausdifferenzieren der Objekte und der Inszenierungen eng zusammenfallen.

So ersetzten Glaskrüge die grauen Steinkrüge. Doch die haptischen Qualitäten der Schwere und Stabilität sowie das große Volumen blieben erhalten. Unverändert tatkräftig erfolgt das Anstoßen, dessen Kerngehalt – jenes symbolisierte Begrüßen, gegenseitige Bestätigen und Konstituieren der Gemeinschaft – vom Materialwandel des Trinkgefäßes nicht betroffen wurde.[705] Keinen Einfluss auf diese Geste hat auch der Kruginhalt, der in den letzten Dekaden variationsreicher wurde. In den Krügen wird nicht mehr nur Volksfestmärzen ausgeschenkt, sondern Alkoholfreies oder Wein und Limonaden im kleineren „Krügle"

---

703 Ich befragte bezüglich der Feierformen zwei Senioren und eine Seniorin aus dem Stuttgarter Raum der Jahrgänge 1931 bis 1935. Die kurzen Gespräche fanden Anfang Mai 2013 per Telefon statt.

704 Interview 12, in: Veiz 2001b, S. 147; vgl. auch andere Interviews von Veiz, in denen auf langjährige Praktiken verwiesen wird. Hierzu Interview 11, in: ebd., S. 134: „Die san immer auf die Bänk g'wesen" (Hervorhebung CB). Hinweis: Die Aussage „*immer*" stimmt im Falle des Oktoberfests nicht. Dort waren Stühle (auf denen dann gestanden wurde) bis in die 1950er Jahre das Standardsitzmobiliar. Vgl. Dering/Eymold 2010, S. 218.

705 Vgl. Wolfe 1962, S. 553. Er schrieb seine Kurzgeschichte 1928.

sowie Champagner im „geeisten Steinkrug".[706] Diese Angebotserweiterung der im Krug servierten Getränke geschah ungeachtet dessen, dass für manche Besucher *„ein [Weizen]bier in der Litermenge nicht schmeckt. [... Am Schluss] da ist es schon abgestanden".*[707] Vielmehr erlaubt sie den Teilnehmern, individuelle Akzente in einem kollektiven Brauch zu setzen.

Das Sitzarrangement entwickelte sich ebenso hinsichtlich der eingesetzten Objekte – der Bänke – weiter, ohne seine egalisierende Hauptcharakteristik zu verlieren. Im Jahr 2000 verschwanden die letzten rohgezimmerten Bänke vom Wasen, was das Sitzen „verfeinerte". Denn die direkt in den Grund eingeschlagenen Bänke wurden von im Holzboden verschraubten Klappgarnituren abgelöst. Gleichzeitig blieb aber im Mittelschiff das legere „Hocken" auf blanken Bänken erhalten. Die Besucher feiern dort weiterhin ohne herausgehobene Tafelposition gleichrangig. Individuelle Platzansprüche stehen auf einer Sitzbank stets zur Disposition. Verändert im Sitzen hat sich, dass die Auswahl an Sitzzonen zugenommen hat. Beim Reservieren entscheiden die Besucher gemäß ihrer festiven Präferenzen und finanziellen Mittel, wo sie sitzen wollen (oder können): zentral vor der Bühne, in den Seitennischen, den exklusiveren Logen oder neuerdings auf den Emporen. In der Konsequenz ist das Sitzen heute uneinheitlicher als früher. Egalisierend ist das „Hocken" nur innerhalb einer Zeltzone oder auf einer Bank. Hinsichtlich der gesamten räumlichen Gliederung jedoch vervielfachten sich die (auch gesellschaftlichen) Abstufungen. Ein solcherart verstärkt ausdifferenziertes Bierzelt vermag, soziale Strukturen detaillierter widerzuspiegeln als eine bloße Zweiteilung: *„Hier sitzen die Großkopfeden und da die anderen Leute."*[708]

Eine Verknüpfung von kontinuierlichem Kernmuster und ergänzter, pluralisierter Ausgestaltung findet sich auch beim *Prosit der Gemütlichkeit.* Der Kurzgesang ist in und um Stuttgart seit Jahrzehnten ein etabliertes Muster, um Stimmung zu evozieren und eine Festcommunitas zu bilden. Über die letzten Jahre jedoch wurde das Trinkliedchen um mehr und mehr Wechselgesänge zwischen Frontmann und Zelt ergänzt.[709] Diese Chants unterscheiden sich außerdem oft von Band zu Band. Daher spielt es für Besucher nun eine größere Rolle zu wissen, in welcher Abfolge die Frage-Antwort-Wechsel gerufen werden. Beim richtigen, selbstsicher-souveränen Schreien kann so ein Teilnehmer möglicherweise eine individuelle Gratifikation erfahren. Neben dem Ich-bezogenen Erleben intensivierte sich aber gerade die gemeinschaftsbildende Klammerfunktion, da die kollektiven Chants ausgedehnter wurden. Variantenreiches Darbieten und Einheitsbildung fallen zusammen.

---

706 Vgl. Grandls Hofbräuzelt: Stuttgarter Frühlingsfest. Speisekarte, auf: http://01.dpub.de/index.php?option=com_content&view=article&id=130&Itemid=242&lang=de [02.05.2013].
707 *Fokussiertes Gespräch mit Art Director am Fr., 29.09.2000.*
708 *Interview mit Brauerei A am Mo., 22.11.1999.*
709 Zur Zeit meiner Feldbesuche waren die Wechselchants beim Prosit von „Danke – Bitte – Bitte – Danke" noch nicht überall auf dem Wasen gebräuchlich.

Dieses Neben- oder Miteinander von vielfältiger Inszenierung und uniformem Ausdruck gilt auch für andere aktuelle Entwicklungen. Der Trend weg vom *„Bieranzug"* (Jeans und T-Shirt)[710] hin zur Trachtenmode kommuniziert einerseits jenes Bedürfnis, *eine* distinktive Festgemeinschaft zu bilden. Andererseits sind die Trachtenoutfits so vielseitig in Design und Verarbeitung, dass für individuelle Akzente ausreichend Gestaltungsraum bleibt. Herkömmliche Trachten oder Kleiderordnungen mit engen Farb-, Schnitt- und Stoffvorgaben boten solche Freiheiten nicht. Im übertragenen Sinne gilt diese Verschränkung von Ausdifferenzierung und Einheitlichkeit ebenso für den Wandel der kollektiven, synchronen Tanzformen. Das einzwängende, relativ monotone Schunkeln – ein langjähriger Kernbestandteil – verliert an Bedeutung und wird durch die ausgefeilteren Reihentänze ersetzt. Diese sind einerseits vielgestaltig aufgrund der zahlreichen Tanzpositionen, werden aber andererseits synchron in der Masse ausgeführt. Dabei tanzen die Teilnehmer unverbunden „allein". Beim Schunkeln hingegen geht die Eigenständigkeit komplett verloren.

In der Zusammenschau dieser zentralen Elemente wird deutlich, dass eine Melange von traditionellen Mustern mit aktuellen Ergänzungen besteht. Herkömmliche und neuere Praktiken werden durcheinander zelebriert. Die tradierten und aktuellen Komponenten erscheinen dabei als die sprichwörtlichen „zwei Seiten einer Medaille". Je nach Blickwinkel treten eher Kontinuitäten oder Veränderungen in den Vordergrund. Übergreifend gilt für alle Vergnügungsformen, dass die Teilnehmer darin über mimetische Prozesse Gemeinschaft erfahren können. Denn die Feiernden „erarbeiten" sich ihre Zugehörigkeit, sie bringen sich selbst ein und werden ein Teil des größeren Ganzen.[711] Es kann sich sogar temporär eine Zugehörigkeit zu einem über das Hier und Jetzt hinausweisenden emotional-ideellen Gebilde einstellen, wenn die Besucher jene Praktiken vollziehen, die auf historische Vorläufer rekurrieren. Hervorzuheben ist dabei die jeweilige Eigenaktivität. Dieses Element des produktiven Tuns zieht sich wie ein roter Faden durch die Handlungen im Festzelt, ganz gleich ob es sich um althergebrachte Muster oder jüngere Trends handelt.

Handlungsmuster im Spannungsfeld

Vernachlässige ich jedoch diese Gemeinsamkeiten zu Gunsten einer analytischen Kontrastierung, zeichnen sich zwischen den jahrzehntelang gepflegten Kern-Praktiken und den aktuelleren Ausführungen deutliche Unterschiede ab. Zunächst wirken die tradierten festiven Komponenten in ihren Inszenierungen simpler, weniger „bunt" und gleichförmiger als die jüngeren Verhaltensweisen. Letztere eröffnen den Feiernden mehr Möglichkeiten, sich individueller auszudrücken, während die

---

710 *Interview mit Organisator am Do., 09.09.1999.*
711 Vgl. hierzu Hermann Bausinger: Identität. In: Ders. et al.: Grundzüge der Volkskunde. 4. durchges. Aufl. mit einem Vorwort von Kaspar Maase. Darmstadt 1999, S. 204-263.

traditionelleren Elemente auf das uniform Gemeinsame abheben. Beim gewohnten kollektiven Singen (des *Prosits*) oder dem Schunkeln gleichen sich die Teilnehmer an und werden zur eher unstrukturierten Festmasse. Die aktuelleren Feiertrends hingegen fördern, dass sich die Communitas der Zeltbesucher stärker ausdifferenzieren kann. Kennerschaft, persönliche Fertigkeiten oder geschmackliche Distinktionen treten deutlicher hervor. Die Ich-Erfahrung in der Menge erhält hier tendenziell mehr Gewicht. Eine gewisse Subjekthaftigkeit bleibt bestehen. Anders ist es bei den herkömmlichen Handlungsmustern, in deren Ausführung die Wir-Erfahrung, das Anschließen und Aufgehen in der Gruppe, ein zentrales Charakteristikum darstellt. Hier verweisen Ergebnis und Zelebration auf das Gemeinsame.

Tabelle 8: Handlungsmuster im Spannungsfeld

Handlungsmuster	traditionell	aktueller
Ausgestaltung	einheitlich	pluraler
Ausführung	kollektiv amorph – egalisierend	individueller strukturierter – differenzierend
in der Tendenz Verweis auf	Wir-Erfahrung Gemeinschaft	Ich-Erfahrung Subjekt
Raum-/Zeit-Verortung	diffus / zurück → über das Hier und Jetzt	exakt / heute → im Hier und Jetzt
performatives Genre	liminal(-rituell)	liminoid

Die Wurzeln der meisten traditionellen Kernelemente reichen weit über das 19. Jahrhundert zurück. Das Essen mit den Händen (von gemeinsamen Platten oder aus Pfannen), das Anstoßen mit dickwandigen Trinkgefäßen, das „Hocken" auf Bänken oder das Schreiten von Polonaisen entsprechen solchen Überbleibseln, in denen Feierformen früherer Zeiten[712] weitergeführt werden. Obwohl sich deren Inszenierung wandelte, scheinen in dem, was diese Praktiken motorisch auszeichnet, die überlieferten Anteile durch. Diese unspezifischen geschichtlichen Verknüpfungen klingen dabei in der „Es-gehört-halt-dazu"-Etikettierung an.

---

712 Hierzu von Paczensky/Dünnebier 1997.

Es schwingen eingeschriebene als auch imaginierte Gehalte mit, die sich einer unbestimmten Vorzeit und einem vagen kollektiven Raum zuordnen lassen.[713] Im Gegensatz hierzu sind die aktuelleren Feierkomponenten im Hier und Jetzt verankert, was hauptsächlich an der kurzen Bestandsdauer jener Elemente liegt. Die von den Feiernden selbst erlebten Neuerungen erzeugen eine Unmittelbarkeit, die einen direkten Bezug ermöglicht. Obendrein sind die Festzeltbesucher Träger jener Entwicklungen, die im Resultat ältere Praktiken mit gegenwärtigen Inszenierungen verbinden. Die aktuellen Ausgestaltungen sind nicht losgelöst von den herkömmlicheren Durchführungen. Das hervorstechendste Beispiel hierfür ist der junge Trend zur „Tracht", der den Nimbus eines langjährigen Brauchs hat. Dabei ist es unerheblich, dass die Trachtenmode im Vergleich zum „Hocken" oder Trinken aus Krügen über keinen langen festiven Gebrauch verfügt. Rund ein Viertel der Oktoberfestbesucher, die Trachtenmode als Festgewand trugen, verknüpften 2004 auf Nachfrage von Egger diesen eigentlich neuen Modetrend mit „Tradition: ‚weil es so Brauch ist'".[714] In Stuttgart sind es die Trachtenanbieter, die in Werbetexten den gelungenen „Spagat zwischen Zeitgeist und Tradition" ansprechen.[715]

Jene Mischung aus *„Lederhosenmusik"*, Zutrinken und geselligem Verweilen auf den Bierbänken wertete Gebhardt als ein „stereotypes Angebot schablonenhafter Zerstreuungsmuster" ab,[716] und Schulze diskreditierte sie als „Erlebnisfolklore".[717] Hierbei verweisen Ereignisse und deren Muster auf sich selbst, ohne dass kollektive Verständigungsprozesse stattfinden. Als Gegenbeispiele benennt Schulze „Messe, Ball und Hinrichtung" aus zurückliegenden Jahrhunderten, die mehr als nur Events gewesen seien. Bei den heutigen Spektakeln seien hingegen „soziale Distinktionen oder subjektüberschreitende Lebensphilosophien" verblasst. Es gehe stattdessen um „folkloristische Formensouveränität". Und in der Tat, wollte ich Schulze oder Gebhardt folgen, könnte ich den routinierten Verlauf, das Konsumieren von Bier, von Musik oder von einem Unterhaltungsangebot inmitten von rustikalem Zierrat als Belege für ihre Thesen anfügen. Ländliche Utensilien, ihrer originären Funktionen beraubt, sollen in den Bierzelten – mitten im urbanen Raum, neben den Produktionsstätten eines Automobilherstellers – eine „gemütliche" Kulisse schaffen. Teil dieser entwurzelten bäuerlichen, vorindustriell anmutenden Aufführung ist auch das mit Trachtenmode ausstaffierte Servicepersonal. „Stäffele", „Stüble", „Krügle" – es schwäbelt in den Zelten. Das

---

713 Vgl. Wolfe 1987, S. 313-314: „The effect of these human rings all over that vast and murky hall had [...] something older than the old barbaric forests, something that had swayed around an altar [... It] seemed far away, not only in another world but in another time [...]."
714 Egger 2008b, S. 88.
715 Anzeige: Cannstatter Volksfest macht Lust auf Trachten. In: Cannstatter Volksfestzeitung 06/2006, S. 20.
716 Gebhardt 1987, S. 166.
717 Schulze 2001, S. 80; zum Folgenden ebd., S. 70-81.

Mantra der Macher betont das „Lokale" und die „Tradition". Diese „folkloristische Inszenierung", basierend auf einer „zu einem festen Bild geronnene[n] Vorstellung", kann verkauft werden, wie Schmidt-Lauber mit dem Verweis auf die Bayern-Festhalle auf dem Volksfest Hamburger Dom schreibt. Ein Stereotyp wird dort von „Zuhörerinnen und Zuhörern" erlebt und konsumiert.[718]

Eine solche Argumentation, die pauschal das Feiern im Festzelt auf ein erkauftes Zelebrieren von formelhafter – sinnentleerter – Folklore (um des Gefühls willen) reduziert, greift meines Erachtens zu kurz. Denn zunächst werden Objektivationen mit Handlungsprozessen vermengt. Das bewusst gestaltete Ambiente oder der tänzerische Ausdruck, das herzhafte Anstoßen sowie das gesungene *Prosit der Gemütlichkeit* werden alle in den Folklore-Topf geworfen, wenngleich diese Elemente unterschiedliche Aufgaben erfüllen und von verschiedener Seite ausgeführt werden. Des Weiteren klaffen zumindest die Stuttgarter Feierrealität und das in Teilen der wissenschaftlichen Literatur gezeichnete Festzeltbild auseinander. Noch geistert die Vorstellung eines behäbigen „Schunkelbrüdertums" durch viele Köpfe, wenngleich Schunkeln schon 1999 in den großen Cannstatter Zelten als *„passé"* galt. Das Verschwinden des Schunkelns oder Aufkommen der Dirndl zeigen, dass es keine fixierte folkloristische Stanze gibt. In einem zweipoligen Weltbild, genährt von Stereotypen, volksmusikalischen Konzerten und Fernsehsendungen, gehen Bierzelt, Schunkeln, volkstümliche Blasmusik und Trachtenmode Hand in Hand, doch nicht in den urbanen Festzelten des Cannstatter Volksfests. Dort singen nämlich Dirndl-Trägerinnen lauthals zur Musik einer rockigen Partyband auf englisch „Y-M-C-A" und vollführen dazu einen internationalen Reihentanz.

Bräuche werden im Festzelt nicht um der Pflege oder Erhaltung einer bestimmten kulturellen Manifestation willen repetitiv, unveränderbar dargeboten. Es sind weder Schaubräuche noch theatralische Volkstum-Inszenierungen.[719] Vielmehr werden lebendige Muster vollzogen, die sich beständig modifizieren. Es wird „Neues in Altes gefüllt": Der Champagner wird im Steinkrug serviert, die Line Dances erinnern an Massenfreiübungen, wie sie Turner in den 1920er Jahren machten; oder andersrum, Altes geht in Neuem auf: Das Lied von der „Wanderlust des Müllers" wird mit *Allee, Allee* vermischt, und Frauen tragen nach eigenem Gutdünken Lederhosen. Kontinuitäten und Diskontinuitäten überlagern sich.[720] Angesichts der langdauernden Praktiken kann es nicht verwundern, dass hierzu welche zählen, die in anderen Kontexten (süd)deutsche Stereotype widerspiegeln. Doch Elemente dieser Bilder befinden sich im kulturellen Baukas-

---

718 Schmidt-Lauber 2003a, S. 173-174.
719 Vgl. hierzu Hermann Bausinger: Da capo: Folklorismus. In: Albrecht Lehmann/Andreas Kuntz (Hg.): Sichtweisen der Volkskunde. Zur Geschichte und Forschungspraxis einer Disziplin. Berlin/Hamburg 1988, S. 321-328, hier S. 325, auf: http://nbn-resolving.de/urn:nbn:de:bs-z:21-opus-48474 [08.03.2015].
720 Ebd., S. 326 [08.03.2015].

ten, aus dem der Wasen seit bald zweihundert Jahren schöpft. Und diese Bilder finden sich auch als Erwartungshaltung bei den Besuchern, wie der Brauereimanager mit dem Verweis auf eine qualitative Marktforschung ausführte:

„[Die Besucher] erwarten die Ursprünglichkeit, sie erwarten die Echtheit. [... Ein Festzelt] ist kein fester Raum. Ein Zelt ist etwas Improvisiertes. Sie akzeptieren Improvisation. Sie erwarten eine entsprechende Dekoration [...] in bestimmten Farben. Die müssen fröhlich und frisch sein, die müssen auch biertypisch sein. [...] Jetzt erwarten sie eine bestimmte Art der Bestuhlung. Es wäre tödlich, wenn sie zum Beispiel runde Tische hineinstellen würden. Dann erwarten sie, und das ist der entscheidendste Punkt, durch die Bänke und das Sitzen mit anderen sofort in Kontakt kommen zu können. Das ist entscheidend. [... Das] dann explosiv damit endet, dass man lautest auf dem Tisch steht. Dieses Sichenthemmen ist das. Das ist das Größte. Jetzt gehts los. Jetzt kann ich eigentlich machen, was ich will. Manchmal auch den Nachbarn umarmen" (Interview mit Brauerei B am Di., 25.07.2000).

Nicht nur die Betreiber bedienen sich folglich existenter Symbolisierungen, sondern die Feiernden nutzen die vorhandene Formensprache ebenso,[721] um sich zu vergnügen und sozial zu verorten.

Die zentralen Dramatisierungen besitzen einen hohen Wiedererkennungswert und sind ob ihrer langen Durchführungstradition eingeübt. In der Folge erlauben sie den Teilnehmern einen entspannten Abend, da die Feiernden mit nichts gänzlich Unbekanntem oder Neuem konfrontiert werden. Mit der bodenständigen Zeltinnenausstattung wird die dort gewöhnliche (gebräuchliche) Alterität hergestellt, die den Rahmen für die Liminalität bildet und das Wohlfühlen ermöglicht. Aufgrund dieser Beständigkeiten und damit verbundenen Vertrautheit, die mit einer emotionalen Bindung einhergehen kann, können die Inszenierungen als authentisch – „halt dazugehörend" – erfahren werden.

„Ein Handwerker hat gesagt, wenn das [Kopfbild] mal wegkommt, dann heult er. Er findet es furchtbar kitschig dieses Pferdegespann, aber wenn das nicht bei dem Bierzelt da ist, dann wäre es nicht ein Bierzelt" (Fokussiertes Gespräch mit Innenarchitektin am Fr., 29.09.2000).

Gefördert werden solche Wahrnehmungen auf Seiten der Zeltgäste obendrein durch deren Partizipation. Die Anwesenden sind mehr als nur Zuhörende oder Zuschauende. Sie sind aktiv an der Darbietung der Cultural Performance betei-

---

721 Ich stütze mich hier auf die Aussagen meiner Interviewpartner, von denen sich Manager B auf eine *„psychologische Tiefenexploration"* der Konsumenten stützte *(Interview mit Brauerei B am Di., 25.07.2000)*. Außerdem auch auf die Interviews in Veiz 2001b. Hierzu auch Gertrud Lehnert: Raum und Gefühl. In: Dies. (Hg.): Raum und Gefühl. Der Spatial Turn und die neue Emotionsforschung. Bielefeld 2011, S. 9-25, hier S. 19.

ligt. Der unmittelbare Mitvollzug der Besucher ist eines der zentralen Kennzeichen des abendlichen Treibens. Dank ihrer festiven Tätigkeiten werden die Gäste selbst zu den Produzenten der guten Laune. Die Feiernden sind originär eingebunden und tief involviert. Die Handlungen erscheinen nicht „aufgesetzt" oder „unecht", was sich in der Begeisterung und Intensität zeigt, mit der sie ausgeübt werden. Auch im Zelebrieren des *Prosits* wird zum Beispiel keine „Volkskultur aus zweiter Hand"[722] nachgeahmt oder konsumiert. Das Trinklied hatte im Bierzelt vor über hundert Jahren seinen Ursprung, und wird dort noch immer in modulierter Form alltäglich gepflegt. Eine Tradition, die nicht nur erfunden wurde, sondern in und durch die Veränderungen lebendig ist und damit bedeutungsvoll bleibt. Das gilt ebenso für die anderen Kernelemente, die in ihren „originalen" funktionalen und sozialen Zusammenhängen seit Dekaden fortbestehen, weil sie sich gleichzeitig weiterentwickeln.[723] Wenn man so will, verbinden sich „Affirmation und Innovation" im Festzelt-Feiern. Tradition trifft auf Modernes: Das Beibehalten von Bewährtem geschieht, indem es gegenwärtige Impulse aufgreift.

Die neuen, variationsreicheren Aufführungen vermögen dabei, den herrschenden Pluralismus und die Vervielfältigung von Lebensstilen sowie das anzutreffende Streben nach Individualität abzubilden. Entgegen Schulzes Aussage, dass soziale Distinktionen in der Ereignisfolklore verblassen, treten sie in der Ausgestaltung der gegenwärtigen Praktiken im Festzelt eher hervor. Dass dieser verstärkte Ich-Bezug von liminoiden Feierformen nicht prägend für das Vergnügen wird, liegt daran, dass sie in herkömmlich-liminale Kernmuster eingebunden sind, die halfen und helfen, die „lässige, Standesunterschiede zumindest stark ignorierende Geselligkeit"[724] hervorzubringen. Der Wir-Bezug jener tradierten Codes und deren egalisierende Konnotationen verdecken augenscheinlich die individuelleren Gehalte der aktuelleren Vergnügungsweisen. Angleichung und Ausdifferenzierung stehen nebeneinander. In diesem Kontrast klingen die Ambivalenzen an, die den traditionellen Handlungsmustern in aktueller Ausgestaltung inhärent sind.

Bei allem Fortbestehen der überlieferten Kernformen und der Beibehaltung der primären Bedeutungen – also, dass ein „Hocken" auf einer Bank sowohl gestern als auch heute die dort Sitzenden egalisiert(e) – veränderte sich der gesellschaftliche Rahmen, innerhalb dessen diese Angleichung stattfindet. Damit wandelte sich jedoch ebenfalls die Tragweite einer solchen Geste. Sollten im 19. Jahrhundert verschiedene Stände auf derselben Bank gesessen haben, Bauern, Arbeiter, Gewerbetreibende oder Beamte miteinander angestoßen und sich un-

---

722 Hans Moser: Vom Folklorismus in unserer Zeit. In: Zeitschrift für Volkskunde 58/1962, S. 177-208, hier S. 180.
723 Vgl. hierzu auch Hermann Bausinger: Tradition und Modernisierung. In: Reimund Kvideland (Hg.): Tradition and Modernization. Plenary Papers Read at the Fourth International Congress of the Société International d'Ethnologie et de Folklore. Turku 1992, S. 9-19, hier S. 11, 15.
724 Möhler 1980, S. 218.

terhalten haben, wären andere Alltagskonventionen gebrochen worden als Anfang dieses Jahrtausends in analoger Konstellation. Ob und inwiefern sich daher
in Feierformen Affirmationen oder Gegenentwürfe zur herrschenden Ordnung
spiegeln, kann nicht im diachronen Vergleich[725] ermittelt werden, sondern muss
zeitlich immanent betrachtet werden. Mein Augenmerk liegt auf der Gegenwart.

7.2 Von Un- und Ordnungen

Die Elemente der abendlichen Festzeltausgelassenheit sind gekennzeichnet von
Doppel- und Mehrdeutigkeiten, die sich durchdringen, überlagern und widersprechen. Sei es das Tanzen oder das Zelebrieren des *Prosits*, kontrolliertes Verhalten
trifft auf emotionale und körperliche Ausbrüche. Die Alterität des Festzeltes wird
per Feierkonventionen verregelt und geordnet, um Raum für kreative Unordnung
zu generieren. Zu solchen bändigenden Umgangsformen gehören, dass das Trinken mit dem Anstoßen einhergeht, dass choreografierte Bewegungen vollzogen
werden, dass die Gemütlichkeit proklamiert wird oder dass die Menschen auf den
Bänken feiern dürfen (aber nicht auf den Tischen). Je nach Bezugspunkt ist dabei ein festives Handlungsmuster normbrüchig oder normkonstituierend. In den
wenigsten alltäglichen Situationen ist es beispielsweise üblich, singend auf dem
Sitzmobiliar zu stehen. Das Tanzen auf den Bänken erscheint daher als ein „Mit-
den-Füßen-Treten" von herrschenden Verhaltensweisen des Alltags. Andererseits
wird das Stehen auf den Bänken nicht nur toleriert, sondern es ist die normale,
gängige Aufenthaltsform beim Feiern im Mittelschiff, die einfach dazugehört.

„Gehörig" oder „ungehörig" ist abhängig davon, in welchem Zusammenhang
die Tätigkeiten vollzogen werden und aus welcher Perspektive – einschließlich
der Eigensicht der Ausführenden – Deutungen vorgenommen werden. In meiner
Umfrage zeigte sich dieses beim Bewerten der Vorgabe, dass Teilnehmer, wenn
sie wollten, „die Sau rauslassen" könnten. Frauen stimmten dieser Aussage
dreimal stärker „voll zu" (51,4 Prozent) als Männer (17,4 Prozent, vgl. Anhang
10.4), während ich allerdings im beobachteten Verhalten beider Geschlechter
keine gravierenden Differenzen erkennen konnte. Zunächst reflektiert diese Diskrepanz zwischen dem, wie deviant das eigene Verhalten eingeschätzt wird und
es im Vergleich zur allgemeinen Ausübungspraxis erscheint, individuelle Neigungen (wie intro- oder extrovertiert der/die Feiernde ist). Darüber hinaus zeichnen
sich in der Beantwortung aber auch Scham- und Peinlichkeitsskalen ab, die dem
sozialen Diskurs unterliegen. Hierzu gehört, dass weiblicher Alkoholkonsum kritischer eingeschätzt wird.[726] Ebenso sollten sich Frauen nicht laut, körperbetont

725 Hierzu auch Bausinger 1986, S. 258-262.
726 Vgl. Verbundprojekt zur gesundheitlichen Situation von Frauen in Deutschland 1999, S. 31
     [03.06.2013].

oder „burschikos" gebärden. Noch prägt das Stereotyp von „zarter", „anmuti-
ger" Weiblichkeit die Erwartungen von weiten Teilen der Bevölkerung,[727] wie sich
Frauen zu verhalten haben. Das Anstoßen mit einem einhändig gehaltenen Krug
bedeutet daher nach Ansicht des Brauereimanagers B *„Kraft, Stärke und Männlichkeit".* Frauen, die solcherart anderen zuprosten, begeben sich folglich *„in die
Domäne"* der Männer. Brauereimanager B missfiel nicht nur das, sondern auch
das *„Massenbiertrinken"* der Frauen:

> *„[...] und – das ist jetzt für mich ganz erschreckend – dass Frauen sich viel,
> viel stärker in diesem Bereich [des starken Alkoholkonsums, CB] negativ
> entwickeln. Das war früher nicht der Fall, dass man so viele betrunkene
> Frauen sieht wie jetzt. Das kommt auch aus der Emanzipation raus" (Inter-
> view mit Brauerei B am Di., 25.07.2000).*

Ausgehend von diesen Wertmaßstäben spiegelt dann das Umfrageresultat weniger eine mögliche Präselektion der Befragten wider – einerseits Frauen eines
Stammtisches und einer Fasnachtsgruppe, andererseits fast rein männliche Belegschaften mitsamt deren Vorgesetzten –, sondern es scheint, dass für Männer
und Frauen ganz allgemein verschiedene alltägliche *und* festive Verhaltenskonventionen gelten. Meine Umfrage, die Interviews von Veiz oder die Aussage des
Brauereimanagers indizieren alle, dass alltägliche Geschlechterkategorien in der
Alterität des Festzelts nicht komplett aufgehoben werden. In der Liminalität des
Festzelts können so zwar Rollen- und Handlungsspielräume ausgelotet werden,
aber je nach Akteur(in) wird die Schwere der Grenzübertretung in der Selbst- als
auch in der Fremdeinschätzung unterschiedlich bewertet. Vieles deutet daraufhin,
dass weibliche Transgressionen wie Betrunkensein oder körperliches „Laut-
sein" von außen als anstößiger wahrgenommen und negativer beurteilt werden,
als wenn sich Männer analog gebärden. Frauen, die ähnliche Feierformen wie
Männer zelebrieren, erfahren sich folglich normbrüchiger, als Männer dies tun.
Ein „Sau-Rauslassen" muss also nicht dem Zelebrieren einer Orgie entsprechen,
sondern schon das Grölen von Teilnehmerinnen kann als Gipfel der Enthemmung
wahrgenommen werden. „Die Kolleginnen waren so was von enthemmt, schlimmer als beim Weihnachtsfest. Als alle grölend auf die Bänke stiegen, dachte ich,
jetzt musst du eigentlich gehen",[728] erinnerte sich Rosi B. an einen Festzeltabend in einem Artikel der Zeitschrift „Die Zeit".
Meines Erachtens sollte diesen ersten Befunden weiter nachgegangen werden,
da ich bei meinen Erhebungen im Feld die Kategorie Geschlecht nicht bewusst
als Einflussgröße auf Verhaltensweisen berücksichtigte. Außerdem halte ich einen

---

727 Vgl. Alfermann 2008, S. 3 [30.05.2013]. Siehe auch Tabelle „Stereotype Merkmale der Ge-
     schlechter" nach Christine Altstötter-Gleich in Franziska Macur: Weibliche Diskurskulturen.
     Privat, beruflich, medial. Frankfurt a.M. 2009, S. 28.
728 Rosi B. zitiert in Rüdiger Dilloo: Die Oktober-Revolution. In: Die Zeit 40/2007 (vom
     27.09.2007), S. 87, auf: http://www.zeit.de/2007/40/Die_OktoberRevolution [08.03.2015].

detaillierteren Blick auf weibliche sowie männliche festive Vergnügungsformen mit begleitenden qualitativen Interviews für lohnenswert, da in den Handlungsmustern wie dem einhändigen Anstoßen, dem lauten Grölen (und eben keinem „Kreischen") oder dem erhöhten Bierkonsum gesellschaftliche Bezüge anklingen. So können beispielsweise Männer und Frauen im Trinken zunächst ihren Status bekräftigen. Für Männer geht es um die Demonstration ihrer Männlichkeit, die per Trinkfestigkeit gezeigt werden kann. Frauen hingegen brechen das Klischee des „schwachen Geschlechts", indem sie nicht zwei Hände zum Halten des Kruges benötigen, größere Mengen Alkohol vertragen oder gar den Krug „exen". Somit können sie im Festzelt ihre Emanzipation und erfahrene Gleichstellung im Alltag vorführen.

Darüber hinaus kann ein solches dem männlichen Benehmen relativ ähnliches Verhalten ebenso als ein Einfordern von gesellschaftlicher Angleichung verstanden werden. Denn körperlich findet im Feiern eine Egalisierung statt. In der Alterität wird damit vorexerziert, was alltägliche Hierarchiegefälle umkehren oder zumindest einebnen könnte: Frauen bemächtigen sich der Männerdomänen. Sie ahmen deren Verhalten nach. Die häufig ablehnenden Reaktionen, die diese weiblichen (Inter-)Aktionen zumindest ansatzweise hervorrufen, rühren dann nicht nur vom Konventionsbruch oder von als übertreten empfundenen Schamgrenzen her. Sie erscheinen vielmehr auch als eine Verteidigung von männlichen Bastionen und Positionen des sozialen Alltags, die in der Alterität des Festzelts stattfindet.

Vergleichbare Affirmationen oder Umkehrungen von gewöhnlichen Ordnungen zeigen sich ebenfalls, wenn ein Betrieb eine Zeltvisite unternimmt. Zum Beispiel ist im abendlichen Mittelschiff aufgrund des Gedränges eine körperliche Nähe zum unternehmerischen Entscheidungsträger fast unvermeidbar. Sie entspricht im Bierzelt einem üblichen Element des Schwellenzustandes, wohingegen am Arbeitsplatz eher selten „Tuchfühlung" mit Vorgesetzten besteht. Ebenso sitzt der Manager – anders als in vielen Büros, in denen die Qualität des Schreibtischstuhls mit der betrieblichen Stellung korrespondiert –, beim Ausflug ins Bierzelt auf derselben Bank wie die Angestellten. Kontrastiert mit dem Arbeitsalltag, werden im Zelt gängige, werktägliche Umgangsformen außer Kraft gesetzt. Im Mittelschiff jedoch ist es normal, wenn hierarchische Stufen entlang der gängigen Demarkationslinien verschwinden. Vielleicht tanzt ja ein Auszubildender geschickter als sein Lehrherr und bringt diesem die Tanzpositionen bei. Ein Mitarbeiter lädt einen Vorgesetzten ein, oder Angestellte zeigen keck beim Lied *Wer soll das bezahlen?* auf den Chef, als läge es an ihnen zu entscheiden, wer die Rechnung zu begleichen hat. Andererseits spiegelt diese Geste den herrschenden Geschäftsalltag wider, in welchem der Vorgesetzte über das Budget verfügt. Die finanziellen Verhältnisse des Arbeitsplatzes werden im Feiertrubel reproduziert, wenn ein Betrieb seine Mitarbeiter freihält (das Unternehmen bezahlt das Entgelt und jetzt den Festzeltbesuch).

Obwohl das Feiern einer Belegschaft in der Freizeit und vom Arbeitsplatz entfernt stattfindet, lösen sich die betrieblichen Ordnungen nämlich nicht gänzlich auf. Die Akademiker, die bei meinen Umfragen im Reisebus oft die Vorgesetzten waren, halten sich nach eigenen Angaben eher zurück und vergnügen sich beherrscht. Nur etwas über 30 Prozent stimmten zu, dass sie möglicherweise „die Sau rausließen", während 45,4 Prozent hierzu „selten" oder „überhaupt nicht" als persönlichen Erfahrungswert ankreuzten (vgl. Anhang 10.4). Indem solche Gäste sich mäßigen, sind sie bestrebt nicht nur sich selbst, sondern überdies die festive Situation – wie das werktägliche Geschehen – zu kontrollieren. Sie zementieren ihren Status. Das überrascht nicht, konnte doch Eva Hesslinger zeigen, dass auf Betriebsfeiern spontane Interaktionen „homolog zu den Umgangsformen im Arbeitsalltag"[729] sind. Außerdem ist ein Belegschaftsausflug ins Festzelt nicht frei von unternehmerischen Zwecken. Das gemeinsame Feiern, das koordinierte synchrone Tun im Festzelt kann helfen, die Teamarbeit an der „Werkbank" zu fördern. Obendrein ist es möglich, dass positive Alteritätserlebnisse mit dem Arbeitgeber verknüpft werden und sich im beruflichen Alltag reaktivieren sowie instrumentalisieren lassen. Letzteres ist ziemlich sicher einer der Hauptgründe dafür, dass Kunden und Geschäftspartner ins Festzelt eingeladen werden.

In einem solchen „engeren" Geflecht, das (inaktivierte) Verbindungslinien zum Alltag aufweist, frequentieren die meisten Besucher ein Festzelt. Sie sitzen direkt von Arbeitskollegen, Geschäftspartnern, Vereinsgenossen, Freunden oder Angehörigen umgeben an einem Tisch. Vermischungen mit Fremden ergeben sich zwar im Verlauf des Abends, wenn „Festes flüssig wird" und sich die umfassende Festcommunitas bildet, aber dieses große, kollektive Miteinander sollte nicht mit einer „Anonymität in der Masse"[730] verwechselt werden. Denn, obwohl sich im Zelt die meisten Anwesenden nicht kennen, weiß die ursprüngliche Tischgemeinschaft von einander und bleibt meist an den reservierten Plätzen zusammen. Folglich hat es auf die Selbstdisziplin einen Einfluss, wer die denkbaren „Fremd"kontrolleure sind, ob es sich dabei um „Kumpels", Vorgesetzte oder unbekannte Dritte handelt. Bei bestehenden, präfestiven Bekanntschaften ist nämlich nie gänzlich auszuschließen, dass ein (zu) enthemmtes Feiern nicht doch mögliche Konsequenzen im Alltag nach sich zieht. Diese Differenzierung klang in der Aussage eines 38-jährigen Oktoberfestbesuchers an: „Das eine Mal privat ist es sicherlich lustig. Bei dem geschäftlichen [Besuch] hängts immer davon ab, wie der Rahmen ist."[731]

---

729 Eva Hesslinger: Betriebsfeiern als Spiegel des Betriebsalltags? Zum Problem der Repräsentation komplexer Settings durch einzelne Kultursegmente. In: Schweizerisches Archiv für Volkskunde 93/1997, S. 137-168, hier S. 161; auch *26. Feldbericht, Fr., 06.10.2000 vom Cannstatter Volksfest: „[Ich bekam einen Platz am Tisch von Unternehmen XYZ ...] Manche der [Anwesenden] siezen die anderen. So duzt und siezt man sich gleichzeitig am Tisch. Nach all den Jahren in der Computerbranche finde ich das nur lächerlich. Aber in einem solchen Traditionskonzern wie XYZ gehen die Uhren und ergo auch die Umgangsformen noch anders. [Ich gehe] zu früh, um zu sehen, welches Sie im Suff noch fällt."*

730 Veiz 2001a, S. 130.

731 Interview 2, in: Veiz 2001b, S. 17.

Vor diesem Hintergrund, dass im Alltag bestehende soziale Beziehungen nicht komplett ihre Bedeutung in der Alterität verlieren, erhalten bereits „kleinere" Verstöße gegen alltägliche Ordnungen ihre deviante Relevanz. Anders als es Veiz über die Verhaltensweisen auf dem Oktoberfest schreibt, wo im Ausnahmezustand die „‚persönliche Steinzeit'" ausgelebt werden könne und Besucher „‚fressen, saufen, grölen, bieseln, speien, fi...'" dürften,[732] entspricht diese Darstellung nicht dem Bild, das ich in München erlebte oder sich in Stuttgart offenbart(e). Zunächst sollten extreme Einzelfälle nicht zur Norm erklärt werden. Denn die vorherrschenden Regelbrüche sind gesetzeskonform, richten meistens keine Sach- oder Personenschäden an und decken sich mit den existenten Feierkonventionen. Sie erlangen ihre exzessive Konnotationen, indem sie aufgrund der ausgreifenden, lauten Körperlichkeit in starkem Kontrast zum disziplinierten alltäglichen Körper stehen und somit als enthemmt wahrgenommen werden. Solche an sich harmlosen Übertretungen, also dass Teilnehmer auf den Bänken (vielleicht gar auf den Tischen) tanzen, groteske Körperpositionen einnehmen, laut schreien oder einen Nachbarn umarmen – was ja der Brauereimanager B als Klimax des „Ich-kann-jetzt-machen-was-ich-will"-Gefühls erwähnte –, kennzeichnen die evasiv-vergnügliche Ausgelassenheit in den Volksfestzelten. Nicht versteckt, maskiert oder anonym, sondern offen, meistens inmitten von Menschen, die man kennt, begehen die Feiernden diese Normbrüche und zeigen freizügig, aber letztlich gebändigt, ihre unbeherrschte Seite. In dieser „Schamlosigkeit" besteht das „Unverschämte". Das geht in der Liminalität, weil sich alle Beteiligten per festiver Kommunikation wie dem Anstoßen über die eigentliche alltäglich-soziale Folgenlosigkeit ihres Tuns verständigt haben, weil eben die gebräuchliche Inszenierung – die festive Ordnung – eines Festzeltabends einen Freiraum für Unordnung schafft. Dann, so der Eindruck von Brauereimanager A, erfahren sich die Teilnehmer *„befreit, etwas Anstößiges zu tun, ohne dass es ganz wüst ist, [...] ohne dass es wehtut. Also das ist so das Feierabendrevoluzzertum."*[733]

Der Begriff „Feierabendrevoluzzertum" greift die Folgenlosigkeit der Interaktionen in zweifacher Hinsicht. Zum einen finden die Feiermuster abends in der Freizeit statt. Umkehrungen oder Aufhebungen von herrschenden Strukturen geschehen in der arbeitsentlasteten, alltagsfernen Zeltsphäre. Die festiven Praktiken beeinflussen damit nicht direkt die existenten Ordnungen, sondern sie bleiben auf den separierten Schwellenzustand begrenzt. Zum anderen charakterisiert die Etikettierung „Revoluzzertum" das Feiern als das, was es erscheint, nämlich als ein spielerisches, nicht ernst zu nehmendes Gebaren ohne jeden Anspruch auf Realisierung im Alltag. Sowohl räumlich-zeitlich als auch in der Handlungsintention bleibt das Geschehen verhaftet im Freiraum. Der Verlust der Selbst- und Sozialkontrolle beschränkt sich auf das festive Setting. Die Teil-

---

732 Veiz 2001a, S. 81.
733 *Interview mit Brauerei A am Mo., 22.11.1999.*

nehmer entgehen dort den normalen Anforderungen und kehren Strukturen um, ohne jedoch entlang dieser Erfahrungen Umordnungen im Alltag vorzunehmen. Das Feiern ist *und* bleibt leicht und vergnüglich. Kurz: Die Menschen im Zelt machen und haben Spaß – jenes Sichamüsieren, das immer wieder genannt wird. Sei es als einer von drei Begriffen, der Besuchern zum Oktoberfest einfällt oder als eine Erwartung, die Menschen auf den Rummelplatz und ins Festzelt mitbringen: „Wir wollen einfach Spaß haben."[734]

Zu den spaßigen Unterhaltungsmustern zählen nicht nur jene, die eine vergnügliche Gratifikation aufgrund „zügellosen" Verhaltens versprechen, sondern auch solche Handlungsformen, die koordiniert und kontrolliert im Kollektiv ablaufen. „Gehörig" oder „ungehörig" entscheidet sich hier anhand dessen, wann und wie ein individuelleres, freieres festives Verhalten im Vergleich zum geordneten Vollzug begangen wird. Geschieht ein Tanz choreografiert und gebändigt, können groteske Gesten unauffällig und stimmig sein, wenn sie in den gleichförmigen, massenhaften Bewegungen untergehen. Findet dasselbe absurde Gebaren vereinzelt statt, sticht es hingegen als deviant ins Auge. Überdies wirken die Zügellosigkeiten normbrüchiger an den Nahtverläufen zwischen Schwelle und Separation beziehungsweise Schwelle und Wiedereingliederung, wenn die gemeinschaftsstiftenden Elemente überwiegen. Dann stören schöpferische Alleingänge die relativ routinierten Feierformen. Das gilt umso mehr, je tradierter und liminal-ritueller die vollzogenen Codes sind. Deren Vergnügen speist sich ja gerade aus der gesetzten, quasi formell-uniformen Durchführung. Auf dem Stimmungshochplateau hingegen ist der Feiertrubel dadurch charakterisiert, dass eine (relative) enthemmte Körperlichkeit gegeben ist und allenthalben kreativ-individuelle Aktionen geschehen. Die strenger „geregelten" liminal-rituellen Handlungsmuster treten dann tendenziell in den Hintergrund. Liminoide Vergnügungsformen wie Tanzwettbewerbe auf der Bühne oder originelle Kabinettstückchen fallen leichter. Diese Ich-bezogenen Ausgelassenheiten werden am Ende des Abends wieder von eher disziplinierenden Mustern zugedeckt. Die vergnüglichen Hauptkomponenten verschieben sich damit über den Abend von einer anfänglichen Dominanz von gemeinschaftsstiftenden Freuden über verstärkt expressive Amüsements in der heißen Phase hin zu abschließend harmonisierenden Elementen. Diese Verteilung reflektiert grob vereinfacht die interpersonelle Dynamik des Feierns. In der Aufwärmphase stärken sich die engen präexistenten, „festen" Kontakte, um dann aufzuweichen und in der Festgemeinschaft der Liminalität flexibel andere zu umfassen. Am Ende werden die Bindungen „eingedickt", ein zeltweites Wir rückt in den Vordergrund.

---

734 Zitat von Zeltbesucherinnen in Rehberger 2009a, S. 35. Hierzu auch Veiz 2001b, S. 27, 129, 146; oder *Interview mit Musiker am Di., 05.04.2011.*

Tabelle 9: Antworten zum Duzen von Fremden in Prozent

Aussage (vorgegeben)	Alle	Alterskohorten				Geschlecht		Ausbildung	
		16 – 28	29 – 40	41 – 55	56 – 70	Männl.	Weibl.	Facharbeiter	Akademiker
Mit Fremden bin ich schnell beim Du.									
trifft voll / meistens zu	50,9	68,0	54,2	34,5	28,6	49,3	54,2	62,0	27,3
stimmt manchmal	31,8	24,0	31,3	34,5	57,1	33,8	25,7	30,0	40,9
stimmt selten / überhaupt nicht	15,5	8,0	12,5	27,5	14,3	15,5	17,2	6,0	31,8
n*	110	25	48	29	7	71	35	50	22

Quelle: eigene Erhebung sowie Berechnungen (vgl. Anhang 10.4), Auflistung ohne „weiß nicht".
* Die Unterschiede in der Anzahl ergeben sich daher, dass nicht alle Fragebögen sämtliche Angaben zu Alter, Geschlecht oder dem höchsten Ausbildungsabschluss enthielten.

Zum Auflösen des Beziehungsgefüges und dem Bilden der Communitas gehört auch gemäß Turner, dass sich die Teilnehmer einander befreit von hierarchischen, geschlechtlichen, ethnischen oder klassenspezifischen Distinktionen begegnen. Obwohl genau genommen, eine solche komplette Nivellierung nicht eintritt, werden die Hierarchien und die damit einhergehenden Klassifizierungen immer wieder temporär spielerisch aufgehoben. Die Feiernden nehmen dieses Außer-Kraft-Setzen selbst vor, indem sie sich zum Beispiel duzen. Die Besucher dulden es im Festzelt, dass sie informell, ohne Höflichkeitsform von Unbekannten angeredet werden oder sprechen Dritte selbst derart persönlich und familiär an. Trotz dem gegenwärtigen „Trend zum schnellen Du"[735] entspricht dieser vertrauliche Umgangston gegenüber Fremden einer Abkehr von bestehenden Kommunikationskonventionen. Denn, wenn im Festzelt geduzt wird, findet es meist unmittelbar und direkt ohne formelles Anbieten statt. Damit geschieht im Mittelschiff und vor allem in der Liminalität nichts Ungewöhnliches, aber auch nichts universell Gebräuchliches. Soll heißen, das Du wird eben nicht automa-

---

735 Werner Besch: Duzen, Siezen, Titulieren. Zur Anrede im Deutschen heute und gestern. Göttingen 1996, S. 10, auf: http://digi20.digitale-sammlungen.de/de/fs1/object/display/ bsb00048254_00031.html?prox=true&subjectSWD={Deutsch}{Anrede}&context=&ngram=true&hl=scan&mode=simple [08.03.2015].

tisch von der großen Allgemeinheit ohne Ansehen des Gegenübers genutzt. In meiner Umfrage gaben vor allem jüngere Besucher (68 Prozent) und jene mit Gesellenbrief (62 Prozent) an, Fremde schnell zu duzen, wohingegen Akademiker (27,3 Prozent) und ältere Besucher (28,6 Prozent) eher verhalten oder ablehnend diese Aussage bewerteten. Frauen stimmten der Vorgabe mit 54,2 Prozent etwas stärker zu als Männer mit 49,3 Prozent, wenngleich die Antworten beider Geschlechter relativ nahe am Gesamtergebnis der Bejahungen liegen (50,9 Prozent, vgl. Tabelle 9). Dass jüngere Umfrageteilnehmer dem schnellen Du im Festzelt stärker zustimmen, korrespondiert mit dem alltäglichen Verhalten ihrer Alterskohorte, die selbstverständlich[736] das Du als allgemeine Anredeform untereinander nutzt. Sie haben damit von vornherein eine höhere Grundbereitschaft und eine niedrigere Hemmschwelle, das persönliche, distanzlose Du zu setzen.

Unklar bleibt jedoch, ob sich die hohe Zustimmung zum Duzen nur auf den lockeren Umgang untereinander – also unter Gleichaltrigen – bezieht oder ob im Festzelt junge Besucher deutlich ältere Feiernde ebenso regelmäßig „unhöflich" „von der Seite" ansprechen. „Unhöflich", weil durch das Siezen Respekt ausgedrückt werden kann, der beim Duzen verloren geht.

Ich: „Werden sämtliche Anstandsregeln gebrochen?"
Bedienung M: „Nein. Definitiv nein! Unter dem Jungvolk sind die Höflichkeitsregeln heute ja auf ein Minimum reduziert. Das ist ja allgemein so üblich. Das ist auch im Bierzelt so. Es fallen aber nicht alle Schranken. Wenn ich als [älterer] Kellner dort auftrete, dann begegnet man mir mit dem normalen Respekt wie auf der Straße. Keiner sagt da nur: ‚Gib mir mal ein Bier'" (Interview mit Bedienung M am Do., 24.03. 2011).

Welche Anredeform gewählt wird, muss daher stets im Zusammenhang der Kommunikation betrachtet werden. In der geschilderten Interaktion von Kellner und Jugendlichen ist nämlich nicht nur der Altersunterschied von Belang, sondern eine Bestellung entspricht einer geschäftlichen Handlung mit eigenen Regeln und Gepflogenheiten. Die normalen kommerziellen Transaktionsmuster bestehen aber trotz aller enthemmten Ausgelassenheit im Festzelt fort. Die Bedienungen erbringen gegen Bezahlung eine Dienstleistung, wenngleich ein Namensschild am Revers prangt oder spaßiger Small Talk gepflegt wird. In der Liminalität existiert hier ein Stück Alltag und verlangt die üblichen Umgangsformen, zumal bei Missachtung Sanktionen drohen wie ein Verbummeln der Bestellung oder ein Zeltverweis im Falle von schweren Beleidigungen.[737]

Die divergierenden Umfrageresultate von Akademikern und Facharbeitern müssen ebenfalls im Kontext gesehen werden. Zu den Befragten mit Hochschulabschluss gehörte eine Reihe von Vorgesetzten, die sich ihrer Stellung bewusst waren, wie Ge-

---

736 Vgl. ebd., S. 25 [08.03.2015].
737 Vgl. Schweizer 2009, S. 132, 159.

spräche auf den Heimfahrten vom Wasen verrieten. Ihre Zurückhaltung, das Sie auf-
zugeben, passt zu deren beherrschten und kontrollierten Verhalten am Abend. Es
scheint, als ob den befragten Akademikern das gemeinsame „Hocken" und Trinken
genug „Verbrüderung" war. Im Gegensatz hierzu könnte die hohe Zustimmung zum
schnellen Duzen unter den Facharbeitern, die einen höheren Anteil von jüngeren
Mitfahrenden hatten als die Akademiker (vgl. Anhang 10.4), auch als Zeichen der
bereitwilligen Solidarisierung mit anderen gesehen werden. Das gesellige Du kann
im Rahmen eines Betriebsausflugs *entweder* einer erlebten *oder* geforderten Egalisierung entsprechen. Das Duzen schafft nämlich Nähe, solidarisiert die Kommuni-
kationspartner und hilft so eine Gemeinschaft zu formen. Andererseits kann ein Du
aber auch despektierlich sein und eine Geringschätzung bedeuten.[738] Damit ebnet
der undifferenzierte Sprechakt aber nicht nur hierarchische Strukturen ein. Per ver-
weigertem Sie kann vielmehr durch die „Hintertüre" auch eine soziale Deklassierung
vorgenommen werden. Ob das Duzen im Festzelt nun eine kleine „Aufmüpfigkeit"
oder das schöne Gefühl der Verbundenheit kommuniziert, ob es „Revoluzzertum"
oder „Demokratisierung" darstellt, muss für *das* Festzelt im Allgemeinen offenbleiben und im Einzelfall geklärt werden. Denn im Gebrauch des Dus vermengen sich
Umkehrung, Aufhebung und Affirmation von alltäglichen Hierarchien.

Ambivalent für *das* Festzelt ist überdies, ob sich im Verlauf eines Abends der
Zustand eines *„demokratischen Zeltes"* einstellt. Brauereimanager A nutze diese
Worte, als er eine einheitlichere Sitzzonengestaltung ohne VIP-Logen oder Emporen
entwarf. Demokratisch in diesem Verständnis verweist nicht auf eine Regierungs-
form, sondern im Sinne von Alexis de Tocqueville bezieht sich das Demokratische
primär auf eine gesellschaftliche Ordnung, die sich durch eine gewisse soziale Nivellierung auszeichnet.[739] Im Verlauf eines Festzeltabends unterstützen mehrere
Faktoren eine solche Enthierarchisierung. Motorisch und auditiv synchronisieren
sich die Besucher. Einträchtig vergnügen sich Migranten, Schwaben oder Volks-
festtouristen miteinander.[740] Das massenhafte Anstoßen fördert obendrein eine
Egalisierung. Es verbündet die Teilnehmer. Darüber hinaus unterstützt das Bier
selbst das Einebnen der Rangfolgen. Denn es hat „die Attribution eines demokratischen, proletarischen Getränks", dessen „hemdsärmeliges" Image abfärben

---

738 Vgl. Heinz Leonhard Kretzenbacher: Vom *Sie* zum *Du* – und retour? In: Ders./Wulf Segebrecht:
     Vom Sie zum Du – mehr als eine neue Konvention? Hamburg/Zürich 1991, S. 9–78, hier S. 38.
739 Vgl. Alexis de Tocqueville: On Democracy, Revolution, and Society. Chicago 1980, S. 102–129.
740 Der Anteil von Menschen mit Migrationshintergrund in Stuttgart und der Region ist einer der
     höchsten in Deutschland. Viele davon besuchen das Volksfest (vgl. *10. Feldbericht, Fr.,*
     01.10.1999; oder 24. Feldbericht, Mi., 04.10.2000 beide vom Cannstatter Volksfest). Um je-
     doch weiterführende Aussagen über das Feiern jener Bevölkerungsgruppe(n) zu machen,
     reicht die teilnehmende Beobachtung nicht als Methode aus. Die „Herkunft" ist einem nicht
     ins Gesicht geschrieben. Es besteht hier ein Desiderat, gerade auch was das Verhalten von
     Touristen und den möglichen Auswirkungen angeht.

kann.[741] Dann erfahren sich die Feiernden als gleich. Dann sind die normalen Rangfolgen in der Alterität zumindest für kurze Zeit aufgelöst.

Was aber, wenn eine Magnumflasche Champagner mit viel Aufhebens in einer Seitennische „geköpft" wird?[742] Wenn die Menschen im Mittelschiff bemerken, dass sich andere Gäste in den exklusiven Bereichen wie in einer unerreichbaren Parallelwelt vergnügen? Während gehobene Speisen am Nachbartisch oder teure Kleidung keine unüberwindbaren Hürden für ein gemeinsames Feiern bilden, schreiben die räumlichen Zonen durch ihre sichtbaren, baulichen Begrenzungen und finanziellen Zugangsbedingungen soziale Differenzen und Strukturen fest. *Insgesamt* betrachtet ist das Festzelt kein demokratischer, kein egalitärer Raum. Selbst in der heißen Phase findet keine direkte Interaktion, kein unmittelbares Vermischen von VIP-Bereich und Mittelschiff statt. Am selben Ort vergnügen sich die Zeltgänger neben-, aber nicht miteinander.

Ausgehend von meinen Feldstudien deutet vieles darauf hin, dass die Mittelschiffgemeinschaft das Vorhandensein der speziellen VIP-Logen oder Emporen ignoriert. Es kann sich dabei um ein gewolltes Vergessen handeln, bei dem die Besucher verdrängen, dass ihr ausgelassenes Schauspiel von oben herab beobachtet wird. Oder die Feiernden werden der besonderen Zonen nicht gewahr. An den Rand gerückt, verborgen hinter Schmuckblenden oder außerhalb der Blickrichtung zur Bühne platziert, lässt sich ein exklusiver Bereich leicht übersehen (vgl. Anhang 10.3). Anders als im Theater oder Fußballstadion, wo teure Sitzplätze eine hohe Sichtbarkeit haben, sind im Festzelt direkt vor der Bühne oft die günstigeren, reservierungsfreien Tische ohne Mindestverzehr, während die gehobenen Logen sich quasi in den Zeltecken oder oben auf der Galerie verstecken. Die Ein- und Ausblicke von diesen Bereichen sind meist erschwert. Daher können wahrscheinlich beide Seiten – vereinfachend das „Volk" im Mittelschiff und die „Eliten" in den VIP-Logen – die Existenz einer anderen sozialen Gruppierung hintanstellen und sich jeweils mit ihresgleichen amüsieren. „Expeditionen" in andere Sitzzonen sind denkbar, insofern der Zutritt zu den Boxen nicht kontrolliert wird, und können Vergnügen bescheren (oder auch nicht). Aus meiner eigenen Erfahrung abgeleitet, scheint sich bei solchen Übertritten dann Freude einzustellen, wenn es gelingt, zur jeweiligen festiven Gemeinschaft dazuzugehören. Im VIP-Bereich kann das eine fröhliche Unterhaltung sein, in der beieinandersitzend, klassenübergreifend angestoßen und gelacht wird. Im Mittelschiff hingegen ist das Teilnehmen laut, hemmungslos und expressiv.

Zugehörigkeit entsteht im Festzelt, indem die Besucher am jeweiligen geselligen Sein partizipieren. Über Stunden hinweg interagieren die Feiernden intensiv

---

741 Claudia Schirrmeister: Bratwurst oder Lachsmousse? Die Symbolik des Essens – Betrachtungen zur Esskultur. Bielefeld 2010, S. 107.

742 Siehe Grandls Hofbräu-Zelt: Fotos. Cannstatter Volksfest 2011 (Sa., 24.09.2011): 303 (THG_0548) – 310 (THG_0583), auf: http://01.dpub.de/index.php?option=com_phocagallery&view=category&id=31%3Asa-24092011&Itemid=270&lang=de [17.08.2013].

miteinander, amüsieren sich mittels codierter Handlungsweisen. Soziale Beziehungen werden auf- und umgebaut, wenn die Anwesenden zusammenrücken, gemeinsam das *Prosit der Gemütlichkeit* proklamieren oder sich zutrinken. Neben diesen bedeutungsstiftenden Vergnügungsformen tragen auch die im Kern evasiv-amüsanten körperlichen Prozesse wie das Reihentanzen, Singen und Klatschen dazu bei, dass sich die Teilnehmer in ein größeres Ganzes einfügen und ein Wir entsteht. Diese Gemeinschaft bezieht sich nicht nur auf das Zelt, sondern sie verortet sich im symbolischen Raum der Heimat *und* gesellschaftlich in der Gegenwart. Auf das Hier und Jetzt verweist der anglisierte Sprachgebrauch, wenn von einer „Party" in den Zelten und weniger von einem Fest gesprochen wird. Mit Gaydelight, einem schwul-lesbischen Festzeltabend,[743] der allen offensteht (die schnell genug reservieren), präsentiert sich das Festzelt als Ort einer inklusiven und integrativen Feierkultur. Internationale Musiktitel, zusammen von Einheimischen und ausländischen Touristen gesungen, verhindern, dass eine „Wagenburgmentalität" entsteht, in der es „ums Ganze" gehen könnte, „um den Stamm und sein marschmäßiges Einrücken in die Heimat" – wie es Göttle im Zusammenhang mit einem Volksmusikkonzert im Festzelt heraufbeschwört.[744] In der heißen Phase ist im Mittelschiff die Gemeinschaft grenzenlos, um dazuzugehören bedarf es nur, sich seinen Teil zu nehmen.

Obwohl sich das Fest offen und wandlungsfähig präsentiert, verliert es dank der tradierten, liminal-rituellen Handlungsweisen nicht die Bodenhaftung. Symbolisch können die Feiernden Ortsbezüge herstellen, die sich nicht in einer diffusen Globalität verlieren, sondern konkret auf dem unbestimmten, räumlich-sozialen Konstrukt namens Heimat basieren. Mit dem Trend zur „Tracht" verstofflicht sich zum Beispiel der Brückenschlag hin zu jenem Kompensationsraum,[745] in dem bekannte Ordnungen und Routinen Sicherheit und Orientierung versprechen. Die Heimat ist zwar nicht vor Ort auf dem Wasen, aber stellvertretend kann sie in der Festzeltalterität einziehen, wenn Aufführungsmuster und Inszenierungen (stereo)typische Vertrautheit erzeugen. Für das Volksfest besitzen wahrscheinlich die schwäbischen Versatzstücke eine solche Imaginationskraft. Die vielen deutschen Schlager, die öfter im Festzelt als in Radiosendern mit ähnlichen Zielgruppen erklingen, scheinen ebenfalls ein Gefühl der Zugehörigkeit, ein Gefühl von daheim, vermitteln zu können. Selbst internationale Stimmungshits, die seit Jahrzehnten Teil des Standardrepertoires sind, können als (dazu-)„gehörig" und gebräuchlich wahrgenommen werden, „womit auch [diese] zum kulturellen Werkzeug" einer heimatlichen Abgrenzung werden.[746] Doch der Raum wird nicht

743 Vgl. hierzu Wasenwirt: Reservierung Volksfest 2013, auf: https://www.wasenwirt.de/deutsch/reservierung/volksfest.html [17.06.2013].
744 Göttle 1994, S. 240.
745 Vgl. Egger 2008b, S. 94; auch Heiner Treinen: Symbolische Ortsbezogenheit. Eine soziologische Untersuchung zum Heimatproblem. In: KZSS 17/1965, S. 73-95, 254-297.
746 Mendívil 2008, S. 301.

nur definiert und fixiert, wozu auch die Wirte per kreierter Wohlfühl-Stimmung beitragen, sondern durch die Besucher und deren involviertes Feiern selbst erzeugt und aktiv angeeignet.[747] Die Teilnehmer können sich so nicht nur „ein- und (orts-)bezogen" – ergo zugehörig – erfahren, sondern sie erleben dann im Gegensatz zu den alltäglichen Beschränkungen ihre „menschliche Handlungsmächtigkeit", die letztlich in der gebräuchlichen Alterität des Festzeltes reetabliert wird. Damit zieht in das urbane Zelt ein Stück Heimat ein, jener „Verantwortungsraum, in dem der Mensch ‚die Fäden noch selber in der Hand hält'".[748] Aus dem scheinbar ungeordneten Freiraum, den die Feiernden generieren, entsteht eine Ordnung, die wiederum befreit. „Festes" und „Flüssiges" vermengen sich.

---

747 Hierzu auch Hermann Bausinger: Zur Identität der Baden-Württemberger. Kulturelle Raumstruktur und Kommunikation in Baden-Württemberg. Stuttgart 1996, S. 8.
748 Gunther Gebhard/Oliver Geisler/Steffen Schröter: Heimatdenken: Konjunkturen und Konturen. Statt einer Einleitung. In: Dies. (Hg.): Heimat. Konturen und Konjunkturen eines umstrittenen Konzepts. Bielefeld 2007, S. 9-56, hier S. 45.

8. Zum Ausklang

Bier, Göckele, Musik und und das rustikale Flair gehören zu den Kernzutaten, die helfen, das gesellige Sein im Volksfestzelt in eine festive Cultural Performance zu verwandeln. Diese Mischung mitsamt dem *Prosit* und kollektiven Mitvollzug, den „gehörigen und ungehörigen" Normbrüchen wird üblicherweise in Deutschland mit einem Bierzelt verbunden. Denn es gibt sie zwar nicht überall, aber anlässlich vieler Volks- oder Vereinsfeste werden sie regelmäßig im deutschsprachigen Raum aufgebaut. In anderen Regionen sind sie eher selten anzutreffen, es sei denn, Festzelte dienen als „exotischer" Ort der Erlebnisgastronomie. Gerade der süddeutsche Aufbau- und Dekorationskanon wird dann zu einer deutschfolkloristischen Kulisse. Meist wird dabei auf das Münchner Oktoberfest verwiesen, wobei der dortige Rummelplatz mit den Fahrgeschäften nebensächlich oder gar unbekannt ist. Das Feiern in den Zelten steht synonym für das Münchner Gesamtfest, das weltweit Aufmerksamkeit erlangt. Damit wird das bayerische Bierfest – pars pro toto – zum deutschen Phänomen. Will man einem solchen Heterostereotyp folgen, das einer vereinfachten Außensicht entstammt, dann ergibt sich die Reihung Deutschland = Bayern = Oktoberfest (= Festzelt) und ergo repräsentiert die bierselige Festzeltausgelassenheit in München Deutschland. Bausinger rückt eine solche simple Sichtweise zurecht, wenn er feststellt: „Gibt es ein Ereignis, ein Bild, in dem sich die gegenwärtige Verfassung der Deutschen spiegelt? Nicht das Oktoberfest."[749] Er überlegt vielmehr, ob nicht die Reichstagsverhüllung von 1995 jenes Ereignis sein könnte. Zumindest war die Kunstaktion als „deutsche[s] Volksfest" „ein internationales Ereignis" mit vielen Gästen aus aller Welt, die sich wunderten, dass „Deutsche so fröhlich und locker sein können".

Bausinger ist zuzustimmen, dass das bayerische Bierfest in den Wiesnzelten nicht für Deutschland steht, ebenso wenig wie der Karneval in Rio Brasilien darstellt. Zunächst kann nämlich noch nicht einmal davon ausgegangen werden, dass – pars pro toto – die bayerische Bierseligkeit das allgemeingültige Muster für deutsches Festzeltamüsement ist. In Deutschland wird nicht in jedem Bierzelt identisch gefeiert. Bestuhlung (Stühle oder Bänke), Innengestaltung (mit Tanzboden oder ohne, Tischschmuck ja oder nein), Glasgrößen oder die dargebotene Musik (Blaskapelle, Partyband oder „von der Konserve") unterscheiden sich in den Zelten und ergo die sich daraus ergebenden Interaktionsformen. Obendrein werden Festzelte auf dem Land oder in der Stadt aufgeschlagen. Ob und wie diese diversen Erscheinungsformen und Publika, die in den Zelten zusammentreffen, das Feiern beeinflussen, ist nicht untersucht. Gut denkbar dennoch, dass in Bodelshausen beim Musikverein oder in Bonn auf dem Pützchens Markt trotz aller Divergenzen vergleichbare Um- und Unordnungen in der heißen Phase

749 Bausinger 2000, S. 160f.

stattfinden.[750] Interessanterweise evoziert der Begriff „Festzelt" unter Deutschen ja doch ähnliche Reaktionen, ohne dass die begeisterten Erlebnisberichte oder ablehnenden Kommentare sich nur auf Oktoberfestzelte beziehen.[751] Wo bestehen also Gemeinsamkeiten trotz aller regionalen Differenzen? Und sind die möglichen Feierpraktiken an das Fliegende des Zeltes, den Anlass des Festes oder an das ausgeschenkte Hauptgetränk – Bier oder Wein – gebunden? Kurz: Was ist überhaupt das Typische an den Festzelten, ohne dabei die Wiesn a priori als „Goldstandard" zu setzen?

Darüber hinaus vernachlässigt eine zugegebenermaßen stark verkürzte Gleichsetzung von deutscher Befindlichkeit mit dem Oktoberfest, dass es auf der Wiesn Bierzelte gibt, die am Wochenende von zahlreichen ausländischen Touristen frequentiert werden. Im Münchner Hofbräuzelt sind zentral im Mittelschiff Stehtische aufgestellt, um die sich überwiegend Australier, US-Amerikaner oder Italiener drängen. Wie deutsch kann deren Feiern sein? In Cannstatt dominieren die in der Region wohnenden Besucher in allen Zelten zu allen Zeiten. Noch ist der Wasen vorrangig ein Volks- und weniger ein Bierfest wie das Oktoberfest. Noch ist der Vergnügungspark mit Fahrgeschäften, Schau-, Los- und Marktbuden sowie Imbissständen nicht zweitrangig. Noch herrscht in Stuttgart eher Volksfest- als Bierfeststimmung. Damit liegt der Cannstatter Wasen eher auf einer Linie mit den anderen süddeutschen, großstädtischen Volksfesten als auf jener des Oktoberfestes. Wenngleich gefragt werden muss, was macht denn jene so häufig auch in anderen Zusammenhängen bemühte Volksfeststimmung aus (so auch im Juni 2013 beim Sandsack-Einsatz gegen Hochwasser oder bei Protesten auf dem Istanbuler Taksimplatz)? Eine Atmosphäre wohlgemerkt, die positiv besetzt ist, während das „Bierzelt" auf gemischte Reaktionen stößt. Geht der Begriff Volksfeststimmung mit dem fröhlichen Außeralltäglichen, dem Kollektiven oder mit der „exzessive[n] und auf Körperlichkeit bezogene[n Form] des populären Vergnügens" einher,[752] die von Andreas Hepp im Zusammenhang mit Kirmes oder Volksfest hervorgehoben wird?

Die wissenschaftliche Literatur unterscheidet oft nicht, wenn auf Volksfest oder Kirmes verwiesen wird, wer sich wo, wann und wie auf dem Festplatz amüsiert. Kinder, die Karussell fahren, Senioren, die über den Rummel schlendern oder junge Erwachsene, die im Festzelt feiern, werden alle zur Festgemeinschaft

---

750 Vgl. Youtube: Pützchen Bayernzelt 2007 !!!!! (vom 10.09.2007), auf: http://www.youtube. com/watch?v=07fkoyziUJk [08.03.2015]; und *04. Feldbericht, So., 13.06.1999 von Bodelshausen 75 Jahre Musikverein.*

751 Als Beispiel vgl. hierzu das Youtube-Video von Anm. 750. Es zeigt einen Fernsehmitschnitt vom Bayernzelt auf der Kirmes Pützchen Markt. Vor dem Bericht sagt die Moderatorin: „Wenn Sie am Samstagabend lieber gemütlich ins Bett gegangen sind, dann müssen Sie jetzt genau hingucken. Denn das haben Sie verpasst [dann verzieht sie die Mundwinkel, grinst und ergänzt] oder auch nicht."

752 Andreas Hepp: Cultural Studies und Medienanalyse. Eine Einführung. 3., überarb. und erw. Aufl. Wiesbaden 2010, S. 73.

zusammengefasst. Doch kann man angesichts einer solchen heterogenen Besucherschaft, die sich stündlich verändert, täglich auseinanderfällt, um sich
am nächsten Tag neu zu formieren, überhaupt von *einem* Fest gemäß kultur-
philosophischer Standards sprechen? Abgesehen vom Festzelt zelebrieren die
Rummelgänger eher nicht in einer stabileren Gemeinschaft, sondern sie ziehen
in kleineren Gruppen oder individualisiert von Belustigung zu Belustigung. Die
liminoide Herkunft des Genres Volksfest zeigt sich hier. Auf dem Rummelplatz
unterhalten sich die Menschen hauptsächlich Ich-bezogen. Im Festzelt hingegen,
wo auch ältere liminal-rituelle Formen gepflegt werden, entsteht das Wir-Gefühl.
Jenes Gefühl, das meist in einem Atemzug mit der Volksfeststimmung genannt
wird. Andererseits klingt in dem Begriff ebenso die leichte Atmosphäre, das unverbindliche Kommen und Gehen an, das sich nicht unbedingt mit der intensiven, engen stundenlangen Einbindung in eine Bierzeltcommunitas decken muss.
Volksfeststimmung und Festzeltambiente ergänzen und überlagern sich, um sich
dann doch nicht exakt zu gleichen. Wie so häufig in dieser Arbeit erscheint der
Gehalt ambivalent und lädt zu weiteren Untersuchungen ein.

Dazu zählt auch, was das Deutsche am Typus Volksfest oder an den Festzelten ist. Denn Volksfeste – Fun Fairs, Carnivals, Midways, Ferias, Fiestas popu-
lares oder Fêtes foraines – gibt es ebenso in anderen Ländern. Doch anders
als im deutschsprachigen Raum, wie eine oberflächliche Internetrecherche ergab, gehört zu den dortigen Rummelplätzen oder Jahrmärkten in der Regel kein
Festzelt, definiert als ephemerer Ort, an dem Bewirtung, Livemusik und festiver Mitvollzug der Feiernden koexistieren; ein Ort, der die Hauptattraktion für
manche Rummelplatzbesucher ist, an dem sie bis zu fünf Stunden und mehr
gesellig verweilen. Vielmehr wirken Volksfeste außerhalb des deutschsprachigen
Raumes entweder wie Messeveranstaltungen, Folkloreshows mit Imbissangebot
oder rein mobile Vergnügungsparks, wo sich nur schwerlich eine verbindende
Klammer bilden kann. Auf dem Festplatz von „The Big E", dem größten „Volksfest" im Nordosten der USA, ist zum Beispiel die musikalische Unterhaltung
räumlich vom Speisenangebot getrennt. Auf der einen Seite des Festplatzes, für
den zwölf US Dollar Eintritt verlangt werden, befindet sich eine große Konzert-
bühne, am anderen Ende ist der Food Court. Dort allerdings gibt es dann etwas
„Deutsches" – zumindest aus amerikanischer Sicht, nämlich Essen und Trinken
im Stile der Wiesn: „Oktoberfest Munich Style – sponsored by Germany's Finest
Beers, celebrate the popular festival with Weiner schnitzel [sic], bratwurst and
authentic Oktoberfest beer on tap."[753]

Diese Imbissecke im Stile des Oktoberfestes oder das Original in München
mögen zwar nicht – pars pro toto – für Deutschland stehen, aber Volksfeste und
Festzelte, wie wir sie kennen, werden mit Deutschland verbunden. Und wie ich

---

753 The Big E: Activities. Food, auf: http://www.thebige.com/fair/activities/Food.asp
    [22.06.2013].

im Falle des Cannstatter Volksfestes zeigen konnte, reflektiert das dortige festive Vergnügen gesellschaftliche Entwicklungen in Deutschland. Es ist demokratisch, aber trotzdem sozial geschichtet. Es ist ausgelassen, aber trotzdem geordnet. Es ist außeralltäglich, aber trotzdem routiniert. Es ist vertraut und bekannt, aber auch stets aktuell und überraschend. Traditionelles trifft auf den Zeitgeist: Göckele und Gaydelight. Es verschwinden alte Feierformen wie das Schunkeln, und neue Praktiken etablieren sich. Im Festzelt zelebrieren Einheimische mit ausländischen Besuchern fröhlich und locker einen Line Dance und proklamieren gemeinsam *Ein Prosit der Gemütlichkeit*. Typisch deutsch? Vielleicht doch.

9. Quellen, Lieder und Literatur

9.1 Quellenverzeichnis

Magazine und Zeitungen
Cannstatter Volksfestzeitung 1/2001 bis 14/2014 (ab dem Jahrgang 04/2004 auch unter Cannstatter Volksfestverein: Volksfestzeitung, auf: http://www. cannstatter-volksfestverein.de/seiten/zeitung/zeitung.html [08.03.2015]).
Tübinger Wochenblatt vom 07. Okt. 1999; 14. Sept. 2000.

Einzelnachweise Magazine, News, Zeitungen: Print und Online
Ad Hoc News: Abschlussbilanz – Cannstatter Volksfest beendet (vom 11.10.2009), auf: http://www.ad-hoc-news.de/abschlussbilanz-cannstatter-volksfest-beendet–/de/Thema-des-Tages/20593338 [15.11.2011].
AHGZ Online: Nachrichten. Interview Josefine Maier (vom 10.05.2008), auf: http://www.ahgz.de/archiv/-die-leute-trinken-nichts-mehr,805261873.html [08.03.2015].
Bönisch, Monika: Die neuen Wirte auf dem Volksfest. In: Cannstatter Volksfestzeitung 05/2005, S. 44-45.
Bönisch, Monika: Polka und Ballermann. In: Cannstatter Volksfestzeitung 04/2004, S. 16-17.
BZ Berlin: Blutige Maßkrugschlägerei (vom 19.09.2010), auf: http://www. bz-berlin.de/aktuell/deutschland/oktoberfest-blutige-ma-szlig-krug-schlaege-rei-article982522.html [18.03.2011].
Dilloo, Rüdiger: Die Oktober-Revolution. In: Die Zeit 40/2007 (vom 27.09.2007), S. 87, auf: http://www.zeit.de/2007/40/Die_Oktober Revolution [08.03.2015].
Dönges, Robert: Wasen ohne Schwarzwald. In: Waiblinger Kreiszeitung, 09.08.1999.
Gerke, Ann-Kathrin/Vetter, Philipp: an Tagen wie diesen da brennt der Huat (vom 26.09.2012), auf: http://www.oktoberfest-live.de/wiesn-hits/ oktoberfest-wiesn-hit-tage-diesen-brennt-huat-2520249.html [08.03.2015].
Gessler, Karin: Licence to grill. In: Cannstatter Volksfestzeitung 08/2008, S. 8-9.
Gessler, Karin: Symbiose aus Tradition & Zeitgeist. In: Cannstatter Volksfestzeitung 10/2010, S. 26-27.
Halser, Michael: So ziehen die Mädels auf der Wiesn blank. In: Bildzeitung, 23.07.2009, auf: http://www.bild.de/muenchen/oktoberfest/oktoberfest/ nackte-frauen-auf-dem-oktoberfest-5909028.bild.html [08.03.2015].

Hartmann, Bettina/Deufel, Michael/Belser, Marko: Göckele-Test. Klein, aber teuer. In: Stuttgarter Nachrichten, 01.10.2008 (aktualisiert 25.09.2009), auf: http://content.stuttgarter-nachrichten.de/stn/page/detail.php/1833124 [23.02.2013].

Koch, Johannes: Vier Millionen auf dem Wasen. In: Stuttgarter Nachrichten, 13.10.2012, auf: http://www.stuttgarter-nachrichten.de/inhalt. cannstatter-volksfest-vier-millionen-auf-dem-wasen.290a14fb-b2d9-4615-a61c-4ecfce9994d0.html [08.03.2015].

Krügle, Karl: Wasen oder Wiesn? In: Cannstatter Volksfestzeitung 11/2011, S. 28.

Kübler, Stefanie: Zehn Gründe, warum der Wasen besser ist. In: Stuttgarter Nachrichten, 14.09.2011, auf: http://www.stuttgarter-nachrichten. de/inhalt.volksfest-vergleich-zehn-gruende-warum-der-wasen-besser-ist. c944ad14-2b77-47fe-9c9b-f1986caf7e14.html [14.11.2011].

Leibfritz, Caroline: Trachten auf dem Frühlingsfest. Wo Frauen die Lederhosen anhaben. In: Stuttgarter Zeitung, 06.05.2011, auf: http://www. stuttgarter-zeitung.de/inhalt.trachten-auf-dem-fruehlingsfest-wo-frauen-die-lederhosen-anhaben.958e4985-0ad5-437d-8aec-b0227ad9b5c5.html [08.03.2015].

Levigo: Hochverfügbarkeit im Wasenzelt. In: Extralog-magazin 13 (01/2010), S. 2-5, auf: http://www.levigo.de/fileadmin/download/de/unternehmen/ extralog/Levigo_extralog_01-2010_Web_ES.pdf [08.03.2015].

News: Oktoberfest. Maßkrug-Schlägereien nehmen zu (vom 23.09.2010), auf: http://www.news.de/gesellschaft/855074545/masskrug-schlaegereien-nehmen-zu/1/ [08.03.2015].

Oktoberfest-Live: Flirt & Sexy. Nackte Tatsachen (vom 28.09.2009), auf: http:// www.oktoberfest-live.de/wiesn/sexy/fotostrecke-muc-oktoberfest-sexy-wiesn-nachrichten-467812.html [24.04.2013].

Oktoberfest-Live: Mittendrin. Promis. Der Almauftrieb in Käfer's Wiesnschänke (vom 21.09.2009), auf: http://www.oktoberfest-live.de/nachrichten/ prominente/2009/almauftrieb-kaefers-wiesn-schaenke-wiesn-472909.html [08.03.2015].

Oktoberfest-TV: Sexuelle Nötigung einer 17-jährigen Schülerin (vom 28.09.2009), auf: http://www.oktoberfest-tv.de/default. asp?PkId=321&LCID=1031&ParentId=360&ArticleId=420 [18.03.2011].

Rehberger, Edgar: Bierkrug-Schwestern. In: Cannstatter Volksfestzeitung 07/2007, S. 16.

Rehberger, Edgar: Die Tracht wird immer beliebter. In: Eßlinger Zeitung, 30.04.2010, auf: http://www.esslinger-zeitung.de/lokal/stuttgart/ stuttgart/Artikel547471.cfm [08.03.2015].

Rehberger, Edgar: Ein Abend beim Wasenwirt. In: Cannstatter Volksfestzeitung 09/2009a, S. 35-36.

Rehberger, Edgar: Ein Festplatz erwacht. In: Cannstatter Volksfestzeitung 09/2009b, S. 25.

Rehberger, Edgar: Ein Wochenende voller Gegensätze. In: Eßlinger Zeitung, 04.10.2010, auf: http://www.esslinger-zeitung.de/lokal/stuttgart/stuttgart/Artikel609979.cfm [08.03.2015].

Rehberger, Edgar: Kein Leben ohne Festplatz. In: Cannstatter Volksfestzeitung 07/2007, S. 10.

Rothfuss, Frank: Ein Unbeugsamer gibt den Taktstock ab. Die Ära Walter Weitmann geht zu Ende. In: Waiblinger Kreiszeitung, 26.07.2005.

Rothfuss, Frank: Zoff auf dem Wasen – es wird kein großes Weinzelt geben. In: Schwarzwälder Bote, 28.06.2013, auf: http://www.schwarzwaelder-bote.de/inhalt.cannstatter-volksfest-zoff-auf-dem-wasen-es-wird-kein-grosses-weinzelt-geben.52238cc7-2e05-471b-a46c-bb8aa539668d.html [08.03.2015].

Schöll, Torsten: Preiskampf ums Bier: Ein alter Wasen-Zampano kehrt mit neuem Partner aufs Volksfest zurück. In: Stuttgarter Nachrichten, 22.09.2000.

Sindelfinger Zeitung, Böblinger Zeitung-Wasen-Blog: Bilder vom Dirndl-Weltrekord (vom 30.09.2009), auf: http://sz-bz.blogspot.com/2009/09/bilder-vom-dridnl-weltrekord.html [08.03.2015].

Sindelfinger Zeitung, Böblinger Zeitung-Wasen-Blog: Und tschüss, bis zum nächsten Mal (vom 12.10.2009), auf: http://sz-bz.blogspot.com/2009/10/und-tschuss-bis-zum-nachsten-mal.html [08.03.2015].

Spiegel Online: Cannstatter Wasen: Volksfestbier statt Doping (vom 01.10.2007), auf: http://www.spiegel.de/reise/aktuell/cannstatter-wasen-volksfestbier-statt-doping-a-508815.html [08.03.2015].

Stuttgarter Nachrichten: Polizei sperrt Wasen wegen Überfüllung (03.10.2014), auf: http://www.stuttgarter-nachrichten.de/inhalt.cannstatter-volksfest-polizei-sperrt-wasen-wegen-ueberfuellung.f880da9c-6486-4556-a454-9f31e3d124d1.html [09.12.2014].

Wager, Wulf: 15 Stunden unter Dampf. In: Cannstatter Volksfestzeitung 10/2010, S. 14-15.

Wager, Wulf: Blaues Blut & Rote Wurst. In: Cannstatter Volksfestzeitung 09/2009c, S. 10-11.

Wager, Wulf: Das 17-Tage-Hoch. In: Cannstatter Volksfestzeitung 07/2007d, S. 4-5.

Wager, Wulf: Drei Zentner musikalische Inbrunst. In: Cannstatter Volksfestzeitung 06/2006a, S. 26.

Wager, Wulf: Ein Bayer in Cannstatt. In: Cannstatter Volksfestzeitung 09/2009a, S. 40-42.

Wager, Wulf: Festwirt-Doppelpack. In: Cannstatter Volksfestzeitung 07/2007b, S. 46-47.

Wager, Wulf: Feuer frei! In: Cannstatter Volksfestzeitung 07/2007c, S. 20-21.

Wager, Wulf: GenussOase. In: Cannstatter Volksfestzeitung 07/2007a, S. 35-36.
Wager, Wulf: Göckele und Mega-Schnitzel. In: Cannstatter Volksfestzeitung 06/2006b, S. 18-19.
Wager, Wulf: Goldbraune Versuchung mit Petersilie gestopft. In: Cannstatter Volksfestzeitung 04/2004, S. 24-25.
Wager, Wulf: Herzrasen auf dem Cannstatter Wasen. In: Cannstatter Volksfestzeitung 09/2009b, S. 4-5.
Wager, Wulf: Wo kann 's schöner sein? In: Cannstatter Volksfestzeitung 08/2008, S. 28.

E-Mails an CB (per Internet generierte Quellen)
Festzeltbetriebe Göckelesmaier: Re: Fragen im Rahmen meines Dissertationsprojektes. E-Mail an CB vom 26.03.2013.
Firma KLAUSS GmbH: AW: Sitzplatzzahlen im Dinkelacker-Zelt. E-Mail an CB vom 27.03.2013.
Firma KLAUSS GmbH: AW: Weitere Fragen wg. Dissertationsprojekt. E-Mail an CB vom 31.01.2013.
Fürstlich Fürstenbergische Brauerei GmbH & Co. KG: AW: Fuerstenberg Kontaktformular (de-Sprachversion) – 06.05.2013 23:39. E-Mail an CB vom 07.05.2013.
Gastronomie Grandl GmbH: AW: Fragen bzgl. Dissertationsprojekt. E-Mail an CB vom 26.03.2013.
in.Stuttgart Veranstaltungsgesellschaft mbH: AW: Fragen im Rahmen eines Dissertationsprojektes. E-Mail an CB vom 09.04.2013.
Interviewpartner Bedienung M: Aw: Nachfrage wg. Bierkonsum. E-Mail an CB vom 14.10.2012.
Interviewpartner Bedienung M: „Bierzeltbedienungen 01 – Stress". Anhang aus: E-Mail an CB vom 29.03.2011.
Interviewpartner Musiker: Playlist Wasen 2010 – Mi., 06.Oktober. Anhang aus: E-Mail an CB vom 05.04.2011.
Wasenwirt.de: Re: Fragen im Rahmen meines Dissertationsprojektes. E-Mail an CB vom 26.03.2013.

Video-Clips und Webcams im Internet
Cannstatter Volksfest: Webcam, auf: http://webcam.medienwerk.de/index.html [07.-10.10.2010].
Grandls Hofbräu-Zelt: Webcam (vom 07.-10.10.2010), auf: http://www.grandls-hofbraeuzelt.de/index.php?option=com_content&view=article&id=82&
Itemid=207 [07.-10.10.2010].
Myvideo, auf: http://www.myvideo.de/ [11.03.2015].

Myvideo: Cannstatter Wasen 2008 – Bierausschank (1) (vom 14.10.2008), auf: http://www.myvideo.de/watch/5283905/Cannstatter_Wasen_2008_ Bierschank_1 [08.03.2015].

Myvideo: Cannstatter Wasen 2008 – Der ganz normale Wahnsinn (vom 13.- 14.10.2008), auf: http://www.myvideo.de/Videos_A-Z?searchWord= Cannstatter+Wasen+2008+-+Der+ganz+normale [08.03.2015].

Myvideo: Cannstatter Wasen 2008 – Der ganz normale Wahnsinn (09) (vom 14.10.2008), auf: http://www.myvideo.de/watch/5278159/Cannstatter_ Wasen_2008_Der_ganz_normale_Wahnsinn_09 [08.03.2015].

Myvideo: Cannstatter Wasen 2008 – Der ganz normale Wahnsinn (13) Gedränge im Gang (vom 14.10.2008), auf: http://www.myvideo.de/watch/5278230/ Cannstatter_Wasen_2008_Der_ganz_normale_Wahnsinn_13_Gedraenge_ im_Gang [08.03.2015].

Myvideo: Cannstatter Wasen 2008 – Der ganz normale Wahnsinn (16) Am Eingang (vom 14.10.2008), auf: http://www.myvideo.de/watch/5278821/ Cannstatter_Wasen_2008_Der_ganz_normale_Wahnsinn_16_Am_Eingang [08.03.2015].

Myvideo: Cannstatter Wasen 2008 – Der ganz normale Wahnsinn (24) Zeltaustrieb und das Schlachtfeld (vom 14.10.2008), auf: http://www.myvideo.de/ watch/5281881/Cannstatter_Wasen_2008_Der_ganz_normale_ Wahnsinn_24_Zeltaustrieb_und_das_Schlachtfeld [08.03.2015].

Youtube, auf: https://www.youtube.com/?hl=de&gl=DE [11.03.2015].

Youtube: 1 Maß Bier auf EX unter 6 Sec. - Wiesn 2011 – Beer Chug.mp4 (vom 04.10.2011), auf: http://www.youtube.com/watch?v=21rt-_inHFk [08.03.2015].

Youtube: 120 Kinder singen live Das rote Pferd Part 2 (vom 08.10.2007), auf: http://www.youtube.com/watch?v=LUepvFKbnI4&feature=relmfu [08.03.2015].

Youtube: 19.04.2008 – Wasen [Teil I] (vom 21.04.2008), auf: http://www. youtube.com/watch?v=Rp-UK0TTKck [08.03.2015].

Youtube: A day at the Hofbräu tent – Oktoberfest 2012 (vom 04.10.2012), auf: http://www.youtube.com/watch?v=-iMDMX1Swe8 [08.03.2015].

Youtube: A Woman drinks the first Maß in one go (vom 28.07.2008), auf: http://www.youtube.com/watch?v=p225icl8aR8 [08.03.2015].

Youtube: Band Members in Stuttgart Wasen 2011 Schwabenbräuzelt (vom 11.05.2012), auf: http://www.youtube.com/watch?v=XU5wD77fJFA [08.03.2015].

Youtube: Betrunkene von der Wasen Stuttgart 2010 bei Heimfahrt mit der U-Bahn (vom 18.10.2010), auf: http://www.youtube.com/watch?v= rXQkPGUOG6U [08.03.2015].

252 9. QUELLEN, LIEDER UND LITERATUR

Youtube: Brutale Security auf Oktoberfest – Trash Monkey TV (vom 17.12.2012), auf: http://www.youtube.com/watch?v=u8YgtQB6XJY [08.03.2015].

Youtube: Cannstatter Volksfest (vom 26.09.2010), auf: http://www.youtube.com/watch?v=vYnCaPd8uVE&feature=related [08.03.2015].

Youtube: Cannstatter Wasen 2008 … Mädelstour (vom 05.10.2008), auf: http://www.youtube.com/watch?v=dGaUSW4UAzg [08.03.2015].

Youtube: Cannstatter Wasen 2009 Alemania (vom 04.10.2009), auf: http://www.youtube.com/watch?v=NK5WRX3eTVk&NR=1 [08.03.2015].

Youtube: Cannstatter Wasen Big Fm (vom 21.03.2007), auf: http://www.youtube.com/watch?v=h79SnnLMAY8 [08.03.2015].

Youtube: Canstatter Wasen Schlägerei Fail (vom 30.04.2011), auf: http://www.youtube.com/watch?v=O5DhPQilR3o [08.03.2015].

Youtube: Die Toten Hosen // Tage wie diese (vom 22.03.2012), auf: http://www.youtube.com/watch?v=j09hpp3AxIE [08.03.2015].

Youtube: DRK Stuttgart auf den Canstatter Wasen (vom 09.03.2008), auf: http://www.youtube.com/watch?v=GU0PsNbvRlw [08.03.2015].

Youtube: Eine zugfahrt die ist lustig eine zufahrt die is schön! ;) (vom 01.11.2010), auf: http://www.youtube.com/watch?v=3-LFhdODJIE [08.03.2015].

Youtube: fête de la bierè stuttgart 2008 (vom 25.10.2008), auf: https://www.youtube.com/watch?v=TW885X7-BaM [08.03.2015].

Youtube: Jerry Springer Audience Flashers get insulted (vom 05.08.2008), auf: http://www.youtube.com/watch?v=TP9pXVD45I4 [08.03.2015].

Youtube: kauma und obernzenn vom oktoberfest (vom 04.10.2008), auf: http://www.youtube.com/watch?v=rxr_K5k-_Nc [08.03.2015].

Youtube: Mass auf EX im Wasenwirt (vom 06.10.2009), auf: http://www.youtube.com/watch?v=nfT8TNFmJvo [13.07.2012].

Youtube: Michael Jackson - Heal the World - Hacker 2011 Finale Part 2 (vom 04.11.2012), auf: https://www.youtube.com/watch?v=m-5dqI5S0ro [08.03.2015].

Youtube: Oktoberfest 2010: 2 Maß Bier exen (vom 05.10.2010), auf: http://www.youtube.com/watch?NR=1&feature=endscreen&v=1lPxfJgO9eg [08.03.2015].

Youtube: Oktoberfest 2010 – Everyone is singing Country Roads!!! (vom 03.10.2009), auf: http://www.youtube.com/watch?v=PrbRP4DN6cI [08.03.2015].

Youtube: Oktoberfest – Fatty Girl (vom 04.02.2007), auf: https://www.youtube.com/watch?v=7dxr4tZHhSw [08.03.2015].

Youtube: Oktoberfest Klo's Part 2 (vom 28.10.2008), auf: http://www.youtube.com/watch?v=tMIeLctDzEU [08.03.2015].

Youtube: Oktoberfest Stuttgart Germany 02 (vom 26.07.2010), auf: http://
www.youtube.com/watch?feature=endscreen&NR=1&v=MczGawLO-Uc
[08.03.2015].
Youtube: Ordner schmeissen Randalierer auf Oktoberfest raus (vom
26.09.2009), auf: http://www.youtube.com/watch?v=k6CwmwaiOfM
[08.03.2015].
Youtube: Pützchen Bayernzelt 2007 !!!!! (vom 10.09.2007), auf: http://www.
youtube.com/watch?v=07fkoyziUJk [08.03.2015].
Youtube: Sa.. 09.10.2010 (vom 10.10.2010), auf: http://www.youtube.com/
watch?v=St2_X5PE7Lw&NR=1 [08.03.2015].
Youtube: Sabine und Jana auf dem Cannstatter Wasen (vom 24.10.2009), auf:
http://www.youtube.com/watch?v=1UvU0IVZurI [08.03.2015].
Youtube: Sibylle Möck sucht das schönste Wasen-Outfit (vom 28.09.2011), auf:
http://www.youtube.com/watch?v=WO-7tgE7IIs [24.10.2011].
Youtube: Sierra Madre – Hacker 2011 Finale Part 1 (vom 04.10.2011), auf:
http://www.youtube.com/watch?v=DHoBn14RdPU [08.03.2015].
Youtube: Silverados Guten Morgen Deutschland Wasen Stuttgart (vom
12.10.2009), auf: http://www.youtube.com/watch?v=EMakCIJssLg
[08.03.2015].
Youtube: Stuttgart After Wasen Party In Der U-Bahn U1 (Tommy Schwuchtel Hasenohren) :D (vom 03.10.2009), auf: https://www.youtube.com/
watch?v=tBNyBXn6ek0 [08.03.2015].
Youtube: Toiletten Stimmung aufm Oktoberfest 2006 – Hacker Festzelt (vom
02.10.2006), auf: http://www.youtube.com/watch?v=dBqbOW3Z4xw
[08.03.2015].
Youtube: Trink, trink Brüderlein, trink – Charivari Wasen 2009 (vom
03.10.2009), auf: http://www.youtube.com/watch?v=FbNbOBljyal
[22.01.2012].
Youtube: U-Bahn Münchner Theresienwiese Oktoberfest - Sesam öffne Dich -
wegen Überfüllung geschlossen (vom 10.10.2009), auf: http://www.
youtube.com/watch?v=4snqA2GMV24 [08.03.2015].
Youtube: Wahnsinn (vom 06.10.2009), auf: http://www.youtube.com/
watch?v=Yt0I1N4fOos&feature [08.03.2015].
Youtube: Wasen Tag 2009 Video 3 Eine Busfahrt Klappe 3. (vom 06.10.2009),
auf: http://www.youtube.com/watch?v=D5npHiJMp_8 [08.03.2015].
Youtube: Wasen Tag 2009 Video 11 Ein Prositt, ein Prositt der Gemütlichkeit
(vom 06.10.2009), auf: http://www.youtube.com/watch?v=ba9WJFnyab4
[08.03.2015].
Youtube: Wasen Tag Video 1 Eine Busfahrt die ist lustig (vom 06.10.2009), auf:
http://www.youtube.com/watch?v=pRGt3KdajFU&feature=mfu_in_
order&list=UL [08.03.2015].

Youtube: Wasenhit 2011 (vom 02.10.2011), auf: http://www.youtube.com/ watch?v=cXoliytcknc [08.03.2015].

Youtube: Wiesn Hit 2008 „Joana – Du Luder" im Hacker-Pschorr (vom 03.10.2008), auf: http://www.youtube.com/watch?v=wEgPAuO3sPk [08.03.2015].

Youtube: Wilde Engel – Mexico Cannstatter Wasen Klaus / Klaus (vom 06.10.2012), auf: http://www.youtube.com/watch?v=QZ-H8SDJxPs [08.03.2015].

Sonstige Quellen: Print und Online

125 Jahre Münchener Oktoberfest. 1810 – 1935. Festschrift. München 1935.

Almhütte: Startseite, auf: http://www.diealmhuette.de/ [31.08.2012].

Alpirsbacher Klosterbräu Exposé: „Das Schwarzwald-Erlebniszelt". Alpirsbach o.J.

Altersgenossenverein 1970: Galerie. Cannstatter Wasen 2007, auf: http:// www.agv1970.de/galerie/bilder/wasen2007/index.html [08.03.2015].

Bauer, Karl: Oktoberfest. The „Oktoberfest" – Portrait of a Fair. München 1970.

Bierzeltseite: Bed. als Mittler, auf: http://www.bierzeltseite.de/ [08.03.2015].

Bierzeltseite: Witze, auf: http://www.bierzeltseite.de/ [15.01.2012].

Blogspot: Der MFG LIF/VE. Volksfest 2008 (vom 07.10.2008), auf: http:// daniel-schmid.blogspot.com/2008/10/volksfest-2008.html [17.01.2012].

Cannstatter Oberamt – Weinzelt Zaiß, auf: http://www.weinstube-zaiss.de/ volksfest.html [08.03.2015].

Cannstatter Volksfest: 169. Cannstatter Volksfest, auf: http://cannstatter-volksfest.de/de/volksfest/ [11.03.2015].

Cannstatter Volksfest: Benutzerordnung, auf: http://www.cannstatter-volksfest.de/index.php?id=52 [16.09.2012].

Cannstatter Volksfest: Cannstatter Volksfestumzug, auf: http://www. cannstatter-volksfest.de/index.php?id=85 [20.10.2010].

Cannstatter Volksfest: Der Cannstatter Wasen. Zahlen und Fakten, auf: http:// www.cannstatter-volksfest.de/index.php?id=51 [18.09.2012].

Cannstatter Volksfest: Festzelte, auf: http://www.cannstatter-volksfest.de/ index.php?id=19 [20.09.2012].

Cannstatter Volksfest: Festzelte: Dinkelacker Festzelt, auf: http://www. cannstatter-volksfest.de/index.php?id=21 [09.11.2010].

Cannstatter Volksfest: Festzelte: Wasenwirt, auf: http://www. cannstatter-volksfest.de/index.php?id=26 [17.11.2010].

Cannstatter Volksfest: Frauen und Mädchen, auf: http://www. cannstatter-volksfest.de/index.php?id=48 [12.11.2012].

Cannstatter Volksfest: Presse-Basisinformationen Cannstatter Volksfest 2010, auf: http://www.cannstatter-volksfest.de/fileadmin/user_upload/pdf/

presse/Cannstatter_Volksfest/Basisinformationen/Basisinformation_
Cannstatter_Volksfest.pdf [18.10.2010].
Cannstatter Volksfest: Presse-Information: Das 164. Cannstatter Volksfest
präsentiert sich mit vielen neuen Attraktionen (vom 22.09.2009), auf:
http://www.cannstatter-volksfest.de/fileadmin/user_upload/pdf/presse/
PInfo_164._Cannstatter_Volksfest_lang_22.09.09.pdf [18.10.2010].
Cannstatter Volksfest: Presse-Information: Das Cannstatter Volksfest von A bis
Z (vom 23.09.2008), auf: http://www.cannstatter-volksfest.de/fileadmin/
user_upload/pdf/presse/Pinfo_VolksfestA-Z.pdf [18.10.2010].
Cannstatter Volksfest: Presse-Information: Feierlaune bleibt ungetrübt (vom
08.10.2010), auf: http://www.cannstatter-volksfest.de/fileadmin/
user_upload/pdf/presse/Cannstatter_Volksfest/Cannstatter_Volks-
fest_2010/10_10_08_PInfo_Cannstatter_Volksfest_Bilanz.pdf [20.10.2010].
Cannstatter Volksfest: Presse-Information: Rund 3,8 Millionen Besucher fei-
erten auf dem Cannstatter Volksfest 2010 (vom 10.10.2010), auf: http://
www.cannstatter-volksfest.de/fileadmin/user_upload/pdf/presse/
Cannstatter_Volksfest/Cannstatter_Volksfest_2010/10_10_10_PInfo_
Cannstatter_Volksfest_Besucherzahl_gesamt.pdf [19.10.2010].
Cannstatter Volksfest: Presse-Information: Zahlen, Daten und Fakten (vom
21.09.2010), auf: http://www. cannstatter-volksfest.de/fileadmin/user_
upload/pdf/presse/Cannstatter _Volksfest/Cannstatter_
Volksfest_2010/10_09_21_Pinfo_Cannstatter_Volksfest_Zahlen_Daten_
Fakten_pdf [18.10.2010].
Cannstatter Volksfest: Presse-Information: Zahlen, Daten und Fakten auf einen
Blick (vom 22.09.2009), auf: http://www.cannstatter-volksfest.de/
fileadmin/user_upload/pdf/presse/PInfo_Das_Cannstatter_Volksfest_
Zahlen__Daten__Fakten.pdf [19.10.2010].
Cannstatter Volksfest: Trachten zum Fest. Infoflyer, auf: http://www.
cannstatter-volksfest.de/fileadmin/user_upload/bilder/presse/Volksfest/
Tracht/Folder_DINlang_WueKo-internet_neu_bearb.pdf [26.10.2011].
Cannstatter Volksfest: Trachten zum Fest. Württemberg Kollektion, auf: http://
www.cannstatter-volksfest.de/index.php?id=556 [05.09.2013].
Cannstatter Wasenzelt: Bildergallery. Impressionen 2009, auf: http://www.
cannstatter-wasenzelt.de/wasenzelt-gallery/Impressionen_2009/index.htm
[09.12.2011].
Cannstatter Wasenzelt: Reservierungen, auf: http://www.cannstatter-
wasenzelt.de/cannstatter-wasenzelt-reservierung-online.htm [12.10.2011].
Cannstatter Wasenzelt: Reservierungsformular, auf: http://www.
cannstatter-wasenzelt.de/Reservierungsformular.php?rID=lp2Z
[09.03.2013].
Cannstatter Wasenzelt: Willkommen, auf: http://www.cannstatter-wasenzelt.
de/cannstatter-wasenzelt.htm [16.11.2011].

Couchsurfing: 23. GAYDELIGHT Party - Aer Club TONIGHT (vom 10.05.2012), auf:
http://www.couchsurfing.org/group_read.html?gid=5948&post=12001408
[10.01.2013].
Dinkelacker-Schwabenbräu: Brauerei. Presse 2010. Wasen Newsletter (vom
23.09.2010), auf: http://privatbrauerei-stuttgart.de/die-brauerei/presse/
ansicht/?presse_id=79 [08.03.2015].
Facebook: Grandls Hofbräu-Zelt. Wall (vom 26.09., 06.10. und 07.10.2011),
auf: http://www.facebook.com/Grandls.Hofbraeuzelt?sk=wall [11.10.2011;
29.10.2011].
Festzelt zum Wasenwirt: Frühlingsfest, auf: http://cms.wasenwirt.de/
fruehlingsfest/ [08.03.2015].
Festzelt zum Wasenwirt: Reservierungsbedingungen. Volksfest 2011, auf: http://
www.wasenwirt.de/deutsch/reservierung/volksfest.html [12.10.2011].
Fotogalerie-Stuttgart: Eingang Cannstatter Wasen, auf: http://www.
fotogalerie-stuttgart.de/displayimage.php?album=114&pos=52
[14.11.2011].
Fürstenberg-Zelt: Startseite, auf: http://www.fuerstenbergzelt.de/
[08.03.2015].
Göckelesmaier – Der Göckelesmacher: Startseite, auf: http://www.
goeckelesmaier.de/ [08.03.2015].
Göckelesmaier – Der Göckelesmacher: Feinkost Böhm. Speisekarte 2011, auf:
http://www.goeckelesmaier.de/cannstatter-volksfest–feinkost-boehm.html
[18.01.2012].
Göckelesmaier – Der Göckelesmacher: Festwirt. Wechselhafte Anfänge, auf:
http://www.goeckelesmaier.de/festwirt [10.05.2013].
Göckelesmaier – Der Göckelesmacher: Presse, auf: http://www.
goeckelesmaier.de/Presse.html [15.11.2010].
Göckelesmaier – Der Göckelesmacher: Programm, http://www.
goeckelesmaier.de/cannstatter-volksfest-programm.html [08.03.2015].
Göckelesmaier – Der Göckelesmacher: Reservierungsinfos, auf: http://www.
goeckelesmaier.de/reservierungsinfos.html [12.10.2011].
Götz, Birgit: „Mit Romantik hat unser Beruf nichts zu tun". Münchner Schaustel-
lerfrauen erzählen aus ihrem Leben. München 1999.
Grandls Hofbräu-Zelt: Startseite, auf: http://www.grandls-hofbraeuzelt.de/
[08.03.2015].
Grandls Hofbräu-Zelt: Fotos. Cannstatter Volksfest 2011 (Sa., 24.09.2011): 303
(THG_0548) – 310 (THG_0583), auf: http://01.dpub.de/index.
php?option=com_phocagallery&view=category&id=31%3Asa-24092011&
Itemid=270&lang=de [17.08.2013].
Grandls Hofbräu-Zelt: Fotos. Dirndl-Weltrekord, auf: http://01.dpub.de/index.
php?option=com_phocagallery&view=category&id=35%3Adirndl-
weltrekordversuch&Itemid=270&lang=en [20.10.2011].

Grandls Hofbräu-Zelt: Stuttgarter Frühlingsfest. Speisekarte, auf: http://01.
dpub.de/index.php?option=com_content&view=article&id=130&
Itemid=242&lang=de [02.05.2013].
Grandls Hofbräu-Zelt: Tischreservierung (vom 21.06.; 22.08. und 11.10.2011
sowie vom 16.01.2013), auf: http://www.grandls-hofbraeuzelt.de/index.
php?option=com_content&view=article&id=115&Itemid=245 [21.06.; 22.08.
und 11.10.2011 sowie 16.01.2013].
Grandls Hofbräu-Zelt: WasenWiki. Tracht, auf: http://grandls-hofbraeuzelt.de/
de/aktuelles/wasenwiki#t [08.03.2015].
in.Stuttgart: Feste: Cannstatter Volksfest auf dem Wasen, auf: http://www.
in.stuttgart.de/index.php?instuttgart=webpart.pages.InStuttgartDynamic
Page&navid=5037&coid=5037&cid=1& [08.03.2015].
in.Stuttgart: Presse-Information: Feierlaune bleibt ungetrübt (vom 08.10.2010),
auf: http://www.in.stuttgart.de/index.php?instuttgart=webpart.pages.re-
port.ReportViewPage&navid=5049&coid=5309&cid=4&issid=3f0jtiijrnou
vr9cj45lskr60p1c1q30 [08.03.2015].
in.Stuttgart: Presse-Information: Volksfest und LHW sorgen für einen vollen
Festplatz (vom 05.10.2014), auf: http://cannstatter-volksfest.de/
fileadmin/Volksfest/pdf/14_10_05_Presseinfo_Zwischenbilanz_Volksfest.
pdf [08.03.2015].
Klauss & Klauss, Dinkelacker-Zelt: Bestuhlungsplan Dinkelacker-Festzelt 2013,
auf: http://www.klauss-und-klauss.de/fileadmin/Download/Klauss_
Bestuhlungsplan_2013.pdf [01.06.2013].
Klauss & Klauss, Dinkelacker-Zelt: Fun. Wasenstimmung 2010, auf: http://
www.klauss-und-klauss.de/cms/index.php?id=139&L=1 [09.10.2011;
16.01.2012].
Klauss & Klauss, Dinkelacker-Zelt: Fun. Galerie 2011, auf: http://www.klauss-
und-klauss.de/cms/typo3temp/pics/e72bdb6df9.jpg [21.01.2012].
Klauss & Klauss, Dinkelacker-Zelt: Reservierung, auf: http://www.klauss-und-
klauss.de/cms/index.php?id=32&L=0 [29.02.2012].
Klauss & Klauss, Dinkelacker-Zelt: Speisekarte: Grill- und Fischspezialitäten,
auf: http://www.klauss-und-klauss.de/cms/index.php?id=12 [19.01.2012].
Marktforschungsinstitut MM Research Stuttgart: Online-Umfrage zum Thema
Cannstatter Wasen, durchgeführt vom 16. bis 19. Sep. 2010. Stuttgart
2010, auf: http://www.mm-research.de/pdf/PM_MMR_Volksfest.pdf
[04.04.2011].
Media-Daten Verlag: Media-Daten online. SWR 4 Baden-Württemberg, auf:
https://www.mediadaten-online.com/mediadaten/tarife/radiotv
/radio_oeffentlich_rechtlich/s/swr4_baden_wuerttemberg/titel_89.html
[08.03.2015].
Mein Württemberg: Startseite, auf: http://www.mein-wuerttemberg.de/
[08.03.2015].

Ratebeer: Schwabenbräu Volksfestbier, auf: http://www.ratebeer.com/beer/
schwaben-brau-volksfestbier/63014/81218/ [08.03.2015].

Schweizer, Gabi: Oktoberfest: Traum oder Alptraum? Erlebnisse und Beobachtungen einer Wiesnbedienung. Norderstedt 2009.

Sichere Wiesn: Tipps für Frauen, auf: http://www.sicherewiesn.de/index.php/
de/tipps-fuer-die-wiesn [08.03.2015].

Spengler, Sara: Volksfeste und ihre Bedeutung für das Stadtmarketing –
dargestellt am Beispiel des Cannstatter Volksfestes. Diplomarbeit. Ludwigsburg 2009, auf: http://nbn-resolving.de/urn:nbn:de:bsz:1147-opus-1163
[08.03.2015].

Stamerhof: Speisekarte. Stamerhofzeitung, auf: http://www.stamerhof.de/
media/speisekarte2010.pdf [08.03.2015].

Stuttgart: 5/10 - Polizeiverordnung zur Aufrechterhaltung der öffentlichen
Sicherheit und Ordnung auf dem Cannstatter Wasen während des Stuttgarter
Frühlingsfests und des Cannstatter Volksfests (Polizeiverordnung Stuttgarter
Frühlingsfest und Cannstatter Volksfest vom 30.03.2001), auf: http://www.
stuttgart.de/item/show/185591 [08.03.2015].

Stuttgarter Frühlingsfest: Apfelbaum, auf: http://www.stuttgarter-
fruehlingsfest.de/default_2001.htm [07.05.2001].

Stuttgarter Frühlingsfest: Festzelte, auf: http://www.stuttgarter-fruehlingsfest.
de/index.php?id=322 [08.03.2015].

Stuttgarter Frühlingsfest: Presse-Information: Dirndl-Trend zum Volksfest in
Stuttgart (vom 28.04.2008), auf: http://www.stuttgarter-fruehlingsfest.
de/fileadmin/user_upload/pdf/presse/Pinfo_Wuerttemberg-Dirndl.pdf
[08.03.2015].

Surveymonkey: Free online survey & questionnaire tool, auf: https://www.
surveymonkey.com/ [11.03.2015].

The Big E: Activities. Food, auf: http://www.thebige.com/fair/activities/Food.
asp [22.06.2013].

Wasenwirt: Reservierung Volksfest 2013, auf: https://www.wasenwirt.de/
deutsch/reservierung/volksfest.html [17.06.2013].

Wasenwirt-Werbung am Cannstatter Wasen, auf: http://www.wasenwirt
werbung.de/component/content/article/1-aktuelle-
nachrichten/45-164-cannstatter-volksfest.html [11.04.2011].

Wilhelmers-Schwabenwelt: Das Schwaben Bräu Zelt: Philosophie, auf: http://
www.wilhelmers-schwabenwelt.de/html/philosophie.html [09.11.2010].

Wilhelmers-Schwabenwelt: Bilder vom Wasen (vom 29.09.2011), auf: http://
www.bilder.selectcom.de/g168/images/IMG_0460.JPG [08.03.2015].

Wilhelmers-Schwabenwelt: Galerie, 360° Grad Ansichten, auf: http://bilder.
schwabenwelt.de/html/360o__ansichten.html [05.01.2012].

Wilhelmers-Schwabenwelt: Galerie, Fr., 07.10.2011, auf: http://bilder.
schwabenwelt.de/html/freitag_07-10.html [07.01.2012].

Wilhelmers-Schwabenwelt: Zeltplan, auf: http://www.schwabenwelt.de/html/zeltplan.html [08.03.2015].

Wolfe, Thomas: Letter to Aline Bernstein. October 4, 1928, Munich, auf: http://theamericanreader.com/4-october-1928-thomas-wolfe-to-aline-bernstein/ [08.03.2015].

Wolfe, Thomas: Oktoberfest. In: Skipp, Francis E. (Hg.): The Complete Short Stories of Thomas Wolfe. New York 1987, S. 308-315.

Wolfe, Thomas: Oktoberfest. In: Holman, C. Hugh (Hg.): The Thomas Wolfe Reader. New York 1962, S. 547-560.

Württemberg Haus: Startseite, auf: http://www.wuerttemberghaus.de/ [29.05.2012 und 31.08.2012].

Veiz, Brigitte: Das Oktoberfest. Masse, Rausch und Ritual. Sozialpsychologische Betrachtung eines Phänomens. Diplomarbeit. Bd. 2: Interviews und Leitfaden. München 2001b.

VMS: Volksfest-Umfrage 1991 – 1998 der Landeshauptstadt Stuttgart VMS. Stuttgart o.J.

9.2 Liederverzeichnis

54, 74, 1990, 2010, auf: Youtube: Volksfest 2006 (vom 03.10.2006), auf: https://www.youtube.com/watch?v=GP9zaH5gih4 [15.01.2015].

Ab in den Süden, auf: Youtube: Wasen 2009 (vom 29.04.2009), auf: https://www.youtube.com/watch?v=UBDH0SA1v1c [10.01.2015].

Allee, auf: Youtube: Tim Toupet Allee Allee (vom 14.01.2008), auf: http://www.youtube.com/watch?v=7OvlQP0M98I [08.03.2015].

Am Ufer/Strande der Donau [Donaulied], auf: Youtube: Donaulied Wasen Stuttgart (vom 09.10.2009), auf: http://www.youtube.com/watch?v=0DCtivITXtY [11.04.2013].

Amarillo, auf: Youtube: Cannstatter Volksfest Wasen 05 (vom 26.09.2011) [nach 06:55], auf: https://www.youtube.com/watch?v=DXOB-QVNHHI [14.01.2015].

Angels, auf: Youtube: Partyband Die Grafenberger live im Wasenwirt 2013 - Angels Robbie Williams Cover (vom 24.09.2013), auf: https://www.youtube.com/watch?v=h5ueaTb91rc [16.01.2015].

Anton aus Tirol, auf: Songtexte: DJ Ötzi. Anton aus Tirol, auf: http://www.songtexte.com/songtext/dj-otzi/anton-aus-tirol-33db68f5.html [10.01.2015].

Auf am Wasa graset d' Hasa, auf: Cannstatter-Volksfestverein: Service. Lieder, auf: http://www.cannstatter-volksfestverein.de/seiten/service/lied.html [13.01.2015].

Auf und nieder, auf: Youtube: Die 3 Z'widern - Schunkelparade (Medley) (vom 22.08.2010), auf: https://www.youtube.com/watch?v=raZmTaHVHus [17.01.2015].

Auf uns, auf: Youtube: SHARK - Cannstatter Wasen - 03.10.2014 - Ein Hoch auf uns (vom 04.10.2014), auf: https://www.youtube.com/watch?v=Jl_Oi9o-amg [10.01.2015].

Badnerlied, auf: Badnerland2000: Das Badnerlied, auf: http://www.badnerlied.badnerland2000.de/ [14.01.2015].

Carneval de Paris, auf: Youtube: Dario G – Carneval de Paris (Offical Music Video) (vom 28.05.2014), auf: https://www.youtube.com/watch?v=dYw-fxJBE9o [10.01.2015].

Cowboy und Indianer, auf: Youtube: Blaskapelle Charivari - Partymix (vom 01.05.2012), auf: https://www.youtube.com/watch?v=zzigzrWe4W8 [10.01.2015].

Country Roads, auf: Songtexte: John Denver. Take me Home, Country Roads, auf: http://www.songtexte.com/songtext/john-denver/take-me-home-country-roads-5bc027dc.html [15.01.2015].

Danke schön, auf: Songtexte: Gerhard Wendland. Danke schön, auf: http://www.songtexte.com/songtext/gerhard-wendland/danke-schon-13c25d45.html [18.01.2015].

Das rote Pferd, auf: Magistrix: Songtexte. Markus Becker, auf: http://www.magistrix.de/lyrics/Markus%20Becker/Das-Rote-Pferd-213885.html [08.03.2015].

Das Wandern ist des Müllers Lust, in: Frauke Schmitz-Gropengiesser: Das Wandern ist des Müllers Lust (2009). In: Historisch-kritisches Liederlexikon: Lieder, auf: http://www.liederlexikon.de/lieder/das_wandern_ist_des_muellers_lust [08.03.2015].

Der schönste Platz ist immer an der Theke, auf: Youtube: Der schönste Platz ist immer an der Theke – Steingass-Terzett (1950) (vom 19.08.2009), auf: http://www.youtube.com/watch?v=oJK_mjII8Zk [08.03.2015].

Die Hände zum Himmel, auf: Magistrix: Songtexte. Die Kolibris (vom 19.10.2004), auf: http://www.magistrix.de/lyrics/Die%20Kolibris/Die-Haende-Zum-Himmel-18481.html [08.03.2015].

Die Zwei von Deizisau, auf: Tonträger Fischer Chöre: Die Zwei von Deizisau, auf: Die Zwei von Deizisau. Gotthilf Fischer – Walter Weitmann. Bauer Studios 2012 26-3. 1997.

Ein Stern, auf: Youtube: cannstatter volksfest beer 2009 (vom 16.10.2009), auf: http://www.youtube.com/watch?v=X4L-EfWC2PA [08.03.2015].

Ententanz, auf: NZZ: Ententanz (vom 21.11.2005), auf: http://www.nzz.ch/aktuell/startseite/articleD8V4R-1.185647 [15.01.2015].

Fliegerlied, auf: Youtube: Fliegerlied (vom 29.09.2009), auf: http://www.youtube.com/watch?v=1wdUP2EkaE8 [08.03.2015].

Fiesta Mexicana, auf: Youtube: Oktoberfest München 2009 _6 (vom 29.09.2009), auf: https://www.youtube.com/watch?v=Y66LdGdoHXY [14.01.2015].

Fürstenberg-Song, auf: Fürstenberg-Zelt: Fürstenberg-Song, auf: http://www.fuerstenbergzelt.de/fuerstenberg.mp3 [08.03.2015].

Fürstenfeld, auf: Songtexte: STS. Fürstenfeld, auf: http://www.songtexte.com/songtext/sts/furstenfeld-3bdcf85c.html [10.01.2015].

Hey Baby, auf: Youtube: Oktoberfest Wiesn Party in München Hofbräuzelt Hey Baby um 14.00 Uhr (vom 06.12.2009), auf: https://www.youtube.com/watch?v=NQX5ptQb_HU [10.01.2015].

Hey, das geht ab, auf: Golyr: Songtexte. Frauenarzt & Many Marc, auf: http://www.golyr.de/frauenarzt-many-marc/songtext-hey-das-geht-ab-689923.html [08.03.2015].

Ich hab 'ne Zwiebel auf dem Kopf, auf: Magistrix: Songtexte. Tim Toupet (vom 24.01.2008), auf: http://www.magistrix.de/lyrics/Tim%20Toupet/Ich-Bin-Ein-D-ner-247584.html [08.03.2015].

Ich war noch niemals in New York, auf: Letssingit: Udo Jürgens. Ich war noch niemals in New York (vom 16.09.2005), auf: http://artists.letssingit.com/udo-jurgens-lyrics-ich-war-noch-niemals-in-new-york-vntb1rx [08.03.2015].

Joana, auf: Youtube: Wiesn Hit 2008 „Joana – Du Luder" im Hacker-Pschorr (vom 03.10.2008), auf: http://www.youtube.com/watch?v=wEgPAuO3sPk [08.03.2015].

Komm, hol das Lasso raus, auf: Youtube: Komm hol das Lasso raus (vom 09.03.2008), auf: http://www.youtube.com/watch?v=_80p5Eh9fHg [18.04.2012].

Kreuzberger Nächte sind lang, auf: Magistrix: Songtexte. Gebrüder Blattschuss (vom 21.10.2005), auf: http://www.magistrix.de/lyrics/Gebr%C3%BCder%20Blattschuss/Kreuzberger-N-chte-54012.html [08.03.2015].

Kufsteinlied, Golyr: Maria und Margot Hellwig. Das Kufsteinlied, auf: http://www.golyr.de/maria-und-margot-hellwig/songtext-das-kufsteinlied-698937.html [13.01.2015].

Ladioo, auf: Lyrics Community: Peter Wackel (Ladioo) Handball Version (vom 20.02.2007), auf: http://www3.lyrix.at/de/text_show/845740 f1ce1fd0c407d4ae31d9cff697-Peter_Wackel_-_Ladioo_handball_Version [08.03.2015].

Links, rechts, vor, zurück, auf: Youtube: Die 3 Z'widern - Schunkelparade (Medley) (vom 22.08.2010), auf: https://www.youtube.com/watch?v=raZmTaHVHus [17.01.2015].

Living Next Door to Alice, auf: Oktoberfest-Live: Wiesn-Hit. Smokie Liedtext von dem Hit Alice (vom 09.07.2010), auf: http://www.oktoberfest-live.de/wiesn/wiesn-hit/klassiker/wiesn-hit-living-next-door-alice-478587.html [08.03.2015].

Major Tom, auf: Youtube: Major Tom – Cannstater Volksfest (vom 30.09.2014), auf: https://www.youtube.com/watch?v=-ck83Gltakk [15.01.2015].

Mambo No. 5, auf: Youtube: Oktoberfest-Band München - Mambo No 5, Lou Bega und die Oberbayern (vom 10.10.2010), auf: https://www.youtube.com/watch?v=ipVOA3-ytI4 [14.01.2015].

Marmor, Stein und Eisen bricht, auf: Youtube: Marmor, Stein und Eisen Bricht – Cannstatter Volksfest (vom 29.09.2013), auf: https://www.youtube.com/watch?v=yBgjofmGAf8 [08.03.2015].

Mexico, auf: Songtexte: Böhse Onkelz. Mexico, auf: http://www.songtexte.com/songtext/bohse-onkelz/mexico-73dccea1.html [16.01.2015].

Nach Hause, nach Hause, auf: Youtube: Nach Hause gehn wir nicht (vom 05.09.2010), auf: http://www.youtube.com/watch?v=0Qv-kHZTC-4 [08.03.2015].

Rucki-Zucki, auf: Youtube: Ernst Neger - Rucki Zucki (vom 09.02.2009), auf: https://www.youtube.com/watch?v=M1CrUWelxlI [17.01.2015].

Saufen, saufen, saufen, auf: Youtube: Wasen SAUFEN SAUFEN SAUFEN (vom 14.02.2007), auf: http://www.youtube.com/watch?v=8CfudpaqOHE&feature=related [08.03.2015].

Schatzi schenk mir ein Foto, auf: Youtube: Mickie Krause - Schatzi schenk mir ein Foto LIVE @ Grandl 2011 (08.10.2011), auf: https://www.youtube.com/watch?v=3XQ7ip8QYkY [10.01.2015].

Scheiß drauf, auf: Youtube: Scheiß drauf! Peter Wackel live mit den W.I.P.S. - Die Partyband (vom 24.10.2013), auf: https://www.youtube.com/watch?v=PLiaHXjZyuk [15.01.2015].

Schneewalzer, auf: Youtube: Schneewalzer beim Oktoberfest 2009 (vom 27.10.2009), auf: https://www.youtube.com/watch?v=Y66LdGdoHXY [14.01.2015].

Sierra Madre, auf: Magistrix: Songtexte. Schürzenjäger. Sierra Madre, auf: http://www.magistrix.de/lyrics/Sch%C3%BCrzenj%C3%A4ger/Sierra-Madre-37230.html [08.03.2015].

Sweet home Alabama, auf: AZLyrics: Lynyrd Skynyrd, auf: http://www.azlyrics.com/lyrics/lynyrdskynyrd/sweethomealabama.html [08.03.2015].

Tage wie diese, auf: Lyricsreg: Die Toten Hosen lyrics: Tage wie diese, auf: http://www.lyricsreg.com/lyrics/die+toten+hosen/Tage+wie+diese/ [08.03.2015].

Über den Wolken, auf: Youtube: Dieter Thomas Kuhn, Über den Wolken (vom 07.05.2009), auf: https://www.youtube.com/watch?v=XXOnAd5vQ5E [14.01.2015].

Viva Colonia, auf: Golyr: Songtexte. Viva Colonia Lyrics, Höhner, auf: http://www.golyr.de/hoehner/songtext-viva-colonia-489089.html [08.03.2015].

Volare, auf: Youtube: Oktoberfest Volare ohoh.MOV (vom 24.03.2011), auf: https://www.youtube.com/watch?v=PXff4u45wPc [14.01.2015].

Wahnsinn, auf: Youtube: Lollies - Wahnsinn (Hölle, Hölle, Hölle) „LIVE" (vom 18.12.2006), auf: https://www.youtube.com/watch?v=H_1VtX1XCRs [10.01.2015].

Wasen, du mein Traum, auf: Youtube: Wasen Du mein Traum (vom 19.03.2007), auf: http://www.youtube.com/watch?v=hzidgjbG1ME [08.03.2015].

We are the Champions, auf: Youtube: We are the Champions Queen Cover von White Eagle (vom 31.05.2009), auf: https://www.youtube.com/watch?v=VmXTWrNVpJg [16.01.2015].

Weiß der Geier, auf: Laut: Wolfgang Petry. Weiß der Geier, auf: http://www.laut.de/Wolfgang-Petry/Songs/Weiss-Der-Geier-621240 [14.01.2015].

Wer soll das bezahlen, auf: Golyr: Jupp Schmitz. Wer soll das bezahlen Lyrics, auf: http://www.golyr.de/jupp-schmitz/songtext-wer-soll-das-bezahlen-700351.html [17.01.2015].

Wir gehn zum Wasen, auf: Youtube: Wir gehn zum Wasen II (vom 12.06.2007), auf: http://www.youtube.com/watch?v=e0-PgSev1U4 [08.03.2015].

YMCA, auf: Youtube: 50 seconds at the Wasen - YMCA (vom 07.10.2012), auf: https://www.youtube.com/watch?v=xkIL9PzfZw4 [14.01.2015].

9.3 Literaturverzeichnis

Publikationen: Print und Online

Abrahams, Roger D.: The Language of Festivals: Celebrating the Economy. In: Turner, Victor (Hg.): Celebration. Studies in Festivity and Ritual. Washington D.C. 1982, S. 161-177.

Alfermann, Dorothee: Geschlechterforschung im Sport. Stereotype, Vorurteile und Diskriminierung (eingestellt 17.11.2010, Sammelbandveröffentlichung. Frankfurt a.M. 2008), S. 1-9, auf: http://www.uni-leipzig.de/~frages/uploads/media/Dorothee_Alferman_Geschlechterforschung_im_Sport.pdf [08.03.2015].

Anders, Kenneth: Trance in Balance. Über die zahlreichen, aber unvermeidlichen Seiltänze des Rock 'n Roll. In: Kriese, Konstanze (Hg.): Zwischen Rausch und Ritual. Zum Phänomen des Starkults. Berlin 1994, S. 54-67.

Assmann, Jan: Der zweidimensionale Mensch: das Fest als Medium des kollektiven Gedächtnisses. In: Ders./Sundermeier, Theo (Hg.): Das Fest und das Heilige. Religiöse Kontrapunkte zur Alltagswelt. Gütersloh 1991, S. 13-30.

Bachmann, Götz/Wittel, Andreas: Medienethnographie. In: Ayass, Ruth/Bergmann, Jörg R. (Hg.): Qualitative Methoden der Medienforschung. Reinbek/Hamburg 2006, S. 183-219.

Bakhtin, Mikhail: Rabelais and his World. Cambridge, Mass./London 1968.

Barnessoi, Ulrike: zigarrn, zigaretten, zigarillos ...! impressionen aus dem arbeitsalltag. In: Münchner Stadtmuseum (Hg.): Das Oktoberfest. Einhundertfünfundsiebzig Jahre bayerischer National-Rausch. München 1985, S. 248-250.

Baumann, Max Peter: Ethnomusikologische Feldforschung. In: Haid, Gerlinde/
Hemetek, Ursula/Pietsch, Rudolf (Hg.): Volksmusik. Wandel und Deutung.
Festschrift für Walter Deutsch. Wien/Köln/Weimar 2000, S. 28-47.

Bausinger, Hermann: Da capo: Folklorismus. In: Lehmann, Albrecht/Kuntz,
Andreas (Hg.): Sichtweisen der Volkskunde. Zur Geschichte und Forschungspraxis einer Disziplin. Berlin/Hamburg 1988, S. 321-328, auf: http://nbn-re-
solving.de/urn:nbn:de:bsz:21-opus-48474 [08.03.2015].

Bausinger, Hermann: Der herbe Charme des Landes. Gedanken zu Baden-Württemberg. Tübingen 2006.

Bausinger, Hermann: „Ein Abwerfen der großen Last ...". Gedanken zur städtischen Festkultur. In: Hugger, Paul/Burkert, Walter/Lichtenhahn, Ernst (Hg.):
Stadt und Fest. Zu Geschichte und Gegenwart europäischer Festkultur. Un-
terägeri/Stuttgart 1987, S. 251-267.

Bausinger, Hermann: Heimat in einer offenen Gesellschaft. In: Cremer, Will/
Althoetmar-Smarczyk Susanne (Red.): Heimat, hgg. v. Bundeszentrale für politische Bildung. Bonn 1990, S. 76-90.

Bausinger, Hermann: Identität. In: Ders. et al.: Grundzüge der Volkskunde. 4.
durchges. Aufl. mit einem Vorwort von Kaspar Maase. Darmstadt 1999, S.
204-263.

Bausinger, Hermann: Narrenfreiheit nach Vorschrift. Zwischen Organisation und
Spontaneität. In: Narrenfreiheit. Beiträge zur Fastnachtsforschung. Tübingen
1980, S. 239-248.

Bausinger, Hermann: Tradition und Modernisierung. In: Kvideland, Reimund
(Hg.): Tradition and Modernization. Plenary Papers Read at the Fourth Inter-
national Congress of the Société International d'Ethnologie et de Folklore.
Turku 1992, S. 9-19.

Bausinger, Hermann: Typisch deutsch. Wie deutsch sind die Deutschen? München 2000.

Bausinger, Hermann: Zur Identität der Baden-Württemberger. Kulturelle Raumstruktur und Kommunikation in Baden-Württemberg. Stuttgart 1996.

Bechdolf, Ute: Kulturwissenschaftliche Medienforschung. Film und Fernsehen.
In: Göttsch, Silke/Lehmann, Albrecht (Hg.): Methoden in der Volkskunde.
Positionen, Quellen, Arbeitsweisen der Europäischen Ethnologie. 2. überarb.,
erw. Aufl. Berlin 2007, S. 289-315.

Bechdolf, Ute (Hg.): Tanzlust. Empirische Untersuchungen zu Formen alltäglichen Tanzvergnügens. Tübingen 1998.

Bechdolf, Ute/Scheer, Monique: Einleitung. In: Bechdolf, Ute (Hg.): Tanzlust.
Empirische Untersuchungen zu Formen alltäglichen Tanzvergnügens. Tübingen 1998, S. 9-14.

Beneder, Beatrix: Männerort Gasthaus? Öffentlichkeit als sexualisierter Raum. Frankfurt a.m./New York 1997.

Bergesen, Albert: Die rituelle Ordnung. In: Belliger, Andréa/Krieger, David J. (Hg.): Ritualtheorien. Ein einführendes Handbuch. Opladen/Wiesbaden 1998, S. 49-76.

Bernhard, Andreas: Ganz oben. In: Süddeutsche Zeitung/Magazin 37/2012, auf: http://sz-magazin.sueddeutsche.de/texte/anzeigen/38359/2/1 [08.03.2015].

Besch, Werner: Duzen, Siezen, Titulieren. zur Anrede im Deutschen heute und gestern. Göttingen 1996, auf: http://digi20.digitale-sammlungen.de/de/fs1/object/display/bsb00048254_00031.html?prox=true&subjectS-WD={Deutsch}{Anrede}&context=&ngram=true&hl=scan&mode=simple [08.03.2015].

Bimmer, Andreas C.: Besucher von Festen. Beiträge zur systematischen Erforschung. In: Köstlin, Konrad/Bausinger, Hermann (Hg.): Heimat und Identität. Probleme regionaler Kultur. Kongress der Deutschen Gesellschaft für Volkskunde in Kiel 1979. Neumünster 1980, S. 81-90.

Bimmer, Andreas C.: Zur Typisierung gegenwärtiger Feste. In: Ders./Gruppe-Kelpanides, Heidemarie (Hg.): Feste in Hessen. Hessische Blätter für Volks- und Kulturforschung, Bd. 4. Gießen 1977, S. 38-48.

Blessing, Werner K.: Fest und Vergnügen der „kleinen Leute". Wandlungen vom 18. zum 20. Jahrhundert. In: van Dülmen, Richard/Schindler, Norbert (Hg.): Volkskultur. Zur Wiederentdeckung des vergessenen Alltags. Frankfurt a.m. 1984, S. 352-379, 432-437.

Bodmer, Ines/Dittrich, Adolf/Lamparter, Daniel: Außergewöhnliche Bewusstseinszustände – ihre gemeinsame Struktur und Messung. In: Dittrich, Adolf/Hofmann, Albert/Launer, Hanscarl (Hg.): Welten des Bewusstseins. Bd. 3. Berlin 1994, S. 45-58.

Bosch, Claudia: „Ein Prosit der Gemütlichkeit". The German Beer Hall as Place of Cultural Performance. In: Environment, Space, Place, Vol. 3.2. Fall 2011, S. 97-121.

Bourdieu, Pierre: Die feinen Unterschiede. Kritik der gesellschaftlichen Urteilskraft. 6. Aufl. Frankfurt a.m. 1993.

Bourdieu, Pierre: Narzisstische Reflexivität und wissenschaftliche Reflexivität. In: Berg, Eberhard/Fuchs, Martin (Hg.): Kultur, soziale Praxis, Text. Die Krise der ethnographischen Repräsentation. Frankfurt a.m. 1993, S. 365-374.

Brandl-Risi, Bettina: Feier des Publikums. Zur Herstellung von Gemeinschaften zwischen Andacht und Partizipation. In: Risi, Clemens et al. (Hg.): Theater als Fest – Fest als Theater. Bayreuth und die moderne Festspielidee. Leipzig 2010, S. 198-214.

Braun, Karl: Karneval? Karnevaleske! Zur volkskundlich-ethnologischen Erforschung karnevalesker Ereignisse. In: Zeitschrift für Volkskunde 98/2002, S. 1-15.

Brecheis, Karl-Heinz: Viel Spaß auf dem Oktoberfest. Oldenburg 1997.

Bromberger, Christian: Fußball als Weltsicht und als Ritual. In: Belliger, Andréa/ Krieger, David J. (Hg.): Ritualtheorien. Ein einführendes Handbuch. Opladen/ Wiesbaden 1998, S. 285-301.

Brunner, Heinz-Rudi: Volksfeste zwischen Rhein-Main und Neckar. Studien zum Folklorismus der Gegenwart. Bern/Frankfurt a.m. 1974.

Bubner, Rüdiger: Ästhetisierung der Lebenswelt. In: Haug, Walter/Warning, Rainer (Hg.): Das Fest. München 1989, S. 651-662.

Caduff, Corina/Pfaff-Czarnecka, Joanna (Hg.): Rituale heute. Theorien – Kontroversen – Entwürfe. Berlin 1999.

Caillois, Roger: Der Mensch und das Heilige. Erweiterte Ausgabe. München/ Wien 1988.

Canetti, Elias: Masse und Macht. 25. Aufl. Frankfurt a.M. 1999.

Cremer, Will/Klein, Ansgar: Heimat in der Moderne. In: Cremer, Will/Althoetmar-Smarczyk Susanne (Red.): Heimat, hgg. v. Bundeszentrale für politische Bildung. Bonn 1990, S. 33-55.

Csikszentmihalyi, Mihaly: Flow. The Psychology of Optimal Experience. New York 1991.

Därmann, Iris: Die Tischgesellschaft. Zur Einführung. In: Dies./Lemke Harald (Hg.): Die Tischgesellschaft. Philosophische und kulturwissenschaftliche Annäherungen. Bielefeld 2008, S. 15-41.

Deile, Lars: Feste – eine Definition. In: Maurer, Michael (Hg.): Das Fest. Beiträge zu seiner Theorie und Systematik. Köln/Weimar/Wien 2004, S. 1-17.

Denzin, Norman K.: Reading Film – Filme und Videos als sozialwissenschaftliches Erfahrungsmaterial. In: Flick, Uwe/von Kardorff, Ernst/Steinke, Ines (Hg.): Qualitative Forschung. Ein Handbuch. 6. durchges. und aktualisierte Aufl. Reinbek/Hamburg 2008, S. 416-428.

Dering, Florian: Das reservierte Vergnügen. In: Münchner Stadtmuseum (Hg.): Das Oktoberfest. Einhundertfünfundsiebzig Jahre bayerischer National-Rausch. München 1985, S. 311.

Dering, Florian: Volksbelustigungen. Nördlingen 1986.

Dering, Florian/Eymold, Ursula: Bier – Oktoberfest – Museum. München 2007.

Dering, Florian/Eymold, Ursula: Das Oktoberfest 1810-2010. Wegen Überfüllung geschlossen. Offizielle Festschrift der Landeshauptstadt München. München 2010.

Deutscher Schaustellerbund e.V.: Die Bedeutung des Wirtschaftsfaktors Volksfest. Langfassung. Bonn/Köln 2000, auf: http://www.dsbev.de/fileadmin/ pdfs/Marktstudie Langfassung.pdf [08.03.2015].

Dreier, Wolfgang/Egger, Irene: YouTube: Kollektiver Speicher und Plattform. In: Österreichisches Volksliedwerk. Jahrbuch Bd. 61/2012, S. 123-138.

Dröge, Franz/Krämer-Badoni, Thomas: Die Kneipe. Zur Soziologie einer Kulturform oder „Zwei Halbe auf mich!" Frankfurt a.M. 1987.

Droste, Marie-Luise/Vanja, Konrad: Volksfeste – Formen und Funktionen einer öffentlichen Veranstaltung. In: Bimmer, Andreas C. (Hg.): Hessentag: Ein Fest der Hessen? Anspruch und Wirklichkeit eines organisierten Volksfestes. Marburg 1973, S. 1-27.

Durkheim, Emile: The Elementary Forms of the Religious Life. New York 1961.

Eberstaller, Gerhard: Schön ist so ein Ringelspiel: Schausteller, Jahrmärkte und Volksfeste in Österreich. Geschichte und Gegenwart. Wien 2004.

Egger, Simone: Phänomen Wiesntracht. Identitätspraxen einer urbanen Gesellschaft. Dirndl und Lederhosen, München und das Oktoberfest. München 2008a.

Egger, Simone: Phänomen Wiesntracht. Oktoberfestbesucher und ihre Kleider zwischen modischer Orientierung und Suche nach Identität. In: Bayerisches Jahrbuch für Volkskunde 2008b, S. 79-95.

Eisch, Katharina: Grenze. Eine Ethnographie des bayerisch-böhmischen Grenzraums. München 1996.

Eisenbach-Stangl, Irmgard et al.: Jugendliche Alkoholszenen. Policy Brief November. Wien 2008, auf: http://www.euro.centre.org/data/1349444152_6356.pdf [08.03.2015].

Elias, Norbert: Über den Prozess der Zivilisation. Soziogenetische und psychogenetische Untersuchungen. Bd. 1 und 2, 21. neu durchges. u. erw. Aufl. Frankfurt a.M. 1997.

Fauser, Peter: Des Volkes Tanzen heute. Beobachtungen bei einer Kirmes in Südthüringen. In: Bröcker, Marianne (Hg.): Tanz und Tanzmusik in Überlieferung und Gegenwart. Bamberg 1992, S. 169-185.

Feilhauer, Angelika: Feste feiern in Deutschland. Ein Führer zu alten und neuen Volksfesten und Bräuchen. Zürich 2000.

Fischer-Lichte, Erika: Einleitung. Theatralität als kulturelles Modell. In: Dies. et al. (Hg.): Theatralität als Modell in den Kulturwissenschaften. Tübingen/Basel 2004, S. 7-26.

Fischer-Lichte, Erika: Theater als Modell für eine performative Kultur – Zum performative turn in der europäischen Kultur des 20. Jahrhunderts. Saarbrücken 2000.

Fischer-Lichte, Erika/Warstat, Matthias: Einleitung. Staging Festivity. Theater und Fest in Europa. In: Dies. (Hg.): Staging Festivity. Theater und Fest in Europa. Tübingen/Basel 2009, S. 9-30.

Fiske, John: Understanding Popular Culture. Boston/London/Sydney/Wellington 1989.

Flick, Uwe: Qualitative Forschung. Theorie, Methoden, Anwendung in Psychologie und Sozialwissenschaften. 4. Aufl. Reinbek/Hamburg 1999.

Flick, Uwe: Triangulation in der qualitativen Forschung. In: Ders./von Kardorff, Ernst/Steinke, Ines (Hg.): Qualitative Forschung. Ein Handbuch. 6. durchges. und aktualisierte Aufl. Reinbek/Hamburg 2008, S. 309-318.

Focht, Josef: Die Anfänge der oberbayerischen Volksmusikpflege in der Zwischenkriegszeit. In: Groote, Inga Mai (Hg.): Musik in der Geschichte. Zwischen Funktion und Autonomie. München 2011, S. 111-134.

Freud, Sigmund: Der Witz und seine Beziehung zum Unbewussten. Leipzig/ Wien 1905.

Friebertshäuser, Barbara: Feldforschung und teilnehmende Beobachtung. In: Dies./Prengel, Annedore (Hg.): Handbuch Qualitative Forschungsmethoden in der Erziehungswissenschaft. Weinheim/München 1997, S. 503-534.

Fritsch, Regina/Tegtmeier-Breit, Annegret: Forschungen zu Festen und Bräuchen in einer Kleinregion. Eine Einführung. In: Dröge, Kurt/Tappe, Imke (Hg.): Festkultur in Lippe. Beiträge zum öffentlichen Festwesen im 19. und 20. Jahrhundert. Münster/New York 1994, S. 1-45.

Fuchs, Susan: Waffe und Symbol. Exkurs über das Mikrophon im qualitativen Interview. In: Tübinger Korrespondenzblatt 38/1991, S. 29-33.

Gabányi, Stefan: Nationalgetränk in der Krise. Bier + Deutsch = Problem. In: Süddeutsche Zeitung, 17.05.2010, auf: http://www.sueddeutsche.de/ leben/nationalgetraenk-in-der-krise-bier-deutsch-problem-1.699418-3 [08.03.2015].

Gallwas, Hans-Ullrich: Das Oktoberfest – Ein Lehrstück zur Rechtswirklichkeit. In: Ders./Gauweiler, Peter/Lippstreu, Wolfgang: Das Oktoberfest. München 1984, S. 9-14.

Gebhard, Gunther/Geisler, Oliver/Schröter, Steffen: Heimatdenken: Konjunkturen und Konturen. Statt einer Einleitung. In: Dies. (Hg.): Heimat. Konturen und Konjunkturen eines umstrittenen Konzepts. Bielefeld 2007, S. 9-56.

Gebhardt, Winfried: Der Reiz des Außeralltäglichen. Zur Soziologie des Festes. In: Casper, Bernhard/Sparn, Walter (Hg.): Alltag und Transzendenz. Studien zur religiösen Erfahrung in der gegenwärtigen Gesellschaft. Freiburg/München 1992, S. 67-88.

Gebhardt, Winfried: Die Verszenung der Gesellschaft und die Eventisierung der Kultur. Kulturanalyse jenseits traditioneller Kulturwissenschaften und Cultural Studies. In: Göttlich, Udo/Gebhardt, Winfried/Albrecht, Clemens (Hg.): Populäre Kultur als repräsentative Kultur. Die Herausforderungen der Cultural Studies. Köln 2002, S. 287-305.

Gebhardt, Winfried: Fest, Feier und Alltag: Über die gesellschaftliche Wirklichkeit des Menschen und ihre Deutung. Frankfurt a.M./Bern/New York/Paris 1987.

Gebhardt, Winfried: Feste, Feiern und Events. Zur Soziologie des Außergewöhnlichen. In: Ders./Hitzler, Ronald/Pfadenhauer, Michaela (Hg.): Events. Soziologie des Außergewöhnlichen. Opladen 2000, S. 17-31.

Geertz, Clifford: Dichte Beschreibung. Beiträge zum Verstehen kultureller Systeme. 6. Aufl. Frankfurt a.M. 1999.

Gerndt, Helge: Münchener Untersuchungen zum Festwesen. In: Köstlin, Konrad/Bausinger, Hermann (Hg.): Heimat und Identität. Probleme regionaler Kultur. Kongress der Deutschen Gesellschaft für Volkskunde in Kiel 1979. Neumünster 1980, S. 99-111.

Girtler, Roland: Die „teilnehmende unstrukturierte Beobachtung" – ihr Vorteil bei der Erforschung des sozialen Handelns und des in ihm enthaltenen Sinns. In: Aster, Reiner (Hg.): Teilnehmende Beobachtung. Werkstattberichte und methodische Reflexionen. Frankfurt a.M./New York 1989, S. 103-113.

Girtler, Roland: Methoden der qualitativen Sozialforschung. Anleitung zur Feldarbeit. Wien/Köln/Graz 1984.

Gladigow, Burkhard: Ekstase und Enthusiasmos. Zur Anthropologie und Soziologie ekstatischer Phänomene. In: Cancik, Hubert (Hg.): Rausch, Ekstase, Mystik. Grenzformen religiöser Erfahrung. Düsseldorf 1978, S. 23-40.

Göttle, Gabriele: Deutsche Bräuche. Ermittlungen in Ost und West. Frankfurt a.M. 1994.

Göttlich, Udo/Winter, Rainer: Die Politik des Vergnügens. Aspekte der Popularkulturanalyse in den Cultural Studies. In: Dies. (Hg.): Politik des Vergnügens: zur Diskussion der Populärkultur in den Cultural Studies. Köln 2000, S. 7-19.

Götz, Irene: Nationale und regionale Identitäten. Zur Bedeutung von territorialen Verortungen in der Zweiten Moderne. In: Seifert, Manfred (Hg.): Zwischen Emotion und Kalkül. „Heimat" als Argument im Prozess der Moderne. Leipzig 2010, S. 205-218.

Goffman, Erving: Interaktionsrituale. Über Verhalten in direkter Kommunikation. 5. Aufl. Frankfurt a.M. 1999.

Grabowski, Ralf: „Zünftig, bunt und heiter". Beobachtungen über Fans des volkstümlichen Schlagers. Tübingen 1999.

Grandl, Hans-Peter/Hutter, Carolyn: Uff 'm Wasa. Das ultimative Wasenbuch. Stuttgart 2010.

Greverus, Ina-Maria: Brauchen wir Feste? In: Bimmer, Andreas C./Gruppe-Kelpanides, Heidemarie (Hg.): Feste in Hessen. Hessische Blätter für Volks- und Kulturforschung, Bd. 4. Gießen 1977, S. 1-9.

Grimes, Ronald: Typen ritueller Erfahrung. In: Belliger, Andréa/Krieger, David J. (Hg.): Ritualtheorien. Ein einführendes Handbuch. Opladen/Wiesbaden 1998, S. 119-134.

Güntert, Manuel: Sozialverhalten auf Studentenparties: Fallstudie und Literaturanalyse. Magisterarbeit. Konstanz 2004, auf: http://nbn-resolving.de/urn:nbn:de:bsz:352-opus-40295 [08.03.2015].

Guth, Klaus: Alltag und Fest. Aspekte und Probleme gegenwärtiger Festkulturforschung. In: Schweizerisches Archiv für Volkskunde 81/1985, S. 59-78.

Hägele, Ulrich: Foto – Ethnographie. Die visuelle Methode in der volkskundlichen Kulturwissenschaft. Tübingen 2007.

Hägele, Ulrich: Visual Folklore. Zur Rezeption und Methodik der Fotografie in der Volkskunde. In: Göttsch, Silke/Lehmann, Albrecht (Hg.): Methoden in der Volkskunde. Positionen, Quellen, Arbeitsweisen der Europäischen Ethnologie. 2., überarb. und erw. Aufl. Berlin 2007, S. 317-342.

Harper, Douglas: Fotografien als sozialwissenschaftliche Daten. In: Flick, Uwe/ von Kardorff, Ernst/Steinke, Ines (Hg.): Qualitative Forschung. Ein Handbuch. 6., durchges. und aktualisierte Aufl. Reinbek/Hamburg 2008, S. 404-416.

Harth, Dietrich: Handlungstheoretische Aspekte der Ritualdynamik. In: Ders./ Schenk, Gerrit Jasper (Hg.): Ritualdynamik. Kulturübergreifende Studien zur Theorie und Geschichte rituellen Handelns. Heidelberg 2004, S. 95-113.

Harth, Dietrich /Schenk, Gerrit Jasper (Hg.): Ritualdynamik. Kulturübergreifende Studien zur Theorie und Geschichte rituellen Handelns. Heidelberg 2004.

Hartl, Andrea: Eintauchen in die Masse. Ein kurzer Abriss der vier größten Volksfeste in Deutschland. In: Szabo, Sacha (Hg.): Kultur des Vergnügens: Kirmes und Freizeitparks – Schausteller und Fahrgeschäfte. Facetten nicht-alltäglicher Orte. Bielefeld 2009, S. 81-92.

Hartl, Andrea: Oktoberfest und Cannstatter Volksfest. Vom Nationalfest zum Massenvergnügen. München 2010.

Hartmann, Hans A./Haubl, Rolf: „Erlebe Dein Leben!" Eine Einführung. In: Dies. (Hg.): Freizeit in der Erlebnisgesellschaft. Amüsement zwischen Selbstverwirklichung und Kommerz. Opladen 1996, S. 7-18.

Heinlein, Michael/Seßler, Katharina: Die vergnügte Gesellschaft. Eine (kleine) Einleitung. In: Dies. (Hg.): Die vergnügte Gesellschaft. Ernsthafte Perspektiven auf modernes Amüsement. Bielefeld 2012, S. 9-15.

Hellmuth, Thomas/Hiebl, Ewald: Trinkkultur und Identität. Bemerkungen zu einer neuen Kulturgeschichte des Trinkens. In: Kolmer, Lothar/Rohr, Christian (Hg.): Mahl und Repräsentation. Der Kult ums Essen. Paderborn/München/ Wien/Zürich 2000, S. 213-225.

Henecka, Hans Peter: Soziale Bedingungen von Festen. Zur Dramaturgie des Außeralltäglichen. In: Beilharz, Richard/Frank, Gerd (Hg.): Feste: Erscheinungs- und Ausdrucksformen, Hintergründe, Rezeption. Festschrift. Walter Riethmüller zum 65. Geburtstag. Weinheim 1991, S. 13-24.

Hengartner, Thomas: Volkskundliches Forschen im, mit dem und über das Internet. In: Göttsch, Silke/Lehmann, Albrecht (Hg.): Methoden in der Volkskunde. Positionen, Quellen, Arbeitsweisen der Europäischen Ethnologie. 2., überarb. und erw. Aufl. Berlin 2007, S. 188-218.

Hepp, Andreas: Cultural Studies und Medienanalyse. Eine Einführung. 3., überarb. und erw. Aufl. Wiesbaden 2010.

Hesslinger, Eva: Betriebsfeiern als Spiegel des Betriebsalltags? Zum Problem der Repräsentation komplexer Settings durch einzelne Kultursegmente. In: Schweizerisches Archiv für Volkskunde 93/1997, S. 137-168.

Heuschele, Otto: Das Festliche zwischen Kunst und Rummel. In: Kaltenbrunner, Gerd-Klaus (Hg.): Grund zum Feiern. Abschaffung und Wiederkehr der Feste. Freiburg 1981, S. 168-174.

Hildebrandt, Walter: Ritus und Leidenschaft. Anthropologische Bemerkungen zum Festefeiern. In: Kaltenbrunner, Gerd-Klaus (Hg.): Grund zum Feiern. Abschaffung und Wiederkehr der Feste. Freiburg 1981, S. 130-144.

Homann, Harald: Soziologische Ansätze einer Theorie des Festes. In: Maurer, Michael (Hg.): Das Fest. Beiträge zu seiner Theorie und Systematik. Köln/Weimar/Wien 2004, S. 95-113.

Hopf, Christel: Norm und Interpretation. Einige methodische und theoretische Probleme der Erhebung und Analyse subjektiver Interpretationen in qualitativen Untersuchungen. In: Zeitschrift für Soziologie 11/1982, S. 307-329.

Horak, Roman: „Dahoam is Dahoam". Über die Effektivität der ,Volkstümlichen Musik'. In: Göttlich, Udo/Winter, Rainer (Hg.): Politik des Vergnügens. Zur Diskussion der Populärkultur in den Cultural Studies. Köln 2000, S. 233-250.

Hugger, Paul: Einleitung: Das Fest – Perspektiven einer Forschungsgeschichte. In: Ders./Burkert, Walter/Lichtenhahn, Ernst (Hg.): Stadt und Fest. Zu Geschichte und Gegenwart europäischer Festkultur. Unterägeri/Stuttgart 1987, S. 9-24.

Hugger, Paul: Die Ritualisierung des Alltags. In: Ders. (Hg.): Handbuch der schweizerischen Volkskultur. Bd. 3. Basel 1992, S. 1433-1440.

von Ins, Jürg: Der Rhythmus des Rituals. Grundlagen einer ethnologischen Ritualsemiotik, entwickelt am Beispiel des Ndëpp der Lebun (Senegal). Berlin 2001.

Jacobsen, Lenz: Istanbuls überwältigendes Wir-Gefühl. In: Zeit Online, 04.06.2013, auf: http://www.zeit.de/politik/ausland/2013-06/istanbul-proteste-taksim-platz [08.03.2015].

Jeggle, Utz: Alkohol und Industrialisierung. Ein spezielles Kapitel zur Kulturgeschichte des Rausches. In: Cancik, Hubert (Hg.): Rausch, Ekstase, Mystik. Grenzformen religiöser Erfahrung. Düsseldorf 1978, S. 78-94.

Jeggle, Utz: Bemerkungen zur deutschen Geselligkeit. In: Sociabilité et société en France, en Allemagne et en Suisse. 1750-1850, ed. Recherche sur les Civilisations. Paris 1986, S. 223-234.

Jeggle, Utz: Geheimnisse der Feldforschung. In: Nixdorf, Heide/Hauschild, Thomas (Hg.): Europäische Ethnologie. Theorie- und Methodendiskussionen aus ethnologischer und volkskundlicher Sicht. Berlin 1982, S. 187-204.

Jeggle, Utz: Verständigungsschwierigkeiten im Feld. In: Ders. (Hg.): Feldforschung. Qualitative Methoden in der Kulturanalyse. Tübingen 1984b, S. 93-112.

Jeggle, Utz: Zur Geschichte der Feldforschung in der Volkskunde. In: Ders. (Hg.): Feldforschung. Qualitative Methoden in der Kulturanalyse. Tübingen 1984a, S. 11-46.

Jung, Vera: Körperlust und Disziplin. Studien zur Fest- und Tanzkultur im 16. und 17. Jahrhundert. Köln/Weimar/Wien 2001.

Jurzik, Renate: Der Stoff des Lachens. Studien über Komik. Frankfurt a.m./New York 1985.

Käfer, Sabine: Oktoberfest Insider Guide. Kempen 2005.

Kaschuba, Wolfgang: Ritual und Fest. Das Volk auf der Straße. In: van Dülmen, Richard (Hg.): Dynamik der Tradition. Studien zur historischen Kulturforschung. Frankfurt a.m. 1992, S. 240-267.

Keifenheim, Barbara: Der Einsatz von Film und Video. In: Beer, Bettina (Hg.): Methoden ethnologischer Feldforschung. 2., überarb. und erw. Aufl. Berlin 2008, S. 277-291.

Kelle, Helga: Die Komplexität sozialer und kultureller Wirklichkeit als Problem qualitativer Forschung. In: Friebertshäuser, Barbara/Prengel, Annedore (Hg.): Handbuch Qualitative Forschungsmethoden in der Erziehungswissenschaft. Weinheim/München 1997, S. 192-208.

Keller-Drescher, Lioba: Die Ordnung der Kleider. Ländliche Mode in Württemberg 1750-1850. Tübingen 2003.

Kemper, Peter: Nur Kult lässt keinen kalt. Veranstaltungen im Medienzeitalter. In: Ders. (Hg.): Der Trend zum Event. Frankfurt a.M. 2001, S. 184-200.

Klauser, Helene: Kölner Karneval zwischen Uniform und Lebensform. Münster/New York/München/Berlin 2007.

Kleiner, Marcus S.: Populäre Kulturen, Popkulturen, populäre Medienkulturen als missing link im Diskurs zur Performativität von Kulturen und Kulturen des Performativen. In: Ders./Wilke, Thomas (Hg.): Performativität und Medialität populärer Kulturen. Theorien, Ästhetiken, Praktiken. Wiesbaden 2013, S. 13-48.

Klotz, Anna: Die unsichtbare „Tracht". Die Württemberg Kollektion und Trachtenpraxis auf dem Stuttgarter Frühlingsfest. Bachelorarbeit (unveröffentlicht). Tübingen 2014.

Knoblauch, Hubert: Das strategische Ritual der kollektiven Einsamkeit. Zur Begrifflichkeit und Theorie des Events. In: Gebhardt, Winfried/Hitzler, Ronald/Pfadenhauer, Michaela (Hg.): Events. Soziologie des Außergewöhnlichen. Opladen 2000, S. 33-50.

Knuf, Joachim/Schmitz, H. Walter: Ritualisierte Kommunikation und Sozialstruktur mit einem Beitrag von Peter Masson. Hamburg 1980.

Köhn, Bettina/Mihr, Annika M.: „Ich glaube, man kann auch nicht überall alleine reingehen". Eine empirische Untersuchung über Frauen und Kneipen. In: Schwibbe, Gudrun (Hg.): Kneipenkultur. Untersuchungen rund um die Theke. Münster 1998, S. 229-242.

Kolb, Matthias: Anstoßen, absetzen, austrinken. In: Berliner Zeitung, 18.08.2005, auf: http://www.berliner-zeitung.de/archiv/ein-seltsamer-brauch-der-bayern-harrt-der-erklaerung-anstossen–absetzen–austrinken,10810590,10311386.html [08.03.2015].

Kolmer, Lothar: Ein Glas für Sieben – sieben Gläser für einen. Repräsentation per Distanz oder Form follows consumption. In: Ders./Rohr, Christian (Hg.): Mahl und Repräsentation. Der Kult ums Essen. Paderborn/München/Wien/Zürich 2000, S. 99-111.

Kopiez, Reinhard/Brink, Guido: Fußball – Fangesänge. Eine FANomenologie. Würzburg 1998.

Köpping, Klaus-Peter: Fest. In: Wulf, Christoph (Hg.): Vom Menschen. Handbuch historische Anthropologie. Weinheim/Basel 1997, S. 1048-1065.

Köstlin, Konrad: Lust aufs Ganze. Die gedeutete Moderne oder die Moderne als Deutung – Volkskulturforschung in der Moderne. In: Österreichische Zeitschrift für Volkskunde NF 98/1995, S. 255-275.

Kraus, Ludwig/Piontek, Daniela/Pabst, Alexander: Epidemiologischer Suchtsurvey 2009. Repräsentativerhebung zum Gebrauch und Missbrauch psychoaktiver Substanzen bei Erwachsenen in Bayern. IFT-Berichte, Bd. 175. München 2010, auf: http://esa-survey.de/fileadmin/user_upload/esa_laenderberichte/Bd_175_ESA_Bayern_2009.pdf [08.03.2015].

Kretschmer, Wolfgang: Rausch und Ekstase (Hoffnung und Enttäuschung). In: Cancik, Hubert (Hg.): Rausch, Ekstase, Mystik. Grenzformen religiöser Erfahrung. Düsseldorf 1978, S. 120-131.

Kretzenbacher, Heinz Leonhard: Vom Sie zum Du – und retour? In: Ders./Segebrecht, Wulf: Vom Sie zum Du – mehr als eine neue Konvention? Hamburg/Zürich 1991, S. 9-78.

Kreutz, Gunter: Basic Emotions in Music (vom 08.08.2000), auf: Escom Conferences: Sixth International Conference on Music Perception and Cognition. Proceedings Tuesday. Keele 2000, auf: http://www.escom.org/proceedings/ICMPC2000/Tue/Kreutz.htm [08.03.2015].

Krieger, David J./Belliger, Andréa: Einführung. In: Belliger, Andréa/Krieger, David J. (Hg.): Ritualtheorien. Ein einführendes Handbuch. Opladen/Wiesbaden 1998, S. 7-33.

Krus-Bonazza, Annette: „Auf Cranger Kirmes". Vom Pferdemarkt zum Oktoberfest des Westens. Münster 1992.

Labus, Winfried/Verstege, Wolfgang: Cranger Kirmes. Erlebnis für Millionen. 79 Farbaufnahmen vom größten Volksfest im Revier. Herne 1988.

Lacrosse, Jean-Marie: Bemerkungen über das Gelingen von „Parties". In: Hammerich, Kurt/Klein, Michael (Hg.): Materialien zur Soziologie des Alltags. KZSS Sonderheft 20/1978, S. 376-388.

Le Bon, Gustave: Psychologie der Massen. 15. Aufl. Stuttgart 1982.

Lehnert, Gertrud: Raum und Gefühl. In: Dies. (Hg.): Raum und Gefühl. Der Spatial Turn und die neue Emotionsforschung. Bielefeld 2011, S. 9-25.

Lindner, Rolf: Die Angst des Forschers vor dem Feld. In: Zeitschrift für Volkskunde 77/1981, S. 51-66.

Lindner, Rolf: Ohne Gewähr. Zur Kulturanalyse des Informanten. In: Jeggle, Utz (Hg.): Feldforschung. Qualitative Methoden in der Kulturanalyse. Tübingen 1984, S. 59-71.

Lipp, Wolfgang: Feste heute. Animation, Partizipation und Happening. In: Haug, Walter/Warning, Rainer (Hg.): Das Fest. München 1989, S. 663-683.

Lipp, Wolfgang: Gesellschaft und Festkultur. Großstadtfeste der Moderne. In: Hugger, Paul/Burkert, Walter/Lichtenhahn, Ernst (Hg.): Stadt und Fest. Zu Geschichte und Gegenwart europäischer Festkultur. Unterägeri/Stuttgart 1987, S. 231-249.

Lockowandt, Oskar: Gipfel-Erfahrungen. Die Wiederentdeckung des Dionysischen durch die humanistische Psychologie. In: Kaltenbrunner, Gerd-Klaus (Hg.): Grund zum Feiern. Abschaffung und Wiederkehr der Feste. Freiburg 1981, S. 51-77.

Lupton, Deborah: Going with the Flow. In: Nettleton Sarah/Watson, Jonathan (Hg.): The Body in Everyday Life. London/New York 1998, S. 82-99.

Maase, Kaspar: Die Menge als Attraktion ihrer selbst. Notizen zu ambulatorischen Vergnügungen. In: Szabo, Sacha (Hg.): Kultur des Vergnügens. Kirmes und Freizeitparks – Schausteller und Fahrgeschäfte. Facetten nicht-alltäglicher Orte. Bielefeld 2009, S. 13-30.

Maase, Kaspar: Jenseits der Massenkultur. Ein Vorschlag, populäre Kultur als repräsentative Kultur zu lesen. In: Göttlich, Udo/Gebhardt, Winfried/Albrecht, Clemens (Hg.): Populäre Kultur als repräsentative Kultur. Die Herausforderungen der Cultural Studies. Köln 2002, S. 79-104.

Maase, Kaspar: Selbstfeier und Kompensation. Zum Studium der Unterhaltung. In: Ders./Warneken, Bernd Jürgen (Hg.): Unterwelten der Kultur. Themen und Theorien der volkskundlichen Kulturwissenschaft. Köln 2003, S. 219-242.

Maase, Kaspar: Spiel ohne Grenzen. Von der „Massenkultur" zur „Erlebnisgesellschaft". Wandel im Umgang mit populärer Unterhaltung. In: Zeitschrift für Volkskunde 90/1994, S. 13-36.

Maaz, Markus: Sich einfach drehen und an nichts denken. Techno als Flowerfahrung. In: Kriese, Konstanze (Hg.): Zwischen Rausch und Ritual. Zum Phänomen des Starkults. Berlin 1994, S. 30-53.

MacAloon, John J.: Introduction: Cultural Performances, Culture Theory. In: Ders. (Hg.): Rite, Drama, Festival, Spectacle. Rehearsals toward a Theory of Cultural Performance. Philadelphia 1984, S. 1-15.

Macur, Franziska: Weibliche Diskurskulturen. privat, beruflich, medial. Frankfurt a.M. 2009.

Mai, Gabriele: Kneipeneinrichtungen – zwischen konservativ und alternativ. Eine Untersuchung in Göttinger Innenstadt-Kneipen. In: Schwibbe, Gudrun (Hg.): Kneipenkultur. Untersuchungen rund um die Theke. Münster 1998, S. 69-82.

Manning, Frank E.: Cosmos and Chaos: Celebration in the Modern World. In: Ders. (Hg.): The Celebration of Society. Perspectives on Contemporary Cultural Performance. Bowling Green 1983, S. 3-30.

Marquard, Odo: Kleine Philosophie des Festes. In: Schultz, Uwe (Hg.): Das Fest: eine Kulturgeschichte von der Antike bis zur Gegenwart. München 1988, S. 413-420.

Marquard, Odo: Moratorium des Alltags. Eine kleine Philosophie des Festes. In: Haug, Walter/Warning, Rainer (Hg.): Das Fest. München 1989, S. 684-691.

Martin, Gerhard M.: Fest und Alltag. Bausteine zu einer Theorie des Festes. Stuttgart/Berlin/Köln/Mainz 1973.

Maurer, Michael: Feste zwischen Memoria und Exzess. In: Ders. (Hg.): Das Fest. Beiträge zu seiner Theorie und Systematik. Köln/Weimar/Wien 2004, S. 115-134.

Maurer, Michael: Prolegomena zu einer Theorie des Festes. In: Ders. (Hg.): Das Fest. Beiträge zu seiner Theorie und Systematik. Köln/Weimar/Wien 2004, S. 19-54.

Maurer, Michael: Zur Systematik des Festes. In: Ders. (Hg.): Das Fest. Beiträge zu seiner Theorie und Systematik. Köln/Weimar/Wien 2004, S. 55-80.

Mayer, Franz: Der Stoff. In: Münchner Stadtmuseum (Hg.): Das Oktoberfest. Einhundertfünfundsiebzig Jahre bayerischer National-Rausch. München 1985, S. 300-301.

McCormack, R.W.B.: Tief in Bayern. Eine Ethnographie. Frankfurt a.M. 1991.

Mendívil, Julio: Ein musikalisches Stück Heimat. Ethnologische Beobachtungen zum deutschen Schlager. Bielefeld 2008.

Merkens, Hans: Stichproben bei qualitativen Studien. In: Friebertshäuser, Barbara/Prengel, Annedore (Hg.): Handbuch Qualitative Forschungsmethoden in der Erziehungswissenschaft. Weinheim/München 1997, S. 97-106.

Meuser, Michael/Nagel, Ulrike: Das ExpertInneninterview – Wissenssoziologische Voraussetzungen und methodische Durchführung. In: Friebertshäuser, Barbara/Prengel, Annedore (Hg.): Handbuch Qualitative Forschungsmethoden in der Erziehungswissenschaft. Weinheim/München 1997, S. 481-491.

Meuser, Michael/Nagel, Ulrike: ExpertInneninterviews – vielfach erprobt, wenig bedacht. In: Garz, Detlef/Kraimer, Klaus (Hg.): Qualitativ – europäische Sozialforschung. Konzepte, Methoden, Analysen. Opladen 1991, S. 441-471.

Michaels, Axel: „Le rituel pour le rituel" oder wie sinnlos sind Rituale? In: Caduff, Corina/Pfaff-Czarnecka, Joanna (Hg.): Rituale heute. Theorien – Kontroversen – Entwürfe. Berlin 1999, S. 23-47.

Michal, Barbara: Holzwege in Plastikwelten. Holz und seine kulturelle Bewertung als Material für Bauen und Wohnen. Bamberg 1989.

Mitzscherlich, Beate: „Heimat ist etwas, was ich mache". Eine psychologische Untersuchung zum individuellen Prozess von Beheimatung. Pfaffenweiler 1997.

Möhler, Gerda: Das Münchner Oktoberfest. Brauchformen des Volksfestes zwischen Aufklärung und Gegenwart. München 1980.

Moser, Hans: Vom Folklorismus in unserer Zeit. In: Zeitschrift für Volkskunde 58/1962, S. 177-208.

Moser, Johannes: Ansätze zu einer neueren Volksliedforschung. In: Jahrbuch für Volksliedforschung 34/1989, S. 56-69, auf: http://epub.ub.uni-muenchen. de/6378/1/Moser_Johannes_6378.pdf [08.03.2015].

Mulder van de Graaf, José/Rottenburg, Richard: Feldforschung in Unternehmen – Ethnografische Explorationen in der eigenen Gesellschaft. In: Aster, Reiner (Hg.): Teilnehmende Beobachtung. Werkstattberichte und methodische Reflexionen. Frankfurt a.m./New York, 1989, S. 19-34.

Münchner Stadtmuseum (Hg.): Das Oktoberfest. Einhundertfünfundsiebzig Jahre bayerischer National-Rausch. Ausstellungskatalog. München 1985.

Nissen, Martin: Alexis de Tocqueville. Der alte Staat und die Revolution. In: Pelzer, Erich (Hg.): Revolution und Klio. Die Hauptwerke zur Französischen Revolution. Göttingen 2004, S. 80-98, auf: http://archiv.ub.uni-heidelberg.de/ volltextserver/12226/1/Nissen_Alexis_de_Tocqueville.pdf [08.03.2015].

Novak, Andreas: Eine Ethnologie in einem deutschen mittelständischen Unternehmen – Anmerkungen zur Feldforschungs-Ideologie. In: Helmers, Sabine (Hg.): Ethnologie der Arbeitswelt. Beispiele aus europäischen und außereuropäischen Feldern. Bonn 1993, S. 165-193.

Opaschowski, Horst W.: „Wir schaffen Glückseligkeit!" Anspruch und Wirklichkeit künstlicher Freizeit und Ferienwelten. In: Wolfgang Isenberg: Kathedralen der Freizeitgesellschaft. Kurzurlaub in Erlebniswelten. 2. erw. Aufl. Bergisch Gladbach 1998, S. 11-34.

Oppitz, Michael: Montageplan von Ritualen. In: Caduff, Corina/Pfaff-Czarnecka, Joanna (Hg.): Rituale heute: Theorien – Kontroversen – Entwürfe. Berlin 1999, S. 73-95.

von Paczensky, Gert/Dünnebier, Anna: Kulturgeschichte des Essens und Trinkens. München 1997.

Pauli, Kristin: Neue Freiheit Marke ,Techno'? In: Bechdolf, Ute (Hg.): Tanzlust. Empirische Untersuchungen zu Formen alltäglichen Tanzvergnügens. Tübingen 1998, S. 197-202.

Petzoldt, Leander: Feste und Feiern in Baden-Württemberg. Karlsruhe 1990.

Petzoldt, Leander: Volkstümliche Feste. Ein Führer zu Volksfesten, Märkten und Messen in Deutschland. München 1983.

Pfeffer, Marion: Jugendliche haben immer Recht. In: Spielorte April/Mai/Juni 2011, S. 7, auf: http://issuu.com/spielorte/docs/spielorte02-11_rz_online_issuu [08.03.2015].

Piehler, Uli: Holzmichel heißt eigentlich Hausmichl. In: Oberpfalznetz.de, 21.10.2004, auf: http://www.oberpfalznetz.de/magazin/629840-101,1,0. html [08.03.2015].

Pieper, Josef: Über das Phänomen des Festes. Köln/Opladen 1963.
Pieper, Josef: Zustimmung zur Welt. Eine Theorie des Festes. 2. Aufl. München 1964.
Pietzcker, Carl: Sigmund Freud: Der Witz und seine Beziehung zum Unbewussten. In: Mauser, Wolfram (Hg.): Lachen. Würzburg 2006, S. 19-28.
Platvoet, Jan: Das Ritual in pluralistischen Gesellschaften. In: Belliger, Andréa/Krieger, David J. (Hg.): Ritualtheorien. Ein einführendes Handbuch. Opladen/Wiesbaden 1998, S. 173-190.
Praetorius, Rudolf/Hartmann, Herbert: Das Oktoberfest in Geschichten und Bildern. München 1985.
Prammer, Johannes: Die Stammwürze des Festes – das Bier. In: Huber, Alfons/Prammer, Johannes: Die fünfte Jahreszeit. 175 Jahre Gäubodenvolksfest. Straubing 1987, S. 145-152.
Preußler, Susanne: „Ain Prousitt dör Gamjutlikait". Das Fest wird exportiert. In: Münchner Stadtmuseum (Hg.): Das Oktoberfest. Einhundertfünfundsiebzig Jahre bayerischer National-Rausch. München 1985, S. 401-404.
Riesman, David/Potter, Robert J./Watson, Jeanne: Sociability, Permissiveness, and Equality. In: Riesman, David: Abundance for What? And other Essays. New York 1964, S. 196-225.
Rolshoven, Johanna: Der Rausch. Kulturwissenschaftliche Blicke auf die Normalität. In: Zeitschrift für Volkskunde 96/2000, S. 29-49.
RP-Online: Deutlich weniger deutschsprachige Musik im Radio (vom 09.03.2005), auf: http://www.rp-online.de/gesellschaft/fernsehen/deutlich-weniger-deutschsprachige-musik-im-radio-1.1606497 [08.03.2015].
Schändlinger, Robert: Visuelle Ethnographie. In: Ayass, Ruth/Bergmann, Jörg R. (Hg.): Qualitative Methoden der Medienforschung. Reinbek/Hamburg 2006, S. 350-390.
Schechner, Richard: Victor Turner's Last Adventure. In: Turner, Victor: The Anthropology of Performance. Preface by Richard Schechner. New York 1986, S. 7-20.
Schenk, Gerrit Jasper: Einleitung. Tradition und Wiederkehr des Rituellen. In: Harth, Dietrich/Schenk, Gerrit Jasper (Hg.): Ritualdynamik. Kulturübergreifende Studien zur Theorie und Geschichte des rituellen Handelns. Heidelberg 2004, S. 11-26.
Schirrmeister, Claudia: Schein-Welten im Alltagsgrau. Über die soziale Konstruktion von Vergnügungswelten. Wiesbaden 2002.
Schirrmeister, Claudia: Bratwurst oder Lachsmousse? Die Symbolik des Essens - Betrachtungen zur Esskultur. Bielefeld 2010.
Schivelbusch, Wolfgang: Das Paradies, der Geschmack und die Vernunft. Eine Geschichte der Genussmittel. Frankfurt a.M. 1995.
Schmidt-Lauber, Brigitta: Gemütlichkeit. Eine kulturwissenschaftliche Annäherung. Frankfurt a.M. 2003a.

Schmidt-Lauber, Brigitta: Orte der Gemütlichkeit. Zur Machbarkeit einer Befindlichkeit. In: Göttsch, Silke/Köhle-Hezinger, Christel (Hg.): Komplexe Welt. Kulturelle Ordnungssysteme als Orientierung. Kongress der Deutschen Gesellschaft für Volkskunde in Jena 2001. Münster u.a. 2003b, S. 125-131.

Schnyder, Mireille: Initiationsriten am Anfang des Buches. In: Caduff, Corina/Pfaff-Czarnecka, Joanna (Hg.): Rituale heute. Theorien – Kontroversen – Entwürfe. Berlin 1999, S. 191-218.

Schomburg-Scherff, Sylvia M.: Nachwort. In: Turner, Victor: Das Ritual. Struktur und Anti-Struktur. Studienausgabe. Frankfurt a.M./New York 2000, S. 198-206.

Schröder, Hartmut: Thesen und Fragen zur Thematik „Ritualisierte Tabuverletzungen, Lachkultur und das Karnevaleske". In: Rothe, Matthias/Schröder, Hartmut: Ritualisierte Tabuverletzungen, Lachkultur und das Karnevaleske. Frankfurt a.M. u.a. 2002, S. 17-20.

Schulze, Gerhard: Die Erlebnisgesellschaft. Kultursoziologie der Gegenwart. 8. Aufl. Frankfurt a.M./New York 2000.

Schulze, Gerhard: Kulissen des Glücks. Streifzüge durch die Eventkultur. Frankfurt a.M./Wien/Zürich 2001.

Schusser, Ernst: Musik in Münchner Bierkellern und Oktoberhallen. In: Noll, Günther/Schepping, Wilhelm (Hg.): Musikalische Volkskultur in der Stadt der Gegenwart. Hannover 1992, S. 180-194.

Schütte, Ulrich: Stadttor und Hausschwelle. Zur rituellen Bedeutung architektonischer Grenzen in der Frühen Neuzeit. In: Bauer, Markus/Rahn, Thomas (Hg.): Die Grenze. Begriff und Inszenierung. Berlin 1997, S. 159-176.

Schwerdtfeger, Thomas: Das Bierglas. Zwischen Gebrauchswert und Fetisch. In: Ruppert, Wolfgang (Hg.): Chiffren des Alltags. Erkundungen zur Geschichte der industriellen Massenkultur. Marburg 1993, S. 105-124.

Seeßlen, Georg: VolksTümlichkeit. Über Volksmusik, Biertrinken, Bauerntheater und andere Erscheinungen gnadenloser Gemütlichkeit im neuen Deutschland. Greiz 1993.

Sievers, Kai Detlev: Das Fest als kommunikatives System. In: Kieler Blätter zur Volkskunde 18/1986, S. 5-28.

Simmel, Georg: Soziologie der Geselligkeit. In: Verhandlungen des Ersten Deutschen Soziologentages vom 19.-22.10.1910 in Frankfurt a.M. Bd. 1. Tübingen 1911, S. 1-16, auf: http://socio.ch/sim/verschiedenes/1910/geselligkeit.htm [08.03.2015].

Smudits, Alfred: Musikalische Erlebniswelten. In: Kagelmann, Jürgen H./Bachleitner Reinhard (Hg.): Erlebniswelten. Zum Erlebnisboom in der Postmoderne. München/Wien 2004, S. 135-150.

Spiegel, Sibylle: Der Festbesucher. Überlegungen zur Rezeption öffentlicher Feste in der Gegenwart. Diss. Masch. München 1982.

Spiegel, Sibylle: Die Trachtenschlacht. In: Münchner Stadtmuseum (Hg.): Das Oktoberfest. Einhundertfünfundsiebzig Jahre bayerischer National-Rausch. München 1985, S. 248-250.

Spode, Hasso: Alkohol und Zivilisation. Berauschung, Ernüchterung und Tischsitten in Deutschland bis zum Beginn des 20. Jahrhunderts. Berlin 1991.

Stambolis, Barbara: Libori. Das Kirchen- und Volksfest in Paderborn. Eine Studie zu Entwicklung und Wandel historischer Festkultur. Münster 1996.

Stroheker, Hans Otto/Kubiak, Andrea: Festschrift zum 150. Cannstatter Volksfest. Stuttgart 1995.

Stroheker, Hans Otto/Willmann, Günther: Cannstatter Volksfest. Das schwäbische Landesfest im Wandel der Zeiten. Stuttgart/Aalen 1978.

Sünwoldt, Sabine: Prosit und Gemütlichkeit. In: Münchner Stadtmuseum (Hg.): Das Oktoberfest. Einhundertfünfundsiebzig Jahre bayerischer National-Rausch. München 1985, S. 312-314.

Süßmeier, Richard (Hg.): Auf geht's beim Schichtl. Geschichte und Geschichten rund um das Oktoberfest. München 1984.

Szabo, Sacha: Ballermann. Das Buch. Phänomen und Marke. Eine wissenschaftliche Analyse eines außeralltäglichen Erlebnisses. Marburg 2011.

Szabo, Sacha (Hg.): Kultur des Vergnügens. Kirmes und Freizeitparks – Schausteller und Fahrgeschäfte. Facetten nicht-alltäglicher Orte. Bielefeld 2009.

Szabo, Sacha : Presse-Seite. Interview (vom 27.07.2009), auf: http://www.sacha-szabo.de/kontakt/presse/index.html [11.03.2011].

Szabo, Sacha-Roger: Rausch und Rummel. Attraktionen auf Jahrmärkten und in Vergnügungsparks. Eine soziologische Kulturgeschichte. Bielefeld 2006.

Tappe, Imke: Jahrmärkte sind Freudentage. Aspekte zur Kirmes im 19. und 20. Jahrhundert. In: Dröge, Kurt/Dies. (Hg.): Festkultur in Lippe. Beiträge zum öffentlichen Festwesen im 19. und 20. Jahrhundert. Münster/New York 1994, S. 93-137.

de Tocqueville, Alexis: On Democracy, Revolution, and Society. Edited by John Stone and Stephen Mennell. Chicago 1980.

Treinen, Heiner: Symbolische Ortsbezogenheit. Eine soziologische Untersuchung zum Heimatproblem. In: KZSS 17/1965, S. 73-95, 254-297.

Turner, Edith: Communitas. The Anthropology of Collective Joy. New York 2012.

Turner, Victor: Das Ritual. Struktur und Anti-Struktur. Studienausgabe. Frankfurt a.M./New York 2000.

Turner, Victor: Frame, Flow and Reflection. Ritual and Drama as Public Liminality. In: Benamou, Michel/Caramello, Charles (Hg.): Performance in Postmodern Culture. Milwaukee 1977, S. 33-55.

Turner, Victor: From Ritual to Theatre. The Human Seriousness of Play. New York 1982.

Turner, Victor: The Anthropology of Performance. Preface by Richard Schechner. New York 1986.

Turner, Victor: The Spirit of Celebration. In: Manning, Frank E. (Hg.): The Celebration of Society. Perspectives on Contemporary Cultural Performance.
Bowling Green 1983, S. 187-191.

Veiz, Brigitte: Das Oktoberfest. Masse, Rausch und Ritual. Sozialpsychologische
Betrachtung eines Phänomens. Diplomarbeit. Bd. 1: Ergebnisse. Masch.
München 2001a.

Veiz, Brigitte: Fresskultur und Trinkrituale. In: Szabo, Sacha (Hg.): Kultur des
Vergnügens: Kirmes und Freizeitparks – Schausteller und Fahrgeschäfte. Facetten nicht-alltäglicher Orte. Bielefeld 2009, S. 237-255.

Verbundprojekt zur gesundheitlichen Situation von Frauen in Deutschland, im
Auftrag des BM für Jugend, Familie, Senioren und Frauen 1999. Berlin 1999,
auf: http://www.bmfsfj.de/RedaktionBMFSFJ/Broschuerenstelle/Pdf-Anla-
gen/frauengesundheitsbericht-kapitel1-ueberblick,property=pdf,bereich=,r-
wb=true.pdf [08.03.2015].

Vester, Heinz-Günter: Das Erlebnis begreifen. Überlegungen zum Erlebnisbe-
griff. In: Kagelmann, H. Jürgen/Bachleitner Reinhard (Hg.): Erlebniswelten.
Zum Erlebnisboom in der Postmoderne. München/Wien 2004, S. 9-15.

Vietzen, Hermann/Hetschel, Karl: Bad Cannstatt und sein Volksfest im Wandel
der Zeit. Ein Bildband. Stuttgart-Bad Cannstatt 1970.

Vill, Susanne: In KlangErlebnisWelten „ertrinken, versinken" – Wagner Immersion Sound Design. In: Risi, Clemens et al. (Hg.): Theater als Fest – Fest als
Theater. Bayreuth und die moderne Festspielidee. Leipzig 2010, S. 153-173.

Volland, Viola: Ein Leben in vollen Zügen. Dieter Zaiß. In: Stuttgarter Zeitung,
17.11.2010, auf: http://www.stuttgarter-zeitung.de/inhalt.dieter-zaiss-ein-
leben-in-vollen-zuegen-page1.e76c512e-0eeb-489b-88de-eed251f157f9.
html [08.03.2015].

Wansink, Brian: Mindless Eating. Why we eat more than we think. New York 2010.

Warneken, Bernd Jürgen: Der schöne Augenblick. Eine Exploration. In: Ders.:
Populare Kulturen. Gehen – Protestieren – Erzählen – Imaginieren. Köln/Wei-
mar/Wien 2010, S. 269-280.

Warneken, Bernd Jürgen: Kommunale Kulturpolitik – am Beispiel offenes Stadtfest. In: Köstlin, Konrad/Bausinger, Hermann (Hg.): Heimat und Identität.
Probleme regionaler Kultur. Kongress der Deutschen Gesellschaft für Volkskunde in Kiel 1979. Neumünster 1980, S. 113-121.

Warneken, Bernd Jürgen/Wittel, Andreas: Die neue Angst vor dem Feld. Ethnographisches research up am Beispiel der Unternehmensforschung. In: Zeitschrift für Volkskunde 93/1997, S. 1-16.

Weber, Klaus: „Das Volk muss wieder Freude haben". Das Landwirtschaftliche
Hauptfest in Stuttgart im Wandel der Zeiten. In: Beiträge zur Landeskunde
von Baden-Württemberg 4/2001, August, S. 1-8.

Weber-Kellermann, Ingeborg: Saure Wochen – Frohe Feste. München/
Luzern 1985.

Weber-Kellermann, Ingeborg: Volksfeste in Deutschland. HB-Bildatlas Spezial. Hamburg 1981.

Welt: Der Trend geht zum „Vorglühen" (vom 24.09.2008), auf: http://www.welt. de/regionales/muenchen/article2486290/Der-Trend-geht-zum-Vorgluehen. html [08.03.2015].

Wicke, Peter: „Populäre Musik" als theoretisches Konzept. In: PopScriptum 01/1992, S. 6-42, auf: http://www2.hu-berlin.de/fpm/popscrip/themen/ pst01/pst01_wicke.htm [08.03.2015].

Windmüller, Sonja: Faszination Rhythmus. Überlegungen zu einem Forschungs- programm. In: Zeitschrift für Volkskunde 106/2010, S. 45-65.

Witte, Maren: Bewegung benennen. Zum Verhältnis von Sprache und tänzeri- scher Bewegung. In: Bonacker Kathrin/Windmüller, Sonja (Hg.): Tanz! Rhyth- mus und Leidenschaft. Marburg 2007, S. 155-164.

Wittenberg, Reinhard: Volksfeste in Nürnberg. Regensburg 2005.

Wöhler, Karlheinz: Was soll die Diagnose. Überall Erlebnis? In: Kagelmann, H. Jürgen/Bachleitner Reinhard (Hg.): Erlebniswelten. Zum Erlebnisboom in der Postmoderne. München/Wien 2004, S. 220-226.

Wolf, Moses: Ozapft is! Das Wiesn-Handbuch. München 2012.

Wulf, Christoph/Zirfas, Jörg: Performativität, Ritual und Gemeinschaft. Ein Beitrag aus erziehungswissenschaftlicher Sicht. In: Harth, Dietrich/Schenk, Gerrit Jasper (Hg.): Ritualdynamik. Kulturübergreifende Studien zur Theorie und Geschichte des rituellen Handelns. Heidelberg 2004, S. 73-93.

Würth, Hanna: „Die Runde geht auf mich!" Eine Untersuchung über den Umgang mit Alkohol und das Trinkverhalten in Kneipen. In: Schwibbe, Gudrun (Hg.): Kneipenkultur. Untersuchungen rund um die Theke. Münster 1998, S. 185-193.

Zeit Online: Report: Soldaten und Freiwillige Hand in Hand gegen Hochwas- ser-Gefahr (vom 05.06.2013), auf: http://www.zeit.de/news/2013-06/05/ wetter-report-soldaten-und-freiwillige-hand-in-hand-gegen-hochwasser-ge- fahr-05184003 [08.03.2015].

Zepf, Siegfried: Pop-Konzerte. Ein präsentatives Symbol unsagbarer Körperer- fahrungen? In: Ders. (Hg.): Abgründige Wahrheiten im Alltäglichen. Göttingen 1994, S. 66-96.

Zimmermann, Florian: Wirtsbude – Bierburg – Brauereifestzelt. In: Münchner Stadtmuseum (Hg.): Das Oktoberfest. Einhundertfünfundsiebzig Jahre bayeri- scher National-Rausch. München 1985, S. 272-281.

Webseiten

Ballermann: Aktuelles (vom 17.10.2011), auf: http://www.ballermann.de/ erste-veroeffentlichungen-aus-der-studie-ueber-ballermann- interview-mit-dr-sacha-zsabo-1829.html [09.03.2012].

Der Standard: Das Fest des Huhnes (vom 19.09.2011), auf: http://der standard.at/1316389985589/Das-Fest-des-Huhnes [08.03.2015].

Duden: Intimität, auf: http://www.duden.de/rechtschreibung/Intimitaet [11.03.2015].
Duden: prosit, auf: http://www.duden.de/rechtschreibung/prosit [11.03.2015].
Duden: trivial, auf: http://www.duden.de/rechtschreibung/trivial [11.03.2015].
KIR München: Am Maurermontag (vom 27.09.2010), auf: http://www.kir-muenchen.de/am-maurermontag/?pid=5395 [30.04.2013].
Knigge.de: Themen. Bei Tisch. Die Tischmanieren, auf: http://www.knigge.de/themen/bei-tisch/die-tischmanieren-2044.htm [08.03.2015].
Kulturen populärer Unterhaltung und Vergnügung (KPUV): Einstiegsseite. Kommission, auf: http://www.kpuv.de/Kommission.html [08.03.2015].
Meistertrunk: Hintergründe, auf: http://www.meistertrunk.de/hintergruende.html [08.03.2015].
Statistisches Landesamt Baden-Württemberg: Bevölkerung. Ausbildungs- bzw. Hochschulabschluss 1985 und 2010, auf: http://www.statistik.baden-wuerttemberg.de/BevoelkGebiet/Landesdaten/MZbevAbschluss.asp [08.03.2015].
Statistisches Landesamt Baden-Württemberg: Regionaldaten Stuttgart. Bevölkerung 2000, auf: http://www.statistik-bw.de/SRDB/Tabelle.asp?H=BevoelkGebiet&U=05&T=01035810&E=RV&R=RV11 [08.03.2015].
Tonkultur: Künstler. Donikkl. Infos, auf: http://www.tonkultur.de/nc/kuenstler/musik/donikkl/infos/print.pdf [09.07.2012].

10. Anhang

10.1 Verzeichnis der Tabellen im Text

10.2 Abfolge der Erhebungen

Datum	Feldbesuch	Experten-interview	Fokussiertes Gespräch	Fragebogen-aktion
Sa., 24.04.99	1. Stuttgarter Frühlingsfest			
Do., 29.04.99	2. Stuttgarter Frühlingsfest		1. Bedienung W	
Fr., 06.06.99	3. Reutlinger Sommerfest			
So., 13.06.99	4. Bodelshausen 75 Jahre Musikverein			
Fr., 02.07.99		1. Wirt A		
Mo., 05.07.99		2. Wirt B		
Fr., 06.08.99	5. Heilbronn Unterländer Volksfest			
Do., 09.09.99		3. Organisator		
Do., 23.09.99		4. Wirt C		
Sa., 25.09.99	6. München Oktoberfest			
So., 26.09.99	7. München Oktoberfest			
Mi., 29.09.99	8. Cannstatter Volksfest			
Do., 30.09.99	9. Cannstatter Volksfest			Fragebogen
Fr., 01.10.99	10. Cannstatter Volksfest			
Sa., 02.10.99	11. Cannstatter Volksfest			
Mi., 06.10.99	12. Cannstatter Volksfest			Fragebogen
Do., 07.10.99	13. Cannstatter Volksfest			

Fr., 08.10.99	14. Cannstatter Volksfest			
Mo., 22.11.99		5. Brauerei A		
Mi., 10.05.00	15. Stuttgarter Frühlingsfest			
Sa., 13.05.00	16. Stuttgarter Frühlingsfest			
Di., 25.07.00		6. Brauerei B		
Fr., 10.08.00	17. Heilbronn Unterländer Volksfest			
Sa., 16.09.00	18. München Oktoberfest		2. Experte	
So., 17.09.00	19. München Oktoberfest	7. Besucherin M		
Sa., 23.09.00	20. Cannstatter Volksfest			
So., 24.09.00	21. Cannstatter Volksfest			
Fr., 29.09.00	22. Cannstatter Volksfest		3. Art Director und 4. Innenarchitektin	
Sa., 30.09.00	23. Cannstatter Volksfest			
Mi., 04.10.00	24. Cannstatter Volksfest			Fragebogen
Do., 05.10.00	25. Cannstatter Volksfest			
Fr., 06.10.00	26. Cannstatter Volksfest		5. Besucherin C	
So., 08.10.00	27. Cannstatter Volksfest			
Do., 24.03.11		8. Bedienung M		
Di., 05.04.11		9. Musiker		

Die Buchstaben sind rein alphabetische Zuordnungen (A – B – C), Abkürzungen für München oder Cannstatt sowie männlich oder weiblich.

10.3 Aufbauplan Dinkelacker-Festzelt 2013

Klauss & Klauss, Dinkelacker-Zelt: Bestuhlungsplan Dinkelacker-Festzelt 2013, auf: http://www.klauss-und-klauss.de/fileadmin/Download/Klauss_Bestuhlungsplan_2013.pdf [01.06.2013].

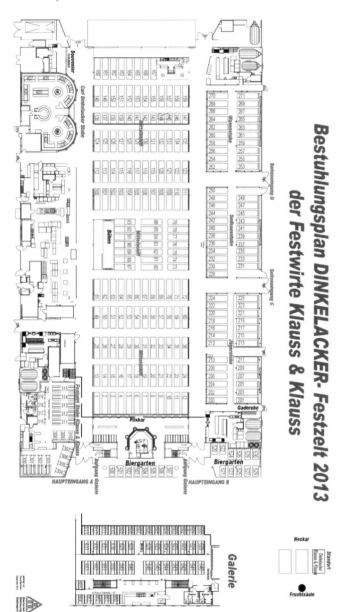

10.4 Umfrage im Reisebus: Fragen und Auswertung

Verzeichnis der Tabellen im Anhang

Fragen und Auswertung

1. Wie oft besuchen Sie ein Volksfest, einen Rummelplatz oder eine Kirmes im Jahr?

Tabelle A.1a: Jährliche Besuchshäufigkeit von Volksfesten

	n	%
1-mal pro Jahr	42	37,8
2- bis 3-mal pro Jahr	47	42,3
öfter	22	19,8
Anzahl insgesamt keine Angabe	111 1	—

Quelle: eigene Erhebung.

Im Falle der Antwort „öfter" bat ich um Angabe einer Zahl (auszufüllen war „___-mal"). 19 Umfrageteilnehmer kamen dieser Bitte nach. Übersicht der handschriftlichen Einträge:

Besuchshäufigkeit	4-mal	5-mal	6-mal	7-mal	8- bis 10-mal	10-mal	ca. 20-mal
Anzahl der Nennungen	4	4	4	1	2	3	1

Errechnet man auf Basis dieser Angaben, wie oft Besucher, die „öfter" als „2- bis 3-mal im Jahr" auf Volksfeste, Rummelplätze oder Kirmessen gehen, diese durchschnittlich frequentieren, ergibt sich als Besuchswert: Ø 7,1 jährliche Visiten (Ziffern entnommen aus Fragebogen).

Tabelle A.1b: Jährliche Volksfestbesuchshäufigkeit von ausgewählten Umfrageteilnehmern in Prozent

Jährliche Besuchs-häufigkeit	Alle	Alterskohorten				Geschlecht		Ausbildung	
		16 - 28	29 - 40	41 - 55	56 - 70	Männl.	Weibl.	Facharbeiter	Akademiker
1-mal pro Jahr	37,8	16,0	38,3	60,0	25,0	33,3	48,6	41,2	36,4
2- bis 3-mal pro Jahr	42,3	64,0	36,2	26,7	62,5	45,8	31,4	33,3	40,9
öfter	19,8	20,0	25,5	13,3	12,5	20,8	20,0	25,5	22,7
n*	111	25	47	30	8	72	35	51	22

Quelle: eigene Erhebung.
* Die Unterschiede in der Anzahl ergeben sich daher, dass nicht alle Fragebögen sämtliche Angaben zu Alter, Geschlecht oder dem höchsten Ausbildungsabschluss enthielten.

2. Gehen Sie bei diesen Volksfesten in ein Festzelt?

Tabelle A.2a: Besuchswahrscheinlichkeit von Festzelten anlässlich einer Volksfestvisite

	n	%
nie	2	1,8
selten	17	15,6
häufiger	15	13,8
oft	9	8,3
immer	66	60,6
Anzahl insgesamt keine Angabe	109 3	—

Quelle: eigene Erhebung.

Tabelle A.2b: Festzeltbesuchswahrscheinlichkeit von ausgewählten Umfrageteilnehmern anlässlich einer Volksfestvisite in Prozent

Besuchswahrscheinlich-keit von Festzelten	Alle	Alterskohorten				Geschlecht		Ausbildung	
		16 - 28	29 - 40	41 - 55	56 - 70	Männl.	Weibl.	Facharbeiter	Akademiker
nie	1,8	4,0	2,1	0,0	0,0	1,4	2,9	2,0	0,0
selten	15,6	4,0	21,3	17,9	12,5	17,1	11,4	14,0	28,6
häufiger	13,8	4,0	17,0	14,3	25,0	20,0	2,9	10,0	14,3
oft	8,3	8,0	8,5	7,1	12,5	12,9	0,0	8,0	9,5
immer	60,6	80,0	51,1	60,7	50,0	48,6	82,9	66,0	47,6
n*	109	25	47	28	8	70	35	50	21

Quelle: eigene Erhebung.
* Die Unterschiede in der Anzahl ergeben sich daher, dass nicht alle Fragebögen sämtliche Angaben zu Alter, Geschlecht oder dem höchsten Ausbildungsabschluss enthielten.

3. Auf dem Volksfest gibt es Fahrgeschäfte, Festzelte, Imbissstände und Marktbuden. Welche Wichtigkeit besitzen diese für Sie? Welches Element steht in Ihrer persönlichen Hitparade ganz oben? 1 = sehr wichtig; 2 wichtig; 3 = weniger
wichtig; 4 = unwichtig

**Tabelle A.3: Wichtigkeit von Fahrgeschäften, Festzelten, Imbissständen
und Marktbuden anlässlich einer Volksfestvisite (in Durchschnitts-
werten, basierend auf der Skala 1 = sehr wichtig; 2 wichtig; 3 = weniger
wichtig; 4 = unwichtig)**

Wichtigkeit von einzelnen Rummelplatzelementen	Alle	Alterskohorten				Geschlecht		Ausbildung	
		16 - 28	29 - 40	41 - 55	56 - 70	Männl.	Weibl.	Facharbeiter	Akademiker
Fahrgeschäfte	2,86	2,67	2,72	3,19	3,20	2,87	2,85	2,93	2,57
Festzelte	1,64	1,44	1,66	1,73	2,00	1,70	1,54	1,50	2,00
Imbissstände	2,42	2,50	2,36	2,35	2,83	2,49	2,24	2,28	2,76
Marktbuden	3,09	3,25	3,14	2,80	3,40	3,16	2,97	2,95	3,25
n*	105	25	48	26	6	66	35	46	22

Quelle: eigene Erhebung.
* Die Unterschiede in der Anzahl ergeben sich daher, dass nicht alle Fragebögen sämtliche Angaben
zu Alter, Geschlecht oder dem höchsten Ausbildungsabschluss enthielten.

4. Wie viel Zeit verbringen Sie pro Volksfestbesuch im Festzelt?

Tabelle A.4a: Aufenthaltsdauer anlässlich eines Festzeltbesuchs

	n	%
weniger als ½ Stunde	4	3,6
ca. 1 Stunde	9	8,1
ca. 2 Stunden	24	21,6
ca. 3 Stunden	30	27,0
mehr	44	39,6
Anzahl insgesamt keine Angabe	111 1	—

Quelle: eigene Erhebung.

Tabelle A.4b: Antworten zur Aufenthaltsdauer im Festzelt von ausgewählten Umfrageteilnehmern in Prozent

		Alterskohorten				Geschlecht		Ausbildung	
Aufenthaltsdauer in einem Festzelt	Alle	16 - 28	29 - 40	41 - 55	56 - 70	Männl.	Weibl.	Facharbeiter	Akademiker
weniger als ½ Stunde	3,6	4,0	4,2	3,4	0,0	2,7	5,9	2,0	9,1
ca. 1 Stunde	8,1	4,0	14,6	3,4	0,0	11,0	0,0	5,9	13,6
ca. 2 Stunden	21,6	20,0	16,7	27,6	37,5	24,7	17,6	19,6	18,2
ca. 3 Stunden	27,0	16,0	25,0	34,5	50,0	34,2	11,8	27,5	31,8
mehr	39,6	56,0	39,6	31,0	12,5	27,4	64,7	45,1	27,3
n*	111	25	48	29	8	73	34	51	22

Quelle: eigene Erhebung.
* Die Unterschiede in der Anzahl ergeben sich daher, dass nicht alle Fragebögen sämtliche Angaben zu Alter, Geschlecht oder dem höchsten Ausbildungsabschluss enthielten.

5. Besuchen Sie heute alleine oder in einer Gruppe das Volksfest?

Tabelle A.5: Anzahl der Begleitpersonen bei Volksfestbesuch in Prozent

Anzahl der Begleitpersonen	Alle	(Anzahl der Antworten)	Alterskohorten				Geschlecht		Ausbildung	
			16 - 28	29 - 40	41 - 55	56 - 70	Männl.	Weibl.	Facharbeiter	Akademiker
alleine	4,5	(5)	0,0	0,0	6,7	37,5	6,8	0,0	5,9	0,0
mit 2 bis 3 anderen	9,8	(11)	0,0	2,1	20,0	50,0	11,0	8,6	7,8	4,5
in einer Gruppe mit __ Personen	85,7	(96)	100,0	97,9	73,3	12,5	82,2	91,4	86,3	95,5
n*		112	25	48	30	8	73	35	51	22

Quelle: eigene Erhebung.
* Die Unterschiede in der Anzahl ergeben sich daher, dass nicht alle Fragebögen sämtliche Angaben zu Alter, Geschlecht oder dem höchsten Ausbildungsabschluss enthielten.

Sollte die Anzahl der Begleiter über 3 liegen, bat ich um Angabe der Gruppengröße (auszufüllen war „mit ___ Personen"). 92 Umfrageteilnehmer kamen dieser Bitte nach. Zusammenfassung der handschriftlichen Einträge (Abweichungen könnten von über- oder unterschätzten Gruppengrößen herrühren):

angegebene Gruppengröße	5 Pers.	6 Pers.	8 Pers.	10 Pers.	18 Pers.	20-25 Pers.	ca. 30 Pers.
Anzahl der Nennungen	5	11	8	6	18 (Verein/Frauenstammtisch)	20 (Freunde/Verein)	24 (Arbeitskollegen)

6. Wenn Sie heute das Volksfest in einer Gruppe besuchen, wer sind Ihre Begleiter? (Mehrfachnennungen möglich)

Tabelle A.6: Begleitpersonen bei Volksfestbesuch in Prozent

Begleitpersonen (Mehrfachnennungen möglich)	Alle	(Anzahl der Nennungen)	Alterskohorten				Geschlecht		Ausbildung	
			16 - 28	29 - 40	41 - 55	56 - 70	Männl.	Weibl.	Facharbeiter	Akademiker
Familie	14,2	(15)	12,0	4,3	21,4	60,0	14,9	11,4	8,5	9,1
Freunde	35,8	(38)	60,0	23,4	39,3	20,0	31,3	45,7	40,4	27,3
Vereinsgenossen	28,3	(30)	52,0	25,5	17,9	0,0	22,4	40,0	29,8	13,6
Arbeitskollegen	52,8	(56)	32,0	68,1	53,6	20,0	65,7	25,7	48,9	72,7
n*		106	25	47	28	5	67	35	47	22

Quelle: eigene Erhebung.
* Die Unterschiede in der Anzahl ergeben sich daher, dass nicht alle Fragebögen sämtliche Angaben zu Alter, Geschlecht oder dem höchsten Ausbildungsabschluss enthielten.

Auf dem Fragebogen war Platz für handschriftliche Ergänzungen, wer die möglichen Begleiter sein könnten. Zu den handschriftlichen Einträgen gehören:
• Arbeitskollegen
• Chef
• Frauenstammtisch oder Stammtisch

7. Haben Sie für den heutigen Abend ... [ein/kein festes Budget]?

Tabelle A.7: Antworten bezüglich einer Ausgabenobergrenze in Prozent

Ausgabenobergrenze	Alle	(Anzahl der Antworten)	Alterskohorten				Geschlecht		Ausbildung	
			16 - 28	29 - 40	41 - 55	56 - 70	Männl.	Weibl.	Facharbeiter	Akademiker
... ein festes Budget mit einer Ausgabenobergrenze?	10,9	(12)	16,0	8,7	13,3	0,0	9,7	14,7	12,2	4,5
... kein festes Budget?	81,8	(90)	80,0	84,8	80,0	75,0	79,2	85,3	77,6	90,9
... weiß nicht	7,3	(8)	4,0	6,5	6,7	25,0	11,1	0,0	10,2	4,5
n*		110	25	46	30	8	72	34	49	22

Quelle: eigene Erhebung.
* Die Unterschiede in der Anzahl ergeben sich daher, dass nicht alle Fragebögen sämtliche Angaben zu Alter, Geschlecht oder dem höchsten Ausbildungsabschluss enthielten.

8. Welche Erfahrungen haben Sie im Bierzelt gesammelt?

Tabelle A.8: Erfahrungen im Bierzelt. Antworten in Prozent

	Antworten in %						
	trifft voll zu	trifft meistens zu	stimmt manchmal	stimmt selten	stimmt überhaupt nicht	weiß nicht	Gesamtzahl der Antworten n
Es herrscht gute Stimmung.	25,5	59,1	10,9	1,8	0,9	1,8	110
Die Atmosphäre ist locker und ungezwungen.	25,9	60,2	12,0	0,0	0,0	1,9	108
Ich erlebe eine schöne Zeit.	22,2	50,0	22,2	2,8	0,9	1,9	108
Im Festzelt schalte ich vom Alltag ab.	40,4	35,8	16,5	5,5	0,0	1,8	109
Ich kann, wenn ich will, „die Sau rauslassen".	27,8	15,7	29,6	14,8	9,3	2,8	108
Man lernt leicht andere Menschen kennen.	20,2	32,1	33,0	7,3	5,5	1,8	109
Ich führe mit anderen Menschen dort gerne Gespräche.	10,9	39,1	33,6	11,8	2,7	1,8	110
Mit Fremden bin ich schnell beim Du.	23,6	27,3	31,8	9,1	6,4	1,8	110
Je mehr Menschen im Zelt, um so besser.	24,3	33,6	25,2	4,7	9,3	2,8	107

	Antworten in %						
	trifft voll zu	trifft meistens zu	stimmt manchmal	stimmt selten	stimmt überhaupt nicht	weiß nicht	Gesamtzahl der Antworten n
Die Musik reißt mich mit.	22,0	33,0	30,3	10,1	2,8	1,8	109
Manchmal bekomme ich eine Gänsehaut.	6,6	3,8	18,9	24,5	36,8	9,4	106
Bier und Göckele gehören dazu.	55,5	23,6	10,0	2,7	4,5	3,6	110
Bei einer Maß Bier bleibt es nicht.	35,5	37,3	13,6	4,5	7,3	1,8	110

Quelle: eigene Erhebung.

Tabelle A.8a: Antworten von ausgewählten Umfrageteilnehmern zur „guten Stimmung" in Prozent

Aussage (vorgegeben)	Alle	Alterskohorten				Geschlecht		Ausbildung	
		16 – 28	29 – 40	41 – 55	56 – 70	Männl.	Weibl.	Facharbeiter	Akademiker
Es herrscht gute Stimmung.									
trifft voll zu	25,5	24,0	29,2	20,7	28,6	16,9	40,0	38,0	18,2
trifft meistens zu	59,1	56,0	54,2	65,5	71,4	63,4	51,4	50,0	63,6
stimmt manchmal	10,9	20,0	8,3	10,3	0,0	15,5	2,9	10,0	13,6
stimmt selten	1,8	0,0	4,2	0,0	0,0	2,8	0,0	0,0	4,5
stimmt überhaupt nicht	0,9	0,0	2,1	0,0	0,0	1,4	0,0	2,0	0,0
weiß nicht	1,8	0,0	2,1	3,4	0,0	0,0	5,7	0,0	0,0
n*	110	25	48	29	7	71	35	50	22

Quelle: eigene Erhebung.
* Die Unterschiede in der Anzahl ergeben sich daher, dass nicht alle Fragebögen sämtliche Angaben zu Alter, Geschlecht oder dem höchsten Ausbildungsabschluss enthielten.

Tabelle A.8b: Antworten von ausgewählten Umfrageteilnehmern zur „lockeren und ungezwungenen Atmosphäre" in Prozent

Aussage (vorgegeben)	Alle	Alterskohorten				Geschlecht		Ausbildung	
		16 - 28	29 - 40	41 - 55	56 - 70	Männl.	Weibl.	Facharbeiter	Akademiker
Die Atmosphäre ist locker und ungezwungen.									
trifft voll zu	25,9	24,0	26,1	24,1	42,9	21,4	32,4	40,8	22,7
trifft meistens zu	60,2	60,0	63,0	55,2	57,1	62,9	55,9	46,9	72,7
stimmt manchmal	12,0	16,0	8,7	17,2	0,0	15,7	5,9	12,2	4,5
stimmt selten	0,0	0,0	0,0	0,0	0,0	0,0	0,0	0,0	0,0
stimmt überhaupt nicht	0,0	0,0	0,0	0,0	0,0	0,0	0,0	0,0	0,0
weiß nicht	1,9	0,0	2,2	3,4	0,0	0,0	5,9	0,0	0,0
n*	108	25	46	29	7	70	34	49	22

Quelle: eigene Erhebung.
* Die Unterschiede in der Anzahl ergeben sich daher, dass nicht alle Fragebögen sämtliche Angaben zu Alter, Geschlecht oder dem höchsten Ausbildungsabschluss enthielten.

Tabelle A.8c: Antworten von ausgewählten Umfrageteilnehmern zum „Erleben einer schönen Zeit" in Prozent

Aussage (vorgegeben)	Alle	Alterskohorten				Geschlecht		Ausbildung	
		16 - 28	29 - 40	41 - 55	56 - 70	Männl.	Weibl.	Facharbeiter	Akademiker
Ich erlebe eine schöne Zeit.									
trifft voll zu	22,2	28,0	23,9	13,8	28,6	18,6	28,6	32,7	13,6
trifft meistens zu	50,0	48,0	39,1	62,1	71,4	52,9	45,7	51,0	54,5
stimmt manchmal	22,2	20,0	28,3	20,7	0,0	24,3	17,1	12,2	31,8
stimmt selten	2,8	4,0	4,3	0,0	0,0	2,9	2,9	2,0	0,0
stimmt überhaupt nicht	0,9	0,0	2,2	0,0	0,0	1,4	0,0	2,0	0,0
weiß nicht	1,9	0,0	2,2	3,4	0,0	0,0	5,7	0,0	0,0
n*	108	25	46	29	7	70	35	49	22

Quelle: eigene Erhebung.
* Die Unterschiede in der Anzahl ergeben sich daher, dass nicht alle Fragebögen sämtliche Angaben zu Alter, Geschlecht oder dem höchsten Ausbildungsabschluss enthielten.

Tabelle A.8d: Antworten von ausgewählten Umfrageteilnehmern zum „Abschalten vom Alltag" in Prozent

Aussage (vorgegeben)	Alle	Alterskohorten				Geschlecht		Ausbildung	
		16 - 28	29 - 40	41 - 55	56 - 70	Männl.	Weibl.	Facharbeiter	Akademiker
Im Festzelt schalte ich vom Alltag ab.									
trifft voll zu	40,4	48,0	37,5	31,0	83,3	30,0	60,0	46,9	36,4
trifft meistens zu	35,8	24,0	35,4	51,7	16,7	42,9	22,9	30,6	40,9
stimmt manchmal	16,5	20,0	16,7	13,8	0,0	21,4	8,6	18,4	9,1
stimmt selten	5,5	8,0	8,3	0,0	0,0	5,7	2,9	4,1	13,6
stimmt überhaupt nicht	0,0	0,0	0,0	0,0	0,0	0,0	0,0	0,0	0,0
weiß nicht	1,8	0,	2,1	3,4	0,0	0,0	5,7	0,0	0,0
n*	109	25	48	29	6	70	35	49	22

Quelle: eigene Erhebung.
* Die Unterschiede in der Anzahl ergeben sich daher, dass nicht alle Fragebögen sämtliche Angaben zu Alter, Geschlecht oder dem höchsten Ausbildungsabschluss enthielten.

Tabelle A.8e: Antworten von ausgewählten Umfrageteilnehmern zum möglichen „Sau-Rauslassen" in Prozent

Aussage (vorgegeben)	Alle	Alterskohorten				Geschlecht		Ausbildung	
		16 - 28	29 - 40	41 - 55	56 - 70	Männl.	Weibl.	Facharbeiter	Akademiker
Ich kann, wenn ich will, „die Sau rauslassen".									
trifft voll zu	27,8	48,0	31,3	7,4	14,3	17,4	51,4	36,7	22,7
trifft meistens zu	15,7	8,0	14,6	22,2	28,6	15,9	11,4	20,4	9,1
stimmt manchmal	29,6	28,0	25,0	33,3	42,9	39,1	14,3	34,7	22,7
stimmt selten	14,8	8,0	16,7	18,5	14,3	15,9	8,6	6,1	40,9
stimmt überhaupt nicht	9,3	8,0	10,4	11,1	0,0	10,1	8,6	2,0	4,5
weiß nicht	2,8	0,0	2,1	7,4	0,0	1,4	5,7	0,0	0,0
n*	108	25	48	27	7	69	35	49	22

Quelle: eigene Erhebung.
* Die Unterschiede in der Anzahl ergeben sich daher, dass nicht alle Fragebögen sämtliche Angaben zu Alter, Geschlecht oder dem höchsten Ausbildungsabschluss enthielten.

Tabelle A.8f: Antworten von ausgewählten Umfrageteilnehmern zum „leichten Kennenlernen anderer Menschen" in Prozent

Aussage (vorgegeben)	Alle	Alterskohorten				Geschlecht		Ausbildung	
		16 - 28	29 - 40	41 - 55	56 - 70	Männl.	Weibl.	Facharbeiter	Akademiker
Man lernt leicht andere Menschen kennen.									
trifft voll zu	20,2	40,0	17,0	6,9	28,6	12,7	35,3	24,5	13,6
trifft meistens zu	32,1	32,0	29,8	41,4	14,3	35,2	29,4	42,9	31,8
stimmt manchmal	33,0	20,0	36,2	34,5	42,9	38,0	20,6	22,4	36,4
stimmt selten	7,3	0,0	12,8	6,9	0,0	5,6	8,8	4,1	9,1
stimmt überhaupt nicht	5,5	8,0	2,1	6,9	14,3	8,5	0,0	6,1	9,1
weiß nicht	1,8	0,0	2,1	3,4	0,0	0,0	5,9	0,0	0,0
n*	109	25	47	29	7	71	34	49	22

Quelle: eigene Erhebung.
* Die Unterschiede in der Anzahl ergeben sich daher, dass nicht alle Fragebögen sämtliche Angaben zu Alter, Geschlecht oder dem höchsten Ausbildungsabschluss enthielten.

Tabelle A.8g: Antworten von ausgewählten Umfrageteilnehmern zum Führen von Gesprächen in Prozent

Aussage (vorgegeben)	Alle	Alterskohorten				Geschlecht		Ausbildung	
		16 - 28	29 - 40	41 - 55	56 - 70	Männl.	Weibl.	Facharbeiter	Akademiker
Ich führe mit anderen Menschen dort gerne Gespräche.									
trifft voll zu	10,9	4,0	14,6	10,3	14,3	9,9	14,3	14,0	18,2
trifft meistens zu	39,1	56,0	35,4	34,5	28,6	33,8	48,6	40,0	31,8
stimmt manchmal	33,6	28,0	35,4	31,0	42,9	40,8	20,0	30,0	31,8
stimmt selten	11,8	8,0	12,5	17,2	0,0	9,9	14,3	10,0	13,6
stimmt überhaupt nicht	2,7	4,0	0,0	3,4	14,3	4,2	0,0	4,0	4,5
weiß nicht	1,8	0,0	2,1	3,4	0,0	1,4	2,9	2,0	0,0
n*	110	25	48	29	7	71	35	50	22

Quelle: eigene Erhebung.
* Die Unterschiede in der Anzahl ergeben sich daher, dass nicht alle Fragebögen sämtliche Angaben zu Alter, Geschlecht oder dem höchsten Ausbildungsabschluss enthielten.

Tabelle A.8h: Antworten von ausgewählten Umfrageteilnehmern zum „schnellen Du" in Prozent

Aussage (vorgegeben)	Alle	Alterskohorten				Geschlecht		Ausbildung	
		16 - 28	29 - 40	41 - 55	56 - 70	Männl.	Weibl.	Facharbeiter	Akademiker
Mit Fremden bin ich schnell beim Du.									
trifft voll zu	23,6	36,0	27,1	6,9	28,6	16,9	37,1	28,0	18,2
trifft meistens zu	27,3	32,0	27,1	27,6	0,0	32,4	17,1	34,0	9,1
stimmt manchmal	31,8	24,0	31,3	34,5	57,1	33,8	25,7	30,0	40,9
stimmt selten	9,1	0,0	10,4	17,2	0,0	9,9	8,6	0,0	22,7
stimmt überhaupt nicht	6,4	8,0	2,1	10,3	14,3	5,6	8,6	6,0	9,1
weiß nicht	1,8	0,0	2,1	3,4	0,0	1,4	2,9	2,0	0,0
n*	110	25	48	29	7	71	35	50	22

Quelle: eigene Erhebung.
* Die Unterschiede in der Anzahl ergeben sich daher, dass nicht alle Fragebögen sämtliche Angaben zu Alter, Geschlecht oder dem höchsten Ausbildungsabschluss enthielten.

Tabelle A.8i: Antworten von ausgewählten Umfrageteilnehmern zur Wahrnehmung des Füllgrades eines Zeltes in Prozent

Aussage (vorgegeben)	Alle	Alterskohorten				Geschlecht		Ausbildung	
		16 - 28	29 - 40	41 - 55	56 - 70	Männl.	Weibl.	Facharbeiter	Akademiker
Je mehr Menschen im Zelt, um so besser.									
trifft voll zu	24,3	20,0	37,0	7,1	28,6	21,4	30,3	25,0	18,2
trifft meistens zu	33,6	32,0	30,4	42,9	28,6	34,3	33,3	37,5	40,9
stimmt manchmal	25,2	28,0	15,2	35,7	28,6	30,0	15,2	22,9	27,3
stimmt selten	4,7	12,0	4,3	0,0	0,0	2,9	6,1	8,3	4,5
stimmt überhaupt nicht	9,3	8,0	8,7	10,7	14,3	10,0	9,1	4,2	9,1
weiß nicht	2,8	0,0	4,3	3,6	0,0	1,4	6,1	2,1	0,0
n*	107	25	46	28	7	70	33	48	22

Quelle: eigene Erhebung.
* Die Unterschiede in der Anzahl ergeben sich daher, dass nicht alle Fragebögen sämtliche Angaben zu Alter, Geschlecht oder dem höchsten Ausbildungsabschluss enthielten.

Tabelle A.8j: Antworten von ausgewählten Umfrageteilnehmern über das Verhalten aller Besucher im Zelt in Prozent

Aussage (vorgegeben)	Alle	Alterskohorten				Geschlecht		Ausbildung	
		16 - 28	29 - 40	41 - 55	56 - 70	Männl.	Weibl.	Facharbeiter	Akademiker
Alle singen, tanzen und sind froh.									
trifft voll zu	23,6	32,0	29,2	3,4	42,9	14,1	45,7	28,0	22,7
trifft meistens zu	35,5	28,0	29,2	51,7	42,9	38,0	25,7	42,0	27,3
stimmt manchmal	28,2	28,0	22,9	37,9	14,3	33,8	20,0	24,0	31,8
stimmt selten	4,5	8,0	6,3	0,0	0,0	4,2	2,9	4,0	9,1
stimmt überhaupt nicht	1,8	0,0	4,2	0,0	0,0	2,8	0,0	0,0	4,5
weiß nicht	6,4	4,0	8,3	6,9	0,0	7,0	5,7	2,0	4,5
n*	110	25	48	29	7	71	35	50	22

Quelle: eigene Erhebung.
* Die Unterschiede in der Anzahl ergeben sich daher, dass nicht alle Fragebögen sämtliche Angaben zu Alter, Geschlecht oder dem höchsten Ausbildungsabschluss enthielten.

Tabelle A.8k: Antworten von ausgewählten Umfrageteilnehmern zum eigenen Tanzen auf einer Bank in Prozent

Aussage (vorgegeben)	Alle	Alterskohorten				Geschlecht		Ausbildung	
		16 - 28	29 - 40	41 - 55	56 - 70	Männl.	Weibl.	Facharbeiter	Akademiker
Ich habe schon auf einer Bank getanzt.									
trifft voll zu	41,8	60,0	41,7	27,6	28,6	29,6	68,6	44,0	27,3
trifft meistens zu	10,9	12,0	10,4	10,3	14,3	14,1	5,7	10,0	9,1
stimmt manchmal	26,4	16,0	29,2	34,5	14,3	33,8	8,6	32,0	31,8
stimmt selten	8,2	4,0	6,3	10,3	28,6	9,9	5,7	6,0	18,2
stimmt überhaupt nicht	10,0	8,0	8,3	13,8	14,3	9,9	8,6	6,0	13,6
weiß nicht	2,7	0,0	4,2	3,4	0,0	2,8	2,9	2,0	0,0
n*	110	25	48	29	7	71	35	50	22

Quelle: eigene Erhebung.
* Die Unterschiede in der Anzahl ergeben sich daher, dass nicht alle Fragebögen sämtliche Angaben zu Alter, Geschlecht oder dem höchsten Ausbildungsabschluss enthielten.

Tabelle A.8l: Antworten von ausgewählten Umfrageteilnehmern in Prozent auf die Vorgabe, ob sie der Musik gerne zuhören

Aussage (vorgegeben)	Alle	Alterskohorten				Geschlecht		Ausbildung	
		16 - 28	29 - 40	41 - 55	56 - 70	Männl.	Weibl.	Facharbeiter	Akademiker
Ich höre der Musik gerne zu.									
trifft voll zu	29,4	16,0	31,3	35,7	28,6	25,7	40,0	38,8	18,2
trifft meistens zu	35,8	48,0	20,8	46,4	57,1	34,3	34,3	28,6	40,9
stimmt manchmal	23,9	28,0	29,2	14,3	14,3	28,6	17,1	24,5	31,8
stimmt selten	8,3	8,0	14,6	0,0	0,0	8,6	5,7	6,1	4,5
stimmt überhaupt nicht	0,9	0,0	2,1	0,0	0,0	1,4	0,0	0,0	4,5
weiß nicht	1,8	0,0	2,1	3,6	0,0	1,4	2,9	2,0	0,0
n*	109	25	48	28	7	70	35	49	22

Quelle: eigene Erhebung.
* Die Unterschiede in der Anzahl ergeben sich daher, dass nicht alle Fragebögen sämtliche Angaben zu Alter, Geschlecht oder dem höchsten Ausbildungsabschluss enthielten.

Tabelle A.8m: Antworten von ausgewählten Umfrageteilnehmern in Prozent auf die Vorgabe, dass sie die Musik mitreiße

Aussage (vorgegeben)	Alle	Alterskohorten				Geschlecht		Ausbildung	
		16 - 28	29 - 40	41 - 55	56 - 70	Männl.	Weibl.	Facharbeiter	Akademiker
Die Musik reißt mich mit.									
trifft voll zu	22,0	0,0	31,9	20,7	42,9	15,5	35,3	28,0	9,1
trifft meistens zu	33,0	52,0	12,8	48,3	28,6	32,4	38,2	34,0	31,8
stimmt manchmal	30,3	36,0	34,0	24,1	14,3	32,4	23,5	28,0	27,3
stimmt selten	10,1	12,0	12,8	3,4	14,3	14,1	0,0	8,0	27,3
stimmt überhaupt nicht	2,8	0,0	6,4	0,0	0,0	4,2	0,0	0,0	4,5
weiß nicht	1,8	0,0	2,1	3,4	0,0	1,4	2,9	2,0	0,0
n*	109	25	47	29	7	71	34	50	22

Quelle: eigene Erhebung.
* Die Unterschiede in der Anzahl ergeben sich daher, dass nicht alle Fragebögen sämtliche Angaben zu Alter, Geschlecht oder dem höchsten Ausbildungsabschluss enthielten.

Tabelle A.8n: Antworten von ausgewählten Umfrageteilnehmern in Prozent auf die Vorgabe, dass sie manchmal eine Gänsehaut bekommen

Aussage (vorgegeben)	Alle	Alterskohorten				Geschlecht		Ausbildung	
		16 - 28	29 - 40	41 - 55	56 - 70	Männl.	Weibl.	Facharbeiter	Akademiker
Manchmal bekomme ich eine Gänsehaut.									
trifft voll zu	6,6	0,0	12,8	0,0	14,3	5,7	9,4	10,4	4,5
trifft meistens zu	3,8	0,0	2,1	11,1	0,0	5,7	0,0	6,3	0,0
stimmt manchmal	18,9	8,3	19,1	25,9	14,3	17,1	21,9	20,8	13,6
stimmt selten	24,5	33,3	21,3	18,5	42,9	25,7	21,9	22,9	31,8
stimmt überhaupt nicht	36,8	37,5	40,4	33,3	28,6	38,6	31,3	27,1	50,0
weiß nicht	9,4	20,8	4,3	11,1	0,0	7,1	15,6	12,5	0,0
n*	106	24	47	27	7	70	32	48	22

Quelle: eigene Erhebung.
* Die Unterschiede in der Anzahl ergeben sich daher, dass nicht alle Fragebögen sämtliche Angaben zu Alter, Geschlecht oder dem höchsten Ausbildungsabschluss enthielten.

Tabelle A.8o: Antworten von ausgewählten Umfrageteilnehmern in Prozent auf die Vorgabe, dass Bier und Göckele dazugehören

Aussage (vorgegeben)	Alle	Alterskohorten				Geschlecht		Ausbildung	
		16 - 28	29 - 40	41 - 55	56 - 70	Männl.	Weibl.	Facharbeiter	Akademiker
Bier und Göckele gehören dazu.									
trifft voll zu	55,0	56,0	58,3	51,7	57,1	54,9	57,1	54,0	50,0
trifft meistens zu	23,6	20,0	20,8	27,6	28,6	23,9	22,9	26,0	13,6
stimmt manchmal	10,0	12,0	8,3	13,8	0,0	12,7	2,9	10,0	22,7
stimmt selten	2,7	4,0	2,1	0,0	14,3	2,8	2,9	4,0	0,0
stimmt überhaupt nicht	4,5	4,0	6,3	3,4	0,0	4,2	5,7	4,0	13,6
weiß nicht	3,6	4,0	4,2	3,4	0,0	1,4	8,6	2,0	0,0
n*	110	25	48	29	7	71	35	50	22

Quelle: eigene Erhebung.
* Die Unterschiede in der Anzahl ergeben sich daher, dass nicht alle Fragebögen sämtliche Angaben zu Alter, Geschlecht oder dem höchsten Ausbildungsabschluss enthielten.

Tabelle A.8p: Antworten von ausgewählten Umfrageteilnehmern zum Biertrinken in Prozent

Aussage (vorgegeben)	Alle	Alterskohorten				Geschlecht		Ausbildung	
		16 - 28	29 - 40	41 - 55	56 - 70	Männl.	Weibl.	Facharbeiter	Akademiker
Bei einer Maß Bier bleibt es nicht.									
trifft voll zu	35,5	48,0	37,5	20,7	28,6	33,8	40,0	42,0	13,6
trifft meistens zu	37,3	32,0	33,3	44,8	57,1	43,7	22,9	32,0	54,5
stimmt manchmal	13,6	16,0	16,7	10,3	0,0	14,1	14,3	14,0	22,7
stimmt selten	4,5	0,0	2,1	10,3	14,3	2,8	5,7	8,0	0,0
stimmt überhaupt nicht	7,3	4,0	8,3	10,3	0,0	4,2	14,3	2,0	9,1
weiß nicht	1,8	0,0	2,1	3,4	0,0	1,4	2,9	2,0	0,0
n*	110	25	48	29	7	71	35	50	22

Quelle: eigene Erhebung.
* Die Unterschiede in der Anzahl ergeben sich daher, dass nicht alle Fragebögen sämtliche Angaben zu Alter, Geschlecht oder dem höchsten Ausbildungsabschluss enthielten.

9. In ein voll gefülltes Festzelt passen mehrere tausend Besucher. Alle Plätze sind dicht besetzt, Menschen stehen in den Gängen. Wie erleben Sie eine solche Situation? (mehrere Kreuze möglich)

Tabelle A.9a: Antworten zur Situationsbeschreibung „voll gefülltes Festzelt" in Prozent

Aussagen (vorgegeben)	Anzahl der Nennungen	Prozent (n=112)
Je voller, desto besser.	30	26,8
Ich genieße die Menschenmasse.	26	23,2
Manchmal ist mir nicht wohl dabei.	46	41,1
Es ist mir unangenehm. Fremde kommen mir zu nahe.	3	2,7
Ich mag das „Geschubse" nicht.	32	28,6
Ich habe Angst.	3	2,7
weiß nicht	6	5,4

Quelle: eigene Erhebung.

Tabelle A.9b: Antworten von ausgewählten Umfrageteilnehmern zur Situationsbeschreibung „voll gefülltes Festzelt" in Prozent

Aussagen (vorgegeben)	Alterskohorten				Geschlecht		Ausbildung	
	16 - 28	29 - 40	41 - 55	56 - 70	Männl.	Weibl.	Facharbeiter	Akademiker
Je voller, desto besser.	20,0	31,3	23,3	37,5	27,4	22,9	33,3	27,3
Ich genieße die Menschenmasse.	28,0	20,8	26,7	12,5	28,8	14,3	15,7	18,2
Manchmal ist mir nicht wohl dabei.	48,0	39,6	33,3	50,0	34,2	51,4	39,2	50,0
Es ist mir unangenehm. Fremde kommen mir zu nahe.	4,0	2,1	3,3	0,0	0,0	8,6	2,0	0,0
Ich mag das „Geschubse" nicht.	40,0	18,8	33,3	37,5	23,3	34,3	27,5	31,8
Ich habe Angst.	4,0	2,1	3,3	0,0	4,1	0,0	3,9	4,5
weiß nicht	4,0	8,3	3,3	0,0	8,2	0,0	5,9	9,1
n*	25	48	30	8	73	35	51	22

Quelle: eigene Erhebung.
* Die Unterschiede in der Anzahl ergeben sich daher, dass nicht alle Fragebögen sämtliche Angaben zu Alter, Geschlecht oder dem höchsten Ausbildungsabschluss enthielten.

10. Im Bierzelt steigen immer wieder Besucher auf die Bänke. Vielleicht Sie auch schon mal. Wenn ja, welcher Aussage können Sie zustimmen? (mehrere Kreuze möglich)

Tabelle A.10a: Antworten zum Auf-die-Bänke-Steigen in Prozent

Aussagen (vorgegeben)	Anzahl der Nennungen	% (n=112)
Meist bin ich nach den ersten Tönen auf der Bank.	17	16,3
Alleine auf einer Bank, gut sichtbar für alle im Zelt, das mag ich.	3	2,9
Alle Banknachbarn sind auch auf den Bänken.	65	62,5
Die Musik treibt mich hoch.	42	40,4
Das Gefühl ist erhebend.	13	12,5
Ich habe Platz zum Tanzen.	8	7,7
Ich habe einen guten Überblick.	15	14,4
Bis ich auf die Bank steige, stehen schon fast alle im Zelt.	17	16,3
weiß nicht	5	4,8

Quelle: eigene Erhebung.

Tabelle A.10b: Antworten von ausgewählten Umfrageteilnehmern zum Auf-die-Bänke-Steigen in Prozent

Aussagen (vorgegeben)	Alterskohorten				Geschlecht		Ausbildung	
	16 - 28	29 - 40	41 - 55	56 - 70	Männl.	Weibl.	Facharbeiter	Akademiker
Meist bin ich nach den ersten Tönen auf der Bank.	16,7	19,1	8,0	28,6	10,3	31,3	16,7	15,0
Alleine auf einer Bank, gut sichtbar für alle im Zelt, das mag ich.	8,3	0,0	0,0	14,3	0,0	9,4	2,1	0,0
Alle Banknachbarn sind auch auf den Bänken.	66,7	61,7	56,0	71,4	58,8	75,0	56,3	60,0
Die Musik treibt mich hoch.	45,8	34,0	52,0	14,3	33,8	56,3	39,6	40,0
Das Gefühl ist erhebend.	16,7	14,9	8,0	0,0	5,9	28,1	14,6	15,0
Ich habe Platz zum Tanzen.	12,5	4,3	8,0	14,3	10,3	3,1	10,4	5,0
Ich habe einen guten Überblick.	8,3	17,0	20,0	0,0	11,8	21,9	14,6	10,0
Bis ich auf die Bank steige, stehen schon fast alle im Zelt.	20,8	12,8	24,0	0,0	16,2	15,6	18,8	5,0
weiß nicht	0,0	8,5	4,0	0,0	5,9	0,0	2,1	15,0
n*	24	47	25	7	68	32	48	20

Quelle: eigene Erhebung.
* Die Unterschiede in der Anzahl ergeben sich daher, dass nicht alle Fragebögen sämtliche Angaben zu Alter, Geschlecht oder dem höchsten Ausbildungsabschluss enthielten.

11. Sie sind ...

Tabelle A.11: Antworten zum Geschlecht in Prozent
(Anzahl der Nennungen)

Geschlecht	Alle	Alterskohorten				Ausbildung	
		16 - 28	29 - 40	41 - 55	56 - 70	Facharbeiter	Akademiker
männlich	65,2 (73)	52,0 (13)	62,5 (30)	73,3 (22)	87,5 (7)	60,0 (31)	77,3 (17)
weiblich	31,3 (35)	44,0 (11)	31,3 (15)	26,7 (8)	12,5 (1)	35,3 (18)	18,2 (4)
keine Angabe	3,6 (4)	4,0 (1)	6,3 (2)	0,0 (0)	0,0 (0)	3,9 (2)	4,5 (1)
n*	112	25	48	30	8	51	22

Quelle: eigene Erhebung.
* Die Unterschiede in der Anzahl ergeben sich daher, dass nicht alle Fragebögen sämtliche Angaben zu Alter, Geschlecht oder dem höchsten Ausbildungsabschluss enthielten.

12. Ihr Alter liegt zwischen ...

Tabelle A.12: Antworten zum Alter in Prozent (Anzahl der Nennungen)

		Geschlecht		Ausbildung	
Alterskohorte	Alle	Männlich	Weibl.	Facharbeiter	Akademiker
10 - 15	0,0 (0)	0,0 (0)	0,0 (0)	0,0 (0)	0,0 (0)
16 - 28	22,5 (25)	18,1 (13)	31,4 (11)	29,4 (15)	18,4 (4)
29 - 40	43,2 (48)	41,7 (30)	42,9 (15)	37,3 (19)	54,5 (12)
41 - 55	27,0 (30)	30,6 (22)	22,8 (8)	25,5 (13)	22,7 (5)
56 - 70	7,2 (8)	9,7 (7)	2,9 (1)	7,8 (4)	4,5 (1)
darüber	0,0 (0)	0,0 (0)	0,0 (0)	0,0 (0)	0,0 (0)
keine Angabe	1	1	—	—	—
n	111	72	35	51	22

Quelle: eigene Erhebung.
* Die Unterschiede in der Anzahl ergeben sich daher, dass nicht alle Fragebögen sämtliche Angaben zu Alter, Geschlecht oder dem höchsten Ausbildungsabschluss enthielten (n ohne „keine Angabe").

13. Ihr höchster Ausbildungsabschluss

Tabelle A.13: Antworten zum höchsten Ausbildungsabschluss in Prozent (Anzahl der Nennungen)

höchster Ausbildungsabschluss	Alle	Alterskohorten				Geschlecht	
		16 - 28	29 - 40	41 - 55	56 - 70	Männl.	Weibl.
Hauptschulabschluss	7,3 (8)	8,0 (2)	6,4 (3)	0,0 (0)	25,5 (2)	5,6 (4)	11,8 (4)
Realschulabschluss	9,1 (10)	0,0 (0)	8,5 (4)	20,7 (6)	0,0 (0)	6,9 (5)	14,7 (5)
Fachhochschulreife/ Abitur	5,5 (6)	16,0 (4)	4,3 (2)	0,0 (0)	0,0 (0)	4,2 (3)	5,9 (2)
abgeschlossene Berufs- ausbildung (zum Bei- spiel Gesellenprüfung)	46,4 (51)	60,0 (15)	40,4 (19)	44,8 (13)	50,0 (4)	43,1 (31)	52,9 (18)
Meisterprüfung	11,8 (13)	0,0 (0)	14,9 (7)	17,2 (5)	12,5 (1)	16,7 (12)	2,9 (1)
Fachhochschul- oder Universitätsabschluss	20,0 (22)	16,0 (4)	25,5 (12)	17,2 (5)	12,5 (1)	23,6 (17)	11,8 (4)
keine Angabe	2	—	1	1	—	1	1
n*	110	25	47	29	8	72	34

Quelle: eigene Erhebung.
* Die Unterschiede in der Anzahl ergeben sich daher, dass nicht alle Fragebögen sämtliche Angaben zu Alter, Geschlecht oder dem höchsten Ausbildungsabschluss enthielten (n ohne „keine Angabe").

14. Fragebögen gesammelt bei der Busfahrt am ... [nicht Bestand der Umfrage, Erfassung CB]

Tabelle A.14: Anzahl der Fragebögen nach Datum der jeweiligen Busfahrt

Datum der Busfahrt	Alle	Alterskohorten				Geschlecht		Ausbildung	
		16 - 28	29 - 40	41 - 55	56 - 70	Männl.	Weibl.	Facharbeiter	Akademiker
Do., 30.09.1999	40	5	20	13	2	34	4	18	10
Mi., 06.10.1999	42	7	19	10	6	17	24	22	9
Mi., 04.10.2000	27	13	7	6	—	19	7	11	
nicht zu bestimmen	3	—	2	1	—	3	—	—	1
n*	112	25	48	30	8	73	35	51	22

Quelle: eigene Erhebung.
* Die Unterschiede in der Anzahl ergeben sich daher, dass nicht alle Fragebögen sämtliche Angaben zu Alter, Geschlecht oder dem höchsten Ausbildungsabschluss enthielten.

Danke schön

Schreiben hat was von einer Cultural Performance. Der eigene Schreibtisch, ein gesonderter Platz, an dem nicht die gegenwärtige, sondern eine andere Welt de- und rekonstruiert wird. Im besten Fall jagt ein Gedanke den anderen, reihen sich die Worte wie von selbst. Leider war das bei mir nicht immer so. Über lange Strecken mussten das Analysieren und Interpretieren warten, kleine Kinder können das nämlich nicht.

Meinem Doktorvater Kaspar Maase, der mich geduldigst über Jahre hinweg betreute, gebührt daher das größte „Danke schön". Ohne seine stete Bereitschaft, Anregungen zu geben, weite Bögen zu spannen und Distanzen zu überbrücken, wäre diese Arbeit nie vollendet worden. Wertvolle Hinweise erhielt ich ebenfalls von Monique Scheer, was mir nicht zuletzt zur tänzerischen Leichtigkeit verhalf. Meinen Dank auch an Reinhard Johler, der wie alle am LUI unkompliziert und freundlich zum Gelingen meiner akademischen Performance beitrug. Das schließt das Team der TVV mit ein, besonders hervorzuheben ist hier der Einsatz von Fabian Wiedenbruch bei der Bucherstellung.

Wilfried Korby und Cornelia Bewersdorf danke ich, für ihr unerbittliches Korrekturlesen der gesamten abgegebenen Dissertation. Meine tiefe Involviertheit (= betriebsblind) verhinderte oft, die notwendige, sprachliche-kritische Sicht auf mein Geschriebenes. Heike Scherff, Doris und Egon Zimmermann sparten ebenso nicht mit Korrekturen. Patrizia Rahner und Claudia Löwe unterstützten mich vor Ort in Deutschland. Ich, hier in den USA sitzend, konnte nicht kurz mal beim Zentrum für Populäre Kultur und Musik in Freiburg oder beim Dekanat in Tübingen vorbeischauen.

Bei Florian Dering im Münchner Stadtmuseum durfte ich nicht nur im Archiv und der kleinen Bibliothek stöbern, sondern er nahm sich dankenswerterweise Zeit für mich und meine Fragen. Wusste ich im Detail nicht weiter, halfen Sabrina Kampe, Andreas Klauss, Julio Mendívil, Volker Rausenberger und Wulf Wager und beantworteten meine E-Mails oder Telefonate. Gerhard Herbach teilte sein musikalisches Wissen mit mir.

Schön war es, das „Feld" mit Susanne, Kerstin, Andrea, Satsuki, Siggi und Gege zu erkunden. Ich danke auch allen, die mich nicht nur zu einem Bier einluden und sich mit mir ausgiebig vergnügten, seien es mein ehemaliger Böblinger Arbeitgeber, ein Münchner Computermagazin oder eine Brauerei. Leider kann ich meinen Interviewpartnern nicht namentlich danken, verdient hätten sie es alle!

Ich war beeindruckt, wie flexibel die Leihstelle der Württembergischen Landesbibliothek mit mir in den USA und Stuttgart zusammenarbeitete. Das Tübinger Wochenblatt erlaubte mir, im „Volksfest-Express" meine Umfrage durchzuführen.

Ganz gleich ob in Stetten, Köln oder New Haven, meine Familie hat nie die Zuversicht verloren, dass ich irgendwann mal einen Schlusspunkt unter die „Diss" setzen würde. Vielen Dank meinen Eltern Helma und Otto Bosch sowie meiner Schwester Susanne, mit der ich immer meine Gedanken teilen kann. Ich freue mich schon auf das erste Bier, das ich mit meinen Kindern Lukas und Charlotte im Festzelt trinken werde. Last, but not least: Thank you Kevin. I could not have done it without you.

„Und mein letztes Wort, das wird sein,
danke schön, danke schön. [...]
Denn mit Euch war die Zeit so schön. [...]
Danke schön, auf Wiedersehn."
aus dem Lied: *Danke schön*

English Summary

Each fall, a lot more than one hundred thousand people visit Festzelte (ambulatory beer halls) which are an integral part of the Cannstatter Volksfest, an Oktoberfest style celebration. There, visitors drink, eat, sing, dance and consequently celebrate deviantly which is not only tolerated, but even expected and intended. How this „sweet disorder" is reached, is the focus of this ethnography which applies Victor Turner's theory of cultural performance. Based on the phases of separation, liminality and reaggregation, the study describes the complex dynamic process from changing into Dirndls or Lederhosen, traveling to the fairground, shouting the first chant or doing line dances up to enjoying the final night cap on the way home. During this sequence, the atmosphere, music and interactions intensify. The whole process accelerates, before it inverts itself at the end. Since this celebration is a cultural performance with a liminal-liminoid character, the participants experience flow and an all-encompassing we (communitas). They are neither executing a ritual nor meaningless folkloristic habits. Rather, they are doing codes, which on the one hand reflect changes towards a more pluralistic society. On the other hand, anti-structure is created opening space for social play as well as critique, while at the same time it reaffirms the existing everyday order. It is both "fest und flüssig" – or firm and fluid, disorder brings forward order.

Über die Autorin

Claudia Bosch lebt mit ihrem Mann und zwei Kindern in New Haven, Connecticut. Sie studierte in Tübingen und St. Louis, Missouri. 1994 machte sie ihren Abschluss als Magister Artium in Neuerer Geschichte, Empirischer Kulturwissenschaft und Politikwissenschaft. Danach arbeitete sie als Referentin für Public Relations in Düsseldorf und im Großraum Stuttgart, bis sie im Dezember 2002 in die USA umzog. Sie promovierte bei Kaspar Maase und Monique Scheer über das Feiern im Festzelt als Cultural Performance. Seit Januar 2014 hat sie einen Lehrauftrag für Soziologie an der University of New Haven.